THE FOREFRONT OF JUSTICE

THE LATEST CASES AND MATERIALS
OF BEIJING COURTS

审判前沿

新类型案件审判实务

总第63辑

北京市高级人民法院研究室/编

法律出版社
LAW PRESS·CHINA
北京

图书在版编目(CIP)数据

审判前沿 ：新类型案件审判实务. 总第 63 辑 / 北京市高级人民法院研究室编. -- 北京 ：法律出版社, 2023
ISBN 978-7-5197-7595-7

Ⅰ. ①审… Ⅱ. ①北… Ⅲ. ①审判－研究－中国－丛刊 Ⅳ. ①D925. 04-55

中国国家版本馆 CIP 数据核字(2023)第 029825 号

审判前沿——新类型案件审判实务·总第 63 辑
SHENPAN QIANYAN—XINLEIXING ANJIAN SHENPAN SHIWU · ZONG DI-63 JI

北京市高级人民法院研究室 编

责任编辑 朱轶佳 韩超群
装帧设计 李 瞻

出版发行 法律出版社
编辑统筹 司法实务出版分社
责任校对 晁明慧
责任印制 胡晓雅
经 销 新华书店

开本 710 毫米×1000 毫米 1/16
印张 19. 25 **字数** 350 千
版本 2023 年 5 月第 1 版
印次 2023 年 5 月第 1 次印刷
印刷 永清县金鑫印刷有限公司

地址:北京市丰台区莲花池西里 7 号(100073)
网址:www. lawpress. com. cn
投稿邮箱:info@ lawpress. com. cn
举报盗版邮箱:jbwq@ lawpress. com. cn

销售电话:010-83938349
客服电话:010-83938350
咨询电话:010-63939796

书号:ISBN 978-7-5197-7595-7 **定价**:68. 00 元
凡购买本社图书,如有印装错误,我社负责退换。电话:010-83938349

编 辑 部

主　编：孙玲玲

副主编：胡嘉荣

编　辑：王　凯　刘晓虹　项利军　张新平　王　晨
阚道祥　张濡元　彭　春　何　琴

目 录

案例研究

疑案探讨

案例分析

观点争鸣

北京法院参阅案例

热点问题聚焦

法律文书之窗

司法文件

【案例研究】

"挪新还旧"式挪用公司款物的性质认定及数额认定
——端某挪用公款案相关法律问题研究

石　魏[*]　冀　敏[**]

裁判要旨

对企业工作人员挪用公款行为的认定,既要避免主观归罪,也要杜绝客观归责。企业工作人员职务活动中挪用公款行为的认定需要综合把握行为人的主观心态、客观行为、危害后果、偿还能力、偿还意愿等因素,审慎厘清挪用公款罪与贪污罪的界限;结合法益侵害、公款脱离单位控制风险、罪责刑相适应原则、司法便利性、刑事立法原意等方面合理计算"挪新还旧"涉案金额。

一、据以研究的案例

北京燕盛隆汽车维修有限公司(以下简称燕盛隆公司)系北京汽车集团有限公司(国有独资)全资子公司北京鹏龙行汽车贸易有限公司(以下简称鹏龙公司)与北京汽车集团有限公司全资子公司北京出行汽车服务有限公司共同注册成立的有限责任公司。

2014年至2017年,被告人端某在担任燕盛隆公司副总经理,负责公司经营、管理期间,擅自截留经销商购车款,用以归还个人债务。被告人端某为掩饰上述行为,实施了一系列举措。

(1)在明知违反销售流程、财务制度、商品车库存管理制度等规定的情况下,端某挪用燕盛隆公司售车款,后以"拆东补西""后账填前账"的方式擅自决

---

* 北京市东城区人民法院刑事审判庭法官助理,北京师范大学法学硕士。

** 北京市西城区人民法院刑事审判庭法官,中国社会科学院法学博士。

定将该公司的部分商品车交付他人。在未收到商品车售车款的情况下,端某私自决定让该公司财务部工作人员开具汽车销售发票。截至 2017 年 4 月 24 日,上级单位鹏龙公司对燕盛隆公司进行商品库存盘点时发现,燕盛隆公司有 141 辆商品汽车未找到,上述车辆无销售记录及相关销售合同等材料,财务账目也无应收款及开具发票等记载,涉案车辆价值共计人民币 1742. 01 万元。截至 2018 年 5 月 22 日,端某通过其本人及他人银行卡,陆续向燕盛隆公司交回人民币 14 148 784 元,燕盛隆公司财务将该款项计入上述车辆的部分车款,尚有差额 3 271 316 元。此外,燕盛隆公司已销售的 35 辆商品车的财务账目记为"挂账应收",涉案车辆价值共计人民币 445. 18 万元。

(2)自 2016 年 11 月至 2017 年年初,被告人端某擅自决定通过北京奥森昌盛汽车销售服务有限责任公司(以下简称奥森昌盛公司)等公司的名义,以与北京搬运工汽车科技有限公司(以下简称搬运工公司)签订购车合同、借款协议等方式,将燕盛隆公司的商品车质押给搬运工公司,所贷款项归其个人使用,超过三个月未归还本公司。2017 年 7 月 1 日燕盛隆公司与搬运工公司签订《车辆销售合同》,双方商定涉案 129 辆商品车金额为 1614. 92 万元,7 月 13 日搬运工公司向燕盛隆公司支付 314. 92 万元。2018 年 6 月 7 日,被告人端某被北京市朝阳区监察委员会工作人员从北京汽车集团有限公司纪律检查委员会带至北京市朝阳区监察委员会归案,尚有 20 723 116 元未归还燕盛隆公司。

被告人端某的辩护人的主要辩护意见为:被告人端某不构成挪用公款罪,公诉机关指控被告人端某挪用公款超过三个月未归还的证据不足,且被告人端某不具有利用职务上的便利这一条件;对于涉案车辆的价值应当以销售价来计算,不应以成本价计算;被告人端某具有自首情节,此次犯罪系初犯,当庭认罪,建议法庭对其从轻处罚。

一审法院经审理认为,被告人端某身为国家工作人员,利用职务上的便利,挪用公款超过三个月未归还,且系挪用公款数额巨大不退还,其行为触犯了《刑法》,构成挪用公款罪。关于涉案金额,法院结合在案证据予以综合认定,辩护人的相关辩护意见,法院酌予采纳。鉴于被告人端某主动向上级单位交代基本的犯罪事实,具有自首情节,法院对其依法从轻处罚。辩护人的相关辩护意见,法院予以采纳。被告人端某的犯罪行为造成的经济损失应责令退赔。综上,根据被告人犯罪的事实、性质、情节以及对于社会的危害程度,法院依照《刑法》第 61 条、第 64 条、第 67 条第 1 款、第 384 条第 1 款及《最高人民法院、最高人民检察院关于办理贪污贿赂刑事案件适用法律若干问题的解释》第 6 条的规定,判决被告人端某犯挪用公款罪,判处有期徒刑十二年六个月,责令被告人端某退赔人民币 20 723 116 元以发还北京燕盛隆公司。

宣判后，在法定期间内，被告人提出上诉。二审法院裁定驳回上诉，维持原判。

二、相关法律问题研究

国有企业是我国国民经济的支柱，有关国有企业合规的法律规定为国有企业合规经营和健康发展提供法治保障，是优化企业营商环境的重要内容。国有企业管理层人员针对公款实施职务犯罪，不仅造成国有资产大量流失，影响企业发展活力，而且扰乱市场秩序，影响社会稳定，应引起高度关注。党的十八届四中全会以来，我国刑事立法严格落实党中央全面从严治党和依法严厉惩治贪污腐败的客观要求，通过修正、完善刑事立法和司法解释条款，进一步完善贪污贿赂类犯罪的定罪量刑标准、刑事处罚方式和执行措施，为坚决遏制和预防国有企业职务犯罪及腐败现象提供法治保障。但在司法实践中，企业工作人员针对公款实施的职务犯罪行为往往与正常的市场交易行为交叉竞合，犯罪行为的罪名认定和数额计算存在难点、堵点。在具体个案中，需要综合把握行为人的主观心态、行为样态，审慎厘清犯罪行为与正常的市场行为、犯罪行为与违法违规行为、使用行为与占有行为之间的区别，准确把握犯罪数额计算标准。

（一）“挪新还旧”式挪用公款的性质认定

根据《刑法》第384条的规定，挪用公款罪要求国家工作人员利用职务上的便利，挪用公款归个人使用，且至少实施以下三种情形之一的行为：进行非法活动；数额较大，进行营利活动；数额较大，超过三个月未还。本案中端某身为燕盛隆公司（国有企业）的副总经理，利用职务上的便利，违反规定擅自将燕盛隆公司采购的商品车交由他人销售，在没有收到货款的情况下让财务人员出具销售发票，并擅自决定将车辆质押给搬运工公司。端某将上述行为所得款项用于帮助胡某归还欠款及弥补由此造成的亏空，且数额较大，超过三个月未归还。端某的行为可否认定为挪用公款罪，可结合以下几个方面具体分析。

1. 挪用公款的客观行为分析

首先，就挪用公款罪的犯罪对象而言，根据《刑法》的规定，挪用公款罪的对象通常而言包括两类，一类是公共款项，另一类是用于救灾、抢险、防汛、优抚、扶贫、移民、救济的特定款物，对于一般公物能不能成为挪用公款罪的犯罪对象，司法实践中存在不同认识。笔者认为，公物和公款都属于公共财产，但是刑法条文中明确限定了本罪的犯罪对象为公款，将一般公物排除在犯罪对象之外。根据罪刑法定原则，挪用一般公物的行为不应以挪用公款罪进行评价，如果构成其他犯罪的，则以其他罪名进行规制。但公款并不仅限于货币形态，还包括财产权利凭证等。具体到本案中，端某利用职务上的便利，违反规定将燕盛隆公司的商品车交由他人销售，在没有收到货款的情况下，让财务人员出具销售发票，并擅自决定将车辆质押给搬运工公司，其中被告人端某挪用的并不是燕盛隆公司的商品车，而是商品车的转销售款项、质押贷款款项，此款项应属于燕盛隆公司的公款。故就犯罪对象而言，将端某所实施的挪用行为认定为挪用公款罪并不存在诉讼上的障碍。

其次，就挪用公款罪的行为手段而言，挪用公款罪与贪污罪在犯罪行为上具有相似性。贪污罪的行为手段通常表现为以侵吞、窃取、骗取或以涂改账目、截留、不入账、平账、销毁账簿等形式非法占有公共财物。上述行为手段在挪用公款中亦时有出现，不过挪用公款通常以借条、协议等形式将款项暂时挪为己用，账面上往往留有一定痕迹，且部分案件中还存在人证、挪用手续等，不存在销毁账簿、借条或平账等行为，客观上系为掩饰暂时占有目的而采取的手段。当然，若行为人截取单位收入不入账，并通过各种手段使占有公款的行为难以在单位账务账目上反映出来，缺乏归还意图的，则应以贪污罪定罪处罚。

2. 挪用公款罪的主观目的推定

挪用公款时是否具有非法占有目的，是挪用公款罪与贪污罪的主要区别。挪用公款罪的主观目的是非法利用，仍具有偿还的意愿；而贪污罪的主观目的系实现对公款的排他性占有。故认定挪用公款罪首先需要排除主观上的非法占有目的。非法占有目的作为目的犯的主观要素，需通过客观的具体行为加以体现。司法实践中，认定行为人主观上具有非法占有目的，除依据物证、书证、被告人供述等证据材料之外，还可以通过刑事推定的方式予以证实。诚如陈兴良教授所言，刑法可以设专条规定推定的基础事实，凡是具有这些法定情形的，司法机关就可以推定为存在非法占有的目的。[①] 推定的基本逻辑在于“基础事实”与“推定事实”之间的伴生关系，即通过“基础事实”按照一定的逻辑规则便可以得出“推定事实”。在审理挪用公款案件时，对非法利用目的的判定，要考虑其行为的特殊性、职务性，不能单纯以客观结果归罪，也不能将转移、占有等行为作为认定罪名的唯一依据，但主观目的的证明应依据客观存在的基础事实。具体而言，可结合以下因素加以推定：

第一，行为方式。客观行为作为主观目的的外在表现，是主观目的客观化的具体形式。在挪用公款罪中，占有权是财产性权益实现的基础，若丧失对公款的合法、有效占有，则此款项就失去了基本的保护屏障，陷入灭失的危险之中，所有权人也就无法继续享有其他财产利益。“占有”直接关系行为人主观目的的认

---

① 参见陈兴良：《目的犯的法理探究》，载《法学研究》2004年第3期。

定及罪名的辨析,故对挪用公款主观目的的判定应更多关注财产占有、转移、侵占、变更等基础事实,综合考量行为人是否实施了挪用的行为,采取何种手段、方式进行挪用,挪用后的用途等基础事实,结合基础事实与推定事实的盖然性和因果性,进而推定行为人的主观目的。理论上,挪用公款罪是对公款所有权的"暂时"性损害,使之处于一种风险状态。在发生公款事实占有转移时,其法律占有关系依然存在,行为人并未实施在账务上消灭公款所有权关系的行为。若行为人挪用公款数额巨大并肆意挥霍,远超其归还能力,更大程度上系将款项作为自己的财产加以支配,缺乏归还的意愿,应认定该行为属于具有非法占有意向的行为。

第二,归还能力及归还意愿。在司法实践中,应根据行为人的职业背景、经济状况、赚钱能力、家庭财产等综合考量行为人的归还能力和归还意愿,并以此判定行为人具有非法利用目的还是非法占有目的。若行为人挪用公款后将其用于正当用途,如支持企业发展或经营,而企业运营良好,具备返还挪用款项的经济基础和物质条件,则一般不应认定具有非法占有目的。

第三,被挪用公款的处置状况。通常情况下,行为人实施挪用公款行为系手段行为,有些个案中挪用行为本身无法真实地反映行为人的主观意图,其主观目的需结合挪用公款后的行为来加以判定。若挪用公款后实施的行为具有导致公款灭失的高度可能,如挪用公款后进行赌博、贩毒等,表明其主观上缺乏将公款及时归还的意愿,具有永久占有的高度可能。

回归到本案,被告人端某在未收取销售款项的情况下,擅自将燕盛隆公司的商品车移交他人,并开具发票,还私自决定将公司商品车用于质押。鉴于被告人端某实施的相关行为可通过盘点财物、核对账目等反映出来,不存在平账等掩饰操作,且挪用的款项用于帮助他人归还欠款,案发前亦有还款的实际行为,综上,可以排除被告人端某主观上具有非法占有的目的。

3. 挪用公款超期未还的时限把握

"挪新还旧"是挪用公款案件中比较复杂的一类案件。首先,对于前文所述第三种挪用公款的情形,入罪的前提是挪用公款达到数额较大的标准。从立法本意出发,"数额较大"指的是行为人多次挪用公款累计数额达到了数额较大的标准,而非行为人挪用后未还款数额达到数额较大的标准,否则无论行为人先后挪用款项数额多少,只要案发前全额归还就达不到入罪标准,这显然有悖于立法原意。其次,对于"数额较大、超过三个月未还"的时间计算起点需审慎把握。根据《最高人民法院关于审理挪用公款案件具体应用法律若干问题的解释》第4条的规定,"多次挪用公款,并以后次挪用的公款归还前次挪用的公款,挪用公款数额以案发时未还的实际数额认定"。但是,该司法解释只是对"挪新还旧"

式挪用公款数额的计算作出指引，并不意味着挪用公款的时间起算也以案发时未还的最后一次挪用为节点，而是应从立法原意出发，将"挪新还旧"的连续行为作为一个整体进行评价，虽然后一次挪用补还了前一次挪用的款项，但这并不意味着前一次挪用行为的恢复，而是先前挪用行为的继续和保持，应当连贯起来作综合分析，故而"三个月未还"的时间起算点应从行为人挪用款项归个人使用开始。回归到本案，端某实施挪用公款行为后，只要其将上述车辆交由他人销售、进行质押所获得钱款归个人使用超过三个月未归还，就符合挪用公款罪第三种情形设置的要素。本案中端某虽然归还了部分款项，搬运工公司亦支付了部分款项，但是剩余款项截止燕盛隆公司报案时已超过三个月仍未归还，故应认定端某"挪用公款数额较大，超过三个月未归还"。

综上，本案中，对被告人端某的行为性质，需结合案件全部事实加以综合认定，坚持主客观相统一，避免主观归罪，也要杜绝客观归责。首先，被告人端某作为国家工作人员，超越职权、逃避财务监管，将公款借与朋友偿还债务，属于以个人名义将公款挪给他人使用。其次，被告人端某实施的上述行为有下属员工通过公司账户等予以协助，但并未实施销毁账簿等行为，且有证人等予以佐证，故应认定其具有偿还意愿，不具有非法占有目的。最后，被告人端某将上述车辆交由他人销售、进行质押所获得钱款归个人使用时，挪用行为已经完成，剩余款项截至燕盛隆公司报案时已超过三个月仍未归还，且尚未归还的款项数额巨大，故应认定端某挪用公款"数额较大，超过三个月未归还"。综上，被告人端某的行为符合挪用公款罪的构成要件，应以挪用公款罪定罪处罚。

（二）"挪新还旧"式挪用公款的数额计算

我国《刑法》对挪用公款罪的犯罪构成要件选择了数额犯及"用途中心主义"模式，造成了多种用途认定及"挪新还旧"型犯罪数额计算的司法难题。① 理论界及实务界对挪用公款涉案金额的认定存在不同看法，如张明楷教授认为，挪用公款数额计算原则的确立，需要借助"举轻以明重"的解释原理，并提出多次挪用公款（包括"挪新还旧"）应适用数额累计计算的原则。② 还有观点认为应以案发时未还的实际数额认定。例如，1998 年 4 月 6 日通过的《最高人民法院关于审理挪用公款案件具体应用法律若干问题的解释》第 4 条明确规定，多次挪用公款不还，挪用公款数额累计计算；多次挪用公款，并以后次挪用的公款归还前次挪用的公款，挪用公款数额以案发时未还的实际数额认定。涉案数额认定标

① 参见魏昌东：《"挪—还序接型"多次挪用公款犯罪数额的计算标准——兼与张明楷教授商榷》，载《政治与法律》2021 年第 7 期。

② 参见张明楷：《挪用公款罪的数额计算》，载《政治与法律》2021 年第 1 期。

准不一,严重影响司法裁判的统一性。此外,司法实践中挪用公款涉及的行为类型多样,法益侵害严重程度存在差异,且行为人多次挪用、“挪新还旧”和“拆东补西”的行为使款项走向多元、复杂,这也给挪用公款犯罪数额的计算带来了更大的困扰。

具体到本案中,因为被告人挪用公款后实施的行为不涉及非法活动,至于是否具有营利活动,现有证据无法证实,故根据有利于被告人的原则,将所挪用的公款用途均认定为一般活动。被告人第一起挪用的公款金额高达 1742 万余元,然后通过“挪新还旧”形式填补先前挪用的亏空。对涉案金额的认定,笔者认为,应以案发时未还的实际数额认定,理由如下:

第一,从法益侵害的角度来看,被告人虽有多次挪用公款的具体行为,且每次挪用行为可独立构成犯罪,但鉴于其侵害的对象具有同一性,无论是第一次挪用,还是“挪新还旧”(未增加挪用金额的情况),其本质上并没有创设、增加新的法益侵害。

第二,从公款脱离单位控制的风险角度来看,被告人多次挪用公款,如果没有“挪新还旧”,则其不断创设公款流失的风险,且此风险随着次数的增加而增加,对法益的侵害会叠加,因而犯罪数额应累计计算。但在“挪新还旧”情形下,脱离单位控制的公款仅为归还前款后的剩余部分,归还部分并未增加或削减公款的流失风险,故仅需对增加的风险部分进行评价。

第三,从罪责刑相适应的角度来看,若累计计算行为人挪用的公款数额,可能会导致罪刑不相称,如单位公款具有总额限制(最高限额为 120 万元),即使行为人每次挪用 60 万元,后通过“挪新还旧”的方式归还前款,挪用 10 次后,若按照累计计算的规则,则行为人的挪用金额为 600 万元,对其要判处五年以上有期徒刑。但事实上,即使行为人将单位公款全部占为己有,依照司法解释及量刑规范化的规定,在五年以下量刑的概率极大。累计计算会导致社会危害性更大的贪污行为的量刑反而比挪用公款低,严重违背罪责刑相适应原则。此外,相对于持续性的、前后手相分离式的挪用公款行为,“挪新还旧”式挪用公款行为的主观恶性和危害后果显然较轻。

第四,从司法便利性、可操作性的角度来看,鉴于社会现实的多样性和复杂性,由于挪用公款后的行为形态相差极大,危害性存在差异,即使是同一类行为,挪用公款的行为也可能存在交叉、重合、关联,因而难以查清行为人挪用的次数及单笔挪用金额。此时要求累计计算会显著增加公诉机关的举证负担,影响诉讼效率的提升。

第五,从刑事立法的角度来看,我国刑事立法对案发前归还部分虽然整体上要予以刑法评价,但并不绝对,如根据《刑法》第 201 条第 4 款的规定,经税务机关依法下达追缴通知后，补缴应纳税款，缴纳滞纳金，已经受行政处罚的，不予追究刑事责任。《最高人民法院关于审理非法集资刑事案件具体应用法律若干问题的解释》亦规定，集资诈骗的数额以行为人实际骗取的数额计算，在案发前已归还的数额应予扣除。综上，被告人“挪新还旧”涉案金额应以未归还的实际数额来加以认定。

回归到本案，在法院审理查明的第一起犯罪事实中，被告人端某将燕盛隆公司的 141 辆商品车擅自交由他人销售，虽然其挪用的是销售款项，但其实施上述行为时，销售款项并不确定，故按照 141 辆车的采购价格备案表以 1742.01 万元认定挪用公款数额更为适宜。关于涉案 35 辆车，燕盛隆公司已出具材料证明端某并未归还该钱款，此款项亦属于被告人端某利用职务上的便利，擅自处置商品车而导致应归属于公司的款项被其肆意支配，致使公司无法及时行使相关民事权益，在记账凭证中亦记为“挂账应收”，该款项 445.18 万元应计入挪用公款的数额。被告人端某在案发前退还的 1414.8784 万元则应从挪用数额中扣除。在第二起犯罪事实中，因为涉案车辆已经明确转化为销售款项，所以数额认定应以销售数额为准，而非以车辆采购价值为准。根据燕盛隆公司与搬运工公司签订的车辆销售合同，双方商定的涉案 129 辆商品车的销售金额为 1614.92 万元，扣除搬运工公司向燕盛隆公司支付的首付款 314.92 万元，尚未支付的 1300 万元应认定为被告人端某挪用的公款数额。综合两起犯罪事实，将被告人端某挪用公款的数额认定为 2072.3116 万元是正确的、恰当的。

（责任编辑：张新平）

公开个人信息侵权的认定规则与裁判路径

——孙某某诉某科技公司、第三人某信息服务公司人格权纠纷案相关法律问题研究

颜　君[*]　杨　光[**]

裁判要旨

信息后续处理者利用的公开信息是否属于《民法典》第1036条第2项规定的合法公开个人信息，应以信息初始收集者是否具有征得自然人授权同意等合法来源为判断标准。信息处理者公开信息应明确告知公开的范围并征得自然人同意，对信息是否公开及公开范围授权不明确的，应认定为未取得授权。

中立的全网通用数据搜索引擎服务提供者，难以直接预见其爬取的一般公开个人信息是否具有合法的公开来源，应适用"通知删除"等规则判定其是否存在过错。

一、据以研究的案例

原告孙某某诉称，其在某网站以姓名"孙某某"为关键词进行搜索，发现某网站非法收录并置顶了其在校友录网站上传的个人账户头像，即个人证件照。2018年10月23日，孙某某向某网站发出通知，要求其删除证件照，但未获任何回复。孙某某认为，涉案照片以及其与孙某某姓名的关联关系涉及个人隐私、个人信息，在校友录网站图片源地址已关闭的情况下，某科技公司的上述行为构成侵权。故孙某某诉至法院，要求判令某科技公司赔偿其经济损失1元和维权费用40元。

---

* 北京互联网法院综合审判三庭副庭长，中国人民大学法学博士。

** 北京市第二中级人民法院民三庭法官，中国政法大学法学硕士。

被告某科技公司辩称,展示孙某某照片的行为不侵犯其个人隐私和个人信息权益。某科技公司仅为网络搜索服务提供者,提供中立的技术服务,涉案照片存储于可正常浏览的第三方公开网页,某科技公司只是基于搜索功能实施了正常合法的抓取行为,某科技公司不构成侵权。

第三人某信息服务公司述称,显示有孙某某肖像的网站并非某信息服务公司所运营,涉案信息与某信息服务公司无任何关联性。早在 2012 年至 2013 年,校友录网站已经对外停止服务和访问,不存在授权任何人和机构使用校友录任何信息的可能。综上,孙某某的诉讼请求与某信息服务公司无关。

法院经审理查明,原告取证显示,原告在被告提供的搜索引擎页面上输入其姓名"孙某某"作为关键词进行图片检索,可以获取原告的照片,呈现原告照片页面的统一资源定位符地址均为被告的服务器地址。

根据庭审查明的事实,上述情况出现的过程为:涉案照片由原告上传至第三人运营的校友录网站,并存储于校友录网站的服务器中。虽校友录网站的门户地址已无法访问,普通网络用户不能通过门户网站的常规访问方式查找到涉案照片信息,但由于校友录网站存放照片的精确服务器地址仍向用户开放,通常的搜索引擎爬虫技术仍可访问到涉案照片。

原告于 2018 年 10 月 23 日提交问题反馈,请某科技公司删除该个人证件照,并删除与关键词"孙某某"的关联。此次问题反馈状态为"待处理"。在诉讼中,被诉的侵权行为于 2019 年 4 月 16 日停止。

一审法院经审理认为:

(一)涉案姓名、照片及其关联关系等内容构成个人信息

根据《民法总则》第 110 条、第 111 条的规定①,自然人享有隐私权,自然人的个人信息受法律保护。

一般认为,个人信息的认定标准为具有"可识别性"。涉案信息通过关键词搜索加结果展示的形式,将"孙某某"这一自然人姓名和带有其面目特征信息的头像照片进行关联,成为可识别为唯一特定自然人的信息,该信息反映了孙某某面部形象的个体特征,属于个人信息。虽然涉案信息中包含肖像照片,但由于个人信息权益和肖像权所保护的法益不同,构成要件、保护方式和损害结果等方面亦存在差异,因此,权利人有权根据被控侵权行为的实际情况,选择更为有利的权利主张方式。

---

① 2021 年 1 月 1 日起《民法典》正式施行,《民法总则》同时废止。该案审理时适用《民法总则》。根据《民法典》第 1032 条、第 1033 条、第 1034 条的规定,自然人享有隐私权,自然人的个人信息受法律保护。

（二）被控侵权行为属于违法使用个人信息的行为

现行法律明确规定不得非法处理信息，收集、处理个人信息的行为，应在明示使用的信息范围内并经自然人同意的前提下进行。亦即信息处理者应在被收集者授权同意的范围内处理信息，不得超范围传输、公开、使用个人信息。

关于孙某某对涉案信息授权的使用范围，双方均未就该项事实进行举证，法院结合立法规定、当事人举证能力、证据距离以及盖然性经验法则等因素，论述如下：从立法规定来看，信息处理者应明示使用信息的范围，而某信息服务公司缺乏明确告知授权范围的证据；从当事人举证能力和证据举例来看，由于存储涉案电子数据的网站门户早已对外关闭，孙某某客观上无法收集相应证据，而某信息服务公司作为证据存储网站的管理者和信息处理者，其在提供证据信息和资源上占据优势的情况下，表示不清楚具体权限；从待证事实发生的盖然性来看，根据现有事实追溯的信息运用场景，校友录网站主要用于实现校内社群社交功能而非在全网传播。因此，法院认定，孙某某仅授权某信息服务公司在一定权限范围内使用和公开涉案信息。某信息服务公司将涉案信息置于公开网络后，某科技公司的搜索行为使涉案信息可被全网不特定用户检索获取，在客观上导致该信息在孙某某授权范围之外被公开，属于未经同意处理个人信息的行为。

（三）某科技公司应基于“通知删除”规则承担相应责任

根据《侵权责任法》第36条第2款的规定，对于网络技术服务提供者，通知删除的情节系考量侵权责任认定的关键因素，故本院对通知删除前后的情况分别予以评述。①

网络服务提供者侵权的归责以过错为前提。在通知删除前，某科技公司作为网络技术服务提供者是否存在主观过错，应结合是否进行人工编辑整理、应具备的信息管理能力、涉案信息侵权类型和明显程度、涉案信息社会影响程度以及是否采取了预防侵权的合理措施等因素综合进行判定。涉案信息不属于裸照、身份证号等明显侵权或者极具引发侵权风险的信息，作为一般个人信息，存在权利人愿意积极公开、不愿公开或在一定范围公开等多种可能的情形。为鼓励网络信息的利用和流通，对于网络公开的一般个人信息，应推定权利人同意公开，故某科技公司在接到权利人的通知前，难以预见涉案信息是未经授权而公开的信息。某科技公司对涉案信息不存在明知或应知的主观过错，不构成对孙某某个人信息权益的侵害。

通知删除后，网络服务提供者应及时采取必要措施，遏制侵权行为的扩大。

---

① 2021年1月1日起《民法典》施行，《侵权责任法》同时废止。该案审理时适用《侵权责任法》。相关规定参见《民法典》第1195条。

收到删除通知后，某科技公司在其有能力采取相匹配的必要措施的情况下，未给予任何回复，其怠于采取措施的行为，导致涉案的侵权损失进一步扩大，构成对孙某某个人信息权益的侵害，本院对原告要求赔偿损失的诉讼请求予以全额支持。

一审法院于2020年9月10日判决如下：(1)被告某科技公司向原告孙某某赔偿经济损失1元；(2)被告某科技公司向原告孙某某赔偿维权费用40元。

宣判后原告和被告双方均未上诉，该判决于2020年9月26日生效。

二、相关法律问题研究

本案为《民法典》出台背景下首例涉及公开个人信息侵权认定的案件。案件争议焦点涉及公开的个人信息再度利用的行为规则，以及网络信息流动过程中在多个节点中主体的归责原理，及时回应了数字经济时代下数据利用的热点问题。从人格权案件的裁判思路来看，我国《侵权责任法》采用“大侵权模式”，将人格权请求权纳入其中，故司法实践通常直接从侵权责任构成的角度进行论述。《民法典》中人格权独立成编，采取了人格权请求权和侵权损害赔偿请求权相分离的“分离模式”，凸显了人格权请求权的独立性。[①] 本案结合人格权独立成编的背景，吸纳人格权请求权和侵权损害赔偿请求权相分离的立法理念，未采取传统侵权“四要件”并行式的论证路径，采纳了以“权属—行为—归责”为三要素的纵深式裁判思路：首先确定涉案信息的具体属性，然后根据不同的信息类型和对应的行为规范来评价是否存在违法行为，最后再根据被告主体的主观过错形态确定应当承担的侵权责任。

(一)人格权权属类型之确定：姓名加静态面部特征达到“可识别标准”，可构成个人信息

首先，在《民法典》“二元”保护体系下，个人信息保护采取了有梯度的区分保护规则，对私密信息、一般的个人信息和公开的个人信息采取了不同的保护方式，[②]故需根据不同的信息类型判别对应的行为规范。再者，无论是从两大法系的经验、《民法典》的立法过程，还是从一般社会民众的认知来看，隐私和个人信息的界分一直存在争议。[③]《民法典》虽明确了隐私和个人信息的定义，但具体

---

① 人格权请求权与侵权损害赔偿请求权构成要件不同，无须以损害实际发生为前提，亦无须证明行为人具有过错。强调行为人的人格权保护义务，有利于强化人格权的保护。参见王利明：《论人格权请求权与侵权损害赔偿请求权的分离》，载《中国法学》2019年第1期。

② 参见张新宝：《从隐私到个人信息：利益再衡量的理论与制度安排》，载《中国法学》2015年第3期。

③ 参见王利明：《和而不同：隐私权与个人信息的规则界分和适用》，载《法学评论》2021年第2期。

的法律适用如哪些信息属于隐私或个人信息，尚需在司法实践的具体案件中逐步确定。并且，由于隐私权概念的流动性和判定的场景化，信息的类型化区分呈现复杂性和个案化。鉴于区分保护政策和信息类型判断的复杂性，涉个人信息案件往往需要首先鉴别涉案信息的法律属性和类型。

本案从保护客体和保护方式等的区别入手，①论证了姓名加静态面部特征的信息组合达到“可识别”的标准便构成个人信息，但并非隐私或私密信息。该信息虽与肖像权在载体形式上存在重合，但由于二者保护法益不同，不违背“请求权竞合”理论，②可依原告主张的个人信息权益进行保护。

（二）人格权侵权行为之认定：公开个人信息的后续利用行为的违法性认定条件

本案中，被告抗辩涉案照片存储于可正常浏览的第三方公开网页，被告只是基于搜索功能实施了正常的合法抓取行为，不构成侵权。判断涉案爬取行为是否侵权，首先需通过“找法”定位裁判依据。正如前文所述，《民法典》对私密信息、一般个人信息和公开个人信息采取了有梯度的区分保护规则，③故需首先明确涉案信息是否适用公开个人信息的行为规范。

1. 是否属于合法公开信息应以信息初始收集者的合法来源为限

本案信息流动涉及两个节点，某信息服务公司为初始信息处理者，某科技公司为后续信息处理者。④ 对于判定后续信息处理者爬取的公开信息是否属于《民法典》第1036条第2项规定的合法公开信息，合议庭存在两种不同意见。一种意见认为，涉案信息已置于公开网络，应作为合法公开信息对待，搜索引擎无法预见，从技术上亦无法实现对初始信息收集是否合法的判断。若对搜索引擎等后续信息利用者科以鉴别信息来源合法性的义务，将极大地影响公开信息的

---

① 已有诸多论文从权利性质、权利内容、保护方式等方面对隐私和个人信息的界分作出论述，参见王利明：《和而不同：隐私权与个人信息的规则界分和适用》，载《法学评论》2021年第2期；许可、孙铭溪：《个人私密信息的再厘清——从隐私和个人信息的关系切入》，载《中国应用法学》2021年第1期。本文因篇幅所限，不再赘述。

② 参见马千里、林挚：《李某诉北京百度网讯科技有限公司、刘某人格权纠纷案——认定自然人侵犯公民个人信息权益与隐私权的裁判要素及裁判方法》，该文章为全国法院系统2020年度优秀案例分析获奖案例。

③ 对于一般个人信息，通常情况下，应以“知情同意”为合法性的判断前提；而对公开个人信息，为鼓励信息流通和数据共享，立法则采取了更为宽松的保护方式，合理处理公开个人信息的行为仅在该自然人明确拒绝或者处理该信息侵害其重大利益的情况下构成侵权。具体内容参见《民法典》第1036条的规定。

④ 《信息安全技术 个人信息安全规范》5.4使用了间接获取个人信息的提法，本文为理解方便，使用“初始信息处理者”和“后续信息处理者”指代信息处理的前后节点主体。

流通和利用,使信息处理的合规性判断极不稳定,信息处理者动辄引咎,有违互联网公开信息共享的技术惯例。另一种意见则认为,即使在客观上看信息已置于公开网络,仍需根据初始信息处理者的行为判断信息公开的合法性,否则将可能因信息处理过程的违法行为导致权利人失去对信息应有的合法控制,"知情同意"的个人信息保护体系将在多个处理节点的流转中被架空。

无论从《民法典》前后的法律规定,①还是从行业标准来看,②已在全网公开的客观事实不能直接作为信息使用的合法性基础。虽然在通用全网爬取技术应用场景下,后续信息处理者核实个人信息合法性来源存在一定的现实困难和技术障碍,③但是公开是事实判断,合法公开是价值判断,在法律有明确规定的前提下,应以法律规定为依据进行合法性价值评判。合议庭经反复评议后认为,技术现状与立法保护的鸿沟不应以降低法律适用标准来弥补,坚持法律适用标准虽短期可能带来产业的阵痛,但长期来看可有助于提高产业合规水平,保障企业健康发展。因此,合议庭最终决定,判断公开信息是否属于合法公开信息,均应以初始信息处理者获取的授权范围或合法性来源为基础,如自然人授权公开、裁判文书基于司法公开的目的合法公开,该规则对信息后续利用者亦不例外。

2. 信息处理者对个人信息公开的授权范围负有举证义务

在"知情同意"原则下,是否告知授权范围并获取授权是判断信息处理合法性的关键。由于公开范围呈现技术复杂性,④认定授权的公开范围往往构成此类案件事实和证据认定的难点。在本案中,原告对初始信息处理者某信息服务公司的授权范围成为侵权认定的关键事实。对该事实的认定可通过实体法适用和程序法规则两个角度进行论证:

从实体法适用来看,被告未说明信息来源的授权范围,未尽到合法性来源的

---

① 2014年公布的《最高人民法院关于审理利用信息网络侵害人身权益民事纠纷案件适用法律若干问题的规定》(2020年已被修正)第12条第1款第4项和《民法典》第1036条均规定自然人自行公开或其他合法公开。涉案裁判发生于《民法典》出台后至实施之前,可参照适用民法典精神,且上述两项规定对合法公开个人信息的表述并无差异。但需注意的是,由于个人信息保护立法密集出台,相关规定呈现一定的不稳定性,如《个人信息保护法(草案二次审议稿)》第28条仅规定"已公开的个人信息",采取了客观标准,而非合法性标准,但要求信息处理者遵循信息公开时的用途。

② 《信息安全技术 个人信息安全规范》5.4亦规定间接获取个人信息应要求个人信息提供方说明个人信息来源,并对个人信息来源的合法性进行确认,应了解个人信息提供方已获得的个人信息处理的授权同意范围。

③ 该质疑在《个人信息保护法》立法论证时亦有提及,有观点认为,公开个人信息的后续处理者难以预见或判断公开信息来源的合法性或公开时的用途。

④ 随着Web2.0社交软件的兴起,出现了仅好友可见、三天可见、微信群转发等多期间、多主体的特定公开范围。同时,基于搜索引擎、个性化推荐等自动化信息分发机制,公开范围只是考查在某种技术条件下理论上信息可能被扩散的范围,并非结果上被多大范围所获悉。

说明义务。《民法典》明确规定,信息处理者收集、使用个人信息需明示处理信息的范围。《个人信息保护法》进一步强化了对授权的要求,规定公开个人信息需取得个人单独同意。[①] 从现有立法和进一步趋严的立法精神来看,仅存在自然人上传网络的客观行为不能推理出其具有默示将信息公开的意图,信息处理者需主动告知自然人授权的范围,并征得其同意。鉴于明示公开授权范围为信息处理者的法定义务,在是否公开及公开范围不明的情况下,应认定信息处理者未尽到告知义务,未取得相应授权。

从程序法规则来看,原告主张其上传涉案信息时的授权范围为"仅班级同学可见",但由于案件事实年代久远,双方均无证据予以证明,该事实真伪不明,需根据举证责任的分配进行裁判。从一般侵权案件的举证责任分配规则来看,应由原告证明存在违法行为,但对于涉案行为是否超越了原告授权,该事实为原告主张存在侵权行为和被告抗辩存在合法授权的一体两面,尚需根据案件的具体情形合理考量。在技术和信息掌握等方面,信息处理者和自然人存在信息掌握不对称的情况,信息处理者在信息和技术资源的占有上占据优势。根据举证责任分配原理,考虑到证据能力、证据距离,以及原告主张事实发生的盖然性等因素,关于授权范围的举证责任,由信息处理者一方承担更为妥当。

因此,由于被告一方未尽到合法来源的说明义务,亦未能举证证明涉案信息具有合法范围授权的事实,涉案信息不属于《民法典》第 1036 条第 2 项规定的"合法公开的信息",本案仍应适用一般个人信息侵权认定的"知情同意"规则,以涉案公开行为超越授权范围为由确认行为的违法性。

(三)不同信息处理主体归责原理之明晰:中立的搜索引擎技术提供者对个人信息侵权的认定适用"避风港"规则

按照《民法典》第 1037 条的规定,对于违法处理信息的行为,自然人可直接要求其删除。鉴于前文已论证了涉案行为的违法性,故本案中的权利人可基于该项人格权请求权直接主张删除信息。而本案中,涉案信息业已删除,原告提出的为损害赔偿之诉,该项诉请基于侵权损害赔偿请求权,其构成要件需以被告存在过错为前提。对于网络服务提供者而言,应根据《民法典》有关网络侵权的特殊侵权责任条款判定被告是否存在过错。

1. 中立的搜索引擎技术提供者应被认定为技术服务提供者

《民法典》第 1194 条至第 1197 条规定了网络侵权责任的认定标准,[②]原则

① 《个人信息保护法》第 25 条规定:"个人信息处理者不得公开其处理的个人信息,取得个人单独同意的除外。"

② 本案为《民法典》实施前裁判的案件,故应适用《侵权责任法》第 36 条,规定内容无实质性变化。

上仍以过错为归责条件，对技术服务提供者和内容服务提供者规定了不同的侵权认定方式。技术服务提供者主要提供接入、缓存、信息存储空间、搜索以及链接等服务，不直接提供信息内容，故往往只对用户侵权行为承担间接侵权责任。

对于二者的区分，司法实务中存在一定争议。著作权领域将直接上传作品至网络空间的行为认定为直接侵权，并据此发展出了“用户感知标准”“服务器标准”“法律标准”等司法观点。① 由于人格权领域并无“提供作品”这一信息网络传播权有关作品利用行为的定义，故严格的“置于网络空间”标准不能简单地移植到人格权领域。

即使在本案中，有证据表明被告某科技公司在其服务器上存储有涉案信息，但经过技术调查，搜索引擎服务商存在为优化搜索服务、减少搜索时间，对搜索信息实施建立索引、暂存等技术行为。综观涉案信息流转过程，搜索结果页面指明了信息来源网址，该服务功能仍主要指向信息来源和原图链接，而非指向信息提供本身。搜索引擎商使用无差别通用技术对海量信息进行批量采集，优化网络用户信息获取机制，若未加入偏好性人工编辑或技术干预，应被视为中立的技术服务提供者，而非内容提供者。

2. 中立的搜索引擎技术提供者在个人信息领域仍适用“避风港”规则

对于网络技术服务提供者，对其过错的判定可基于《民法典》第 1195 条“通知”后的明知，或第 1197 条应知或明知的情形。对于应知或明知的判断，需根据《最高人民法院关于审理利用信息网络侵害人身权益民事纠纷案件适用法律若干问题的规定》第 6 条规定的多项因素进行综合判断。② 此处着重论述体现个人信息侵权案件特征的信息属性和信息处理者主体类型两个方面。

第一，关于涉案信息。在个人信息领域，判断信息处理引发侵权的明显程度，仍应贯彻有梯度的区分保护政策，根据具体信息属性予以区分对待。对于私密信息、高度敏感信息等明显侵权或者极易引发侵权风险的信息，如裸照、身份证照片等，更倾向于认定为可明显感知侵权，或应属于采取网络安全必要技术措施予以主动筛查的范畴。对于一般个人信息，为鼓励网络信息自由流通，维护信息再度利用者的稳定预期，在一般情况下应鼓励对公开的个人信息的合理再度利用行为。由于个人信息具有性质中立的天然属性，信息再度利用者从主观上

---

① 参见刘银良：《信息网络传播权的侵权判定——从“用户感知标准”到“提供标准”》，载《法学》2017 年第 10 期。

② 《最高人民法院关于审理利用信息网络侵害人身权益民事纠纷案件适用法律若干问题的规定》第 6 条规定的因素具体包括网络信息侵害人身权益的类型及明显程度、网络服务提供者应当具备的管理信息能力，以及所提供服务的性质、方式及其引发侵权的可能性大小等。

难以判断信息初始处理者的收集和传播是否合法,故对信息再度信用者过错的判定当持谨慎态度。

第二,关于信息处理者。通常而言,一般社会主体的注意义务是所在群体的平均注意能力,即以“善良管理人”的标准来划定的,①而对网络服务提供者而言,需根据其具备的管理信息能力,所提供服务的性质、方式及其引发侵权的可能性大小等因素综合评判。对于不同类型的网络服务商,其处理信息的类型和方式不同,可能引发的侵权风险亦存在差别。例如,社交软件的运营往往涉及大量自然人个体信息、关系信息和交往信息的处理,运营者应具备与其处理信息相匹配的安全技术措施。又如,通过预设程序定向对某些网站进行爬取的运营者,其对认识到被爬取网站信息及可能引发的风险具有更高的注意义务。在判断网络服务提供者是否“应知”时,可结合上述因素综合衡量,但经权利人“通知—删除”后,网络服务提供者的主观状态变为明知,故对其未采取必要措施造成损失的,应对损害的扩大部分承担连带责任。

综上所述,为防止公开信息处理行为动辄引咎的局面,鼓励信息流通利用,仍应强调信息初始处理者的源头责任,同时通过对后续信息处理者过错认定的调节阀,对一些技术中立且尽到一定信息管理义务的运营者适用“避风港”规则。如此一来,一方面,可通过落实后续信息处理者对信息来源授权范围的核查义务,加强对个人信息的全流程动态保护;另一方面,通过引入网络服务者“避风港”规则的过错责任调节阀,对某些中立的技术行为进行豁免,通过利益衡量维持权益保护和数据利用的适度平衡。最后,从裁判思路上,本文以“校友录头像被爬”案为切入点,将《民法典》人格权独立成编后,对人格权请求权和侵权请求权衔接适用的裁判思路进行了梳理,归纳出以“权属—行为—主体”为要素的个人信息侵权认定路径,并重点回应了在民法典背景下,个人公开信息的权属认定规则、侵权认定规则,为个人信息提供精准保护,为数据行业健康发展提供了前瞻性的指引。

(责任编辑:阚道祥)

① 参见卢家银:《网络服务提供者在隐私侵权中的注意义务》,载《南京社会科学》2020年第6期。

银行理财"飞单"案件中银行应否承担责任的分析路径辨析与选择

——楼某诉某银行侵权责任纠纷案相关法律问题研究

巴晶焱* 石艳明**

裁判要旨

银行工作人员在工作时间、工作地点私自向投资者推介、销售非本行发行或代销的理财产品,不属于执行工作任务而实施的行为,不构成职务行为。

银行负有安全保障的法定义务,银行未尽到严格的内部管理、风险控制义务,致使其工作人员向投资者私自推介、销售非本行发行或代销的理财产品,造成投资者损失的,银行应当向投资者承担与其过错相对应的侵权责任。

一、据以研究的案例

2014年2月28日,楼某通过某银行营业场所内网吧机向湘潭某投资管理中心(有限合伙,以下简称湘潭某投资中心)转账499.99万元。同日,湘潭某投资中心向楼某发放了《优先级有限合伙人确认书》,确认书载明湘潭某投资中心作为某甲项目贷款之合伙企业,收到楼某的入伙金额500万元,自2014年2月28日计息。

2014年3月4日,楼某通过某银行营业场所内网吧机向北京某投资管理中心(有限合伙,以下简称北京某投资中心)转账300万元。2014年3月12日,北京某投资中心向楼某发放了《合伙企业实缴出资确认书》,确认书载明楼某于2014年3月4日认购北京某投资中心发行的某乙项目,收到楼某的300万元作

* 北京市第三中级人民法院民六庭副庭长,中央民族大学法学硕士。

** 北京市朝阳区人民法院法官,中国政法大学法律硕士。

为出资。资金起息日为2014年3月5日，年化收益为12%。

2017年7月31日，法院作出刑事判决书，查明事实为：2013年9月至2015年5月，王某乙以投资某项目为由，以北京某投资基金管理有限公司的名义与马鞍山某置地发展有限公司合作，利用有限合伙的形式发行基金、承诺返本付息，向社会公众非法募集23 975万元。法院判决王某乙犯非法吸收公众存款罪，责令王某乙退赔投资人的经济损失（名单另附）等。该判决现已生效，投资人名单中有楼某。经核算，截至2016年8月18日，未返楼某本金达252万元。

2017年9月21日，法院作出刑事判决书，查明事实为：王某甲在上海某资产管理有限公司未获得金融业务许可证的情况下，向不特定公众宣传湘潭某投资中心的某甲项目，招揽不特定投资人入伙湘潭某投资中心成为有限合伙人，并承诺给予高额回报。法院判决上海某资产管理有限公司、王某甲犯非法吸收公众存款罪，非法吸收的公众存款予以追缴等，该判决现已生效。经核算，楼某投资金额为499.99万元，未返还金额为4 061 269.84元。

2017年7月24日，中国银行业监督管理委员会北京监管局办公室向楼某出具《关于对楼某反映问题回复的函》，回复函载明赵某作为某银行的客户经理，在工作期间向客户推介非该银行发售的理财产品，表明该行管理员工行为的有效性不足，已责令某银行进行内部问责。

2018年8月21日，中国银行业监督管理委员会北京监管局向楼某出具《北京银监局依申请公开政府信息答复意见》，该意见载明赵某承认向楼某介绍了上述产品，但表示未参与合同签订及业务购买，由楼某自行联系第三方并签订协议，自行操作网银转账。相关监控资料已过保存期限，核查中未取得当时销售及转账过程的录音录像。

法院依楼某申请，向中国银行保险监督管理委员会北京监管局调取了其约谈赵某的“谈话工作底稿”。谈话的主要内容为：赵某述称，楼某为赵某客户，楼某有800万元售房款，要求赵某推荐理财产品。赵某推荐了本行的理财产品，楼某认为收益较低，要求赵某另行推荐。赵某提示楼某风险后，遂向楼某推荐了其同学，由其同学与楼某自行联系。之后，楼某在其家附近的麦当劳签署了上述两个项目的合伙协议。

某银行提交了个人客户经理承诺书、学习记录等材料，欲证明其履行了对员工的监管职责。

经查，2014年2月，经赵某推荐楼某购买了某银行发行的500万元的保险产品。楼某操作涉案转账时，赵某为某银行理财客户经理，其于2016年6月自某银行处辞职。

楼某起诉请求：某银行赔偿楼某财产损失800万元；某银行赔偿楼某利息

(以 800 万元为基数,按中国人民银行同期存款利率,计算自 2014 年 2 月 28 日起至实际给付之日止)。

某银行辩称:不同意楼某的全部诉讼请求。涉案理财产品非由某银行发行或代销,某银行仅为转账交易结算银行,非投资行为的合同相对方。楼某要求为其推荐行外投资产品,被明示风险后仍追求高息,相关手续均由其亲自办理。某银行未对楼某实施侵害行为,赵某的行为非职务行为,亦不构成表见代理。楼某是否形成损失尚不确定。某银行进行多次风险培训,不存在管理过错。

一审法院审理认为,本案争议焦点为某银行应否对楼某的损失承担赔偿责任。法院具体分析如下:

首先,根据涉案《关于对楼某反映问题回复的函》及《北京银监局依申请公开政府信息答复意见》的内容,可以证明赵某在工作期间向客户推介了非该行发售的理财产品,且楼某于 2014 年 2 月 28 日、3 月 4 日的两笔转账行为均通过某银行营业场所内的网吧机完成。赵某认可楼某是其客户,2014 年 2 月楼某在某银行通过其购买了 500 万元保险。考虑到楼某上述两笔转账行为发生的时间、地点以及大额转账的难度,楼某主张系赵某协助其通过某银行营业场所内的网吧机办理上述转账事宜具有高度可能性。法院认定赵某在工作时间、工作地点向楼某推介了本案所涉的两个理财产品。

其次,某银行内部排查和风控措施的力度不够,对员工日常履职行为缺乏有效的监督和管理,对其员工赵某在职期间不当推介行为未能及时发现和处理,对楼某通过网吧机转出高达近千万元款项的异常行为亦未能及时跟进了解。某银行提交的证据不足以证明其对赵某向楼某推介非本行理财产品的行为采取了有针对性、有实际效果的防控措施,亦不足以证明其对楼某进行了必要的风险提示。因此,法院认定某银行未尽到安全保障义务。

最后,某银行没有尽到严格的内部管理义务,致使工作人员违规推介存在高风险的、非本行发行销售的理财产品,对楼某的投资损失存在一定程度的过错。法院综合分析双方过错大小及造成损害结果的原因力,酌情认定某银行就楼某的投资损失承担 30%的责任。现楼某已按相应刑事判决书向刑事犯罪人追赃,但因犯罪人在服刑期间且无可供执行的财产,导致楼某的投资损失目前无法以追赃的方式填平、弥补,楼某的投资损失为未返还的金额 6 581 269.84 元及相应利息。相关犯罪人的不法行为是造成楼某损失的根本原因,应对楼某的全部损失承担终局责任,某银行承担责任后有权再行向最终责任人追偿。一审法院判决:第一,某银行于判决生效之日起七日内赔偿楼某经济损失 1 974 380.95 元;第二,某银行于判决生效之日起七日内赔偿楼某利息损失(以 1 974 380.95 元为基数,按中国人民银行同期同档次存款基准利率标准,计算自 2014 年 2 月 28 日至实际履行之日止;以 756 000 元为基数,按中国人民银行同期同档次存款基准利率标准,计算自 2014 年 3 月 4 日起至实际履行之日止);第三,驳回楼某的其他诉讼请求。

宣判后,某银行提起上诉。二审法院判决驳回上诉,维持原判。

二、相关法律问题研究

“飞单”非法律术语,实践中的银行理财“飞单”指银行工作人员利用其职务身份,借助行内平台私自向投资者推介、销售非本银行发行或代理销售的理财产品。部分银行工作人员为获取高额佣金,借用自身银行工作人员的职务身份,假借银行的营业场所进行增信,利用投资者追求高回报的投资心理,违规私自向投资者推介、销售非本银行发行或代销的理财产品。其中部分理财产品因无法兑现收益甚至涉嫌非法吸收公众存款而频频“暴雷”,投资者因理财本息得不到兑付,通常选择向银行主张索赔。银行理财“飞单”不仅无法保障投资者的资金安全,存在潜在的兑付不能风险,而且将矛盾引向投资者和银行之间,银行的声誉和信用减损,对金融安全产生不良影响。在银行理财“飞单”引发的纠纷中,核心争议为银行应否对投资者的损失承担责任,司法实践中对该问题莫衷一是,存在多种分析路径。

(一)银行理财“飞单”的行为类型与特征

实践中,银行理财“飞单”的行为类型主要为以下三种:第一种,银行工作人员私自推介、销售第三方发行的理财产品;第二种,银行工作人员推介、销售原系本行发行或代销但现已停售的理财产品;第三种,银行工作人员私自推介、销售虚构的理财产品。[①] 上述三种行为类型虽有不同,但共同之处在于银行工作人员利用职务外衣,在工作时间假借银行的营业场所为向投资者推介、销售的理财产品进行增信,但在与投资者签订的投资理财合同中,银行均非一方合同主体,投资者的资金均未进入银行,而是流入银行之外的第三方机构或个人。本案属于上述第一种银行理财“飞单”的类型,本文以该种最为典型、最为高发的银行理财“飞单”行为类型为蓝本,对司法实践中存在的关于银行应否承担责任的两种分析路径进行辨析与选择。

(二)银行应否承担责任的分析路径

1. 违反适当性义务的缔约过失责任分析路径

该种分析路径认为,银行工作人员向投资者推介、销售的理财产品虽然非本

---

① 参见孙棋琳:《银行理财产品“飞单”案件的司法裁判与治理》,载《河南财经政法大学学报》2018 年第 1 期。

银行发行或代销，但在实施该推介、销售行为时，系基于其作为银行工作人员的特殊身份，推介、销售时间是执行职务期间，推介、销售地点是银行营业场所。投资者对于银行机构具有较高的信任度，其有理由相信银行工作人员是按照银行指示向其推介、销售。银行对其工作人员的职权范围的限制，不得对抗善意相对人，即投资者。银行工作人员在工作时间、工作场所向投资者推介、销售理财产品的行为构成职务行为，应认定银行与投资者之间建立了金融服务法律关系。银行作为金融服务的提供者承担着适当性义务，该义务要求银行"将适当的产品销售给适当的客户，负担起合理推荐、适当销售的义务，核心内容可概括为了解客户、了解产品和适当销售"①。银行在理财"飞单"中，显然未尽到对投资者进行风险承受能力评估、风险揭示和适当推介等义务。适当性义务属于先合同义务，银行违反该义务，应当向投资者承担缔约过失责任。

2. 违反安全保障义务的侵权责任分析路径

此种分析路径主张银行理财"飞单"不属于银行授权其员工的职权范围，且与银行授权其员工职责的行使没有内在联系，银行工作人员的行为不构成职务行为，银行与投资者之间未形成金融服务法律关系，不存在银行适当性义务的适用空间。但是，银行作为经营者，负有安全保障的法定义务，为严格履行该项义务，应当制定完善的业务规范，加强内部管理和风险控制。银行工作人员对外代表银行，则应该更加严格地遵守工作流程和操作规范。若银行未尽到安全保障义务，内部管理出现漏洞，其工作人员在执业过程中严重违规操作，而银行又未尽到内部控制和风险管理义务，致使投资者产生损失的，银行应当向投资者承担侵权责任。②

（三）银行理财"飞单"中银行工作人员行为性质的认定

前述关于银行应否承担责任的两种分析路径的根本分歧在于银行理财"飞单"中银行工作人员的行为是否属于职务行为。对此，应当从法律规定的职务行为的内涵进行分析。

《民法典》第170条规定，执行法人或者非法人组织工作任务的人员，就其职权范围内的事项，以法人或者非法人组织的名义实施的民事法律行为，对法人或者非法人组织发生效力。法人或者非法人组织对执行其工作任务的人员职权

① 最高人民法院民事审判第二庭编著：《〈全国法院民商事审判工作会议纪要〉理解与适用》，人民法院出版社2019年版，第412页。

② 参见中华人民共和国最高人民法院民事判决书，（2017）最高法民再174号；北京市第一中级人民法院民事判决书，（2019）京01民终1734号；北京市第二中级人民法院民事判决书，（2016）京02民终11114号；广东省广州市中级人民法院民事判决书，（2019）粤01民终17539号。

范围的限制,不得对抗善意相对人。《民法典》对于职务行为的规定与《民法总则》一致。根据法律规定,职务行为内涵包含四大要素:“一是行为主体拥有职责授权,其行为是在授权范围内的行为;二是行为主体的行为是与授权行为和职责相关的行为;三是行为时间、行为地点、相关关联人员等要素应在常理中与其职务相关联;四是行为主体以履行职务的名义进行活动,且被行为对象善意无过失地认定为系职务活动。”①在银行理财“飞单”中,银行工作人员虽然是在工作时间、工作地点向投资者实施了推介、销售行为,具有职务行为的表象,但该行为不属于银行授权的范围,也不是与职责相关的行为,与授权职责的行使亦不存在内在联系。此外,仅仅是工作时间、办理地点和员工身份与银行具有一定联系,并不构成相对人善意无过失的充分理由。因此,在银行理财“飞单”中,银行工作人员的行为并不属于执行工作任务而实施的行为,不构成职务行为。

(四)银行应否承担责任的分析路径选择

基于前述论证,银行工作人员在银行理财“飞单”中的行为不构成职务行为,银行与投资者并未建立金融服务法律关系,在此情况下,通过考量银行是否履行了适当性义务,进而确定其应否承担责任的分析路径无法适用。笔者认为,在银行理财“飞单”中,银行应否承担责任应当通过以下路径进行分析。

1. 银行负有安全保障的法定义务

根据《民法典》第1198条第1款之规定,银行作为其经营场所的经营者,负有安全保障义务。“经营者的安全保障义务,是指经营者应当对消费者的人身权和财产权的安全负有保障责任,不仅包括已经存在业务关系的消费者,还包括潜在的消费者以及任何其他进入其业务领域的人。”②随着金融创新和银行业自身的发展,银行自营或代售的金融产品推陈出新、种类繁多,然而,金融产品的专业性、复杂性却令普通民众无法轻易弄懂。近年来屡屡发生银行职员私自推介、销售违规金融产品损害投资者利益的事件。商业银行作为吸收公众存款、发放贷款、办理结算等业务的企业法人,其承担的安全保障义务的涵射范围,不仅包括其营业场所(包括柜台及ATM机等)的安全,还包括用户的资金安全以及网上银行的信息安全和交易安全。

银行承担的安全保障义务,包含风险管理和内部控制两个方面的内容。③银行的安全保障义务,要求银行应当做出一定的积极行为,包括制定本行的业务

---

① 刘文、姚小波:《理财飞单事件的法理剖析与责任分析》,载《北京金融评论》2015年第2期。

② 张新宝、唐青林:《经营者对服务场所的安全保障义务》,载《法学研究》2003年第3期。

③ 《商业银行法》第59条规定:“商业银行应当按照有关规定,制定本行的业务规则,建立、健全本行的风险管理和内部控制制度。”

规则，建立、健全本行的风险管理和内部控制制度，督促工作人员严格地遵守工作流程和操作规范，力求尽到最大的注意义务、风险管理和内部控制义务。具体而言，其履行安全保障义务的行为表现为：第一，在银行的经营场所、服务设施设置“一米线”，配备足够的摄像头、安全网报警设施，配置有关人员，在营业场所的显著位置张贴说明或者以其他有效方式对投资者进行必要的风险警示；第二，对银行工作人员的日常履职行为进行有效的监督和管理，及时发现、处理工作人员在职期间的不当甚至违规、违法行为；第三，对于营业场所、网上银行中客户的异常转账、付款等行为及时了解、跟进并进行风险提示等。

本案中，某银行内部排查和风控措施的力度不够，对其员工日常履职行为缺乏有效的监督和管理，对其员工在职期间的不当推介行为未能及时发现处理，对楼某通过网吧机转出近千万元款项的异常行为亦未能及时跟进了解。同时，某银行未对其员工向投资者推介非本行理财产品的行为采取具有针对性和实际效果的防控措施，亦未对投资者进行必要的风险提示。综上，某银行未尽到充分的安全保障义务。

2. 投资者负有风险防范的注意义务

银行理财“飞单”案件中，投资者在交易时通常片面追求高收益，缺乏对自身资金安全的风险防范意识是其损失惨重的重要原因。对银行苛以安全保障义务的同时，投资者自身也应当尽到风险防范的注意义务。关于投资者是否尽到注意义务的判断，不应采用“一刀切”的认定标准，而应当根据投资者的个体特质，包括投资者的年龄、职业、是否具有投资理财经验、风险偏好等，以及投资的金额、投资项目的收益率等因素进行综合判断。

具体到本案中，楼某虽然年近七十，但其具有在银行购买理财产品和办理各类业务的经验，理应具有一定的风险防范意识。特别是本案所涉投资金额近千万元，亦决定了楼某在选择投资产品、追求高额投资收益的同时，对其资金的安全性更加不应忽视。但是，楼某在签约流程和资金流向与其购买某银行正规销售的理财产品完全不同的投资交易面前，事前没有对相关投资向某银行进行必要的核实和查证，事中在赵某未出示任何关于理财产品的材料时即径行购买，事后也未对资金走向和实际用途提出过质疑和异议，可见楼某对资金安全的风险防范意识非常淡薄，并未尽到风险防范的注意义务。

3. 银行侵权责任的认定与承担

《民法典》第1198条第2款规定，因第三人的行为造成他人损害的，由第三人承担侵权责任；经营者、管理者或者组织者未尽到安全保障义务的，承担相应的补充责任。银行理财“飞单”中，投资者的损失虽然由第三人造成，应当由第三人承担责任，但若银行未尽到安全保障义务，其对于投资者的损害存在过错，银行应依法承担相应的补充责任。虽然银行理财“飞单”中,银行工作人员的行为不构成职务行为,但若银行未尽到安全保障义务,意味着其对法定义务的违反,则其存在侵权责任构成要件中的违法行为。[①] 此时,应细致考察银行履行安全保障义务的具体情况以及投资者是否尽到了风险防范的注意义务,并根据银行的过错程度,确定银行向投资者承担的侵权责任比例。此处,银行承担的侵权责任系为与其过错相对应的补充责任。第三人系终局责任人,银行在对投资者承担责任后,可以向第三人追偿。

(责任编辑:阚道祥)

---

① 违法行为,系行为人违反法律规定的义务、违反保护他人的法律和故意实施违背善良风俗而造成他人损害的行为。参见最高人民法院民法典贯彻实施工作领导小组主编:《中华人民共和国民法典侵权责任编理解与适用》,人民法院出版社2020年版,第28页。

房屋交易已交付但未登记情形下继承标的之辨析

——冯某戊诉冯某乙、冯某丙等继承纠纷案相关法律问题研究

张 琳[*] 方 硕[**]

裁判要旨

不动产登记的目的在于对不动产物权的得丧变更进行公示，其虽然可以进行真实物权人的"权利推定"，但并不能片面地作为"权属确认"的依据。

我国不动产物权变动需要同时存在法律行为和依法登记行为，双重法律事实决定不动产物权变动的效力。若仅具有当事人之间的原因行为，而未完成登记，则相应的物权变动因欠缺生效要件而未发生物权效力。

除与被继承人人身有关的专属性债权或合同特别约定不得继承的债权外，自然人死亡时遗留的其他合法债权可作为遗产进行继承。继承纠纷中考虑案件具体事实，从便利诉讼的角度出发，可以对合同履行与遗产继承一体化处理。

一、据以研究的案例

马某与冯某系夫妻，二人育有冯某甲、冯某乙、冯某丙、冯某丁、冯某戊五个子女。1980年冯某去世，2010年马某去世，两人生前均未留遗嘱。马某自2002年至去世前一直居住在810号房屋，该房屋系冯某乙于2000年购买，2001年取得房屋所有权证，冯某乙自2002年后未再居住该房屋。

* 北京市第一中级人民法院团河法庭庭长，悉尼科技大学民商法硕士。

** 北京市第一中级人民法院团河法庭法官助理，北京航空航天大学民事诉讼法学硕士。

冯某戊、冯某丙、冯某甲、冯某丁均表示马某与子女通过家庭会议,口头约定使用马某所获拆迁款30万元购买810号房屋。为此,冯某戊提交内容为"今收到母亲购房款27万元正,拆迁款3万元,共30万元;2002年8月26日;冯某乙"的收条予以佐证。冯某乙对收条的真实性予以认可,但表示马某只是暂时居住810号房屋,马某住进810号房屋后,将30万元给冯某乙,让冯某乙买一套楼层低、最好带电梯的房子,后冯某乙未能购买房子,已陆续还给马某25万元,还剩5万元未还,冯某乙就此未提交证据。冯某戊提交的拆迁货币补偿协议证明马某使用拆迁款向冯某乙支付房款,同时提交冯某乙、白某与冯某己的电话录音,用以证明冯某乙妻子白某知悉马某购买房屋全过程以及冯某乙出具收条的原因,即把购买810号房屋的手续履行清楚。

2018年冯某乙补办了810号房屋所有权证。冯某戊表示冯某乙将810号房屋所有权证、房屋买卖契约及收据原件交给马某,实际由马某长期保管。冯某乙表示上述材料放在810号房屋柜子里,其需要用的时候问过马某的孙子冯某己,冯某己说不知道房本的事情,故其补办了房本。证人甄某、李某、仉某出庭作证,表示马某用拆迁款30万元买了冯某乙的房。

冯某戊诉称:2002年因母亲马某原房屋拆迁,子女五人及母亲协商,由马某购买冯某乙810号房屋,并支付购房款30万元,冯某乙出具手写收据。随即马某与共同居住的冯某甲长子冯某己一起入住810号房屋。后冯某乙以多种理由拖延办理房屋过户手续,直至2010年马某去世一直未能办理。故冯某戊主张:依法确认涉案房屋是母亲的遗产,由子女五人按照每人20%的份额继承;冯某乙将其名下属于母亲遗产的涉案房屋过户至五人名下,每人20%份额。

冯某乙辩称:涉案房屋系其与妻子白某的夫妻共同财产,并非遗产。

冯某甲、冯某丙、冯某丁辩称:同意冯某戊的诉讼请求,由五人平均继承涉案房屋。

一审法院经审理后判决驳回冯某戊的全部诉讼请求。冯某戊不服原审判决,提起上诉。二审法院经审查后,认为本案的争议焦点为810号房屋是否可以在继承人之间予以分割。

(一)810号房屋是否属于马某的遗产

双方均认可2002年马某入住、冯某乙搬离810号房屋,该时间点与冯某乙出具收条的时间相吻合;结合电话录音内容,可以证明30万元购房款与810号房屋具有一定关联,冯某乙爱人白某对此亦知情。综合本案证据,可以认定该收条所指向的购房标的应为810号房屋。另双方均认可自2002年马某搬入810号房屋居住直至去世,在马某去世后多年时间里,房屋均由马某的孙子冯某己居住使用,在此期间冯某乙并未提出异议。810号房屋自2002年,即出具收条当年开始至今均未由冯某乙实际控制、占有及使用,冯某乙在长达数年的时间里亦未对810号房屋主张权利,明显缺乏合理性。再者,房产证及购房手续等作为房屋权属的证明,本应由房屋权利人妥善保管,而本案中房屋所有权证原件、房屋买卖契约原件、收据原件等与810号房屋相关的手续均由冯某戊方持有,并未在冯某乙处,显然与常理相悖。综合上述,可以认定马某与冯某乙之间存在房屋买卖合同关系,且马某已经支付相应款项并一直实际占有使用810号房屋。

根据《物权法》第9条第1款之规定[①],虽然马某与冯某乙之间存在房屋买卖合同关系,但该房屋权属仍然登记于冯某乙名下,即买卖合同关系成立后,冯某乙未履行房屋登记过户手续,因此不发生房屋权属变更的效力。虽然上述条款规定了例外情形,然而例外情形指的是在物权法定原则下,不动产物权不需要登记或者不动产物权变动不以登记作为生效要件的情形。本案马某与冯某乙之间属于普通交易行为,虽属于母子关系,但此不足以构成上述条款的例外。房屋仍属于冯某乙所有,故而810号房屋不属于马某的遗产。

(二)本案对810号房屋进行分割是否有法律上的理由

810号房屋不属于马某的遗产,但因马某与冯某乙之间存在合同关系,因此,对810号房屋是否仍然具有分割的理由,法院持肯定态度。

根据《继承法》第3条列举的公民合法财产的种类,[②]公民的其他合法财产包括非专属于自然人所有的、能够移转的财产性权益。不具有人身专属性的合同债权即属于此处的其他合法财产。虽然冯某乙并未履行房屋变更登记手续,但不影响该买卖合同的效力。因此,应视为马某依据合同约定,在支付完全部房屋价金后,有要求冯某乙履行过户登记的合同权利。该合同权利属于不具有专属性的财产权益,在马某去世后,应该由其继承人享有。故本案中马某的遗产应确定为合同债权,而非810号房屋的物权。

各继承人有权要求债务人履行房屋变更过户手续以完成交易。在完成交易后,各个继承人可以对房产进行实际分割处理。从合同履行的角度考量,当冯某乙将房屋由单独所有变更为继承人共同所有时,可视为其履行了合同义务,如此认定也简化了合同交易关系。但本案为继承纠纷,在确定遗产后,仍应该在各个继承人之间对遗产进行分配。双方当事人均未主张马某留有遗嘱,故法院确定810号房屋应由五位子女各占20%比例继承。应予说明的是,虽然冯某戊等当

---

① 2021年1月1日起《民法典》正式施行,《物权法》同时废止。该案审理时适用《物权法》。相关规定参见《民法典》第209条第1款。

② 2021年1月1日起《民法典》正式施行,《继承法》同时废止。该案审理时适用《继承法》。《民法典》第1122条规定,遗产是自然人死亡时遗留的个人合法财产。

事人主张马某属于房屋的权利人,810 号房屋属于遗产,而法院认为该理由并不成立,但从当事人要求继承并分割房屋的真实诉求以及减少当事人诉累的角度,应在法律规范的范围内,综合考量本案实际情况并最大限度处理纠纷为宜。

综上,二审法院判决:(1)撤销一审民事判决;(2)810 号房屋归冯某戊、冯某乙、冯某甲、冯某丙、冯某丁所有,每人占 20%份额;(3)驳回冯某戊其他诉讼请求。

二、相关法律问题研究

不动产物权变动是一个复杂的动态过程,从买受人取得占有到完成登记往往时间较长,于此期间常滋生争议。本案系因房屋交易已交付但未登记引发的继承纠纷,对继承标的界定实践中有多种不同观点,类案裁判或脱离民事框架纯家事化,或抛开家事特性纯物权化、纯债权化。《民法典》的出台使家事法回归民法体系,因此,需要通过司法评价和确认厘清此种情形下继承标的性质,回应实践与理论争议,进而对类案形成相对统一的裁判路径。

(一)房屋交易已交付但未登记情形下的继承标的辨析

关于不动产物权变动,通说认为我国采用的是债权形式主义的登记生效模式。[①] 在此模式下,不动产物权需经登记始发生物权效力。因基于法律行为发生的物权变动是物权变动的主要方式,故不动产登记在多数情况下是不动产物权变动生效的要件。因此,正确认识不动产登记的法律性质是理解不动产登记在物权权属确认中所发挥作用的前提和基础。

1. 不动产登记的"权利推定"与"权属确认"

我国《民法典》第 209 条规定:"不动产物权的设立、变更、转让和消灭,经依法登记,发生效力;未经登记,不发生效力,但是法律另有规定的除外。依法属于国家所有的自然资源,所有权可以不登记。"第 214 条规定,"不动产物权的设立、变更、转让和消灭,依照法律规定应当登记的,自记载于不动产登记簿时发生效力",与第 209 条相衔接,具体明确了不动产物权变动的生效时间。上述规定与《物权法》关于不动产登记的内容基本相同。[②] 其中,《民法典》第 209 条规定的"法律另有规定",主要包括三方面内容。第一,本条第 2 款规定的依法属于

---

① 参见最高人民法院民法典贯彻实施工作领导小组主编:《中华人民共和国民法典物权编理解与适用》,人民法院出版社 2020 年版,第 50 页。

② 《物权法》第 9 条规定:"不动产物权的设立、变更、转让和消灭,经依法登记,发生效力;未经登记,不发生效力,但法律另有规定的除外。依法属于国家所有的自然资源,所有权可以不登记。"第 14 条规定:"不动产物权的设立、变更、转让和消灭,依照法律规定应当登记的,自记载于不动产登记簿时发生效力。"

国家所有的自然资源,所有权可以不登记。第二,非依法律行为而发生的物权变动情形,具体指:(1)因人民法院、仲裁委员会的法律文书,人民政府的征收决定等,导致物权设立、变更、转让或者消灭的,自法律文书生效或者人民政府的征收决定等行为生效时发生效力。(2)因继承取得物权的,自继承开始时发生效力。(3)因合法建造、拆除房屋等事实行为设立和消灭物权的,自事实行为成就时发生效力。第三,考虑现行法律的规定以及某些物权种类的特殊性,法律没有一概规定必须经依法登记才发生效力。① 例如,土地承包经营权的转让、互换等变动不以登记为生效要件而是以登记为对抗要件,②地役权的设立亦作出类似规定。③

依上所述,我国基于法律行为发生的不动产物权变动,以登记生效为原则,登记对抗为例外,因此不动产登记簿上记载的权利人一般推定为不动产物权的所有人。需要指出的是,登记虽然在不动产物权变动中是生效要件,但登记本身并非赋权行为,债权合意等当事人的意思表示才是物权变动的基础,登记则标志着当事人之间旨在转移不动产物权的权利义务关系画上句号。因此,应把不动产登记理解为当事人不动产物权发生变动的意思表示推动的结果,或者理解为物权变动的生效要件,而不能把不动产物权变动解释为行政权力的物权授权。④易言之,不动产登记的目的在于对不动产物权的得丧变更进行公示,为外界知晓,维护交易的稳定与安全。其虽然可以进行真实物权人的“权利推定”,但并不能片面作为“权属确认”的依据。

2.“物权说”与“债权说”的博弈

司法实践中对物权登记的效力的认定经历了从不区分物权变动和合同行为,到区分合同行为和物权变动的变化。物权变动效果能否维持而不受原因行为效力瑕疵的牵连,不仅关乎法律行为内部当事人的利益,也关乎外部第三人的利益。在当事人之间已经成立房屋买卖合同关系并实际交付的前提下,是否必须经不动产登记方能产生物权变动的效力,在实践中观点各异。

---

① 参见最高人民法院民法典贯彻实施工作领导小组主编:《中华人民共和国民法典物权编理解与适用》,人民法院出版社 2020 年版,第 51-52 页。

② 《物权法》第 129 条规定:“土地承包经营权人将土地承包经营权互换、转让,当事人要求登记的,应当向县级以上地方人民政府申请土地承包经营权变更登记;未经登记,不得对抗善意第三人。”《民法典》第 335 条亦作出同样规定:“土地承包经营权互换、转让的,当事人可以向登记机构申请登记;未经登记,不得对抗善意第三人。”这里不登记的后果是不得对抗善意第三人,而不是不发生效力。

③ 《民法典》第 374 条规定:“地役权自地役权合同生效时设立。当事人要求登记的,可以向登记机构申请地役权登记;未经登记,不得对抗善意第三人。”

④ 参见孙宪忠:《我国物权法中物权变动规则的法理评述》,载《法学研究》2008 年第 3 期。

第一种观点认为，在基于法律行为发生的物权变动中，当事人之间法律行为所包含的合意与登记不一致时，可以当事人之间的真实意思表示为依据确认不动产物权的归属。在不存在交易第三人的情况下，该意思表示能够对抗法律物权，[①]本文称为“物权说”。第二种观点认为，已实际占有房屋之买受人取得的是一种介于债权向物权转变过程中的“准物权”，交付占有后的出卖人对标的物所享有的所有权中已不再包含占有、使用、收益三项核心权能，其所有权实质上已经被掏空，[②]本文称为“准物权说”。第三种观点认为，当事人关于不动产物权归属的约定，在以登记为生效要件的物权变动模式下，不具有物权法上的效力，不符合物权变动生效要件，其性质为债权而非物权，当事人之间的争议应基于合同约定的债权债务关系加以处理。[③] 本案的裁判采纳了最后一种观点。笔者认为，不动产登记在本质上虽然是不动产物权的公示方式，但对其性质的认识不能脱离法律赋予不动产登记以生效要件的法律地位这一基础。

《民法典》第 116 条规定，物权的种类和内容，由法律规定。由此明确了我国物权法定的基本原则。对于物权法定原则的含义，理论上有不同看法。法国学者所解释的物权法定，仅指物权类型和内容的限制，而德国学者所解释的物权法定，则不仅包括物权类型和内容的限制，而且还包括物权设立和移转形式的限制。至于日本和我国台湾地区学者对法定物权外的物权的“创设”的禁止规定中之“创设”的理解，则均认为是对物权种类和内容之任意创设的限制。[④] 笔者认为，物权的移转由法律规定，而不能由当事人自由创设，这是物权法定这一基本原则的应有之义。虽然在土地承包经营权、地役权等以登记对抗为原则的不动产物权变动中，“物权说”在结论上是成立的，但这实际上混淆了物权与债权的概念，与我国《民法典》规定的物权变动的主要模式和要件在根本上相违背，将导致虚化不动产登记在物权变动中的法律作用或效力的后果。应当认为，我国不动产物权变动同时需要法律行为和依法登记，双重法律事实决定不动产物权变动的效力。[⑤] 若仅具有当事人之间的原因行为，而未完成登记，则相应的物

---

① 参见孙宪忠、杨丽美：《房屋交易已交付但未登记的确权问题》，载《中国应用法学》2020 年第 3 期。

② 参见张晨辉：《占有在不动产物权变动中的意义——以“一房二卖”为例》，载《南京航空航天大学学报（社会科学版）》2020 年第 2 期。

③ 参见司伟：《论不动产登记与权属确认——兼论对〈物权法司法解释一〉第 2 条的理解》，载《法律适用》2016 年第 5 期。

④ 参见尹田：《物权法》（第 2 版），北京大学出版社 2017 年版，第 58 页；［日］我妻荣：《日本物权法》，有泉亨修订，李宜芬校订，台北，五南图书出版公司 1999 年版，第 23 页；史尚宽：《物权法论》，中国政法大学出版社 2000 年版，第 13 页。

⑤ 参见胡康生主编：《中华人民共和国物权法释义》，法律出版社 2007 年版，第 39 页。

权变动因欠缺生效要件而不具有物权效力。

结合本案证据及双方当事人陈述，可以认定马某与冯某乙之间存在房屋买卖合同关系，马某已支付完全部价款并实际占有使用房屋，但在房屋未完成权属变更登记的情况下，房屋所有权仍应为出卖人冯某乙所有，马某仅享有要求冯某乙履行过户登记的权利。在马某去世后，继承标的应为债权，而非物权。

(二)房屋买卖合同相对人死亡后权利义务的承继

一般而言，合同主要在特定的合同当事人之间发生法律约束力，而本案中房屋买卖合同的买受人一方在履行完支付全部价款的义务后去世，出卖人一方过户登记的义务尚未履行。此时，继承能否突破合同相对性原则，由继承人承继买受人的权利系本案的另一焦点。此问题解决的前提是确定合同债权能否纳入遗产的范畴。

1. 继承人基于合同成立且已部分履行而承继作为被继承人的买受人的权利

遗产作为继承的客体，经过了一个身份权逐渐式微与财产权日益扩张的演化过程。我国《继承法》第 3 条对遗产范围的规定采纳了“正面概括加列举”的模式，以“公民的其他合法财产”作为兜底条款。[①]《最高人民法院关于贯彻执行〈中华人民共和国继承法〉若干问题的意见》(已废止)第 3 条对该兜底条款进一步明确为“公民可继承的其他合法财产包括有价证券和履行标的为财物的债权等”。由此可见，法律将部分债权纳入遗产的范畴之中。

随着社会经济和社会生活的变化，财产权利不断增添新的内容，遗产范围采用列举的方式难免会存在立法漏洞，进而增加法律被修改、补充的可能，不利于法律的稳定性。因此，《民法典》放弃列举的方式，将“正面概括加反面排除”模式作为立法的选择。《民法典》第 124 条第 2 款对继承权作出规定，“自然人合法的私有财产，可以依法继承”；第 1122 条对遗产范围进行明确：“遗产是自然人死亡时遗留的个人合法财产。依照法律规定或者根据其性质不得继承的遗产，不得继承。”对遗产的排除范围可从两方面予以界定：第一，依照法律规定不得继承的不得作为遗产，包括自然资源利用权、宅基地使用权、生前租用或借用他人的财产、指定了受益人的保险金等；第二，根据其性质不得继承的不得作为遗产，主要指与被继承人人身有关的专属性债权。[②] 这种模式大大拓展了遗产

① 《继承法》第 3 条规定：“遗产是公民死亡时遗留的个人合法财产，包括：(一)公民的收入；(二)公民的房屋、储蓄和生活用品；(三)公民的林木、牲畜和家禽；(四)公民的文物、图书资料；(五)法律允许公民所有的生产资料；(六)公民的著作权、专利权中的财产权利；(七)公民的其他合法财产。”

② 最高人民法院民法典贯彻实施工作领导小组主编：《中华人民共和国民法典婚姻家庭编继承编理解与适用》，人民法院出版社 2020 年版，第 499-500 页。

的范围，将现有财产如物权、债权、知识产权、股权等全部纳入其中，而且为网络虚拟财产权等已经出现或未来可能出现的新型数据财产权等留足了空间。

依上所述，无论是本案裁判时所依据的《继承法》还是现已施行的《民法典》，均将债权纳入遗产的考量范畴，即除与被继承人人身有关的专属性债权或合同特别约定不得继承的债权外，自然人死亡时遗留的其他合法债权应作为遗产进行继承。需要说明的是，这种继承只是对合同中规定的债权的继承，而并非对合同本身的继承。除合同中的特别约定以外，继承人不能因被继承人的死亡而当然取代被继承人成为合同的当事人。

本案中马某生前与冯某乙订立房屋买卖合同并已依约履行合同义务，其去世时遗留的对冯某乙的合法债权可由其继承人进行承继，即其继承人可要求冯某乙继续履行过户登记的义务。

2. 继承人与出卖人身份重合时合同义务的履行

本案的特殊性在于，冯某乙既为房屋买卖合同的出卖人，应依约履行义务，又系法定继承人之一，可承继马某去世时遗留的合同权利。身份的重合导致本案债务应向谁履行、如何履行存在一定障碍。考虑被继承人已经去世，权利主体资格消灭，无法继续承受权利，若要求义务人继续过户给被继承人显然不合宜。结合上述继承人可依法继承部分合法债权的分析，本案裁判认为当继承人与义务人身份重合时，义务人（同时也是继承人之一）向其他继承人履行合同义务即可视为其合同义务已履行完毕，此种做法在便利当事人诉讼的同时，也提高了争议解决的效率。具体到本案中，当冯某乙将房屋由单独所有变更登记为继承人共同所有时，即可视为其履行了合同义务。

（三）本案基于合同债权在继承纠纷中一体化处理的考虑

经过前述分析，继承人可以对被继承人死亡时遗留的合同权利进行承继，但是否能在本案中对合同履行与继承分割一并处理，实践中尚有争议。

一种观点认为，继承人虽然可以承继合同权利，但应由被继承人马某的其他继承人首先起诉冯某乙继续履行合同，将涉案房屋由冯某乙单独所有变更为继承人共同所有后，再以继承纠纷起诉，请求对房屋比例进行具体的分割。另一种观点则认为，本案系继承纠纷，在确定被继承人马某遗留的合同债权可以继承后，可以一并处理合同履行、遗产继承和房屋分割三个问题。

本案裁判采纳了后者观点，主要出于以下几个方面考虑：首先，本案连带处理合同履行与遗产继承于法有据。要求冯某乙过户登记系被继承人马某去世时遗留的合法债权，债权作为自然人一项重要的财产权利，其继承人有权承继，即要求冯某乙向其他继承人继续履行合同义务。其次，继承并分割房屋系本案当事人的真实诉求。马某的继承人起诉本案的直观诉求并非要求确认房屋为所有继承人共同共有,而是对房屋份额进行具体分割。若按照第一种观点,法院至多只能在裁判文书说理部分对被继承人遗留的合法债权可以承继进行释明,但对当事人要求继承分割房屋的诉讼请求而言,因需待其另行诉讼合同履行后方能裁判,故本案只能作出驳回当事人诉求的裁判,这不仅与当事人诉求不相符,亦与减少当事人诉累的司法精神不相合。最后,本案对合同债权在继承纠纷中一体化处理,系个案衡平与类案统一的司法要求的应有之义。本案涉及物债两分的辨析、合同履行与权利继承的冲突、继承人与义务人身份的重合等多项复杂而特殊的问题。在统一类案司法适用的基础之上,更应在法律规范的范围内综合考量本案实际情况并最大限度处理纠纷为宜。故本案最终采纳后者观点,对合同债权的承继在继承纠纷中一体化处理。

(责任编辑:曹巧峤)

融资性保证保险合同中违约金条款的限缩与规范

——某保险公司诉王某某保险人代位求偿权案相关法律问题研究

马　巍[*]　刘　镜[**]

裁判要旨

当事人因保证保险发生的纠纷适用《保险法》的规定。

在基础的借贷法律关系中，贷款人(被保险人)可以向借款人(投保人)收取违约金，依据《保险法》第59条、第60条，保险人可以向借款人主张违约金。

保险人依据保证保险合同主张违约金的，人民法院予以支持，但以一年期贷款市场报价利率为限。

一、据以研究的案例

2014年2月20日，出借人农业银行与被告(被上诉人)王某某签订《个人担保借款合同》，合同约定王某某向该行贷款9万元，期限36个月，自2014年2月20日至2017年2月19日，还款方式为等额本息。同时，王某某向某保险公司投保信用保证保险，保险公司出具了保险单，双方约定每月保费费率为借款金额的1.9%，即1710元。如王某某拖欠任何一期贷款达到80天的，某保险公司应向出借人理赔。投保人王某某需以尚欠全部款项为基数，从保险人理赔当日开始计算，按日千分之一向保险人缴纳违约金。

上述合同签订后，农业银行向王某某发放贷款9万元，王某某自2016年3月20日起不再履行还款义务。2016年6月8日，某保险公司履行了保险责任，

* 北京市第二中级人民法院研究室法官助理，中国政法大学法学硕士。

** 北京市第二中级人民法院民三庭法官助理，中国政法大学法学硕士。

代王某某偿还33 185.93元,并取得了农业银行的全部权益。截至理赔时,王某某还欠某保险公司保险费6102.66元。故某保险公司起诉王某某要求:(1)返还理赔款33 185.93元(其中代偿本金32 492.70元、利息578.15元、罚息115.08元);(2)支付逾期保险费6102.66元;(3)支付违约金(自2016年6月8日起至实际给付之日止,以理赔金额33 185.93元为基数,按日千分之一计算)。

一审法院经审理查明,某保险公司为支持其诉讼请求,提交了个人担保借款合同、借款凭证、保险公司个人消费信贷保证保险保险单及保险条款、代偿债务确认书、追偿金额明细、还款情况系统截屏等证据。王某某经合法传唤未到庭,视为其放弃举证质证的权利,对某保险公司提交的上述证据及其可证明的事实均予以确认。

一审法院认为,根据法律规定,投保人和被保险人为不同主体,因投保人对保险标的的损害而造成保险事故,保险人依法主张代位行使被保险人对投保人请求赔偿的权利的,人民法院应予支持,但法律另有规定或者保险合同另有约定的除外。关于某保险公司主张的违约金,虽然保险合同中约定保险人自理赔当日开始计算,以理赔金额为基数,按每日千分之一向投保人收取违约金,但是某保险公司与王某某之间签署的为个人保证保险合同,其本质属于某保险公司为王某某的债务提供保证,某保险公司承担的责任即为保证责任,其承担理赔责任的方式实际上就是代王某某偿还借款,其代偿借款产生的损失即为资金占用期间的利息损失,故保险合同约定的滞纳金(日息千分之一)收取标准过高。

据此,一审法院比照民间借贷利率的相关规定,对王某某应当向某保险公司支付的违约金进行调整,作出以下判决:(1)王某某支付某保险公司理赔款33 185.93元;(2)王某某支付某保险公司逾期保险费6102.66元;(3)王某某支付某保险公司违约金(以33 185.93元为基数,自2016年6月8日起至实际给付之日止,按年6%计算)。

某保险公司不服一审判决,请求改判支持某保险公司,违约金以理赔金额33 185.93元为基数,按日千分之一计算。

二审法院认为,本案的争议焦点为一审法院调整的违约金计算标准是否妥当。涉案保险合同中约定保险人自理赔当日开始计算,以理赔金额为基数,按每日千分之一向投保人收取违约金。该合同中约定的违约金计算标准明显过高,显失公平,在此情形下,一审法院有权调整该违约金的计算标准。关于具体的违约金计算标准,因某保险公司每月已经向王某某收取了借款金额1.9%的保费,且未提供证据证明其实际损失高于一审法院酌定的违约金,故其主张按照日千分之一的标准计算违约金，缺乏依据。

据此，二审法院判决驳回上诉，维持原判。

二、相关法律问题研究

融资性保证保险具有增信和保障双重功能。作为信贷风险损失的最终承担方，其面对的借款人基本属于信贷“金字塔”的底层人群，这类借款人虽然具有较强的信贷需求，但因资信等原因，唯有通过保证保险才能从银行获取贷款。保险公司出于安全考虑，借谈判地位的优势，往往与借款人约定较高的费率，同时附加高额违约金，有“高利放贷”之嫌。但若降低保证保险的“门槛”，将加大保险风险敞口。审判实践中对调整融资性保证保险违约金的做法不一，亟须审视厘定，为防范化解金融风险提供法治保障。

（一）以违约审查来透视融资性保证保险纠纷的司法现状

1. 融资性保证保险的运营模式

根据银保监会发布的《信用保险和保证保险业务监管办法》，我国保证保险采用狭义概念，[①]是指确实保证保险[②]，包括为融资合同履行提供风险保障的融资性保证保险、为其他合同（如施工合同）的履约提供风险保障的履约性保证保险等[③]。本案所涉的金融消费贷款保证保险即属于融资性保证保险。

此类案件中，放贷机构与保险公司的经营模式通常为借款人向放贷机构申请信用消费贷款，贷款人要求借款人向其合作的保险公司购买保证保险，借款人偿还本息的同时，须向保险公司支付保费等。当借款人无力还贷时，由保险公司先向贷款人赔付欠款本息，再向法院起诉，要求借款人支付所有理赔费用及欠付的保费、违约金、利息损失等。金融消费贷款保证保险经营模式具体可见图 1。

① 《信用保险和保证保险业务监管办法》第 1 条规定：“本办法所称信用保险和保证保险，是指以履约信用风险为保险标的的保险……”

② 确实保证保险是指债务人不履行义务而使权利人遭受损失时，保险人承担赔偿责任的保险。参见李利、许崇苗：《对保证保险内涵的探析》，载《保险理论与实践》2020 年第 8 期。

③ 实践中还存在诉讼财产保全保证保险、关税保证保险等向公权力部门提供风险保障的保证保险，也可视为广义的履约类保证保险。

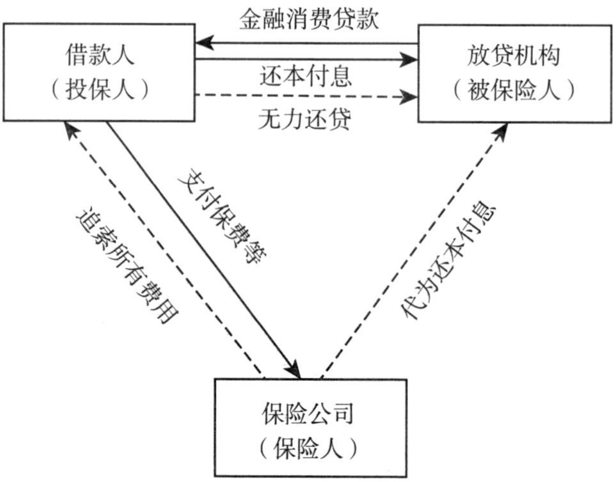

图1　金融消费贷款保证保险经营模式

2. 融资性保证保险纠纷的审判实践

笔者以“保证保险”“贷款”“违约金”“银行”为关键词，在威科先行法律信息库中检索了2018年至2021年6月30日生效的民事判决书，查阅到2177件案例。经调研发现，在金融消费贷款保证保险纠纷中，违约金裁判尺度差异较大。

鉴于该类纠纷违约事实基本一致，各地套案较多，无法通过分析案件数量和比例得出主流裁判结果，但以上检索结果足以表现出裁判尺度不一的情况较为严重。各地金融消费贷款纠纷审理情况见表1。

表 1　各地金融消费贷款纠纷审理情况

序号	地　　域	案　　由	裁判结果	支持比率	裁判说理	案　　例
1	河南焦作	保证保险合同纠纷	完全支持违约金	年利率 15.4%	诉请违约金按照年利率 15.4%计算,未超过合同约定,亦未违反法律规定	中国人民财产保险股份有限公司焦作市分公司与刘某某保证保险合同纠纷
2	辽宁沈阳	保险纠纷		日万分之五	按照保单中载明双方存在违约金的约定	阳光财产保险股份有限公司沈阳中心支公司与马某某保险纠纷
3	湖南株洲	追偿权纠纷		日千分之一	“按每日千分之一,向保险人缴纳违约金”,不违反法律、法规规定	中国人民财产保险股份有限公司株洲市分公司与陈某追偿权纠纷
4	河南南阳	保证保险合同纠纷	主动调整违约金	1 倍 LPR	违约金具有惩罚性和补偿性,依据公平原则,对违约金予以适当调整	阳光财产保险股份有限公司南阳中心支公司系列保证保险合同纠纷
5	河南郑州	信用保险合同纠纷		1 倍 LPR	原告主张按照每月百分之二计算过高,按 LPR 予以支持	中国人民财产保险股份有限公司郑州市分公司与贺某某信用保险合同纠纷
6	陕西西安	追偿权纠纷		1 倍 LPR	约定日千分之一,原告自愿将违约金变更为资金占用损失,按 LPR 予以确认	中国大地财产保险股份有限公司陕西分公司与李某追偿权纠纷
7	广东中山	保证保险合同纠纷		1.5 倍 LPR	根据公平原则,权衡当事人预期利益等综合因素,酌情调整	中国人民财产保险股份有限公司中山市分公司与殷某某保证保险合同纠纷

续表

序号	地域	案由	裁判结果	支持比率	裁判说理	案例
8	广西玉林	保证保险合同纠纷		4倍LPR	合同中所约定的日万分之六违约金过高，调整之后按照4倍LPR计算	中国人民财产保险股份有限公司玉林市分公司与陈某、林某某保证保险合同纠纷
9	河南郑州	保证保险合同纠纷		理赔款10%	主张违约金并无不妥，但违约金约定的计算标准过高，以实际损失为基础，兼顾合同的履行情况、被告的过错程度等综合因素，根据公平原则，认为违约金以理赔款的10%计算为宜	阳光财产保险股份有限公司郑州中心支公司与刘某某保证保险合同纠纷
10	四川成都	保险人代位求偿权纠纷	完全不支持违约金	—	代位求偿的范围即是保险人赔偿的范围，保险费和违约金不属于代偿求偿的范围。经释明，保险公司坚持以保险人代位求偿起诉，违约金不予支持	中国人民财产保险股份有限公司成都市分公司系列代位求偿权纠纷

由上可以得知，各地法院在案由识别、裁判说理、裁判结果等方面存在较大差异，对违约金大致持三种观点：第一种观点完全支持，尊重当事人意思自治；第二种观点虽然支持，但认为违约金约定过高，主动调整，范围在1-4倍LPR[①]；第三种观点完全不支持，保险人仅在理赔额内受偿。本案所认定的按年利率6%计算，参照了《最高人民法院关于审理民间借贷案件适用法律若干问题的规定》关于资金占用损失的规定，该司法解释修改后统一为LPR，是众多裁判标准之一。

3. 融资性保证保险纠纷的裁判难题

裁判尺度不一仅是问题的表象，在背后影响法官的争议焦点为：保证保险合同的法律性质是保险抑或保证？如果是保险合同，借款人作为投保人可以控制保险事故是否发生，似有悖保险理论；保险人追偿若仅限于理赔款，保险公司从事该项业务徒增风险。如果是保证合同，根据担保合同的附属性，追偿的数额不得突破法定利率红线，且违反“保险机构不得为他人债务向第三方提供担保”的监管规定。由此，保证保险的法律性质是重要的核心命题，决定了该类纠纷的法律适用，也决定了违约金的正当性、合法性、统一性。

（二）以性质认定透析融资性保证保险纠纷的法益权衡

保证保险的法律性质一度在法学界讨论不休，不同时期倾向性观点不同。[②]笔者认为，保证保险虽能够发挥担保和增信的功能，但本质上仍是保险，应当在保险法和金融法领域内加以规范。

1. 保证保险的法律性质分析

第一，从法律文义解释上看，在保证保险法律性质之争中，否定其保险性质的代表性观点认为，“在现实中的保证保险合同中，投保人自己对于保险标的并不具有保险利益，不是真正意义上的保险合同”[③]。然而，2009年《保险法》修订时，明确将保证保险作为财产保险业务之一，并删除了在财产保险中“投保人对保险标的应当具有保险利益”的条款，以此顺理成章地将保证保险纳入《保险

① LPR是指一年期贷款市场报价利率。

② 如在学术界，2006年宋刚的《保证保险是保险，不是担保——与梁慧星先生商榷》与梁慧星的《保证保险合同纠纷案件的法律适用》形成呼应。关于保证保险学说之争可以参见廖世昌：《解析保证保险》，载《月旦法学杂志》2004年第4期；孙宏涛、张津豪：《保证保险代位求偿权行使对象的范围界定研究》，载《保险理论与实践》2020年第10期等。而在司法实践中，2000年8月最高人民法院曾在《对湖南省高级人民法院〈关于中国工商银行郴州市苏仙区支行与中保财产保险有限公司湖南省郴州市苏仙区支公司保证保险合同纠纷一案的请示报告〉的复函》中指出：“保证保险虽是保险人开办的一个险种，其实质是保险人对债权人的一种担保行为。”但2003年最高人民法院又在《关于审理保险纠纷案件若干问题的解释（征求意见稿）》第36条中规定，法院在审理保证保险合同纠纷确定当事人权利义务时，应适用《保险法》；《保险法》未作规定的，才适用《担保法》。

③ 梁慧星：《保证保险合同纠纷案件的法律适用》，载《人民法院报》2006年3月1日，第1版。

法》项下。只要“被保险人对保险标的具有保险利益”，即可认定为保险，无须再考虑投保人是否具有保险利益。

第二，从保险基本特征上看，保险的特性在于兼具风险的转移和分担功能。保险公司作为金融机构，以承保方式运用汇集的保费对实际发生的风险进行理赔，通过大数法则实现风险分担，这是作为金融工具的保险制度与通过一对一方式进行增信的担保制度的本质区别。《保险法》只要求被保险人对保险标的享有保险利益，关注的是可能损害被保险人保险利益的风险转移，在被保险人之间实现风险共担。因此，即便借款人（投保人）能够控制保险事故是否发生，保险人追偿权导致借款人不能实现风险转移，但保险合同保障的是被保险人（贷款人），不影响保证保险的保险属性。

第三，从法益保护上看，保证保险具有金融属性和公共属性，将其作为保险而非一般商事案件进行规制，更有利于保护金融消费者和小微企业。首先，该类保险业务的数量和金额主要集中于融资性保证保险[①]，特别是体量庞大的个人消费贷、小微企业经营贷等，现已实际成为金融信贷领域的配套制度。其次，保险公司作为金融机构，需要广泛汇集社会公众资金才能实现制度价值。即便是受金融监管的融资担保公司，其业务规模和市场地位也无法与保险公司相提并论。因此，虽然保证保险与保证担保的法律效果类似，但鉴于保证保险涉及范围广、公共属性强，是国家金融监管政策的组成部分，将其视为保险而非一般民商事担保进行规制，更有利于维护金融秩序，降低系统性风险，服务实体经济。

2. 融资性保证保险的特别之处

第一，借款人处于弱势地位。前文已经论及，保证保险并不转移借款人的风险（责任），因此其更多的是应贷款人的要求而购买保证保险。对保险公司而言，借款人投保的优势在于，可以通过保险合同直接将借款人锁定，不但在合同中精确掌握借款人的身份信息、送达地址，还可以直接约定案件管辖、违约标准、追偿规则等具体权利义务，甚至还可以要求借款人为履行保险合同提供反担保。保险公司利用合同条款可以强化对己方的保护，但谈判能力弱的借款人则处于权利保护弱势的处境中。

第二，风险共担效果较弱。在融资性保证保险中，贷款人往往集中在少数金融机构，且这些机构往往只和特定保险公司合作，由此少数被保险人将大量融资

---

① 根据中再产险 IDEA 行业数据分析中心的数据，目前融资性保证险业务在整个保证险业务中的保费收入占比超过九成。参见李晓翾：《保证险“扭盈为亏”：非车第一大险种，难逃“年不过三”的命运?》，载百度网 2020 年 4 月 10 日，https://baijiahao.baidu.com/s?id=1663584426248882295&wfr=spider&for=pc。

合同风险汇集给单一保险公司，但后者难以找到更多的同类保险业务来实现风险共担。鉴于银行与保险公司的承保规模与贷款规模在数量级上基本相当，不足以对冲风险①，保险的大数法则存在落空的风险，反而形成了银行与保险公司一对一对赌的局面。如果放任保险公司扩张己方权利，非但无法实现风险分担的目的，反而可能刺激信贷泡沫产生，并将金融风险从银行系统扩散到保险系统②。

第三，保费费率更高。虽然保险公司有权追偿，但往往是在贷款人穷尽手段之后，其权利实现的难度较大。同时，由于保险公司难以找到足够多的被保险人实现大数法则，为了平衡自身风险，必然会调高保费费率。横向上看，融资性保证保险的基准费率（每月 1.4%）高于履约性保证保险（每月 1%）、信用保险（每月 0.15%~1.31%）和其他财产保险，纵向上看，融资性保证保险的基准费率高于借款人利息标准，客观上推高了借款人的综合融资成本（如本案中被告仅承担的保费费率就高达每年 22.8%），增大了履约难度。

第四，保险免责事由受限。融资性保证保险中的免责范围比履约性保证保险和财产保险的更窄，特别是不会对投保人故意和具有严重过错的情况免责。保证保险的保险标的是借款人自身的履约信用风险，即使借款人已出现逾期或履约能力明显恶化的情况时，保险人也不能以投保人未对保险标的安全尽责或保险标的危险程度显著增加为由要求解除保证保险合同。这使保险人更多地只能利用事后追索，而非以事前限定风险范围的方式把控风险，进一步推动保险公司在合同中设置尽可能有利的追偿规则及违约条款。

3. 小结

综上，明确保证保险法律属性只是确定该类纠纷裁判规则的起点，在锁定其保险本质的同时，也应正视融资性保证保险不同于一般保险的特殊之处：第一，融资性保证保险风险转移和增信的属性更强，风险分担和风险管控的属性则更弱，在法律效果上更接近担保制度。第二，融资性保证保险的保险人具有签约前谈判优势明显而签约后救济受限的特点，倾向于通过保险合同尽量扩张己方权利、加重借款人负担。这导致当事人之间权利义务的严重失衡，在整体上较易诱发逆向选择，使经济实力较弱但更需融资的借款人无力承担融资成本，驱使其将信贷资金投向投机领域。上述问题亟须法院以法益衡量和制度价值实现为导

---

① 以本案涉及的贷款机构与保险机构为例，其上市公司年报显示，农业银行 2020 年度发放个人消费贷款金额为 1785.59 亿元，而保险公司 2020 年度保证保险的保险金额为 4126.45 亿元。考虑到针对个人消费贷款的保证保险仅占全部保证保险的一部分，可以认定两者体量基本相当。

② 如在 2020 年度上市公司年报中，中国人保和中国保险公司均提及保证保险收入大幅下降，索赔金额大幅上升并导致业务亏损的情况。

向,慎重审理融资性保证保险纠纷。

（三）以统一标准构建融资性保证保险违约金裁判规则

既然确定了融资性保证保险的保险本质,这就决定了在纠纷处理中,不应采保证合同的观点,保险人不是保证人,故保证范围无从谈起,更无法就违约金在1~4倍LPR范围内进行调整。既然保险合同明确约定了违约金,则应当予以支持。但基于融资性保证保险的特殊之处,在保险人向出借人支付的保险赔偿金中已包含了借款本金和利息的情况下,若再支持高额的违约金,则相当于变相支持“高利放贷”,对此应当予以必要的调整。具体考量因素包括以下三个方面:

1. 穿透式审查保险利益即基础借贷关系

以本案为例,典型的融资性保证保险纠纷同时涉及借款合同法律关系、保证保险合同法律关系和保险人代位求偿权法律关系三个法律关系。即使保险人主动履行保险责任,基础借贷关系并未进入司法程序,法院仍应对其进行有限度的审查。穿透式审查的法律依据是《保险法》关于财产保险的被保险人在保险事故发生时,应当对保险标的具有法律上承认的利益的规定。融资性保证保险的保险标的是基础借贷关系的履约信用风险。如果作为被保险人的出借人在基础借贷关系中享有的债权因存在非法集资、利率过高等情形而未得到法律上的承认,被保险人对保险人享有的赔偿权以及保险人理赔后的追偿权,不应得到司法的支持。对于银保监会禁令前的P2P等集资项目,如融资方非法或已爆雷等,进入法院的保证保险纠纷审判程序,其中的违约金不应支持。

2. 保险人可依法取得对投保人的追偿权

《保险法》第60条有关追偿权的规定本意在于避免被保险人从保险公司和损害赔偿责任人处就同一保险事故获得双重赔付,故该条所指的第三人系被保险人和保险人以外的第三人。而融资性保证保险的借款人在保证保险合同项下是投保人,在保险代位权中是第三人,保险人因此有权向作为投保人的借款人请求赔偿。

融资性保证保险的保险人享有追偿权的范围并不局限于保险赔偿金。这是因为保险人在理赔后,还可以依据《保险法》第59条的规定,取得“受损保险标的的全部权利”。综合融资性保证保险的制度本意,为实现同案同判的效果,可以对上述规定进行扩张解释,认定此时可以视为保险人取得出借人在基础借贷关系中所享有的合法债权,其追偿的范围既包括已赔付的本金、利息,也包括依据欠付款项计算的违约金或罚息;而保险人追偿的对象,既包括借款人自身,也包括为出借人提供担保的其他担保人。

3. 不得利用格式合同加重投保人责任

由于保险合同的公共属性,《保险法》第19条明确禁止保险人通过格式条款加重投保人责任。在本案中,保险人依据保险合同的约定,要求借款人按照每日千分之一的标准支付违约金。但在该类案件中,借款人既是保证保险合同的投保人,又是借款合同的借款人,兼为保险人代被保险人之位请求赔偿的第三人,其在不同法律关系中的义务不同,不能混为一谈。在逻辑上,保险人对借款人的追偿权来自法律规定而非合同约定,也不允许当事人自行约定。同时,保险事故的发生属于保险保障的事项,而不是投保人的违约行为,保险人据此收取投保人的违约金也缺乏合理依据。

因此,在融资性保证保险合同纠纷中,保险人向借款人收取违约金的依据,仅来自基础借贷关系中从出借人处取得的权利。倘若保险合同约定明显重于基础借贷关系约定的罚则,应认定属于《保险法》第 19 条禁止的“加重投保人、被保险人责任”。具体而言,从统一金融监管尺度、避免监管套利、遏制保险公司变相从事贷款业务的角度出发,不宜支持过高违约金。《最高人民法院关于审理民间借贷案件适用法律若干问题的规定》在 2015 年刚出台时曾提出“既未约定借期内的利率,也未约定逾期利率”的资金占用期间的利息标准,即年利率 6%(1 倍 LPR),后在 2020 年修正后取消了“资金占用”的提法,转而支持无约定下“违约金”。据此,法院在融资性保证保险违约金过高进行调整时,仍可沿用 1 倍 LPR 标准。

综上,融资性保证保险纠纷违约金认定裁判思路见图 2。

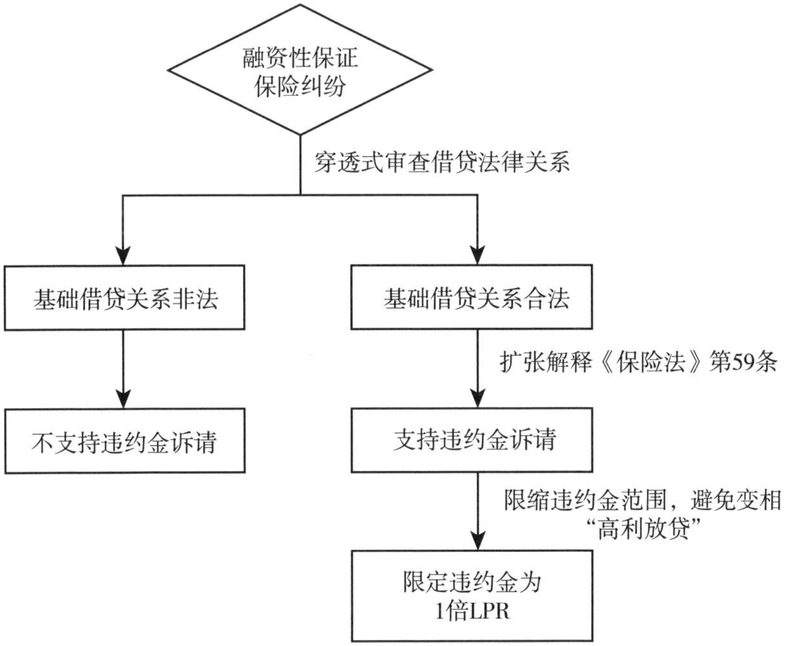

图 2　融资性保证保险纠纷违约金认定裁判思路

(四)结语

本案系典型的保证保险合同中的违约金认定案件,现行法律对其认定标准没有明确规定,全国各地的审判实践差异较大。通过对本案保证保险的法律性质及特殊性进行剖析和辨识,从法益衡量和制度价值实现等维度构建了融资性保证保险案件违约金的裁判规则,对审理同类案件具有指导意义和参考价值。

(责任编辑:彭　春)

认缴制下公司减资违反通知义务时的股东赔偿责任

——耿某诉李某甲、李某乙股东损害公司债权人利益责任案相关法律问题研究

孙　盈[*]　张洁云[**]

裁判要旨

公司对认缴资本减资时,应依据《公司法》第177条的规定,对债权人履行通知义务。对公司已知或应知的债权人,不得以登报公告的形式替代直接通知义务。

公司在未通知债权人的情况下对认缴资本进行减资,在确定股东赔偿责任时,应妥善平衡股东的出资期限利益和债权人的合法权益。

公司未经债权人同意,对未届出资期限的认缴资本进行减资,在公司不具有《全国法院民商事审判工作会议纪要》第6条规定的认缴出资加速到期情形的情况下,债权人请求未届出资期限的股东在减资范围内对公司不能清偿的债务承担补充赔偿责任的,人民法院不予支持。

公司未经债权人同意,对未届出资期限的认缴资本进行减资,且公司同时具有《全国法院民商事审判工作会议纪要》第6条规定的认缴出资加速到期情形时,如果股东不能证明减资的合理理由和未损害债权人的利益,债权人请求减资股东在减资范围内对公司不能清偿的债务承担补充赔偿责任,协助减资的其他股东对此承担连带责任的,人民法院应予支持。

---

* 北京市第二中级人民法院民四庭法官,北京师范大学民商法学博士。

** 北京市大兴区人民法院综合办公室副主任,中央财经大学民商法学硕士。

一、据以研究的案例

2018年,耿某因与某公司存在劳动争议申请仲裁。2018年4月16日,仲裁机构出具调解书,确认某公司应于2018年4月19日、5月31日前分两期共向耿某支付工资等调解款38 510元。之后,某公司未付款,耿某向法院申请强制执行。在执行程序中,因某公司无可供执行的财产,执行法院于2018年7月26日、11月19日先后作出执行裁定书,裁定终结本次执行程序。耿某的债权未得到任何清偿。

某公司成立于2017年,注册资本原为4800万元,股东李某甲、李某乙分别认缴出资2448万元、2352万元,出资时间均为2045年12月30日。李某甲原为董事长、法定代表人,李某乙原为董事。2018年6月,该公司股东会作出决议,将注册资本变更为1000万元,李某甲、李某乙分别认缴510万元、490万元,出资时间不变。2018年6月26日,某公司在报纸上刊登减资公告。同年7月,李某甲、李某乙退出公司董事会,法定代表人变更为曹某。某公司向登记机关出具情况说明,承诺公司对外无债权债务,亦无任何担保,李某甲、李某乙在该说明上签字。2018年11月9日,某公司办理了减资变更登记。在减资过程中,某公司未通知债权人耿某。

一审法院经审理认为,公司是企业法人,有独立的法人财产,公司以其全部财产对公司的债务承担责任。有限责任公司的股东以其认缴的出资额为限对公司承担责任。《公司法》在明确股东承担有限责任的同时,也明确应依法保护公司债权人的合法权益。公司注册资本既是公司股东承担有限责任的基础,也是公司的交易相对方判断公司财产责任能力的重要依据。公司股东负有诚信出资以保障公司债权人交易安全的责任,公司减资时,对其债权人负有根据债权人的要求进行清偿或提供担保的义务。《公司法》第177条规定,公司需要减少注册资本时,必须编制资产负债表及财产清单。公司应当自作出减少注册资本决议之日起十日内通知债权人,并于三十日内在报纸上公告。债权人自接到通知书之日起三十日内,未接到通知书的自公告之日起四十五日内,有权要求公司清偿债务或者提供相应的担保。据此,本案中,耿某与某公司在仲裁中达成调解时,某公司的注册资本为4800万元,其后某公司注册资本减少为1000万元。若某公司在减资时依法通知已知的债权人耿某,则耿某依法有权要求某公司清偿债务或提供相应的担保,耿某作为债权人,其上述权利并不因某公司系针对出资期限未届满的出资额进行减资,且减资后股东认缴资本金额仍超过耿某的债权金额而受到限制。某公司及其股东李某甲、李某乙在公司减资时,既未依法通知耿某,亦未向耿某清偿债务,在明知某公司对耿某负有债务的情形下,向登记管理部门出具情况说明，承诺公司对外无债权债务亦无任何担保，李某甲、李某乙的行为违反了《公司法》的规定，损害了债权人的合法权益。现某公司仍未对欠付耿某的债务进行清偿，耿某要求股东李某甲、李某乙对某公司的债务在公司减资范围内承担补充赔偿责任，合法有据，应予支持。

据此，一审法院判决：李某甲、李某乙在某公司减资的3800万元范围内对仲裁机构调解书确认的某公司对耿某所负的债务向耿某承担补充赔偿责任。

一审法院宣判后，李某甲提起上诉。二审法院判决驳回上诉，维持原判。

二、相关法律问题研究

本案是关于公司在未通知已知债权人的情况下对认缴资本进行减资，股东是否应向债权人承担赔偿责任的典型案例。《公司法》第177条仅规定了减资程序，但未规定违反程序的民事法律后果。最高人民法院刊登的两则典型案例虽明确了实缴资本违法减资时股东责任的裁判规则，但未涉及认缴资本减资。[①] 特别是当公司对尚未到期的认缴出资进行减资时，如何妥善平衡股东的期限利益和债权人的合法权益，目前实践中依旧缺乏清晰的裁判标准。《公司法》修改已被列入全国人大常委会近期立法规划，公司资本制度是此次《公司法》修改中的重要内容之一。当前，针对认缴制下公司减资的典型案例进行研究，不仅对提炼裁判规则、统一司法标准具有实践意义，亦对推动公司法的完善具有较高的理论价值。

(一)公司减资违反通知义务时股东承担责任的理论基础

我国现行公司减资规则以实缴资本制为原型。对现行一般规则的立法精神和规范内容进行梳理，是本案研究的逻辑起点。

1.公司减资程序中的债权人保护

公司减资是公司减少注册资本的行为。[②] 我国《公司法》对减资规定了严格的控制程序，旨在维持公司资本、保护债权人合法权益。

(1)资本维持原则是公司减资程序的正当性基础

在狭义的概念中，公司资本指注册资本，即公司注册成立时所申报的股权资本。[③] 公司资本具有构筑公司独立人格与保护债权人的双重功能，既是公司从

---

① 参见上海德力西集团有限公司诉江苏博恩世通高科有限公司、冯某、上海博恩世通光电股份有限公司买卖合同纠纷案，载《最高人民法院公报》2017年第11期；贺小荣主编：《最高人民法院第二巡回法庭法官会议纪要》第2辑，人民法院出版社2021年版，第21-32页。

② 参见施天涛：《公司法论》(第4版)，法律出版社2018年版，第563页。

③ 参见施天涛：《公司法论》(第4版)，法律出版社2018年版，第166、167页。

事经营活动的物质基础，也是对债权人的信誉担保。[①] 资本维持原则是公司资本制度的基本原则，指在公司存续的过程中应当维持与公司资本额相当的现实财产，以具体财产充实抽象资本。[②] 其旨在通过构造股东与公司之间资本性交易的规则体系，保护公司债权人免受股东有限责任引发的外部风险损害。[③]《公司法》针对减资规定了严格的法定程序，非依法定程序，公司不得减资。

(2)公司减资程序中的债权人保护规则

《公司法》第177条第2款规定了公司减资的两项通知义务：第一，直接通知义务，即对已知债权人，公司应自作出减资决议之日起十日内直接通知；第二，公告通知义务，即对未知的潜在债权人，公司应自作出减资决议之日起三十日内在报纸上公告。二者是并列关系，公司不得以登报公告替代对已知债权人的直接通知义务。[④] 同时，该款还规定了债权人的救济权，即债权人自接到通知书之日起三十日内或自公告之日起四十五日内，有权要求公司清偿债务或者提供担保。可见，公司在减资时依法履行通知义务，是保证债权人行使救济权的前提。

2. 公司减资违反通知义务时关于股东责任的裁判规则

公司减资时未履行对债权人的通知义务，《公司法》第204条仅规定对公司处以罚款的行政责任，但未规定民事责任。

2017年，最高人民法院刊登公报案例，在裁判要旨中提出："公司减资时未依法履行通知已知或应知的债权人的义务，公司股东不能证明其在减资过程中对怠于通知的行为无过错的，当公司减资后不能偿付减资前的债务时，公司股东应就该债务对债权人承担补充赔偿责任。"[⑤]该公报案例适用《最高人民法院关于适用〈中华人民共和国公司法〉若干问题的规定(三)》(以下简称《公司法解释三》)第14条第2款，即股东抽逃出资的规定。此后，多数法院认为上述情形中股东行为的性质是抽逃出资。但是，该公报案例系公司针对实缴资本减资，并未涉及认缴资本减资的问题。

之后，最高人民法院第二巡回法庭在2019年发布的《最高人民法院第二巡

---

① 参见朱慈蕴：《中国公司资本制度体系化再造之思考》，载《法律科学(西北政法大学学报)》2021年第3期。

② 参见朱慈蕴：《中国公司资本制度体系化再造之思考》，载《法律科学(西北政法大学学报)》2021年第3期。

③ 参见刘燕：《重构"禁止抽逃出资"规则的公司法理基础》，载《中国法学》2015年第4期。

④ 参见薛波：《公司减资违反通知义务时股东的赔偿责任——〈最高人民法院公报〉载"德力西案"评释》，载《北方法学》2019年第3期。

⑤ 参见上海德力西集团有限公司诉江苏博恩世通高科有限公司、冯某、上海博恩世通光电股份有限公司买卖合同纠纷案，载《最高人民法院公报》2017年第11期。

回法庭2019年第27次法官会议纪要》中进一步提出,公司减资应区分实质减资与形式减资。如果公司未按法定程序进行实质减资,而股东已通过违法减资程序抽回出资,此时构成公司违法减资与股东抽逃出资的竞合,可依据《公司法解释三》第14条第2款,判定股东对公司债务承担补充赔偿责任。如果公司仅为形式减资,并不造成公司净资产的减少,此时不构成抽逃出资,不能仅以减资程序不合法而认定股东承担抽逃出资责任。[①] 在该会议纪要载明的案例中,公司亦系针对实缴资本减资,同样未涉及认缴出资。

3. 公司减资违反通知义务时关于股东责任的法理分析

在上述典型案例的基础上,有必要对公司违法减资时股东承担责任的理由和依据进一步剖析。

(1)实质减资与形式减资的区分

以是否造成净资产减少为标准,公司减资分为实质减资与形式减资。前者指公司减少资本的同时,将相应金额的财产返还给股东,从而减少公司净资产,典型的情形是返还股东已缴资本。后者指只减少资本额,不涉及净资产流出公司,典型的情形是公司注销部分股份以弥补亏损,从而使注册资本降低至与实有资本一致。[②]

(2)公司违法减资时实质减资与形式减资的不同法律后果

公司在减资过程中存在程序违法情形与股东利用公司减资抽逃出资是两个不同的问题。抽逃出资是在公司成立后,股东未经法定程序,从公司抽回相当于已缴纳出资数额的财产,同时继续持有公司股份的变相违反出资义务的行为。[③] 抽逃出资与减资虽都表现为资本减少,但二者在主体、目的、条件、程序和后果等方面存在差异。[④]

当公司违反法定程序,实施实质减资时,股东从公司实际抽回了出资,既构成公司违法减资,同时还属于《公司法解释三》第12条规定的"其他未经法定程序将出资抽回的行为",构成公司违法减资与股东抽逃出资的规范竞合。债权人可依据该司法解释第14条第2款要求股东承担补充赔偿责任。

当公司违反法定程序,实施形式减资时,公司仅在形式上减少注册资本额,

① 参见贺小荣主编:《最高人民法院第二巡回法庭法官会议纪要》第2辑,人民法院出版社2021年版,第21-32页。

② 参见[韩]李哲松:《韩国公司法》,吴日焕译,中国政法大学出版社2000年版,第585-586页。

③ 参见最高人民法院民事审判第二庭编著:《最高人民法院关于公司法解释(三)、清算纪要理解与适用》,人民法院出版社2011年版,第188页。

④ 参见贺小荣主编:《最高人民法院第二巡回法庭法官会议纪要》第2辑,人民法院出版社2021年版,第30页。

股东未实际抽回出资,不存在抽逃出资行为,因此股东不承担相应责任,此时仅产生公司违法减资的法律后果。《公司法》明文规定,出现此种情形公司要承担罚款的行政责任。在理论上,还有观点认为,未经债权人同意的减资无效,资本应恢复到资本减少以前的状态。① 在比较法上,日本公司法和韩国商法均规定公司违法减资时,异议债权人可请求确认公司减资行为无效。②

(二)认缴制下公司减资违反通知义务时股东责任的司法认定

按照从一般到特殊的逻辑,需要根据认缴制的特殊性,对认缴制下公司违法减资的股东责任进一步展开讨论。

1. 认缴资本减资时股东期限利益与债权人保护的平衡

认缴制下探讨因公司违法减资股东的责任问题,核心内容是对公司减资的债权人保护规则与股东认缴出资的期限利益规则进行协调适用。

(1)认缴资本减资仍适用债权人保护规则

《公司法》自2013年修正以来采取全面认缴资本制,由股东根据章程确定的出资总额和出资期限进行认缴。全面认缴制只是改变了股东的出资方式,是股东出资方式由资产形式向信用形式的变迁,但公司资本对债权人的担保属性并未发生变化,股东对公司的出资承诺仍是债权得以清偿的信誉担保。因此,认缴制下的公司减资行为仍应受到资本维持原则的制约,《公司法》第177条规定的公司减资时债权人保护规则在认缴制下仍然适用。③

本案中,虽然某公司是对认缴资本减资,但仍应遵守法律规定,直接通知已知债权人耿某。但某公司仅在报纸上刊登公告,未尽法定通知义务,变相剥夺了耿某要求清偿、提供担保的救济权利。

(2)认缴制下股东的期限利益及其边界

在认缴制下,股东与公司通过章程约定出资期限,并通过公司登记向社会公示。债权人在与公司交易时可审查股东出资时间等信用信息,并受股东出资时间的约束。因此,在出资时间未到期前,股东享有期限利益,有权拒绝公司或债权人的提前出资要求。据此,2019年《全国法院民商事审判工作会议纪要》第6条规定,除却特殊情形,债权人不能以公司不能清偿到期债务为由,请求未届出资期限的股东在未出资范围内对公司不能清偿的债务承担补充赔偿责任。

---

① 参见余斌:《公司未通知债权人减资效力研究——基于50个案例的实证分析》,载《政治与法律》2018年第3期。

② 参见[日]近藤光男:《最新日本公司法》(第7版),梁爽译,法律出版社2016年版,第353页;[韩]李哲松:《韩国公司法》,吴日焕译,中国政法大学出版社2000年版,第593页。

③ 参见刘玉妹:《认缴资本制视野下公司减资制度的构建》,载《法律适用》2016年第7期。

然而,股东的期限利益不是无限制的。出资义务属于股东的法定义务,股东对出资义务具有不可免除的责任。[①] 由于有限责任和认缴制容易引发股东将交易风险转嫁给债权人的道德风险,股东的期限利益应受到必要限制。[②] 因此,上述纪要第6条规定了两种股东出资加速到期的情形:第一,公司已具备破产原因,但不申请破产的情形,即公司作为被执行人的案件,法院穷尽执行措施无财产可供执行。此时,债权人有权要求股东在未出资范围内对公司不能清偿的债务承担补充赔偿责任。第二,公司延长出资期限、逃避股东出资义务,即在公司债务产生后,公司通过股东会决议或其他方式延长股东出资期限的情形。此时债权人享有撤销权,可要求撤销该延长的期限,请求股东按原来约定的出资期限履行出资义务。[③]

本案中,经法院穷尽执行措施,某公司不能清偿到期债务且公司资产不足以清偿全部债务,已具备破产原因而未申请破产。因此,股东李某甲、李某乙对公司的未到期认缴出资具备加速到期条件,负有出资补足义务。

(3)认缴资本减资时债权人保护规则与股东期限利益规则的协调适用

认缴资本减资属于实质减资。在认缴制下如果股东出资期限尚未届满,股东无论是以货币还是非货币出资,财产权都未移转给公司,股东以认缴出资额为限的责任,表现为以货币计量的价值形态的出资额为限对公司承担责任。[④] 此时,股东尚未缴纳的注册资本应视为股东对公司的负债,根据企业会计准则应属于公司应收资本项目,计入公司净资产。[⑤] 因此,对股东承诺的认缴出资进行减资,本质上是免除公司对股东的未到期债权,从而产生减少净资产的后果,根据实质减资与形式减资的区分标准,应属于实质减资。

在认缴制下,公司违法减资行为受到债权人保护规则与股东期限利益规则的双重制约。一方面,公司对认缴资本减资属于实质减资,应加强对债权人的保护。公司应履行对债权人的通知义务,且异议债权人享有要求清偿或提供担保的救济权。另一方面,在公司未尽通知义务的情况下,对于未届出资期限的认缴出资,依据前述纪要第6条的规定,原则上债权人不能要求股东承担补充赔偿责

---

① 参见蒋大兴:《论股东出资义务之"加速到期":认可"非破产加速"之功能价值》,载《社会科学》2019年第2期。

② 参见张一琛:《认缴制下股东出资责任加速到期制度研究》,载《北方金融》2021年第4期。

③ 参见最高人民法院民事审判庭第二庭编著:《〈全国法院民商事审判工作会议纪要〉理解与适用》,人民法院出版社2019年版,第125页。

④ 参见钱玉林:《股东出资加速到期的理论证成》,载《法学研究》2020年第6期。

⑤ 参见彭真明:《论资本认缴制下的股东出资责任——兼评"上海香通公司诉昊跃公司等股权转让纠纷案"》,载《法商研究》2018年第6期。

任,除非具有加速到期的法定情形。

2. 认缴制背景下公司减资违反通知义务时股东承担责任的类型化分析

在认缴制背景下,公司违反通知义务的违法减资行为应当区分为实缴资本减资和认缴资本减资两大类。当公司针对实缴资本减资时,如前所述,应根据实质减资和形式减资区分股东的责任,此处不再赘述。当公司针对认缴资本减资时,因认缴资本减资属于实质减资,此时股东责任的区分标准不再是实质减资与否,而是认缴出资是否存在加速到期情形,因此又具体分为以下两种情形:

(1)公司违反通知义务对认缴资本减资,且不存在加速到期情形

股东认缴出资不存在加速到期情形时,公司尚有财产可供执行,股东对未缴出资依法享有期限利益。此时公司减资即便存在未依法通知债权人等程序瑕疵,也不影响债权的实际清偿,不构成对债权人利益的实质损害。因此,债权人可直接向公司主张权利,不产生股东的补充赔偿责任。

(2)公司违反通知义务对认缴资本减资,且股东因此规避加速到期责任

在传统公司法理论中,抽逃出资是实缴资本语境下的违法行为,股东未经法定程序取回实缴资本才属于公司法及司法解释规定的抽逃出资。[①] 但是,对于已出现加速到期情形时对认缴资本的违法减资,仍应考虑驱动减资行为的主观目的因素。当公司的总负债大于净资产,公司已处于资不抵债状态时,公司有进入破产清算的可能,此时公司减资会不当减少破产中的责任财产。若股东仍通过股东会决议减少认缴出资,本质上是对公司出资的抽减。[②] 经比较,股东为规避出资加速到期责任,决议减资与抽逃出资,两者在责任主体、主观故意、责任基础和案件类型四方面具有相似性。因此,在公司违反通知义务,对认缴出资进行减资且存在加速到期情形的情况下,若股东不能证明存在减资的合理理由和无损于债权人利益,可参照适用《公司法解释三》第12条规定的"其他未经法定程序将出资抽回的行为",并参照第14条第2款关于抽逃出资的规定,要求股东在减资范围内对公司债权人承担补充赔偿责任。[③]

本案属于上述第二种情形。在某公司股东会作出减资决议时,李某甲系董事长,李某乙系董事,二人作为参与公司管理的股东,对公司欠耿某到期债务未偿还以及公司因无可供执行财产而具有破产原因是明知的。但二人仍通过股东

---

① 参见赵旭东:《认缴资本制下的股东有限责任——兼论虚报资本、虚假出资和抽逃出资行为的认定》,载《法律适用》2014年第11期。

② 参见彭真明:《论资本认缴制下的股东出资责任——兼评"上海香通公司诉昊跃公司等股权转让纠纷案"》,载《法商研究》2018年第6期。

③ 参见樊云慧:《从"抽逃出资"到"侵占公司财产":一个概念的厘清——以公司注册资本登记制度改革为切入点》,载《法商研究》2014年第1期。

会决议减少认缴出资，未通知耿某有关情况，并向登记机关承诺公司无债务。李某甲、李某乙未就上述减资行为的合理性以及未损害债权人利益进行举证。因此，应当认定该二人的行为本质上系为规避认缴出资加速到期责任，造成公司责任财产的实际减少，实质上损害了耿某的利益，在此过程中二人的主观故意明显。据此，耿某有权参照股东抽逃出资的规定，向李某甲、李某乙提出补充赔偿请求。李某甲以其未从公司实际取回资产为由主张未损害耿某利益，该理由不能成立。

3. 认缴出资加速到期的情况下，公司减资违反通知义务时股东责任的具体认定

基于上述讨论，对上述第二种情形下股东赔偿责任的责任范围、责任性质以及股东内部的责任划分进行具体分析。

（1）股东在减资范围内承担责任

《公司法解释三》第14条第2款规定，股东抽逃出资的责任范围是抽逃出资的本息范围内。与实缴出资的抽逃出资不同，股东认缴的出资并未实际流入公司，仅形成股东对公司的未到期负债。因而，对于加速到期情形下的违法减资，尚未发生资本利息，股东仅在减资范围内承担补充赔偿责任。

本案中，某公司注册资本由4800万元变更为1000万元。李某甲、李某乙系因认缴出资加速到期而对某公司违反通知义务的减资行为承担责任，因此未缴纳的出资尚不发生利息，其二人应在注册资本减资范围即3800万元范围内，对耿某的债权承担责任。

（2）减资股东承担补充赔偿责任

针对认缴制加速到期情形下的违法减资，股东对减资的合理理由和无损于债权人利益承担举证责任。在股东不能证明的情况下，减资股东对公司不能清偿的债务，在减资范围内承担补充赔偿责任。

依据《公司法解释三》第14条第2款的规定，股东的补充赔偿责任具有以下特征：第一，补充性，即债权人只有在公司不能清偿债务时，才能要求股东承担补充责任。第二，有限性，即股东的赔偿范围以减少的注册资本金额为限。第三，一次性，即股东已赔偿的总额达到责任限额时，其他债权人不得重复索赔。①

从本案来看，某公司虽未对实缴资本减资，但李某甲、李某乙通过公司违法减资规避认缴出资加速到期责任，该行为类似于股东抽逃出资，可参照适用《公司法解释三》第14条第2款规定，对债权人承担补充赔偿责任，即在某公司不能

① 参见最高人民法院民事审判第二庭编著：《最高人民法院关于公司法解释（三）、清算纪要理解与适用》，人民法院出版社2011年版，第205页。

清偿的情况下,对耿某的债权承担补充责任。

(3)协助减资股东与减资股东承担连带责任

公司减资必须经股东会特别决议。对于出现加速到期情形时,公司违反通知义务的减资行为,承担责任的股东除减资股东外,还包括同意减资决议、对减资予以协助的其他股东。参照《公司法解释三》第14条第2款的规定,协助抽逃出资的其他股东与减资股东构成侵害公司财产权的共同侵权行为,对此应承担连带责任。①

回到本案,李某甲减少认缴出资1938万元,李某乙减少认缴出资1862万元。二人在公司减资过程中相互协助,共同作出股东会决议,并共同向登记机关出具说明,隐瞒公司债务情况,二人的行为属共同侵权行为,参照《公司法解释三》第14条第2款,相互之间承担连带责任,因此应在减资总金额3800万元的范围内连带向耿某承担补充赔偿责任。

(三)小结

综上,本案判决李某甲、李某乙在减资3800万元的范围内,对某公司不能清偿耿某债务的部分承担补充赔偿责任。本案通过对认缴制下公司减资违反对债权人通知义务时股东责任问题的理论分析,提炼裁判规则,对完善我国公司资本制度具有理论和实践价值。

(责任编辑:彭　春)

① 参见最高人民法院民事审判第二庭编著:《最高人民法院关于公司法解释(三)、清算纪要理解与适用》,人民法院出版社2011年版,第220页。

涉股权激励纠纷的法律关系认定
——某某信息技术股份有限公司、陆某诉王某股权转让纠纷相关法律问题研究

李默菡*

裁判要旨

涉股权激励纠纷与劳动争议两种法律关系的产生、消灭以及因不同法律关系而具有的权利义务均存在差异,具有独立性。因股权激励合同产生的争议系民事合同纠纷,主要受《民法典》合同编和《公司法》的调整。

股权激励的客体是股票或股票期权,而劳动关系的客体就是严格意义上的劳动给付。股权激励利益的实现途径主要是股东分红或股权转让的收益等,是资本收益,而劳动报酬主要是按月固定发放的工资、补贴和年终奖等。基于此,因股权激励而产生的收益,不能等同于劳动法意义上的劳动报酬。

股权激励合同中约定的特殊补偿金,其产生背景和支付条件,是建立在股权激励基础上的制约机制,其计算方式往往意在对激励对象获得的股权激励收益进行调整,符合权责一致、利益平衡的原则,不能等同于《劳动合同法》中规定的由劳动者承担的违约金。

一、据以研究的案例

某某信息技术股份有限公司(以下简称某某公司)、陆某诉称,王某因股权激励获得某某公司股份,签署了《员工股权管理办法》并向某某公司出具《承诺函》,约定劳动关系终止后将所持某某公司股份转让给陆某,如劳动关系存续期间出售股份且未满足任职期限的,离职后应当向某某公司支付特殊补偿金。现

* 北京市朝阳区人民法院法官,武汉大学法学博士。

王某离职且未满足任职期限,故诉至法院请求判令王某支付特殊补偿金,将王某持有的某某公司股份转让给陆某,并办理工商变更登记手续。

王某辩称,特殊补偿金的实质是离职违约金,特殊补偿金及《承诺函》均违反《劳动法》和《劳动合同法》的强制性规定而无效。股权激励属于劳动报酬,某某公司和陆某的诉讼请求实质是变相要求王某返还劳动报酬,本案应属劳动争议。即使应当由陆某回购股权,价款确定方式也不合理。综上,请求驳回某某公司、陆某的诉讼请求。

法院经审理查明,某某公司成立于 2005 年 4 月 4 日,成立时注册资本 300 万元,实际控制人为陆某。王某于 2007 年 5 月 16 日与陆某签订《股权转让协议》,以 3000 元受让某某公司 0. 10%的股权,约定转让的该股权是某某公司股权激励机制的一部分,王某承诺将遵守某某公司现在和将来制订的股权激励计划。

2007 年 5 月 21 日,某某公司与王某签订《劳动合同》及《劳动合同补充协议》,约定工资、住房补贴等。2007 年 9 月 21 日,王某入职某某公司的关联公司香港某某公司。2016 年 5 月 19 日,王某与香港某某公司解除劳动关系。

2014 年 5 月 16 日,王某将其持有的某某公司股份制改革后的 50 000 股股份以 943 396. 23 元对外转让。2014 年 5 月 26 日,王某收到股权转让款完成转让,转让后仍持有某某公司 258 905 股股份。

2014 年 7 月,某某公司制定的《股权管理办法》规定,如员工股权持有人与某某公司或其关联方的劳动关系终止(不仅限于主动放弃和被动终止的情形),员工股权持有人已授予的持股额度或收益权应采取如下方式处理:通过某某投资、秀齐股权持股或直接持有某某公司股份的公司员工承诺,自劳动关系终止之日后十个工作日内,其将所持某某投资、某某公司全部股权或秀齐股权全部财产份额,按照其所持有股权数量(或财产份额)所对应的公司股份的经审计上一年末净资产值为对价,转让给实际控制人。

2014 年 7 月 29 日,王某签字确认同意上述管理办法规定,并出具《承诺函》,承诺对 2014 年 5 月 16 日的股权转让所获得的对价,于本次股份转让完成之日起的一定时限内,无论何种原因,与某某公司(包括某某公司现有的关联方以及未来某某公司的任何关联方)解除劳动关系(包括不再建立新的劳动关系、雇佣关系终止),本人将于雇佣关系终止之日起的十五日之内,以人民币的形式向某某公司支付特殊补偿金,计算方式:(一)……(二)若雇佣关系终止发生于本次股份转让完成之日起的两年内,特殊补偿金的金额等同于本人根据本次股份转让所获得的全部转让对价 80%的金额。

某某公司 2015 年度《审计报告》显示,截至 2015 年 12 月 31 日,某某公司归属于母公司所有者权益即净资产值合计人民币 3 493 956 454. 76 元。

法院经审理认为,因股权激励产生的法律关系相对于劳动关系具有独立性,股权激励纠纷不属于劳动争议,应当按照合同纠纷予以处理。首先,股权激励合同的主体是公司与被激励者,劳动关系的主体是用人单位和劳动者。其次,股权激励的客体是股票或股票期权,而劳动关系的客体就是严格意义上的劳动给付,基于此,因股权激励而产生的收益也不能等同于劳动法意义上的劳动报酬。再次,当事人的权利义务不同。陆某通过与王某签订《股权转让协议》受让某某公司的股权而获得股权激励,合同明确约定了股权转让的对价、份额以及相关权利义务。王某签署《股权管理办法》并向某某公司出具《承诺函》,就其因股权激励而取得的收益限制以及离职后的股份处分进行约定,除在股权激励的行权条件上与劳动关系相关之外,并未体现其他与劳动关系相关联的内容。最后,某某公司与王某签订股权激励合同是基于当事人的意思自治。王某与某某公司是按照法律规定签署了《劳动合同》及《劳动合同补充协议》,建立了劳动关系。

《承诺函》及《股权管理办法》是王某和某某公司的真实意思表示,不存在违反法律、行政法规的强制性规定的情形,合法有效,王某应当按照《承诺函》的约定以及《股权管理办法》的规定支付特殊补偿金。首先,出具《承诺函》和签字确认遵守《股权管理办法》是王某的真实意思表示,是双方平等自愿协商的结果。其次,股权激励纠纷中的行权条件虽然直接与劳动关系的存续相关联,但其目的并非限制劳动者自主择业,而是作为行权条件,并不影响股权激励合同的效力。最后,从产生背景和支付条件来看,案涉特殊补偿金是建立在股权激励基础上的制约机制;从计算方式来看,案涉特殊补偿金是处分股权激励的收益,意在对股权激励进行调整。故特殊补偿金既不是《劳动合同法》第 22 条、第 23 条中规定的由劳动者承担的违约金,也不是劳动报酬的返还。

《股权管理办法》中规定的转让对价计算标准为"经审计上一年末净资产值"。某某公司 2015 年《审计报告》是经审计机构依法依规审计的结果,王某亦并非以合理对价获得某某公司的股权激励,因此,按照《审计报告》作出的某某公司 2015 年年末的净资产值真实、客观,以此计算王某持有的某某公司 208 905 股股份的转让价格应当为人民币 1 136 172.84 元。

2020 年 2 月 3 日,法院判决:(1)被告王某于本判决生效之日起十日内向原告某某公司给付特殊补偿金人民币 754 716.98 元;(2)被告王某于本判决生效之日起十日内向原告某某公司给付延期给付特殊补偿金的利息(以人民币 754 716.98 元为基数,自 2016 年 6 月 4 日起至 2019 年 8 月 19 日止按照中国人民银行同期同类贷款利率计算,自 2019 年 8 月 20 日起至实际给付之日止按照同期全国银行间同业拆借中心公布的贷款市场报价利率计算);(3)被告王某于本判决生效之日起十日内以人民币 1 136 172.84 元的价格向原告陆某转让

208 905 股原告某某公司的股份，并配合办理该股份转让的变更手续。

一审判决后，王某不服提起上诉，后又申请撤诉。北京市第三中级人民法院依照《民事诉讼法》第 173 条的规定，[①]裁定准许王某撤回上诉。

二、相关法律问题研究

股权激励是一种通过让公司的董事、高级管理人员或其他员工持有公司股权、股票或享有股票期权，分享公司的利润，分担经营风险，进而对其形成长效激励，并以此促进公司绩效的制度安排。由于激励对象通常具有公司股东和劳动者的双重身份，因而股权激励引发的纠纷通常呈现出涉及公司法、民法、劳动法等多个法律部门的复杂情形。因此，如何认定涉股权激励纠纷法律关系的性质，厘清其与劳动关系的联系与区别，决定了纠纷解决机制的选择和法律适用，是解决该类纠纷的首要问题。认清该法律关系的性质对于完善该类案件的处理，规范和促进股权激励机制功能的充分发挥，推动公司治理机制的创新，优化营商环境具有十分必要和积极的作用。

1. 涉股权激励法律关系的认定

法律关系的本质是基于一个统一的目的而结合在一起的各种权利、义务和其他拘束的总和。这些权利、义务和拘束具有各不相同的规范属性和规范结构，它们一方面表现为各种权利，另一方面表现为各种法律上的负担。基于此，可以从规范属性和基本结构两个层面对涉股权激励纠纷的法律关系进行认定。

从规范指向来看，股权激励法律关系建立的基础主要是民商事法律规范。公司与激励对象签订股权激励合同不是基于《劳动合同法》或其他任何法律、行政法规等的规定，而是基于当事人的意思自治。建立股权激励法律关系的直接标志是股权激励计划的实施或股权激励合同的签署，劳动关系的存续仅是其产生的前提。公司根据经营状况和股权激励的目标制订股权激励计划，明确激励对象因此享有的权利和承担的义务，激励对象是否接受激励并不受劳动者身份的影响，股权激励计划通常也不会涉及原有薪酬待遇的调整。因此，激励对象在这种情况下充分知晓签署和出具相关文件的后果，并完全有权自主选择。此时的公司与激励对象作为缔约双方平等、自愿，各取所需，既体现了公司自治，也体现了合同自由。实践中，存在大量因为员工认购积极性不足，导致股权激励计划终止或者进行重大调整的情况，也说明股权激励计划的实施是双方自由意思的体现，而不是公司将意志施加于激励对象。《劳动合同法》规定，建立劳动关系，

---

① 该案审理时适用 2017 年修正的《民事诉讼法》。相关规定可参见 2021 年修正的《民事诉讼法》第 180 条。

应当订立书面劳动合同。用人单位与劳动者按照法律规定签署《劳动合同》,双方由此建立劳动关系,受《劳动法》与《劳动合同法》的调整。

从价值追求来看,股权激励机制是为了提高效率、降低成本。股权激励机制的理论基础源于委托代理理论、人力资本理论和产权交易理论等新制度经济学、法律经济学理论,这些理论也是民商法的理论源泉,体现在民商法的具体制度设计中。以《公司法》第147条、第148条、第149条为例,基于委托代理理论,公司的董事、监事和高级管理人员被视为股东的受托人,因此应当对公司负有忠实、勤勉的信义义务。股权激励制度设计的初衷及功能就是为了将人力资本纳入公司组织架构中,使之成为公司资产的一部分,从而提升公司的治理水平和绩效,充分体现出追求效率的行为动机与目标。在具体的制度设计上通过股票或股票期权的授予,使激励对象的收益与公司的经营状况密切关联,从而促使激励对象勤勉尽责,与公司利益保持一致,降低公司的治理成本。从劳动法的角度来看,劳动法属于社会法,与经济法、民法是并列关系而非从属关系。劳动关系与民事关系也是相异的两种关系,民事关系不能涵盖劳动关系。劳动法的理论根基受到"弱势地位理论"的影响,认为劳动者在劳资关系中处于弱势地位,与资方是不平等的,所以需要国家法律的介入,以保护劳动者权益。因此,受劳动法调整的劳动关系,具有较强的社会性和政策性。在制度设计上,劳动合同法部分条款对劳方有倾斜保护,包括劳动合同的解除、休假制度、加班费等,用人单位必须遵守。所以从理论源流和法律规范上来看,劳动关系在一定程度上存在不平等性,劳动者对于用人单位具有隶属性,这与股权激励法律关系中的合同自由、意思自治的取向存在一定的差异。

从公司治理的角度来看,股权激励虽然具有财产属性,获得激励后能够带来财产性的收益,但是劳动者获得股权激励成为股东后也会获得身份权益,将会对公司治理具有重要影响。实际上,员工成为股东之后,其不仅应当受到股权激励合同的限制,还受到公司章程的约束,并在公司与股东之间,以及各股东之间建立起新的关系。具体而言,激励对象将享有知情权、表决权、监督权、出资转让、利润分配权等一系列的股东权利,并承担相应的股东义务,甚至在符合法律规定的情况下,还能够提起公司解散之诉,或者代表公司提起诉讼,对公司治理的影响十分重大。而股权激励涉及对股票或期权行权、失权的权利义务设定,当然也会引发股东身份的取得和丧失,这并不是按照劳动关系处理就可以涵盖的范畴。实践中,公司在设计股权激励的途径时,通常会对于激励对象的范围、激励股份的数量进行充分的考虑和设计,如果直接向员工授予股权并且范围很大,那么除受到激励的财产性权益被摊薄之外,更重要的是可能会造成公司的股权过度分散,进而对股东会召集和决议形成带来一系列的影响。这些情况充分说明,处理涉及股权激励的纠纷时,不能单纯将股权作为一种财产权利对待,而应当考虑股权的人身性及其在公司治理中的意义。

2. 涉股权激励纠纷法律关系与劳动关系的异同

首先,主体不同。股权激励的主体主要是公司与激励对象。《公司法》第142条规定,公司可以在用于员工持股计划或股权激励的情况下收购本公司的股份。《上市公司股权激励管理办法》第8条对股权激励的对象作出了明确的规定,包括"上市公司的董事、高级管理人员、核心技术人员或者核心业务人员,以及公司认为应当激励的对公司经营业绩和未来发展有直接影响的其他员工,但不应当包括独立董事和监事"。由此可知,上市公司的股权激励的对象是由商事法律规范明确规定的。对于非上市公司而言,激励对象参照这一范围,当然会更具有灵活性。可以看出,这些被激励的对象,对于公司而言具有特殊的价值。有的激励对象,如核心技术人员或者高级管理人员,相对于公司甚至具有非常强的议价能力和谈判地位,某种程度上处于强势地位而不是弱势地位。在具体操作层面,股权激励合同的缔约双方通常是公司与激励对象,但激励股权来源有所不同,有的源于大股东的股权转让,并且基于行权条件的差异,回购方也可能是大股东或实际控制人,因此股权激励合同的当事人可能会更多,包括公司、大股东、实际控制人、激励对象等。相比较而言,劳动关系的主体就是用人单位和劳动者。股权激励关系中的激励对象在劳动者的范围中一般是不确定的,通常是公司的董事、高级管理人员或者关键员工,虽然二者主体存在重合的情形,但并不完全一致。

其次,客体不同。股权激励的客体是股份或股票期权。公司向激励对象授予股份或股票期权,此种情形下的股票或股票期权主要是作为特定人力资本的对价,确切地说应当是管理、知识或技术等能够与普通劳动给付区别的其他生产要素的对价。在此基础上,我们还可以进一步理解为是对更为忠诚、勤勉地工作等潜在的价值支付相应的对价,公司希望通过股权激励,把对公司具有特定价值的人与公司深度绑定在一起。而劳动关系的客体是劳动给付,其对价是劳动报酬。基于此,因股权激励而产生的收益不能简单地等同于劳动法意义上的劳动报酬。不可否认,由于作为人力资本的人身依附性和估值的不确定性,使特定生产要素与普通的劳动给付在识别和区分时存在困难,但是各要素参与公司生产经营时发挥的作用和产生的效益存在差异是客观事实。我国的劳动立法在立法旨意和制度设计上十分注重对劳动者的保护,正是基于劳动这一要素在生产过程中的基础和重要地位,因此,对于劳动法上所说的劳动和劳动报酬并不宜作进一步扩大解释和理解,而应当回归劳动要素本身,就是指劳动给付,并在这一基础上理解劳动报酬。结合《劳动法》具体条款的规定,劳动法上的劳动报酬应当主要指工资,是对劳动者劳动给付的对价,即劳动所得,一般包括以法定货币形式按月固定发放的工资、住房补贴以及年终奖、销售额提成等收入。而股权激励受益一般是人力资本或管理要素在分配制度中的体现。还值得注意的是,股权激励收益的实现途径主要是股东分红或股权转让的收益等,是资本收益,也是不确定的收益。这种不确定体现在两个方面:第一个是收益的不确定。激励对象往往都是通过一个比较具有吸引力的价格获得股权激励,并且预计在兑现时能够获得巨大的差价从而获益。但股权激励的收益根本上还是取决于公司的经营状况,而公司的经营状况是随着市场不断变化的。第二个是实现途径的不确定。股权激励兑现是有各种条件的,有的是约定的条件,如前面所说的绩效考核等,还有的条件是法定的,如《公司法》第 141 条对特定持有人的股份转让的限制等,导致股权激励的兑现具有很多不确定性,这与劳动报酬也有较大的差异。

最后,权利义务不同。股权激励的主要权利义务是股票或股票期权的授予与行权。股权激励往往非由一个单一的法律行为完成,而是通过公司发布股权激励计划,激励对象签署计划或者《股权转让协议》、出具《承诺函》等多个行为作为一个合同组合,共同构成了激励对象与公司之间因股权激励而产生的法律关系。股权激励计划或者股权激励合同中包含的内容主要是股权转让的份额、对价、行权条件以及其他相关权利义务,简化来看,核心的交易就是股权或期权的行权、失权或者股票、股权的转让。此外,如前所述,激励对象获得公司的股东身份后,还有权依据《公司法》及公司章程行使股东权利并履行股东义务。而《劳动合同》主要约定劳动合同期限、工作岗位及职责、工作时间和劳动报酬、劳动保险和福利待遇等与双方的劳动关系相关的具体权利义务,符合《劳动合同法》中规定的劳动合同应当具备的条款。此外,尽管股权激励的行权条件往往与劳动关系相关,如满足一定的劳动期限或者达到绩效考核标准,但涉及劳动关系的条件成就与否,系由劳动法的法律规范调整,可以通过独立的法律程序判断,并不是股权激励法律关系最核心和最主要的内容,也就是说,当事人双方的权利义务主要是依据民商事法律规范和合同约定所确定,其中仅行权条件会与劳动关系发生交集。

综上,虽然绝大部分激励对象获得股权激励建立在劳动关系的基础上,实现股权激励的利益也与劳动关系密切相关,但两种法律关系的产生、消灭,以及激励对象因不同法律关系而具有的权利义务均存在差异,因而两者具有独立性。基于此,涉股权激励纠纷相关的法律关系在一般情况下可以认定为一般商事合同关系,适用《民法典》合同编,其中涉及股权转让的权利和义务的,还应当适用公司法的相关规定。根据这一判断,法院认为,王某主张其股权激励所得属于劳动报酬,本案属于劳动争议的意见不能成立,最终按照双方的约定对本案进行了裁判。

3. 涉股权激励纠纷案件法律关系认定的例外

尽管都是股权激励，但是由于激励的机制和内容千差万别，当事人的约定和合同签署情况也各不相同。从制度设计上，股权激励是通过让激励对象享有公司的利润，进一步激发激励对象的积极性，使激励对象的业绩与公司效益正相关。在不同的地区、不同的行业中，因该机制适用的广度和深度不同，股权激励在薪酬结构中的比例有较大区别。在我国，出于对劳动者权益的保护，在普通劳动者的薪酬构成中，工资是最主要和最重要的部分。法律对工资发放的时间、形式等作出了明确而严格的规定，工资必须以货币形式按月发放。而随着我国公司治理与世界逐步接轨，上市公司高管的薪酬计划通常都包含以下四项基本构成要素：基本工资、与公司业绩相关的年终奖、股票期权以及长期激励计划。在高级管理人员的薪酬构成中，股票期权的比例通常更高，一般占比都稳定在55%左右，而工资所占的比例则相对较低。事实上，因为在我国普通劳动者的薪酬构成中股权激励覆盖率不高且股权激励所占比例有限，在这种情况下，股权激励收益在薪酬构成中的比例不足以改变法律关系性质的认定，因此，一般情况下笔者认为该类纠纷应当按照商事纠纷予以处理。

但是，存在三种例外情形需要注意：(1)用人单位与劳动者明确约定股权激励所得属于劳动报酬的一部分，直接在劳动合同中对股权激励进行约定的，这种情况下，当事人已经对股权激励的性质和功能作出了约定，我们不宜改变当事人的合意，此时因为股权激励产生纠纷的，应当按照劳动争议处理。(2)用人单位与劳动者并未对股权激励是否属于劳动报酬进行约定，但是股权激励在劳动者整体报酬中的比例较高，扣除该部分收益之后，劳动者的薪酬与同行业、同岗位的工作人员相比明显较低的，在这种情况下，对法律关系的定性也应当进行综合判断，因为股权激励制度的设计和适用不是以降低被激励对象应得的劳动报酬为目的。(3)用人单位以股权激励为由，减少自身的现金支出，变相克扣劳动者的工资的，如以所谓股权激励的方式替代发放部分劳动报酬，或者要求劳动者必须从劳动报酬中扣除特定比例，用以购买公司股权，在该种情况下，基于价值平衡和保护劳动者的考虑，法官完全可以重新认定股权激励所得的性质，将其认定为劳动报酬，纳入劳动争议的解决范畴。最后，也要注意劳动争议请求权基础有特殊的程序法要求，需要当事人遵照程序法的要求进行维权。

（责任编辑：彭　春）

服装设计著作权法保护路径探析
——金某服装公司诉某羽绒服公司著作权纠纷案相关法律问题研究

黄秋平* 高 天**

裁判要旨

服装设计和制作过程中产生的智力成果,包括服装设计图、样板图和服装成衣,这些成果均可能构成著作权法所保护的作品。服装设计图、样板图为进行服装生产而绘制,可能构成图形作品,而服装成衣只有在其艺术美感与实用功能可分离时,才构成美术作品。

一、据以研究的案例

2018 年 9 月,原告金某服装公司起诉称,某羽绒服公司生产、销售的两款羽绒服与其设计生产的两款羽绒服构成了实质性相似,侵犯了其对服装设计图、服装样板图和服装成衣等作品享有的著作权,要求法院判令被告某羽绒服公司停止侵权,并赔偿经济损失 1 元及为制止侵权行为所支出的合理费用 138 534. 41 元。被告某羽绒服公司辩称,羽绒服是大宗商品,是御寒保暖的功能性产品,不具有独特的艺术价值,不属于著作权法规定的作品,双方产品相似之处属于公共领域通用的设计元素,两款产品的上市时间相同,争议服装是由被告独立设计生产并投放市场的。

法院经审理认为,金某服装公司主张的两款羽绒服服装设计图和样板图构成图形作品,应当受著作权法保护,但按照工程设计图或者产品设计图施工或者

* 北京市西城区人民法院民四庭法官,中国政法大学法律硕士。

** 北京市西城区人民法院民四庭法官助理,中国政法大学法律硕士。

生产不受著作权法保护的工程或者产品，不属于我国著作权法意义上的复制，因此，按照服装设计图和样板图生产服装成衣并不侵权。服装成衣上的设计多是为实现方便穿脱、便于使用、轻便保暖等服装的基本功能而存在，其艺术美感无法与其功能性相分离，仅是实用品而非美术作品。故金某服装公司主张的羽绒服成衣不构成作品，某羽绒服公司按照设计图、样板图生产服装不侵犯金某服装公司的著作权，遂驳回金某服装公司的全部诉讼请求。

该案主要争议焦点为：服装设计所产生的设计图、样板图和服装成衣是否属于著作权法保护的作品。这一问题既是服装行业关注的重点，又是司法裁判认定中较为困难的部分。

二、相关法律问题研究

（一）服装设计的保护现状

1. 立法层面——专利法与著作权法保护共存

服装设计作为兼具美感和实用功能的智力成果，与专利法和著作权法的保护对象最为接近。专利法中的外观设计是指对产品的整体或者局部的形状、图案或者其结合，以及色彩与形状、图案的结合所作出的富有美感并适于工业应用的新设计。作为专利法所保护的一种专利，外观设计同其他专利一样，应当具有新颖性，既要求其不属于现有设计，也没有任何主体就同样的外观设计在申请日以前提出过申请，与现有设计或者现有设计特征的组合相比，应当具有明显区别。因此，服装设计作为外观设计的前提，应当是它具有明显区别于既有设计的特征，受专利法保护的“门槛”较高。

对服装设计的著作权法保护，国际上最为典型的当属法国。法国作为国际服装时尚的标杆，在1994年5月第94-361号法律中就明确将服装作为著作权法保护的客体。其中规定：尤其被视为本法典意义上的智力作品包括实用艺术品和季节性服饰工业制品。由于时尚的要求，经常更新其产品外形的工业，尤其是服装业、裘皮业、内衣业、刺绣业、帽业、鞋业、手套业、皮革业，非常新颖或用于高档服装特别面料的生产，床上用品及靴的制作、家具布艺的制作的工业，均视为季节性服饰工业。[①] 当然，法国著作权法中虽然将季节性服装作为保护对象进行罗列，却也将范围限制为“由于时尚的要求”“非常新颖或用于高档服装特别面料的生产”。

我国《著作权法》中并未单独对服装作品类型进行规定，但对于按照设计图

① 参见《法国知识产权法典》，黄晖、朱志刚译，商务印书馆2017年版，第27页。

生产实用艺术品的态度，可以从立法释义和有关规定之中窥见一斑。1990年《著作权法》第52条第2款规定，按照工程设计、产品设计图纸及其说明进行施工、生产工业品，不属于本法所称的复制。2001年《著作权法》修正时将建筑作品单独进行罗列，故而删除了这一条。该《著作权法》法条释义中指出，立体作品一般被称为实用艺术品，以区别于专利法中的工业品外观设计专利产品。据此可知，使用"实用艺术品"的语境应当是为了与"工业品外观设计专利产品"进行区分，这也是在这部分著作权法和专利法的分野所在。

2. 司法层面——著作权法视角的强保护

在我国，"实用艺术品"一词并未出现在《著作权法》中，但这一词在国际条约中并不鲜见。在1978年世界知识产权组织编撰的《保护文学和艺术作品伯尔尼公约指南》中载明："实用艺术作品：公约使用这种一般性表述来涵盖小摆设、首饰、金银器皿、家具、壁纸、装饰品、服装等的制作者的艺术品。但在这种情况下，公约准许国内法选择保护条件，因而各国制度会有很大差异。"①在2003年世界知识产权组织编撰的《著作权与邻接权法律术语汇编》中载明："实用艺术(作品)适于作为实用物品的艺术作品，不论是手工艺还是按工业规模制作的作品。著作权法可以确定在多大范围适用于这类作品。"②

我国司法实践的通常做法是不对实用艺术品的类型问题进行探讨，因为它并非法定作品类型，而是将其归入著作权法现有作品类型中的美术作品加以保护。例如，在最高人民法院审理的胡某某诉裘某等著作权权属、侵权纠纷一案中，法院判决认为，涉案服装设计的艺术造型、结构和色彩等外在形态都带有较强的艺术美感，表现了设计者独特的情感和认识，符合著作权法规定的作品的构成要件，应当作为美术作品给予保护。在上海某服饰有限公司与上海某品牌管理有限公司等著作权权属、侵权纠纷一案中，上海知识产权法院从美术作品的角度分析涉案服装成衣是否能够得到著作权法保护。③ 在论证是否属于美术作品的过程中，法院以具有独创性的部分是否能够与实用功能相分离作为判断标准，这种认定模式实质上类似于美国的保护模式，只是并未使用实用艺术品的概念。

从保护期限的角度来看，按照现阶段司法实践选择的美术作品保护路径，实际上提高了我国对实用艺术品的保护水平。《保护文学和艺术作品伯尔尼公约》(1971年巴黎文本)第7条第4款规定："对于摄影作品和作为艺术作品受到

① 《保护文学和艺术作品伯尔尼公约指南》，刘波林译，中国人民大学出版社2002年版，第16页。

② 世界知识产权组织编：《著作权与邻接权法律术语汇编》，刘波林译，北京大学出版社2007年版，第9页。

③ 参见上海知识产权法院民事判决书，(2017)沪73民终280号。

保护的实用艺术作品，本联盟成员国的立法可以自行规定保护期，但不得短于自作品创作产生后的二十五年。”①该条在我国的“本土化”体现在1992年9月25日国务院发布的《实施国际著作权条约的规定》第6条：“对外国实用艺术作品的保护期，为自该作品完成起二十五年。美术作品（包括动画形象设计）用于工业制品的，不适用前款规定。”如果按照该条款的规定，实用艺术品的保护期限仅为创作完成起二十五年，而实际上司法实践中采用的是美术作品保护的论证模式，美术作品的保护期限是作者终身加死后五十年。而按照《保护文学和艺术作品伯尔尼公约》“国民待遇”原则，应当给予其他成员国国民同等保护，这就使我国对此类作品的保护期限远高于公约的要求，保护期限大大延长。

结合上文所述，在著作权法中，作品自创作开始即具有著作权，自动获得保护，而且权利期限可长达作者死后五十年；在专利法中，专利需要申请，经特定部门审核批准，缴纳费用，权利期限为十年或者二十年。即使是按照《实施国际著作权条约的规定》第6条“对外国实用艺术作品的保护期，为自该作品完成起二十五年”，实用艺术品的著作权法保护期限也长于专利法的保护期限。因此，著作权法的保护要优于专利法的保护。著作权法的保护赋予了作者最长时间的垄断权利，如果在作品与专利之间界限不清，权利主体必然会主动选择著作权法进行保护，以实现权利的最大化，如此将会出现著作权法侵蚀专利法的领域，甚至侵蚀公有领域的情况。因此，服装行业作为工业生产行业，可能基于外观设计的新颖性获得专利法的保护，但是否能够成为著作权法保护的对象，则应当慎重对待。

（二）我国服装设计的著作权法保护路径分析

1. 保护原则：与基本国情相适应

我国是《保护文学和艺术作品伯尔尼公约》的缔约国，该公约至今已有179个缔约国。基于公约的“国民待遇”原则，对于起源于一个缔约国的作品，其他每一个缔约国都必须给予与各该缔约国给予其本国国民的作品同样的保护。法官在认定新作品类型时，应当在世界范围内对作品类型做出考量，避免出现保护某些在我国不及外国保护性强的作品的情况。例如，在香水气味的保护上，我国并不是传统的香水大国，如果在个案中轻易确认气味的作品地位，从长远来看，对我国国民来说弊大于利。

与之相同，服装设计应否受到著作权法保护的问题也可以从这个角度来分析。例如，以服装产业最为发达的法国为例，“二战”时期，法官巴黎高级时装工

① 《保护文学和艺术作品伯尔尼公约指南》，刘波林译，中国人民大学出版社2002年版，第40页。

会主席成功组织了一系列时装秀。“二战”以后，法国的高端品牌迪奥就成为高端时装业的开端。[①] 而这个时候的我国尚处于中山装和粗布衣混杂的时代，亦不存在民族品牌林立的局面。中华人民共和国成立以后直至20世纪90年代，我国服装行业的发展仍然处于供小于求的阶段。[②] 近几年来，我国虽然服装品牌林立，但是缺乏具有历史传承性和影响力的民族品牌，与法国成熟的服装产业相比，我国的服装产业大而不强。著作权法对服装设计的保护力度，应当考量设计目的、生产规模、个性化有无、个人利益与行业发展的平衡等因素，做到法益平衡和法律体系的协调，并与我国服装行业的发展状况相匹配。

2. 保护对象："两图一成衣"

服装设计生产过程主要包含绘制设计草图、根据草图绘制服装样板图、按照样板图生产成衣三个步骤，相对应形成的智力成果包括服装设计图、样板图和服装成衣。

设计图是设计者设计理念、审美标准的具体表达，通过线条、形状、图案等方式传达设计者对服装的创意和构思。样板图是制图者根据设计图的效果要求，遵循人体骨骼结构，按照一定比例和方法，将服装由平面设计分解、转化成立体剪裁而形成的分解板块图。服装成衣是按照样板图加工的结果。在工业化批量生产的服装行业中，三种成果一般对应服装生产的不同阶段，归属不同主体。设计师根据灵感、专业知识、审美潮流绘制出服装设计图，这种设计图有时是线条勾勒的卡通人物身着服装的图样，有时仅是线条勾勒出来的服装，无论哪种形式，重点都在于服装本身的细节设计，主要包括领口、袖口、腰身、下摆等细节，一般以两张图分别展示正面和背面。样板图的绘制过程亦称“打板”，是由样板师运用专业知识进行绘制，一般是由分解成的多个几何图形板块构成，样板师制作好以后将样板图交予工厂即可开始生产成衣。当然，为了使这一过程的中下游主体能够理解样板师的意图，设计图、样板图往往会附有文字说明。当这些图形和文字说明具备一定独创性时，就可能成为著作权法的保护对象，但本文不再论述。

3. 保护条件：契合作品特征

正如上文所述，若将服装设计作为著作权法的保护对象，可能涉及的智力成果主要有服装设计图、样板图、成衣。这些智力成果能否受到著作权法的保护，关键在于它们是否能够契合著作权法中作品的特征。

---

① 参见胡剑光：《巴黎高级时装业的发展和演变》，载《黑龙江纺织》2006年第2期。

② 参见《中国服装行业发展历史》，载历史新知网2019年5月13日，https://www.lishixinzhi.com/miwen/1221959.html。

首先,作品应当具备独创性,能以一定形式表现出来。一般而言,服装设计图、样板图、成衣均能体现出作者个性的选择和表达。服装成衣往往依据服装设计图、样板图进行制作,但绝非机械地复制,而是加入了作者个性化的表达,它们均具有一定的独创性。当然,这些讨论都建立在排除了特殊情形下的服装生产情况的基础上,如那些批量定制和生产不具有个性化特点的防护服、雨衣,因为不具有独创性而无须进一步讨论其“可版权性”,只有服装设计图、样板图、成衣具有独创性,才有可能成为作品。在表现形式上,毋庸置疑,这些成果都符合“能以一定形式表现”的要件。

其次,从领域来看,服装行业因属于工业生产领域而排斥著作权法的保护。服装的分类较为纷繁,服装生产主体往往也不采用单一的生产模式,哪怕是代加工企业,也会从事不同类别的服装生产。在服装生产的过程中,可能产生完全符合著作权法作品要求的智力成果,因为行业里存在设计师、样板师等主体,服装生产过程也并不尽是按照一定方法、技术进行流程化的生产,它是工业生产与艺术科学领域的交织。因此,《保护文学和艺术作品伯尔尼公约》和世界各国的立法均未将服装行业作为工业产权而当然排除在作品之外。我国《著作权法》中虽未规定服装这一作品类型,但在司法实践中,亦未曾出现因服装非保护领域而排除对服装设计的著作权法保护的情形。

最后,设计图、样板图、成衣均应当符合法定作品类型。从作品形式上来看,设计图、样板图、成衣最有可能涉及著作权法规定的美术作品和图形作品。在《著作权法实施条例》中规定,美术作品,是指绘画、书法、雕塑等以线条、色彩或者其他方式构成的有审美意义的平面或者立体的造型艺术作品;图形作品是指为施工、生产绘制的工程设计图、产品设计图,以及反映地理现象、说明事物原理或者结构的地图、示意图等作品。设计图、样板图都是为生产成衣而绘制的产品设计图,可能成为图形作品;服装成衣则因其具有审美意义而可能成为艺术作品。

总之,从著作权法中作品概念、特征的角度来看,设计图、样板图、服装成衣完全具备成为作品的条件,囿于作品类型不同,构成作品的要件有所区别。从图形作品的角度来看,设计图、样板图具备独创性就可以成为作品;而从美术作品的角度上看,服装成衣除了具备独创性,还应当具有审美意义和艺术性才能构成美术作品。

4.分离判断:成衣的实用功能与美术作品的艺术美感

服装的产生原本是为了满足人们日常的保暖蔽体功能,服装成衣往往也是工业化批量生产的结果。人们在购买服装时,虽然会考虑要符合个人审美要求,但同时会要求服装兼顾穿着舒适、合身,符合特定场所的功能,因此,作为日常生活中的服装,设计师通常会同时考量外观和功能。这种考量使服装成衣与美术作品的要求相去甚远。美术作品所要求的审美意义,指的是通过线条、形状、色彩等要素组合,为人们带来视觉欣赏的美感。显然,从观念上服装难以被艺术品的概念包含,但总有一些服装会被人们认为是艺术品。为了准确区分普通服装与美术作品,著作权法学者们找到了准确的界定标准——实用功能和艺术美感能够分离。

实用功能和艺术美感能够分离,既包括物理上的分离,又包括观念上的分离。物理上的分离是指具有艺术美感的部分能够独立存在,如衣服上印有的卡通图案或者衣服上添附的胸花配饰,可以从衣服上进行分离而单独存在,它们都能够独立成为美术作品。而观念上的分离则较为复杂,哪怕在版权法较为发达的美国,进行这一判断也较为困难,因而易产生争议。在司法实践和理论研究中有主要次要判断法、客观必要性判断法、普通观察者法、适销可能性法等数十种方法,①这些方法有的主观性较强,判断结果不具有说服力,如主要次要判断法;有的可操作性不强,如适销可能性法。王迁教授认为,如果改动实用艺术品在艺术部分的设计,影响了实用功能的实现,则艺术成分与实用功能就是无法在观念上分离的。但如果改动了实用艺术品在艺术部分的设计,不会影响实用功能的实现,则艺术成分与实用功能就可以在观念上分离。② 王迁教授的方法较为实用,可操作性强,具有一定客观性,令人信服。

(三)我国服装设计著作权案件的裁判思路

基于以上分析,针对服装著作权案件的审理,笔者提出如下审理思路:

对于服装设计图和样板图是否构成作品的认定,仍应按照图形作品的认定方式,对独创性、作品类别进行考量,以确定是否构成图形作品。在判定服装成衣是否构成美术作品时,可以采用"两步检验法":第一步,判定"实用性与艺术性观念上能否相互分离";第二步,判定分离出来的艺术部分是否构成美术作品,也即艺术部分设计应当具有艺术美感,且人们会将它视为"艺术作品"。在本文开篇案例中,金某服装公司主张的服装设计图、样板图能够体现出作者的选择和取舍,线条流畅,布局合理,具有美感,展现出较大的个性特点,具有独创性,故可作为图形作品加以保护。而图形作品本身的保护范围仅限于对图形作品进行的"平面到平面"的复制原因包含以下两点:第一,图形作品能够成为作品是基于其线条、图形等组合表现出来的整齐、规则之美,"平面到平面"的复制才能

① 参见刘小丹、徐涛:《实用艺术品著作权保护的可分离性标准研究——从 Varsity 诉 Star 案谈起》,载《河南牧业经济学院学报》2018 年第 2 期。

② 参见王迁:《著作权法》,中国人民大学出版社 2015 年版,第 97 页。

将这些美感展现无遗;第二,从“平面到立体”的复制本质上是工业生产领域的生产行为,著作权法不能沦为保护技术方案或者工业生产的工具,以避免架空专利法等工业产权法。而在同一季节生产的服装之间,设计图、样板图的绘制、制作时间往往难以考证,而且基于这些图形的特定用途,它们一般不涉及发表、发行的问题,因此,复制图形作品的举证较为困难。金某服装公司亦是由于不能证明形成的时间,而使图形作品不能从平面的角度得到保护。

就服装成衣而言,金某服装公司认为其生产的两款羽绒服成衣构成作品,但就羽绒服本身而言,虽然整体上能够体现出一定美感,但这种美感仅是常规羽绒服所具有的特点,并不具有超出惯常观感的整体特点,不能因为某些并不显著的细节改变而当然认为这些服装成衣具有独创性。同时,金某服装公司所陈述的燕尾裁剪、领口嵌入设计、伞形下摆等细节设计,一方面属于服装行业的常用设计,另一方面这些设计均是服务于羽绒服方便穿脱、节省布料、轻便保暖的实用功能需求,这些具体的细节改动能够影响羽绒服的穿着体验和功能实现,而且这些细节难以成为具有艺术美感的独立存在。因此,这些羽绒服成衣整体上并不具有独创性,视觉上的美感在观念上亦难以与实用功能分离,不能成为美术作品进而受著作权法保护。

（责任编辑:何　琴）

社会团体将他人注册商标制定为团体标准名称不属于商标性使用

——甲公司诉某工业协会侵害商标权纠纷案相关法律问题研究

张　炎[*]　毕凯丽[**]

裁判要旨

社会团体依法依章履行其职能，其制定团体标准时使用权利人注册商标的行为是否构成侵权，应以判断该诉争行为是否构成商标性使用为前置条件，若其既没有在商业活动中“突出使用”权利商标，也未发挥商标“来源识别”的作用，则可以直接认定不属于商标性使用，不构成商标侵权。

一、据以研究的案例

2008年8月14日，第4947433号“”注册商标核准注册，核定使用商品为第29类“豆腐；豆腐制品”等，注册人为原告甲公司。第9943225号“千页豆腐”注册商标，核定使用商品为第29类“豆腐；豆腐制品(截止)”，注册人为原告甲公司，注册有效期限自2013年2月28日至2023年2月27日。第9943249号“”注册商标，核定使用商品为第29类“豆腐；豆腐制品(截止)”，注册人为原告甲公司，注册有效期限自2013年1月14日至2023年1月13日。

2016年9月4日，被告某工业协会向原国家工商行政管理总局商标评审委

* 北京市丰台区人民法院民四庭庭长，对外经济贸易大学法律硕士。
** 北京市丰台区人民法院民一庭法官助理，中国人民大学法律硕士。

员会(以下简称商评委)和原国家工商行政管理总局商标局(以下简称商标局)出具《关于千页豆腐商标有关问题的函》,该函件包括“千页豆腐概述”“千页豆腐作为通用的产品名称在广泛使用”等内容。

2017 年 8 月 2 日,在食品伙伴网中,某工业协会发布了《关于对〈千页豆腐(草稿)〉团体标准征求意见的通知》,其内容包括:近年来,“千页豆腐”以其独特的风味与品质特性在素食品市场上占有重要地位,目前广大企业已把“千页豆腐”作为豆制品的一个产品类别。为了更好地规范其市场,急需制定千页豆腐团体标准。应广大企业的要求,我会决定成立起草小组,组织有关专家起草了《千页豆腐团体标准草稿》(见附件),现向行业内征求意见。欢迎行业内的专家及企业对标准草稿内容提出建议和意见,并于 2017 年 2 月 21 日之前,以传真或邮件的方式反馈至我会。联系对象:某工业协会豆制品专业委员会。附件中包括《千页豆腐团体标准草稿》及《意见反馈表》。某工业协会认可通知及《千页豆腐团体标准草稿》系由其发布。

2018 年 7 月 1 日,某工业协会发布《千页豆腐团体标准》,内容包括“本标准由某工业协会豆制品专业委员会提出。本标准由某工业协会归口。本标准规定了千页豆腐的技术要求、检验规则、标签、包装、储存和运输。本标准适用于 3.1 定义的产品”(3.1 千页豆腐　千页豆腐以大豆分离蛋白和水为主要原料)。

甲公司出具某市高级人民法院作出的行政判决书,上述判决均认定“‘千页豆腐’并非‘豆腐、豆腐制品’产品的通用名称”。

某工业协会网站发布了某工业协会章程,其内容包括“本团体是由食品行业的企、事业单位和科研院所、专业组织及行业工作者等自愿结成的全国性、行业性、非营利性的社会组织。本团体接受社团登记管理机关中华人民共和国民政部和业务主管单位国务院国有资产监督管理委员会的业务指导和监督管理。本团体的主要职能和任务为:协助政府在食品行业开展统筹、规划、协调工作,加强对食品企业的指导和服务。参与或经国家有关部门授权组织制定食品行业有关标准,并组织宣传和贯彻实施”等,发表时间为 2012 年 5 月 18 日。

国家标准化管理委员会网站中“机构职责”一栏显示:“国家市场监督管理总局对外保留国家标准化管理委员会牌子。以国家标准化管理委员会名义下达国家标准计划,批准发布国家标准,审议并发布标准化政策、管理制度、规划、公告等重要文件;开展强制性国家标准对外通报;协调、指导和监督行业、地方、团体、企业标准工作。”

原告甲公司诉至法院,请求法院判令被告某工业协会立即停止将其注册商标制定为团体标准,在团体标准中将“千页豆腐”注册商标使用为产品名称属于侵犯原告注册商标专用权的行为;诉请被告某工业协会赔礼道歉并赔偿合理开支。

一审法院判决认为，甲公司依法对第 4947433 号“千頁”商标、第 9943225 号“千页豆腐”商标、第 9943249 号“千頁豆腐”商标享有注册商标专用权，有权针对侵犯其商标专用权的行为提起诉讼。

判断商标侵权首先要判断被控侵权行为是否已构成商标性使用行为。《商标法》第 48 条规定：“本法所称商标的使用，是指将商标用于商品、商品包装或者容器以及商品交易文书上，或者将商标用于广告宣传、展览以及其他商业活动中，用于识别商品来源的行为。”同时，《标准化法》第 2 条规定，“标准包括国家标准、行业标准、地方标准和团体标准、企业标准”；第 18 条规定：“国家鼓励学会、协会、商会、联合会、产业技术联盟等社会团体协调相关市场主体共同制定满足市场和创新需要的团体标准，由本团体成员约定采用或者按照本团体的规定供社会自愿采用。制定团体标准，应当遵循开放、透明、公平的原则，保证各参与主体获取相关信息，反映各参与主体的共同需求，并应当组织对标准相关事项进行调查分析、实验、论证。国务院标准化行政主管部门会同国务院有关行政主管部门对团体标准的制定进行规范、引导和监督。”

在本案中，被告可以协调相关市场主体，共同制定满足市场和创新需要的团体标准，同时按其协会章程，被告具有协助政府在食品行业开展统筹、规划、协调工作，加强对食品企业的指导和服务；参与或经国家有关部门授权，组织制定食品行业有关标准，并组织宣传和贯彻实施的相关职能。被告发布了《关于对〈千页豆腐（草稿）〉团体标准征求意见的通知》以及《千页豆腐团体标准》，虽然在《千页豆腐团体标准》中将“千页豆腐”定义为产品名称，但被告仅是在团体标准中对相关标准进行了表述，并非将“千页豆腐”用于商品、商品包装或者容器以及商品交易文书上，也未用在其他商业活动中，被告的上述行为并未起到识别商品来源的作用，难以造成相关公众的混淆误认，故该种使用行为不属于商标性使用，在此基础上亦不能构成商标侵权。因此，对于甲公司有关停止商标侵权行为的诉讼请求，法院不予支持。甲公司基于侵权所主张的作出声明进行道歉以及赔偿合理开支的相关诉讼请求，法院亦不予支持。故一审法院判决驳回原告全部诉讼请求。

一审判决后，原告提起上诉，二审法院判决驳回上诉，维持原判。

二、相关法律问题研究

本案争议焦点系被告某工业协会将原告的注册商标作为商品通用名称使用在其发布的团体标准中的行为是否构成商标侵权。本案裁判时综合考量规范、价值因素,在商标侵权要件认定中,将"商标性使用"作为前置性条件,同时充分考量被告某工业协会发布团体标准的公共利益属性和涉案权利商标通用化的趋势,从平衡注册商标权利人利益与社会公共利益的角度,对本案诉争行为作出了最终认定,现将司法裁判逻辑详细分析如下:

(一)规范考量:商标侵权构成要件审查要点梳理

我国《商标法》第 57 条规定了"两相同"商标侵权、"两相似"商标侵权、销售侵权、标识侵权、反向假冒、共同侵权以及兜底项等七种类型的商标侵权。在认定构成侵权的问题上,我国《商标法》主要吸收了《与贸易有关的知识产权协议》的立法精神。长期以来,司法实践中主要按照"二要件"来认定侵犯注册商标专用权行为的构成要件,即诉争行为系在相同或类似商品上使用;使用的商标与注册商标相同或近似,同时引入"混淆、误认"这一要件作为判定商标或服务类似、商标近似的要件。换言之,对商标侵权的认定以"混淆可能性"的判定为核心,将"商标性使用"作为"混淆可能性"的应有之义,而非单独的认定要件。近年来,伴随理论和司法实践的发展,关于"商标性使用"与"混淆可能性"判断的关系问题开始产生不同理解,越来越多人认为,"商标性使用"应优先于"混淆可能性"判断,两者之间相互独立。甚至有学者主张两者应当是原因与结果的关系,前者指向一种行为,后者依赖于对事实的判断。同时,从司法实践的角度来看,因"混淆可能性"的审查要素相对复杂,将"商标性使用"的判断作为一个优先级要素可提高诉讼效率,因此这种观点也在司法实务中不断得到认可。本文在探讨被告将原告的注册商标作为商品通用名称使用在其制定发布的团体标准中的行为是否构成商标侵权时也采用了此观点,将"商标性使用"作为认定商标侵权的前置条件,独立于"混淆可能性"的判定,借此将商标侵权的审查要点进行如下梳理。

1. 前置要件审查:"商标性使用"的认定

"商标性使用",或称"商标意义上的使用",是指行为人对权利人商标的使用应能够达到区分商品或服务来源的作用,使相关公众能够区分提供商品的不同市场主体的方式。如果行为人对于商标的使用并没有起到区分商品或服务来源的作用,即便用于相同或类似商品、服务上,此种行为也不落入商标权的保护范畴。此前围绕"商标性使用"应否成为商标侵权构成的前置性条件的问题,理论界和实务界曾争论不休,尤其是之前在涉外贴牌加工类案件中是否对"商标性使用"这一要件进行认定,直接导致了截然不同的裁判结果。反对者的主要理由是认为"商标性使用"缺乏具体的司法认定标准,若要发挥其在其侵权构成认定中的作用,有必要对其构成要素进行明确细化。司法实践中,对商标的使用分为客观意义上的使用和商标法意义上的使用,前者是事实问题,其后果影响在所不论;后者是法律问题,其定义目前主要规定在我国《商标法》第 48 条,结合其内涵，在认定诉争行为是否构成商标性使用时可从以下三方面分析。

（1）判断行为人是否在商业活动中以“突出使用”的方式使用商标

具体而言，首先需要考虑商标的使用范围是否属于在“商业活动中使用”，即商标的使用目的是否为获取商业中的竞争或经济优势，以此谋取商业利益；其次要看对商标的使用是否构成“突出使用”，对此要结合商标使用的背景、颜色、位置等要素，判定是否易于被相关公众察觉，同时需要考虑商标的显著性程度，一般来说，显著性越高越容易构成商标性使用；最后还要考量使用人的主观意图，即其是否希望通过该商标起到识别自身商品或服务来源的作用。值得一提的是，“商标性使用”的主观意图不同于“混淆可能性”判断标准下的主观意图，前者考虑的是使用人是否有意将商标用于识别自身的商品或服务，后者考虑的是商标使用人是否具有主观上使相关公众对来源产生混淆的故意，这其中往往蕴含了“傍名牌”和“搭便车”的故意。

（2）要以“相关公众”的认知为标准来判断是否起到识别来源的作用

“商标性使用”本质上起到了区分商品或服务来源的作用，对此应以购买该商品或者接受该服务的“相关公众”的认知为判断标准。“相关公众”一般是指与商标所标示的某类商品或服务有密切关系的人群，通常包括产品的生产者和服务的提供者，经销环节的经营者、销售者以及物流商和消费者等相关人员。具体案件中在确定“相关公众”时应当考虑商品的特殊性质、种类、价格等因素对其范围及其注意程度的影响，如基于某些商品的特殊用途，其范围可能并非一般的消费者，而是特定领域的经营者；基于某些商品的低流动性，其范围可能要受到地域的限制。

（3）“商标性使用”的审查责任在法院

权利人只要证明行为人使用了商标标识，无论诉争行为人是否进行相关抗辩，法院都必须对诉争标识的行为是否构成“商标性使用”予以主动审查。若诉争行为通过审查可认定不存在“商标性使用”行为，没有发挥商标识别来源的作用，则商标的核心价值没有受到影响，即可认定不构成商标侵权行为。

总的来看，由于个案事实情况不同，我们对“商标性使用”进行司法认定时，对于上述认定要件也不应孤立地判断，而应综合全面地考虑。若涉案商标本身具有较强显著性，行为人又有意以“突出使用”的方式将其使用在自己的商品或者服务上，那么能够自然而然地得出使用者的行为构成“商标性使用”这一结论。若个案事实未能符合上述全部要素，如涉案注册商标自身的显著性较弱，甚至具有通用化倾向，行为人将其用在非典型商业活动中，此时则需要法院综合考虑案件事实，结合使用方式、主观意图等要素综合判断是否构成“商标性使用”。

2. 核心要件审查：“混淆可能性”的认定

目前对“混淆可能性”的认定主要参考《商标法》第 57 条第 2 项的规定。鉴于现有的法律规定,《最高人民法院关于审理商标民事纠纷案件适用法律若干问题的解释》(以下简称《商标法司法解释》)也只能将“混淆可能性”作为判断商品或服务类似以及商标近似的要素,而非独立判断商标侵权的构成要件,这也可能导致个别案件的审理会陷入“文字游戏”。只机械地分析商品或服务以及商标是否近似,却忽视了“混淆误认”后果的认定,最终会导致案件审理结果超出商标权保护的范围。从解决问题的角度而言,在将“商标性使用”作为前置认定要件且存在“商标性使用”的前提下,需要对是否具备“混淆可能性”这一核心要件进行讨论。按照《商标法司法解释》第10条的规定,认定“混淆可能性”时,仍需“以相关公众的一般注意力为标准”。在比对对象隔离的状态下,既要对商标整体进行比对,又要对商标主要部分进行比对,同时应当考虑请求权利商标的显著性和知名度。只要“相关公众”误认为被控侵权商标与注册商标所标示的商品或服务来自同一市场主体,或者虽然认为两者所标示的商品或服务来自不同的市场主体,但是误认为使用两者的市场主体之间存在经营上、组织上或法律上的关联,即可以认定存在“混淆可能性”。如此一来,只要认定诉争行为系“商标性使用”行为且同时存在“混淆可能性”,即可认定构成商标侵权。

回归到本案,本文在认定诉争行为是否构成商标侵权时,法院首先主动审查的即为被告某工业协会在将甲公司注册商标作为商品通用名称使用在其制定发布的团体标准中的行为是否构成“商标性使用”。根据《标准化法》的相关规定,某工业协会作为协助政府在食品行业开展统筹、规划、协调工作,承担对食品企业的指导和服务职责的社会团体,可以协调相关市场主体,共同制定满足市场和创新需要的团体标准,推动实现食品行业的良性发展。被告某工业协会虽然在《千页豆腐团体标准》中将“千页豆腐”定义为产品名称,但被告某工业协会的行为仅是在团体标准中对相关标准的表述,其并非同类商品的竞争厂商,并非将“千页豆腐”用于商业活动以获取经济竞争优势或谋取私利,其使用方式也只是单纯地描述性使用,并没有以“突出使用”方式来实现区分商品来源的目的,所以本案认定被告的行为不构成“商标性使用”。在侵权前置性条件“商标性使用”不成立的前提下,本案无须再进行“混淆可能性”判断,可直接判定被告某工业协会的行为不构成商标侵权。

(二)价值考量:公共领域理论下对通用名称化商标权利的限制

由于我国商标法并未完全排除商品通用名称文字获得商标注册的可能,相关标识在通过使用具有显著性特征,并具有可识别性的情形下,仍有可能获准商标注册,这在某种程度上导致商标通用化名称的纠纷不断。以本文案例为例,虽然诉争焦点系被告某工业协会在其发布的团体标准中使用原告甲公司注册商标是否构成侵权,但实际上是甲公司“千页豆腐”系列商标通用名称化的争议。因其将商标作为一种豆腐类制品的通用化名称来使用,案外人曾多次以“千页”

“千页豆腐”已不能起到区别商品来源的作用为由，就该权利商标提起无效宣告申请及相关诉讼。目前看来，虽然最终生效判决并没有将涉案权利商标认定为商品通用名称进而被宣告无效，但随着本案诉争行为《千叶豆腐团队标准》的出台，可能会有更多的同类经营者使用、标注该商品名称，即便目前司法认定“千页豆腐”不构成通用名称，属于直接表明产品的类型、原料、特点等的描述性使用，相关公众对于“千页豆腐”作为一种豆腐类制品的通用名称的认知也会不断强化，在一定程度上会加剧“千页豆腐”退化为商品通用名称的可能。商标法的核心是商标专用权保护，而商标要得以核准注册且维持商标性使用需要满足显著性的条件。商标通用名称化是商标显著性不断降低的动态过程，当完全失去显著性时，商标就会失去专用权保护的正当性，最终导致权利人丧失其商标专用权，这才是本案商标权利人提起诉讼的根本用意。同时，与一般的商标侵权案件相比，由于本案诉争行为系社会团体发布团体标准引发，在司法裁判过程中，除要对规范层面的侵权行为进行定性外，还必须对行为人的商标使用行为进行公共利益层面的价值判断，力图实现司法判决法律效果和社会效果的统一。

具体而言，商标通用名称化是商标从专有领域向公共领域转化过渡的过程，一方面，商标法法律制度的存在减弱了这种动态变化对权利人的影响；另一方面，公共领域的存在则限制了专用权的范围，以确保注册商标专用权的保护始终以具有区别商品或者服务来源为基础。在商标不断通用化的过程中，商标权利偏向公共领域的权重不断增大，最终当不再具有显著性、不具有区分商品或服务来源的功能时，将达到专有领域和公有领域的临界点，进而完全落入公共领域范畴。公共领域一般代表公共利益，所以在行为人使用通用化的商标权利的侵权认定中，一般均会涉及注册商标权利人个体利益与公共利益的平衡问题。本文认为，基于商标权利的通用化趋势，有必要在通用化范围内对商标专用权进行一定程度的必要限制，这一点在北京市高级人民法院出台的规范性文件《关于审理商标民事纠纷案件若干问题的解答》第 28 条中也得到了认可。回归到本案进行分析，被告虽然在其发布的团体标准中将原告注册商标当成产品名称使用，但从价值考量层面而言，其发布团体标准是从行业自律和规范产品市场、保护消费者合法权益的行业角度，针对千页豆腐行业现状，从定义、指标、标准等方面作出的要求，该使用方式并不构成“商标性使用”。同时，团体标准的出台对引导该产品名称规范性规定、市场健康良性发展起到了一定的推动作用，按照公共领域理论分析，这种使用方式未超出涉案权利商标通用化的范围，也未落入商标专用权控制范围内，故从价值平衡角度考量，涉案诉争行为亦不构成商标侵权行为。

（责任编辑：何　琴）

申请执行人对怠于分割的夫妻共同财产行使代位权的司法认定

——李某鸣诉李某文、刘某代位析产案相关法律问题研究

程 杰* 张 焱**

裁判要旨

离婚时未作分割且被法院查封的夫妻共同财产，夫妻双方作为财产共有人怠于通过协商或诉讼对共有财产进行分割，在执行名义上确定的债务人即被执行人未有其他足额可供执行的财产时，申请执行人有权代位提起析产诉讼。

一、据以研究的案例

1991 年 8 月 26 日，李某文与刘某登记结婚。2006 年 2 月 25 日，刘某与北京某地产开发有限公司签订《北京市商品房现房买卖合同》，合同中约定刘某购买位于北京市昌平区×1 号别墅一套。2007 年 8 月 25 日，刘某再次与北京某房地产开发有限公司签订《北京市商品房现房买卖合同》，合同中约定刘某购买位于北京市昌平区×2 号别墅一套。2018 年 3 月 16 日，李某文与刘某签订《离婚协议书》，协议书中关于财产处理事项约定："各自名下的车辆归各自所有，各自银行账户的现金以及有价证券归各自所有。"关于房屋产权处理事项约定："无争议。"同日，李某文、刘某办理离婚登记。在李某鸣起诉李某文、刘某民间借贷纠纷一案中，受理申请的法院在 2017 年 5 月对涉案房屋采取了保全措施，依法查

* 北京市昌平区人民法院回龙观法庭庭长，首都师范大学法学学士。

** 北京市昌平区人民法院沙河法庭法官，中国社会科学院研究生院法律硕士。

封了涉案房屋。2018年12月6日，李某鸣与李某文在北京市朝阳区人民法院达成调解协议，协议中约定被告李某文于2018年12月13日前一次性偿还原告李某鸣借款400万元并支付利息。2017年5月，李某鸣再次起诉李某文、刘某，2017年5月申请法院对涉案房屋采取了保全措施，朝阳区人民法院依法查封了涉案房屋。2019年7月31日，朝阳区人民法院依法判决李某文在本判决书生效后七日内向李某鸣偿还借款本金380万元并支付利息，该判决已经发生法律效力。在上述两案诉讼过程中，李某鸣申请了财产保全，北京市朝阳区人民法院裁定对涉案两套房产采取了查封措施，查封期限为2017年5月26日至2020年5月25日。

2019年11月28日，北京市朝阳区人民法院依法作出的执行裁定书载明：在申请执行人李某鸣与被执行人李某文民间借款纠纷一案的执行中，法院依法向被执行人发出执行通知书、报告财产令，并依法传唤了被执行人。经在全国网络查控系统和北京市高级人民法院网络财产查询系统中查询，未发现被执行人有足额可供执行的财产，该执行一案已实现债权金额为0元，据此裁定终结本次执行程序。另外，双方当事人均认可涉案两套房产已被北京市朝阳区人民法院续封。

一审法院经审理认为，根据《最高人民法院关于人民法院民事执行中查封、扣押、冻结财产的规定》（以下简称《查扣冻规定》）第12条的规定，对被执行人与其他人共有的财产，人民法院可以查封、扣押、冻结，并及时通知共有人。共有人协议分割共有财产，并经债权人认可的，人民法院可以认定有效。查封、扣押、冻结的效力及于协议分割后被执行人享有份额内的财产；对其他共有人享有份额内的财产的查封、扣押、冻结，人民法院应当裁定予以解除。共有人提起析产诉讼或者申请执行人代位提起析产诉讼的，人民法院应当准许。诉讼期间中止对该财产的执行。具体到本案，李某文与刘某在离婚时关于房屋产权处理事项约定为“无争议”，应视为双方未对共同财产进行分割，二被告关于离婚后登记在各自名下的财产的辩解，本院不予采信。退一步讲，李某文与刘某均知道李某文欠李某鸣的债务尚未清偿完毕，且在涉案房屋也因此诉讼被法院依法查封的情况下，双方依然将涉案房屋分配给刘某，导致李某鸣的债权无法顺利实现，李某文与刘某存在恶意串通损害李某鸣合法利益的嫌疑，故本院对刘某和李某文的主张无法采信。现李某文与刘某已经离婚，按照夫妻共同财产的一般原则，夫妻共同财产二人应各占50%产权份额。因此，李某鸣的诉讼请求符合法律的规定，一审法院予以支持。

综上所述，依据《物权法》第95条、第99条，[①]《婚姻法》第17条、第19

① 2021年1月1日起《民法典》正式施行，《物权法》同时废止。相关规定可参见《民法典》第299条、第303条。

条，[1]《查扣冻规定》第 12 条之规定，判决如下：确认北京市昌平区×1 号别墅李某文与刘某各享有 50%的份额；确认北京市昌平区×2 号别墅李某文与刘某各享有 50%的份额。

刘某不服原审判决，提起上诉。北京市第一中级人民法院认为，诉争房屋系由刘某在婚姻存续期间签订买卖合同并出资购买，在性质上属于夫妻共同财产，出资款的来源并不导致诉争房屋的物权发生变化。刘某与李某文《离婚协议书》中关于房屋产权处理事项的约定为“无争议”。鉴于双方对房屋权属的约定与车辆、现金及有价证券的约定方式明显不同，实际上双方未对房屋权属作出明确分割，属于约定不明，应视为未作分割处置。刘某在签订《离婚协议书》时明知李某文对李某鸣的债务尚未清偿且诉争房屋已经被法院依法查封的事实，在此情形下，刘某、李某文仍对离婚协议中的房产约定“无争议”，作出各自名下财产归各自所有的解释，不仅与《离婚协议书》约定不符，亦违反了《查扣冻规定》的相关规定，对于刘某的上诉理由不予采信。根据本案查明的事实，诉争房屋为被执行人李某文与刘某离婚时未作分割的夫妻共同财产且已被法院依法查封，执行过程中，李某文未有其他足额可供执行的财产，此时申请执行人李某鸣有权代位提起析产诉讼。一审法院就诉争房屋确权并按照分割夫妻共同财产的一般原则析出李某文所占之份额正确，北京市第一中级人民法院对此予以确认。刘某的上诉请求和理由均缺乏事实和法律依据，北京市第一中级人民法院均不予支持；一审判决认定事实清楚，适用法律正确，应予维持。故判决驳回上诉，维持原判。

二、相关法律问题研究

本案的主要争议焦点在于李某文与刘某在签订《离婚协议书》时是否对诉争房屋的分割达成合意以及李某鸣是否有权提起代位析产诉讼。近年来，涉及房屋等大宗不动产的价值越来越高，财产共有的现象也越来越多，司法实践中涉及执行共有财产的案件也逐年增加。当夫妻一方的个人财产不能完全清偿个人债务时，是否能用共同财产清偿，夫妻双方作为财产共有人怠于通过协商或诉讼对共有财产进行分割，妨碍执行时，如何保障共有人权利和债权人权利之间的平衡，越来越受到社会关注。

我国代位析产制度绝不是凭空创设，追本溯源，其是传统民法上代位制度法律化的产物。2005 年 1 月 1 日起施行的《查扣冻规定》第 14 条第 3 款规定：“共

① 2021 年 1 月 1 日起《民法典》正式施行，《婚姻法》同时废止。相关规定可参见《民法典》第 1062 条、第 1065 条。

有人提起析产诉讼或者申请执行人代位提起析产诉讼的,人民法院应当准许。诉讼期间中止对该财产的执行。”据此,代位析产诉讼有了明确的规定。将代位权的行使扩大到析产诉讼的范围,是对传统代位权理论的突破,非常有利于案件的顺利执行。2021 年 1 月 1 日起实施的《查扣冻规定》(2020 年修正)第 12 条第 3 款继续保留了关于代位析产诉讼的规定,且在 2021 年 1 月 1 日起实施的《民事案件案由规定》(2020 年修正)中首次增加了“债权人代位析产纠纷”的案由,代位析产诉讼逐渐“名正言顺”。

(一)申请执行人代位析产纠纷中代位权的厘定

申请执行人代位析产诉讼是指法院在执行程序中,债权人(申请执行人)发现债务人(被执行人)无其他财产可供执行,却与他人存在共有财产,而被执行人及其他共有人怠于分割共有财产,债权人(申请执行人)以自己的名义代债务人(被执行人)之位,向人民法院起诉请求对共有财产进行析产。

代位析产诉讼以代位权理论为基础,而代位权的实质在于当债务人由于各种原因怠于行使对第三人的权利,致使债权人之债权无法具体实现时,通过对债权人债权效力相对性的突破和扩张,以实现债权人合理期待的债权利益。代位权是一种从属于债权的特别权利,不可单独让与,属于债权人自身固有的实体权利。虽然行使代位权也会引起债务人和其他共有人之间的法律关系的变更,但这种变更不是依债权人一方的意思表示而形成的法律上的效力,债权人实质上需依赖债务人的权利,这是一种法定权能。在法定条件下,债权人可以代替债务人行使其权利,在一定范围和条件下管理债务人的责任财产①。

代位析产诉讼的制度功能在于:第一,防止债务人以共有财产上存在共有人权利为由不履行债务;第二,在债务人怠于分割共有财产时,债权人在执行过程中可以主张析产来实现债权;第三,通过析产确定债务人在共有财产上的份额,为后续执行分配实现债权提供保障。

在婚姻家庭案件中,财产共有人多为债务人(被执行人)的配偶或其他家庭成员,债权人(申请执行人)在申请执行过程中,一般无法通过追加被执行人的配偶来执行夫妻共同财产。为了确保债权得以更好实现,债权人(申请执行人)即通过代位析产诉讼使执行效力固定在债务人(被执行人)享有的共有财产份额内,其他共有人的份额则采取解除查封等措施。

(二)代位析产纠纷中债权人代位权的司法审查要素

根据《查扣冻规定》,代位析产诉讼程序的启动基础为人民法院查封债务人

① 参见崔建远主编:《合同法》(第 4 版),法律出版社 2007 年版,第 144 页。

(被执行人)与他人共有的财产,并通知共有人;共有人协议分割共有财产并明确被执行人所占份额,为防止被执行人与其他共有人恶意串通损害申请执行人的债权,此时分割协议需经债权人同意;协议分割不成,债权人(申请执行人)提起代位析产诉讼,以此确定共有财产中可供执行的份额。据此,法官在审理代位析产纠纷时需要考虑以下五个要素。

1. 债权已经由生效的法律文书确认并进入强制执行程序

代位析产诉讼是债权人行使债务人权利的诉讼,因此代行者与被代行者之间必须存在债权债务关系。如果没有对债权的合法性进行确认,贸然对债权人的共有财产进行分割,将极有可能损害其他共有人的合法权益。故债权已经由生效的法律文书确认并进入强制执行程序,应当是债权人提起代位析产诉讼的前提条件。本案中,根据北京市朝阳区人民法院的两份判决,可以非常明确李某鸣与李某文之间已经形成法院认定的债权债务关系,且由于李某文未按时履行生效法律文书确定的给付义务,李某鸣亦申请了强制执行,故李某鸣提起代位析产诉讼的前提条件已经具备。

2. 诉争财产为被执行人与其他人的共有财产

诉争财产为债务人(被执行人)与其他人的共有财产是代位析产诉讼的必要条件。具体到本案中,法官首先需要审查的便是涉案房屋是否系李某文(被执行人)与刘某的夫妻共同财产。根据《民法典》的规定,夫妻在婚姻关系存续期间所得的财产,一般归夫妻共同所有。现诉争房屋系刘某于婚姻存续期间签订买卖合同并出资购买,在性质上应属夫妻共同财产。虽然刘某提出诉争房屋系刘某个人使用投资、经营公司所得购买,但出资款的来源并不导致诉争房屋的物权发生变化,故法院认定诉争房屋系李某文与刘某的夫妻共同财产。

3. 共有财产已被法院采取查封等措施

根据《查扣冻规定》,共有财产需要已经被法院采取查封等措施,一方面,从规定的文义解释来看,必然是以已经采取"查封措施"为前提条件的;另一方面,从代位析产的属性来看,其根本目的是确定共有财产中被执行人的份额,亦是申请人许可执行之诉,均是实现对标的物最终处分的路径,都为伴生于查封措施而产生的附带诉讼,因此应以具备查扣冻等强制措施为前提条件。这也是为了防止共有人处置共有物,在代位析产诉讼前的一种"保全查封措施",亦可以激励共有人达成财产处置合意或主动进行析产诉讼,实现推进后续执行的制度功能。当然,强制执行是以债务人的财产为执行对象,不能超越其责任财产的范围。这种共有财产之上仅存在一个物权,在共有关系没有解除时,共有财产属于全体共有人所有,并不属于被执行人的责任财产范围。

4. 共有人怠于分割共有财产，妨碍债权实现

根据《民法典》第303条的规定，共有人享有共有物分割请求权。在执行过程中，虽然部分共有人成为被执行人，但并不必然导致共有人的共有基础丧失，如夫妻共同财产、家庭共有财产等。而《查扣冻规定》第12条并没有要求共有财产的类型是按份共有还是共同共有，也不问共有基础是否丧失，因此债务人怠于分割共有财产，是指共有人怠于协议分割或协议分割不成后怠于提起析产诉讼分割，导致共有物的执行程序无法进行，债权人的债权无法及时实现。

根据《民法典》第1065条第1款的规定，男女双方可以约定婚姻关系存续期间所得的财产以及婚前财产归各自所有、共同所有或者部分各自所有、部分共同所有。约定应当采用书面形式。没有约定或者约定不明确的，适用本法第1062条、第1063条的规定。庭审中，李某文与刘某向法庭提交了双方在2018年3月16日签订的《离婚协议书》，协议书中关于财产处理事项约定“各自名下的车辆归各自所有，各自银行账户的现金以及有价证券归各自所有”，关于房屋产权处理事项约定“无争议”。从协议约定可以看出，双方对于车辆、现金及有价证券的约定方式明显与房屋权属的约定不同，此行为并不符合常理，且容易引起歧义，李某文、刘某亦没有提交充分的证据证明“无争议”代表双方各自名下的财产归各自所有，登记在谁名下的不动产归谁所有，因此，双方实际上未就房屋权属作出明确分割，属于约定不明，应视为双方在离婚协议中对诉争房屋未作分割处置。

此外，根据《查扣冻规定》第24条第1款的规定，被执行人就已经查封、扣押、冻结的财产所作的移转、设定权利负担或者其他有碍执行的行为，不得对抗申请执行人。根据已经查明的事实，李某文与刘某系在诉争房屋被法院依法查封后签订《离婚协议书》，且李某鸣与李某文、刘某之间的民间借贷纠纷案的两个诉讼时间亦发生于刘某与李某文签订《离婚协议书》之前。由此可见，刘某在签订《离婚协议书》时应明知李某文对李某鸣的债务尚未清偿且诉争房屋已被法院依法查封的事实，在此情形下，刘某、李某文仍对离婚协议中的房产约定为“无争议”作出各自名下财产归各自所有的解释，不仅与《离婚协议书》中的约定不符，亦违反了《查扣冻规定》的相关规定，故刘某、李某文认为房屋已经作出明确分割缺乏事实与法律依据。

5. 被执行人除共有财产外无其他可供执行的财产或其他财产难以执行

执行程序中，法院获取被执行人财产状况的途径主要包括申请执行人提供财产线索、被执行人报告财产及法院依职权调查等。法院在执行过程中发现被执行人除了有共有财产外，没有其他更有利于执行的财产时，申请执行人才能提起代位析产诉讼。因此，被执行人是否存在其他可供执行的财产且足以清偿债

务,亦是债权人提起代位析产诉讼的要件之一。虽然《查扣冻规定》第 12 条规定对被执行人与其他人共有的财产,人民法院可以查封、扣押、冻结,但是从平衡债权人、债务人、共有人三方利益的角度考量,将共有财产的执行顺序置于其他更有利于执行的财产之后,既符合民事活动的公平原则,也有利于在实现债权人利益的同时,保护共有权人的合法权益。在司法实践中,判断被执行人是否除共有财产之外无其他财产可供执行,我们可以参照终结本次执行程序中的“穷尽财产调查措施”的实际情况进行裁量。本案中,根据北京市朝阳区人民法院对被执行人李某文的财产查询反馈汇总表以及相关执行裁定书的内容,李某文现已无足额可供执行的其他财产。庭审中,刘某亦未能提交充分有效的证据证明李某文存在其他足额可供执行的股权等其他财产,故本院认定李某文无足额可供执行的其他财产。

综上所述,诉争房屋为被执行人李某文与刘某离婚时未作分割的夫妻共同财产且已被法院依法查封,执行过程中,李某文未有其他足额可供执行的财产,因此,申请执行人李某鸣有权代位提起析产诉讼。

(三)夫妻共有财产分割的裁判考量

在认定债权人的代位权成立后,我们接着需要考虑如何对夫妻共有财产进行析产。法院强制执行的并不是共有财产整体,而是针对债务人的份额。强制执行的目的在于实现债权人在私法领域的请求权,在保障债权实现的前提下,由法院依法裁判分割共有物的范围。

根据我国《民法典》的相关规定,夫妻对共同所有的财产有平等的处理权。夫妻共同财产原则上均等分割。离婚时,夫妻的共同财产由双方协议处理;协议不成时,由人民法院根据财产的具体情况,按照照顾子女、女方和无过错方权益的原则判决。在代位析产诉讼中,对于夫妻共同财产,原则上应均等分割,但是同时需要考量是否存在子女利益优先、婚内有无过错等因素。李某文与刘某系协议离婚,刘某未提供充分有效的证据证明李某文存在多分财产的法定情形,且从《离婚协议书》约定的内容来看,其与李某文协议离婚时,并未对双方婚内的全部共同财产作明确分割。故法院最终根据夫妻共同财产分配的一般原则,判决由李某文、刘某对诉争房屋各享有 50%的份额。

本案法院依据《查扣冻规定》依法作出的最终裁判,不仅突破了“执行难”的瓶颈,还平衡了各方利益,有利于维护债权人的合法利益,维护市场交易秩序,从而让共有权不再成为债务人的避风港,让诚实信用原则真正指导公民之间的法律行为。

(责任编辑:何　琴)

【疑案探讨】

赃款用于网络直播打赏是否构成善意取得的认定
——胡某某职务侵占案相关法律问题探讨

余　诤*　张元元**　于晓航***

裁判要旨

善意取得制度作为民法中一项基本法律规则，旨在保护交易安全，维护市场的正常秩序，刑事犯罪中将赃款用于网络直播打赏亦应当适用善意取得制度。被告人将赃款用于网络打赏，打赏到第三方网络直播平台的钱款是否应予追缴，关键在于第三方网络直播平台能否构成善意取得。如果第三方系善意取得涉案钱款，则该涉案钱款不成立刑法意义上的赃款，不应予以追缴。认定第三方网络直播平台能否构成善意取得，应当从平台主观是否明知、是否支付合理对价、是否存在其他恶意行为几个方面综合判断。

一、据以研究的案例

2018年至2019年间，被告人胡某某在担任某公司财务出纳期间，利用管理公司对公账务、负责资金收支的职务便利，采用编造虚假支出、报销项目的方式，多次将公司资金共计人民币2500余万元汇入自己名下的个人账户，用于网络直播打赏、网络游戏消费等。2019年6月，被告人胡某某向公司承认上述犯罪事实后，公司报警，民警将被告人胡某某带回派出所调查。在该案审理期间，法院已将冻结在案的被告人胡某某部分银行账户内的存款140余万元发还给被害单

* 北京市第三中级人民法院刑二庭庭长，北京大学法学博士。
** 北京市第三中级人民法院刑二庭法官助理，中国政法大学法学硕士。
*** 北京市第三中级人民法院刑二庭法官助理，中国人民大学法学硕士。

位。在案冻结的第三方网络直播平台的1100余万元钱款,依法另行处理。

一审法院以职务侵占罪判处胡某某有期徒刑十三年,责令被告人胡某某退赔被害单位某公司其余经济损失,冻结在案的其他钱款,退回公诉机关依法处理。

宣判后,被告人胡某某不服,提出上诉。

上诉人胡某某及其辩护人的上诉理由及辩护意见主要是:第三方网络直播平台对胡某某打赏的钱款存在恶意,且对胡某某异常的巨额打赏存在诱导行为。打赏是赠与法律行为,直播平台不构成善意取得,应当将冻结在案的钱款发还给被害单位。胡某某无犯罪记录,有自首情节,自愿认罪认罚,希望二审法院从轻处罚。

被害单位某公司的代理意见主要是:案外人第三方直播平台公司对被告人胡某某的直播打赏行为具有重大过失,胡某某的打赏行为是赠与行为,第三方直播平台公司不是善意取得,被告人胡某某向直播平台公司充值的钱款应予以追缴并全部发还被害单位。

案外人某直播平台的主要意见是:网络直播平台与胡某某是网络服务合同关系,不是赠与合同关系,公司对充值的钱款不存在恶意或者过错,冻结在案的某直播平台的钱款不属于本案应予追缴的财产范围,请求法院将直播平台的钱款予以解冻。

二审法院经过审理认为,上诉人胡某某利用担任公司出纳的职务便利,将公司财物非法占为己有,数额巨大,其行为已构成职务侵占罪,依法应予惩处。一审法院根据胡某某犯罪的事实、犯罪的性质、情节和对于社会的危害程度所作出的判决,事实清楚,证据确实、充分,定罪及适用法律正确,量刑适当。原判对于公诉机关移送的扣押在案的第三方网络直播平台的钱款并未作出明确处理,属于对涉案款物的处理部分的事实不清,故裁定将本案发回重审。

一审法院对该案重新进行审理后认为,冻结在案的案外人钱款涉及众多法律主体和多重法律关系,根据本案具体情况,不宜直接在刑事审判中通过刑事追缴程序处理,可另行依法解决,故冻结在案的第三方直播平台的钱款,退回公诉机关依法处理。

该案再次上诉至中级人民法院。二审法院经过再次审理认为,本案确定的事实是胡某某将本单位财物"用于网络直播打赏、网络游戏消费",本案依法追究的是上诉人胡某某所犯职务侵占罪的刑事责任。在案证据不足以证明第三方网络直播平台对涉案财物的取得系恶意,故在本案中不予以追缴。根据我国相关法规,网络直播平台应该依法依规引导用户合理消费、理性打赏;网络直播平台是否存在恶意诱导等行为以及由此产生的纠纷可另行依法解决。一审法院根据胡某某犯罪的事实、犯罪的性质、情节和对于社会的危害程度所作出的判决,事实清楚,证据确实、充分,定罪及适用法律正确,量刑适当,审判程序合法,应予维持。

二、相关法律问题探讨

在案件办理过程中,对于赃款用于打赏是否应当追缴,各方观点存在分歧,争议焦点为第三方直播平台对于涉案钱款是否构成善意取得。如果第三方直播平台构成善意取得,则冻结在案的第三方直播平台内的涉案钱款不成立刑法意义上的赃款,不应予以追缴。

(一)第三人对赃款适用善意取得制度

善意取得制度,是指无权处分人将动产或者不动产转让给受让人,若受让人取得该动产时出于善意,则受让人依法取得对该动产的所有权或其他物权。这项民法中的法律规则旨在保护交易安全,维护市场的正常秩序。笔者认为,刑事犯罪中将赃款用于网络打赏也应当适用善意取得制度。

第一,从我国刑事立法态度的变化及内容来看,我国已确立了赃款的善意取得制度。虽然1992年8月26日公布的《最高人民法院研究室关于对诈骗后抵债的赃款能否判决追缴问题的电话答复》(已失效)明确了"一追到底"的原则和态度,直接否认了赃款可以适用善意取得制度,但是,随着市场经济的繁荣与发展,刑事法律已基本确立了赃款的善意取得制度。例如,在2011年公布的《最高人民法院、最高人民检察院关于办理诈骗刑事案件具体应用法律若干问题的解释》第10条中规定,行为人已将诈骗财物用于清偿债务或者转让给他人,具有下列情形之一的,应当依法追缴:(1)对方明知是诈骗财物而收取的;(2)对方无偿取得诈骗财物的;(3)对方以明显低于市场的价格取得诈骗财物的;(4)对方取得诈骗财物系源于非法债务或者违法犯罪活动的。他人善意取得诈骗财物的,不予追缴。再如,在2014年公布的《最高人民法院关于刑事裁判涉财产部分执行的若干规定》第11条规定,被执行人将刑事裁判认定为赃款赃物的涉案财物用于清偿债务、转让或者设置其他权利负担,具有下列情形之一的,人民法院应予追缴:(1)第三人明知是涉案财物而接受的;(2)第三人无偿或者以明显低于市场的价格取得涉案财物的;(3)第三人通过非法债务清偿或者违法犯罪活动取得涉案财物的;(4)第三人通过其他恶意方式取得涉案财物的。第三人善意取得涉案财物的,执行程序中不予追缴。作为原所有人的被害人对该涉案财物主张权利的,人民法院应当告知其通过诉讼程序处理。

第二,赃款适用善意取得制度具有合理性及可行性。赃款持有人将违法所得通过民事交易转移给第三人时,为了保证交易的稳定性,对于违法所得并非一律进行追缴。理由在于:(1)作为赃物原所有人的被害人与善意第三人为平等的民事主体,应当平等保护,在赃物已被善意第三人合法占有的情况下将赃物追回,对善意第三人显失公平,不利维护市场经济的交易秩序;(2)赃款系种类物,具有不特定性,赃款本身并不会像赃物一样可能承载权利人的特殊情感寄托,另外赃款可以在市场上自由流动,要求第三人甄别钱款来源是否合法违背了"法律不强人所难"这一基本法理;(3)民法中并未就犯罪所得财物的善意取得问题有特别规定或者除外规定。

《民法典》第 311 条在善意取得制度中规定了无权处分人将不动产或者动产转让给受让人的,受让人必须满足"善意、有偿、转移"这三个条件,[①]才能构成物权的善意取得。因此,刑法上赃款的善意取得也要满足以下三个条件:第一,第三人取得赃款赃物为善意。这体现在第三人对涉案财物不明知,或者第三人并非通过非法债务清偿或者违法犯罪活动取得涉案财物。第二,赃款赃物以合理的价格转让给第三人。这体现在第三人取得赃款赃物为有偿,且不能明显低于市场价格。第三,赃款赃物已经转移至第三人。转让的赃款赃物是不动产或者动产,依照法律规定应当登记的已经登记,不需要登记的已经交付给受让人。

(二)网络打赏性质为有偿的消费行为

判断网络打赏的钱款是否构成善意取得,前提是判断网络打赏是有偿行为还是无偿行为。网络直播打赏包括网络表演打赏、网络游戏打赏等多种打赏方式。对于网络打赏的性质,目前存在多种认识:第一种观点认为,自媒体人因提供了一定的内容服务而获得赏金,应属于消费行为;第二种观点认为,对于网民基于喜爱、支持等,在不要求提供服务的前提下无偿进行网络打赏,应视为赠与行为;第三种观点认为,打赏人对被打赏对象支付的合理对价部分应当归类于消费行为,而溢出部分的不合理对价则看作打赏人的赠与行为。

本案中的打赏为网络游戏直播打赏,具体过程是打赏人将钱款充值到游戏直播平台,将货币换成了礼物、装备等虚拟财产,之后用虚拟财产对主播进行直播打赏。有观点认为,打赏人从平台购买礼物的行为可以认定为网络消费行为,后续用礼物对主播进行打赏的行为应认定为赠与行为。第三方直播平台也往往以此为理由,主张向网络主播追缴。但是,从打赏的整体过程来看,违法所得的钱款是直接打入第三方网络直播平台的账户,先通过网络直播平台转换为虚拟礼物后,再由平台与主播进行利益分配。因此,网络打赏过程应作为一个整体来判断,不能将购买礼物的行为和打赏行为割裂来看,刑事追缴的直接对象应当是第三方直播平台,当然,平台可以向相关网络主播做进一步的追偿。[②]

笔者认为,网络直播打赏应当定性为有偿的消费行为,而非赠与行为。理由

① 参见袁志丽:《对完善我国物权法中善意取得制度的思考》,载《广东社会科学》2010 年第 3 期。

② 参见姜瀛、吴雨菲、杨舒涵:《以犯罪所得打赏网络主播可否追缴——基于民刑衔接视角的分析》,载《铁道警察学院学报》2017 年第 3 期。

在于:第一,网络直播属于新兴产业,网络平台在运营过程中也要支付各种运营费用,存在一定的运营成本。网络直播行业并非单纯的公益事业,某种程度上与广播电视行业类似,用户观看电视也要支付一定的入网费用,并非完全无偿。如果简单地将网络打赏认定为赠与行为,第三方直播平台属于无偿取得赃款,则不构成善意取得,扣押在案的第三方直播平台的钱款则应当全部发还给被害单位,对于直播平台来讲存在不公平。第二,直播打赏的模式符合消费行为的模式。直播打赏的过程包括向网络平台充值、购买虚拟礼物、用虚拟礼物进行打赏几个阶段。购买礼物的过程即签订消费合同的过程,用虚拟礼物进行打赏则属于二次消费,打赏者在打赏礼物作为支付对价的同时,获得了精神上的愉悦和满足,类似于观看演唱会、电影。第三,将网络打赏定义为消费行为,并不意味着第三方网络平台一律构成善意取得。第三方网络平台是否善意要看是否提供了合理的对价或者是否有其他恶意的行为。只有网络直播平台提供了合理的对价,且没有其他恶意的行为时,才构成善意取得,否则仍然可以认定平台存在“恶意”,进而可以对赃款进行追缴。

(三)第三方网络直播平台能否符合善意取得判定标准

本案中的第三方直播平台能否构成善意取得,要从平台主观上是否明知、是否支付合理对价、是否存在其他恶意行为等几个方面综合判断。

第一,平台主观是否知情应当采取善意推定规则,即推定平台为善意,由主张平台非善意之人承担举证责任。在本案中,被害单位提出,网络直播平台对于胡某某每天最多1万多次的打赏行为、最多给一位主播打赏300余万元的异常行为没有提出制止,从而认为直播平台存在恶意,但办案机关和被害人均无法提供具体证据证明游戏直播平台明知胡某某所打赏的钱款的来源。因此,在没有证据证明胡某某同网络平台或者网络主播存在串通的情况下,不能仅依据胡某某的异常打赏行为来推定平台知道钱款的来源不正当。

第二,在传统的实物买卖合同中,是否支付合理对价,可以通过物品质量和数量等标准衡量,但是服务作为一种特殊商品,具有抽象性、无形性特征,服务合同中对于对价的合理判断往往欠缺客观标准。因此,基于对公平原则的考量,现代民法基本采取主观等值原则,即一方合同当事人根据自己的判断,认为另一方提供的给付与自己提供的给付具有相等的价值,即可认定给付与对待给付之间具有等价关系。具体到网络打赏中,体现为平台是否为顾客提供了与打赏钱款相匹配的服务,顾客是否因此获得了主观等值的精神享受。一方面,打赏行为具有自愿性,一旦用户觉得打赏得不到相等的价值体验,便会停止打赏。但本案中,以其中一家网络直播平台为例,胡某某在此网络平台上共打赏了1000余万元,胡某某的持续打赏行为表明其得到了超值的感知体验,胡某某本人也供述满足了自己的虚荣心，享受了打赏的快感。另一方面，胡某某本人作为主播，还以此吸引他人对自己打赏，使自己的账号不断升级，账号升级到一定程度后可以卖钱，胡某某作为主播在接受别人打赏时，自己也能分到30%-40%的钱款，即胡某某的打赏行为亦可帮助其获得一定的经济利益。另外，胡某某提出其中600多万元的打赏是与其他几个主播约定好互相打赏，但其打赏出去后，其他主播多数没有打赏回来，属于受骗打赏，但胡某某未能提供相应的证据。根据证据裁判原则，在案并无证据证明平台对于主播之间虚假打赏是明知的，且平台也按照相应的规则履行了服务内容，不能认定平台和主播属于“明显低于市场的价格取得涉案财物”。

第三，是否存在其他恶意行为应坚持遵循从严把握的原则，不应将违规行为与恶意行为相混淆。本案中，被害单位提出该平台存在一定的违规行为，网络直播平台作为商业经营者，确实存在为了利益最大化，通过各种方式吸引胡某某进行打赏的行为，甚至存在一定的违规行为，如对胡某某短期内巨额打赏的行为不加以提醒、限制，客服人员为胡某某提供非实名小号，纵容胡某某用小号向自己的大号打赏，即本人给本人打赏，平台也能从中获得一定的经济利益。但是，胡某某作为完全民事行为能力人，对以上平台的违规行为系明知，其本人也清楚平台受益分配的规则，仍然接受平台的规则而进行消费，不能据此认定平台存在“恶意”。

本案中，在案证据无法证明第三方网络直播平台主观上明知钱款来源系赃款或网络第三方直播平台系明显低价或者以其他恶意的方式取得涉案钱款，因此第三方网络直播平台构成善意取得。二审法院裁定维持原判，对冻结在案的第三方网络直播平台的钱款未予追缴。但这并未剥夺被害单位的合法权益，被害单位仍可通过其他民事、行政途径对涉案钱款主张权利。同时，从维护交易秩序角度，网络直播作为网络时代应运而生的新兴产业，法律应当尽量支持该产业的良性运转。赃款的网络打赏往往涉及多重法律关系和法律关系主体，包括打赏者、直播平台、主播、主播签约的经纪公司等，在民事上对于网络打赏的性质存在一定争议的情况下，在刑事案件中如果对网络打赏的钱款一律予以追缴，会对网络直播平台附加过高的注意义务，不利于网络直播产业的发展。当然，网络不是法外之地，在认定网络直播平台对赃款是否构成善意取得时，要严格按照善意取得的构成要件来认定，对于不符合善意取得条件的，仍然可以追缴。

（责任编辑：张新平）

保证期间的司法审查与《民法典》时间效力的法律适用

——左某、李某诉赵某某、某轮驳有限公司、某港务有限公司等合同纠纷案相关法律问题探讨

凌　巍*　柳适思**

裁判要旨

《民法典》施行前公司对外提供担保引发纠纷，如保证合同对公司不发生效力，在认定合同各方责任时，还需依照《最高人民法院关于适用〈中华人民共和国民法典〉有关担保制度的解释》（以下简称《担保制度司法解释》）相关规定，审查保证期间是否经过，并正确适用《民法典》时间效力的规定。

一、据以研究的案例

赵某某系某轮驳有限公司、某港务有限公司控股股东，分别持有两公司99.42%、99.12%的股权。某快航公司系某轮驳有限公司的全资子公司。某快航公司因造船需要，从左某、李某处融资1600万元。

2013年11月16日，左某、李某与某轮驳有限公司、赵某某签订《某豪华客轮项目投资合作协议》，该协议约定，左某、李某以110万元受让某快航公司55%的股权，同时向某快航公司出借款项。对于上述借款，某港务有限公司以其土地提供抵押担保，某轮驳有限公司以其持有某快航公司45%的股权提供质押担保，赵某某提供连带责任保证。此外，赵某某、某轮驳有限公司还保证左某、李某每

* 北京市高级人民法院刑二庭审判员，中国政法大学法学硕士。
** 北京市第一中级人民法院行政庭审判员，中国政法大学法律硕士。

年获得某快航公司660万元分红,如有不足,承诺差额补足。

2016年6月21日,左某、李某、赵某某、某快航公司、某轮驳有限公司、某港务有限公司签订《协议书》,该协议书约定,由赵某某负责寻找受让主体,整体受让某快航公司的全部股权。如赵某某寻找的受让主体以5700万元以下的价格受让某快航公司的全部股权,则赵某某应向左某、李某支付股权转让款2200万元,其余部分用于偿还某快航公司所欠债务。如赵某某寻找的受让主体以5700万元以上的价格受让某快航公司的全部股权,则赵某某除支付股权转让款2200万元以外,还应将超过5700万元的全部款项支付给左某、李某。若左某、李某收到足额股权转让款(其他条件略),则将赵某某、某轮驳有限公司应向左某、李某支付的1320万元补偿款予以免除;如2016年7月15日后左某、李某未收到股权转让款,则左某、李某有权依据《合作协议》向赵某某、某轮驳有限公司主张约定的1320万元补偿款。

2016年(合同无具体日期),北部湾公司与某快航公司签订《合作协议书》,约定某快航公司投资设立全资子公司渤海乐通公司,并将两艘船舶过户至渤海乐通公司名下。北部湾公司以5500万元收购渤海乐通公司的全部股权。2016年11月13日,某快航公司持有的渤海乐通公司的100%股权过户登记至北部湾公司名下。

2016年12月7日,赵某某出具《承诺书》,承诺于2017年3月6日前分三次向左某、李某还清2200万元股权转让款及相关利息。

2017年12月29日,左某与赵某某签署《备忘录》,内容为:(1)赵某某承诺,继续履行于2016年12月7日向左某出具的《承诺书》,对《承诺书》所述款项不再提出相关新的主张。(2)双方确定赵某某所欠款项,最后还款日期为2018年5月15日。所欠款项金额以《承诺书》为依据进行计算。逾期不还,左某有权启动相应的司法程序。

诉讼中,左某、李某认可已经收到股权转让款共计750万元。

后左某、李某起诉至法院请求:(1)判令赵某某支付股权转让款本金1450万元;(2)判令赵某某支付股权转让款的利息及未按时给付股权转让款的违约金;(3)判令赵某某、某轮驳有限公司共同给付补偿款1320万元;(4)判令赵某某、某轮驳有限公司共同给付拖延支付1320万元补偿款的违约金260万元;(5)判令某轮驳有限公司对第(1)项及第(2)项承担连带保证责任;(6)判令某港务有限公司对第(1)项至第(4)项承担连带保证责任;(7)判令本案案件受理费、保全费等相关诉讼费用由赵某某、某轮驳有限公司、某港务有限公司承担。

赵某某辩称:请求法院依法判决,驳回左某、李某的全部诉讼请求。

某轮驳有限公司、某港务有限公司共同辩称:两公司不同意承担连带担保责任,担保是无效的,左某、李某的主张不能成立。

一审法院经审理认为,各方签署的2013年11月16日《合作协议》、2016年6月21日《协议书》除保证责任条款外的内容,赵某某在2016年12月7日出具的《承诺书》及其在2017年12月29日签署的《备忘录》均系各方真实意思表示,且不违反法律、行政法规的强制性规定,应属合法有效,对各方具有约束力。

关于左某、李某的第(1)项诉讼请求,依据涉案《协议书》《承诺书》《备忘录》可知,赵某某应向左某、李某支付2200万元股权转让款。本案中,左某、李某自认已经收到其中的750万元,法院对此不持异议。赵某某应依据其承诺付清剩余款项,故法院对左某、李某要求赵某某支付1450万元股权转让款的诉讼请求予以支持。另外,赵某某未依照其承诺按期足额支付剩余款项,已构成违约,依法应当承担相应违约责任。《协议书》中约定的违约金计算标准为日千分之二、《承诺书》中的约定为日千分之一,本案中左某、李某主张按照年利率24%的标准计算。对此法院认为,赵某某逾期支付前述款项,给左某、李某造成的系资金占用损失,且左某、李某在本案中主张的利息及违约金均是对违约损失的弥补,左某、李某主张的前述计算标准显属过高。法院以实际损失为基础,兼顾合同的履行情况等综合因素,根据公平原则和诚实信用原则予以衡量,将违约金计算标准酌减至年利率8%。关于起算时间,《协议书》中对于款项支付时间并未明确予以约定,且左某、李某在本案中自认赵某某已付利息50万元,赵某某出具《承诺书》的时间为2016年12月7日,根据前述情况予以综合考量,法院酌定自2017年3月20日开始起算。对于左某、李某诉讼请求中超出的部分,法院不予支持。

关于左某、李某的第(3)项诉讼请求,根据《协议书》的约定,如果赵某某足额支付了股权转让价款,则《合作协议》中约定的赵某某、某轮驳有限公司应支付的1320万元补偿款予以免除,如在2016年7月15日后未收到股权转让款或2017年6月3日后项目公司依旧未取得营业执照,则左某、李某有权要求赵某某、某轮驳有限公司在收到书面通知之日起15日内付清1320万元。本案中,赵某某并未依约按期足额支付2200万元股权转让款。左某、李某提起本案诉讼,法院向赵某某、某轮驳有限公司送达了本案起诉状,应视为完成了协议书约定的书面通知程序。故依据《合作协议》及《协议书》的约定,赵某某及某轮驳有限公司应当向左某、李某支付1320万元补偿款。法院对左某、李某的相应诉讼请求予以支持。

关于左某、李某的第(4)项诉讼请求,根据《协议书》的约定,赵某某和某轮驳有限公司未在收到书面通知之日起15日内付清补偿款1320万元,应按照未付款总额的日千分之二的标准支付违约金,本案中左某、李某自行调低至260万元。法院结合欠付款项金额、本案起诉状送达日期、欠付款项持续期间、当事人违约程度综合考量,该标准并未超过一定限度,法院对该项诉讼请求予以支持。

关于左某、李某的第(5)项、第(6)项诉讼请求,即某轮驳有限公司、某港务有限公司是否需要承担连带保证责任,根据《公司法》的规定,公司为公司股东或者实际控制人提供担保的,必须经股东会或者股东大会决议。前款规定的股东或者受前款规定的实际控制人支配的股东,不得参与表决。该项表决由出席会议的其他股东所持表决权的过半数通过。根据前述法律规定,公司为其股东或实际控制人提供担保,并非法定代表人所能单独决定的事项,而是必须经过公司股东会决议作为授权,否则构成越权代表。本案中,赵某某在签署涉案《协议书》时,既是某轮驳有限公司的法定代表人,亦是某港务有限公司的法定代表人,也是持有两公司99%以上股权比例的股东。两公司在《协议书》中作为保证人,为其付款义务作担保,必然会损害两公司其他股东的利益,属于为《公司法》规定的公司股东或实际控制人提供关联担保,依法必须通过股东会决议,并由剩余出席会议股东所持表决权的半数以上通过。而某轮驳有限公司、某港务有限公司均称未召开过股东会,左某、李某亦称未见过股东会决议,涉案《协议书》亦未有公司其他股东签字同意,故某轮驳有限公司、某港务有限公司在本案作为赵某某保证人的情况,属于前述法律规定所禁止的行为,左某、李某并未审查是否存在公司股东会决议,亦非善意相对人。因此,《协议书》中的担保条款违反了法律的禁止性规定,应确认为无效。左某、李某依据前述协议中的担保条款要求某轮驳有限公司、某港务有限公司承担担保责任,于法无据,法院不予支持。另外,根据《担保法》的规定,[①]担保合同被确认无效后,债务人、担保人、债权人有过错的,应当根据其过错各自承担相应的民事责任。《最高人民法院关于适用〈中华人民共和国担保法〉若干问题的解释》(以下简称《担保法解释》)第7条规定,[②]主合同有效而担保合同无效,债权人无过错的,担保人与债务人对主合同债权人的经济损失,承担连带赔偿责任;债权人、担保人有过错的,担保人承担民事责任的部分,不应超过债务人不能清偿部分的1/2。本案中,左某、李某称其并未见过两公司的股东会决议,而左某、李某作为债权人,明知某轮驳有限公司、某港务有限公司系为其控股股东提供担保,且知道两公司没有召开相关股东会决议,法定代表人赵某某系越权代表,仍签署了包含保证条款的《协议书》,对

① 2021年1月1日起《民法典》正式施行,《担保法》同时废止。本案例适用1995年施行的《担保法》,相关规定可参见《民法典》第388条第2款。

② 2021年1月1日《最高人民法院关于适用〈中华人民共和国民法典〉有关担保制度的解释》施行,《担保法解释》同时失效。相关规定参见《担保制度司法解释》第17条。

于无效的法律后果具有重大过错,其对于因担保无效所造成的损失应当承担主要责任。某轮驳有限公司、某港务有限公司未尽到对其法定代表人及公司公章的审慎管理和注意义务,对于担保无效所造成损失应承担次要责任。因此,法院综合本案实际情况及各方当事人的过错程度,依法酌定某轮驳有限公司、某港务有限公司就赵某某不能清偿的债务承担1/3的赔偿责任,某港务有限公司对赵某某、某轮驳有限公司不能清偿的债务承担1/3的赔偿责任。当事人提举的其他证据材料或发表的其他意见不影响法院依据查明的事实依法进行裁判,法院不予一一评述。

综上,一审法院判决:(1)赵某某于判决生效之日起10日内向左某、李某支付股权转让款1450万元;(2)赵某某于判决生效之日起10日内向左某、李某支付利息及违约金(以1450万元为基数,按照年利率8%标准,自2017年3月20日计算至实际付清之日止);(3)赵某某、某轮驳有限公司于判决生效之日起10日内向左某、李某支付补偿款1320万元及违约金260万元;(4)某轮驳有限公司、某港务有限公司对上述第(1)项和第(2)项判决主文项下赵某某的债务不能清偿部分承担1/3的赔偿责任,其在承担赔偿责任后有权向赵某某追偿;(5)某港务有限公司对上述第(3)项判决主文项下赵某某、某轮驳有限公司的债务不能清偿部分承担1/3的赔偿责任,其在承担赔偿责任后有权向赵某某追偿;(6)驳回左某、李某的其他诉讼请求。

判决后,赵某某、某轮驳有限公司、某港务有限公司不服,上诉至二审法院,请求撤销一审判决,依法改判。

二审法院经审理认为,《合作协议》《协议书》除保证责任条款外的内容、《承诺书》及《备忘录》合法有效,对各方具有约束力。经审查,赵某某应向左某、李某支付股权转让款1450万元。赵某某、某轮驳有限公司应向左某、李某支付补偿款1320万元及违约金260万元。补偿款债务及股权转让款债务的保证期间均未经过。公司对外提供担保并非法定代表人所能单独决定的事项,而必须经过公司董事会或股东会决议授权,否则构成越权代表。本案中,左某、李某称其并未见过某轮驳有限公司、某港务有限公司的相关决议,系非善意相对人,《协议书》中的保证条款对二公司不发生效力。综上,判决驳回上诉,维持原判。

二、相关法律问题探讨

在涉公司保证合同纠纷中,不仅涉及保证合同效力、保证期间的认定以及《担保制度司法解释》的时间效力适用问题,还交织着公司对外担保中善意相对人的认定、法人接受意思表示的推定等问题。本案立足《民法典》相关规定,明确应当通过审查债权人是否为善意相对人,进而认定保证合同的效力;保证合同对公司不发生效力的,应对保证期间进行审查,并依据《民法典》时间效力的规定判断是否适用新法。

保证合同是为保障债权的实现,保证人和债权人约定,当债务人不履行到期债务或者发生当事人约定的情形时,保证人履行债务或者承担责任的合同。①我国《民法典》对保证债务设置了保证期间,债权人未在保证期间内依法行使权利的,保证债务消灭。就保证期间是否经过,人民法院应当依职权予以查明。②在保证合同对公司不发生效力的情形下,保证人是否应承担赔偿责任,除了需要对保证合同的效力进行认定之外,还要进一步审查保证期间是否经过。由于案件事实发生于《民法典》施行之前,为正确适用《担保制度司法解释》的相关规定,还需结合《民法典》时间效力的相关规定综合把握。

(一)债权人非善意——公司保证合同效力问题

根据《公司法》第16条的规定,公司对外提供担保并非法定代表人所能单独决定的事项,而必须经过公司董事会或股东会决议授权,否则构成越权代表。本案中,某轮驳有限公司、某港务有限公司为赵某某2200万元股权转让款及利息提供连带保证责任担保,某港务有限公司为赵某某、某轮驳有限公司1320万元补偿款及利息提供连带保证责任担保。左某、李某称其并未见过某轮驳有限公司、某港务有限公司的相关决议,因此,二人并非《担保制度司法解释》第7条中所称的"相对人善意",《协议书》中的保证条款对二公司不发生效力。

需要注意的是,《担保制度司法解释》对此种情形下保证合同的效力判定所用的词语是"对公司不发生效力"而非"无效"。这种表述与《民法典》施行前的《担保法解释》以及最高人民法院于2019年发布的《全国法院民商事审判工作会议纪要》中的相关表述均有不同,后二者都采用了"无效"一词。《民法典》使用"不发生效力"的情形主要包括无权代理、不动产物权登记、债权转让通知、债权转让等。有观点认为,《担保制度司法解释》中规定的"不发生效力"与"无效"不同,在越权担保对公司不发生效力的情形下,由于债权人未尽到必要的注意义务,因此应采用主观主义(意思主义)解释规则,探寻公司的真实意思。公司是法律拟制的"人",公司对内形成、对外作出意思表示需经法人机关参与,因此,违反《公司法》第16条规定作出的担保意思表示,在债权人非善意的情况下,可以认定双方对担保事项未达成一致,担保合同不成立。而担保合同不成立,亦有

① 参见最高人民法院民法典贯彻实施工作领导小组主编:《中华人民共和国民法典合同编理解与适用(二)》,人民法院出版社2020年版,第1280页。

② 参见高圣平:《民法典上保证期间的效力及计算》,载《甘肃政法大学学报》2020年第5期。

公司内部控制不健全或运行不规范的因素。因此,公司应当承担缔约过失责任。①

笔者认为,对"不发生效力"的理解应该注意两个层面,一是其法理基础,二是其法律后果。从法理基础来看,虽然《民法典》关于"不发生效力"的规定主要见于合同效力有待确定状态(无权代理、债权转让)以及物权行为与债权行为不一致时物权有因性理论的适用(不动产物权的登记),这两种情形有一个共通点,即法律在对其进行否定性评价之前,附有一定的触发条件。同样,否定公司担保合同的效力也需要满足相对人非善意这样的触发条件。至于条件满足后的法律后果,也就是"不发生效力"的法律后果,《民法典》第157条已经给出了具体规定,该条将无效、被撤销或者确定不发生效力的后果进行了统一。

鉴于《民法典》颁布前后有关法律及司法解释中关于公司保证合同效力的表述发生了变化,而本案事实发生于《民法典》实施之前,因此还需进一步考察上文所述《担保制度司法解释》的时间效力问题。

(二)否定公司保证合同效力的法律后果——《担保制度司法解释》时间效力之考察

有关《民法典》及其相关司法解释时间效力的审查,是《民法典》施行后,司法实践中面临的重大问题之一。

公司违规担保且相对人非善意导致合同"不发生效力"的规定见于《担保制度司法解释》第7条。根据上文所述,依照《民法典》第157条的规定,"不发生效力"的法律后果同于"无效",《担保制度司法解释》第17条和第33条规定了担保合同和保证合同无效的法律后果。因此,需考察《担保制度司法解释》的时间效力问题。关于《民法典》与《担保制度司法解释》时间效力的宏观论述,已有相关权威文章,此处不再详述。② 鉴于本案的法律后果认定集中于上述司法解释第17条与第33条,故仅就该两条适用时间效力的审查加以分析。

1.《担保制度司法解释》第33条是否具有溯及力

《最高人民法院关于适用〈中华人民共和国民法典〉时间效力的若干规定》(以下简称《时间效力规定》)第3条规定:"民法典施行前的法律事实引起的民事纠纷案件,当时的法律、司法解释没有规定而民法典有规定的,可以适用民法典的规定,但是明显减损当事人合法权益、增加当事人法定义务或者背离当事人合理预期的除外。"该条文的构成要件包括:(1)法律事实于《民法典》施行前发

① 参见名编壮士籍:《不发生效力≠无效》,载微信公众号"无权处分"2021年3月31日,https://mp.weixin.qq.com/s/EvODow73C5QRYrchJ3_Nrg。

② 参见麻锦亮:《论民法典〈担保制度司法解释〉的时间效力》,载《法律适用》2021年第6期。

生;(2)当时的法律、司法解释没有规定;(3)《民法典》有规定;(4)不存在三种例外情形,即《民法典》的规定明显减损当事人合法权益、增加当事人法定义务或者背离当事人合理预期。

涉案《协议书》未约定保证期间,根据《担保法》第26条的规定,保证期间为六个月。[①] 本案法律事实发生于《民法典》施行前。《民法典》实施前,法律、司法解释对本案争议问题并无规定。故前面两个要件显然满足,以下对后面两个要件分别进行分析。

2.《担保制度司法解释》的规定是否属于"民法典有规定"

笔者认为,《担保制度司法解释》适用《时间效力规定》。首先,在制定法存在漏洞的情况下,理论上人民法院要通过一定的法律解释方法(如类推适用)来填补制定法的漏洞,并据此审理案件作出判决。在新旧法律交替时期,如果新法对某一问题已经作出明确规定,而旧法对此没有规定,则人民法院自应将新法的规定用于填补旧法的漏洞,并据此作出判决。[②] 换言之,如果新法是对旧法漏洞的填补(而非造法),"空白溯及"系一般法律原则。其次,对于《担保制度司法解释》的溯及力问题,2021年1月14日最高人民法院民二庭负责人在答记者问时指出:"新旧法衔接适用上,因为我院已在《时间效力规定》中既对民法典的施行问题作出了一般规定,又对'民法典施行前成立的保证合同'当事人对保证期间约定不明确或者对保证期间没有约定如何处理等作出具体规定,故本解释不再规定新旧法的适用问题。"[③]因此,从《民法典》《时间效力规定》《担保制度司法解释》这三者的关系来看,《时间效力规定》适用的对象包括《民法典》在内的一系列法律及相关司法解释,《担保制度司法解释》的时间效力也应当适用《时间效力规定》的相关内容与精神。

3.《担保制度司法解释》第33条是否属于《时间效力规定》第3条的三种例外情形

有学者指出,"当事人权益减损""义务增加"属于客观要件,"背离当事人合理预期"属于主观要件,两类要件在事实上往往是同时具备的。例如,如果《民法典》新增一种合同无效的情形,或新增一种无过错责任,即增加了当事人的法

① 案件处理时适用《担保法》。相关规定参见《民法典》第692条的内容。

② 参见刘贵祥:《〈民法典〉实施的若干理论与实践问题》,载《法律适用》2020年第15期。

③ 《民二庭负责人就〈最高人民法院关于适用《中华人民共和国民法典》有关担保制度的解释〉答记者问》,载中华人民共和国最高人民法院网2021年1月14日,http://www.court.gov.cn/zixun-xiangqing-284441.html。

定义务，亦背离了当事人的合理预期。[①] 因此，该三种情形可一并进行考量。

笔者认为，《担保制度司法解释》第 33 条不属于上述三种例外情形。首先，《民法典》施行前，旧法已设立了保证期间制度，但未规定保证合同无效时，保证人是否可以保证期间经过为由主张免除赔偿责任。该问题系法律应予规定的问题，旧法未规定属于法律漏洞。新法对原本存在的漏洞予以填补，并非造法性规定，并不明显减损当事人合法权益、增加当事人法定义务、背离当事人合理预期。其次，《民法典》采用的观点具有合理性。保证合同有效，保证人尚可因保证期间经过免除全部责任，根据"举重以明轻"的当然解释，保证合同无效时，保证人自可因保证期间经过免除按照过错比例确定的部分赔偿责任。最后，特别是在公司提供对外担保、相对人未尽审查义务的情况下，如担保有效，公司无须承担责任；担保不发生效力、无效，公司反而要承担赔偿责任，公司可以进行追认，使担保有效后免除责任。

4.《担保制度司法解释》第 17 条对本案是否具有溯及力

从条文内容来看，对于主合同有效担保合同无效的责任认定问题，《担保制度司法解释》第 17 条与《担保法解释》第 7 条的内容有一定重合。虽然《民法典》对当事人权利义务的规定更为全面，且填补了一些空白，但是本案事实发生时《民法典》尚未实施，因此，《担保制度司法解释》第 17 条并无溯及力，不能适用。

综上，保证对公司不发生效力时，可参照《担保制度司法解释》第 33 条，但适用时还需进一步分析案涉合同的保证期间是否经过。

（三）保证合同无效后保证期间的法律适用

我国《民法典》基于保护保证人、督促债权人及时行使权利的立场，在保证债务诉讼时效之外，专门规定了保证期间制度，明确规定所有保证债务均有保证期间之适用。[②] 对于保证期间的理解，需要厘清如下几个问题。

1.保证合同不成立、无效、被撤销或者不发生效力时仍应适用保证期间

保证合同不成立、无效、被撤销或者不发生效力后，债权人请求保证人承担赔偿责任，是否存在保证期间的适用空间，理论界与实务界尚存争议。有观点认为，如保证合同无效，保证期间仍具有现实意义，保证期间经过，债权人未及时主

---

① 参见于飞：《"民法典时间效力规定"第三条评析——以"可以适用"为中心》，载微信公众号"中国民商法律网"2021 年 1 月 4 日，https://mp.weixin.qq.com/s/cX_GjbaKIV53EXyZw3pedA。

② 参见黄薇主编：《中华人民共和国民法典合同编解读》，中国法制出版社 2020 年版，第 716 页；最高人民法院民法典贯彻实施工作领导小组主编：《中华人民共和国民法典合同编理解与适用（二）》，人民法院出版社 2020 年版，第 1349 页。

张权利的，保证人原则上不再承担赔偿责任。也有观点认为，如保证合同无效，保证期间则再无适用空间。司法实践中，基于保护债权人利益及平等保护的原则考虑，虽然保证合同无效，但清算条款和争议解决条款仍然是有效的。合同无效的法律后果在进入诉讼程序后仍需司法机关予以评价。若将保证期间解释为清算条款的一部分，则保证人仍然可能根据其过错程度承担赔偿责任。

如保证合同无效后，即不再适用保证期间的规定，则当出现保证期间经过后债权人才请求保证人承担赔偿责任时，保证人仍需承担赔偿责任，将导致保证合同无效却可能对债权人更为有利的情况。这种情况的出现，致使双方利益明显失衡，因此即使保证合同被认定无效，也产生保证期间的适用。①

2. 债务人公司的法定代表人同时为保证人及保证人公司的法定代表人，债权人向其主张权利，可产生向保证人公司主张权利的效果

意思表示向特定的对象作出，且在到达相对人时生效。在债务人公司的法定代表人亦是保证人的情况下，如要求债权人必须明确区分其催收和协商行为是针对债务人还是保证人，是行使债权还是担保权，未免苛刻，不利于保护债权人的利益，亦难言公平。因此，对于此类纠纷中意思表示的审查，应当结合民法基本原理及诚信原则、平等保护原则予以处理。

《民法典》第 692 条第 2 款规定："债权人与保证人可以约定保证期间，但是约定的保证期间早于主债务履行期限或者与主债务履行期限同时届满的，视为没有约定；没有约定或者约定不明确的，保证期间为主债务履行期限届满之日起六个月。"结合本案，根据《协议书》的约定，某轮驳有限公司、某港务有限公司对赵某某支付股权转让款的债务承担连带保证责任，某港务有限公司对赵某某、某轮驳有限公司支付补偿款的债务承担连带保证责任。《协议书》未约定保证期间，案涉保证的保证期间应为六个月。

本案涉及的保证期间又分为两个部分：第一部分是补偿款债务的保证期间，第二部分是股权转让款债务的保证期间，后者的认定涉及公司接受意思表示的媒介问题。《协议书》约定，赵某某应于 2016 年 7 月 15 日前完成某快航公司股权转让过户登记，按照约定，如赵某某寻找的受让主体以 5700 万元以上的价格整体受让某快航公司的全部股权，则赵某某还应将超过 5700 万元以上的全部款项在股权过户之日起 15 日内支付给左某、李某，股权转让款的支付期限为 2016 年 7 月 30 日。赵某某于 2016 年 12 月 7 日出具《承诺书》，承诺支付 2200 万元股权转让款，应认定左某、李某在保证期间内向赵某某主张过权利。赵某某系某

---

① 参见曹士兵：《中国担保制度与担保方法》（第 4 版），中国法制出版社 2017 年版，第 158 页。

轮驳有限公司、某港务有限公司的法定代表人及分别持有二公司99.42%、99.12%股权的控股股东,因此赵某某与二公司的利益高度一致。在《协议书》签订过程中,亦由赵某某代表某轮驳有限公司和某港务有限公司在法定代表人处签字。对于债权人左某、李某而言,无论是行使债权还是担保权,其诉求实质上均是希望债务得到清偿。此时如要求左某、李某必须明确区分其催收行为是针对债务人赵某某还是保证人二公司,是行使债权还是担保权,未免过于苛刻。因此,左某、李某向赵某某主张权利,应视为其向某轮驳有限公司、某港务有限公司主张保证权利,因此,股权转让款债务的保证期间亦未经过。

(责任编辑:王　凯)

医疗损害责任纠纷中数人侵权及多种请求权聚合的责任认定

——贾某某诉某医院、某商贸公司、某医疗器械公司医疗损害责任纠纷案相关法律问题探讨

陈晓东*　樊思迪**　雷　悦***

裁判要旨

医疗机构与非医疗机构共同实施侵权行为造成患者损害，如医疗机构和非医疗机构之间具有意思联络，对损害后果的发生具有共同过错，二者行为直接结合并导致同一损害后果，可以认定二者构成共同侵权。

缺陷医疗产品与医疗机构的过错诊疗行为共同造成患者同一损害，产生了医疗过错侵权责任和医疗产品责任的请求权聚合，患者可以一并主张损害赔偿。

一、据以研究的案例

2017年2月，贾某某在某医院进行右肺上叶切除、中叶部分切除、淋清术前1日，某医院在贾某某右上肢放置案涉导管1套。次日，某医院为贾某某进行了手术。2017年3月，贾某某办理出院手续，但案涉导管无法拔除，某医院多次尝试拔除导管未果，遂联系案涉导管销售商某商贸公司的技术员王某为贾某某进行案涉导管拔除，但拔除过程中导管发生断裂，导管残端遗留在贾某某右上肢静脉中。后贾某某去往其他医院就诊，尝试取出体内残留的导管，但未能成功，案涉导管至今仍残留在贾某某体内。后贾某某将某医院及某商贸公司、某医疗器械

* 北京市第三中级人民法院民一庭庭长，中国政法大学法学学士。
** 北京市第三中级人民法院民一庭法官助理，中国人民大学法律硕士。
*** 北京市第三中级人民法院民一庭法官助理，中央财经大学法学硕士。

械公司诉至法院,要求某医院、某商贸公司及某医疗器械公司连带赔偿其医疗费、营养费、交通费、误工费及精神损害抚慰金等损失。

在一审法院审理过程中,贾某某申请对某医院的诊疗行为是否存在过错以及若存在过错与其损害之间的因果关系进行司法鉴定。某鉴定机构于2019年1月22日出具退案函,退案函载明:(1)本案的焦点集中在“PICC置管的拔除”问题上,某医院允许PICC管厂家的技术支持人员拔管,是否属于医疗行为,本中心无法界定,该问题也非医疗技术鉴定范畴;(2)该案件可能主要涉及违反法规的问题,而非医疗技术问题,关于违法问题北京市卫生和计划委员会已经作出答复意见书。

在一审法院审理过程中,某商贸公司提供了《医疗器械注册证》《医疗器械注册登记表》《报关单》《检验检疫证明》《销售单》《发票》,这些文件载明国家食品药品监督管理总局于2014年2月28日准许案涉导管的生产商对案涉导管类产品进行注册,有效期至2017年12月26日,其中包括案涉导管这一规格型号。2016年11月30日、2017年2月14日,某商贸公司均向某医院出售了与案涉导管同型号的导管产品。后经贾某某申请,一审法院自国家食品药品监督管理局调取了相关材料。经审查,一审法院调取的材料与某商贸公司提供的材料内容一致。

一审法院于2020年10月30日作出民事判决书,判决某医院赔偿贾某某后续医疗费、营养费、交通费及精神损害抚慰金共计19 889.5元;某商贸公司赔偿贾某某后续医疗费、营养费、交通费及精神损害抚慰金共计19 889.5元;驳回贾某某的其他诉讼请求。判决作出后,贾某某不服,提起上诉。

二审法院审理后,于2021年8月2日作出民事判决书,改判某医院与某商贸公司共同赔偿贾某某医疗费24 779元、营养费9000元、交通费1000元、精神损害抚慰金20 000元。该判决已生效。

法院生效判决认为,本案的主要争议焦点为:第一,某医院与某商贸公司是否应承担赔偿责任以及二者如何承担责任;第二,某医疗器械公司是否应承担赔偿责任。

关于争议焦点一,医疗机构在诊疗过程中违反法律、行政法规、规章以及其他有关诊疗规范的规定,造成患者损害的,推定医疗机构有过错。本案中,某医院因允许执业注册有效期届满未延续执业注册的王某为贾某某进行拔管操作,违反了《护士条例》的相关规定,被北京市卫生和计划生育委员会给予警告的行政处罚,故可以据此推定某医院的诊疗行为存在过错,且该过错与部分导管留存贾某某体内的损害后果之间具有因果关系,某医院应当承担赔偿责任。《侵权责任法》第8条规定,[1]二人以上共同实施侵权行为,造成他人损害的,应当承担连带责任。第34条第1款规定,[2]用人单位的工作人员因执行工作任务造成他人损害的,由用人单位承担侵权责任。本案中,部分导管留存贾某某体内的损害后果,系拔除导管这一侵权行为所致,而该行为系某医院请某商贸公司的员工王某提供技术支持而实施。某医院在未审查王某是否具有执业资质的情况下即允许王某进行拔管操作,而王某作为某商贸公司的技术员,在执行工作任务时超出技术支持的范围,直接实施了拔管行为。对此,某医院和某商贸公司在主观上具有共同的过失,且某医院允许拔管的行为与某商贸公司员工实施拔管的行为的直接结合导致同一损害后果的发生,故某医院与某商贸公司构成共同侵权,二者应对贾某某的损害后果承担连带赔偿责任。一审法院认定某医院及某商贸公司各承担50%的按份赔偿责任,系适用法律错误,二审法院予以纠正。

关于争议焦点二,《最高人民法院关于审理医疗损害责任纠纷案件适用法律若干问题的解释》(法释〔2017〕20号)(以下简称《医疗纠纷司法解释》)第7条规定,[3]患者依据《侵权责任法》第59条规定请求赔偿的,应当提交使用医疗产品或者输入血液、受到损害的证据。患者无法提交使用医疗产品或者输入血液与损害之间具有因果关系的证据,依法申请鉴定的,人民法院应予准许。医疗机构,医疗产品的生产者、销售者或者血液提供机构主张不承担责任的,应当对医疗产品不存在缺陷或者血液合格等抗辩事由承担举证证明责任。一审中贾某某曾申请就案涉导管的产品质量进行鉴定,但拔出的部分断管已被某医院丢弃,导致检材缺失无法鉴定。而现有证据可表明某医疗器械公司初步完成了医疗产品不存在缺陷的举证责任。因某医院和某商贸公司的共同侵权行为导致导管被拔断,且某医院未保留拔出的部分导管,导致无法进行鉴定,故未能举证证明医疗产品不存在缺陷的不利后果,应由某医院和某商贸公司承担。因本案的医疗产品责任和医疗过错侵权责任系源于某医院和某商贸公司造成的同一损害后果,二者在责任赔偿范围上具有同一性,故某医院和某商贸公司承担医疗产品责任的范围与其拔管中的过错侵权责任的范围相同。而根据现有证据及相应举证责任的承担规则,某医疗器械公司的医疗产品责任不能确定,故对于贾某某要求某医疗器械公司承担连带赔偿责任的上诉请求,法院不予支持。

---

① 2021年1月1日起《民法典》正式施行,《侵权责任法》同时废止。该案审理时适用《侵权责任法》。相关规定参见《民法典》第1168条。

② 相关规定参见《民法典》第1191条第1款。

③ 本案审理时适用2017年的司法解释,2020年对该解释进行了修正,相关规定参见《医疗纠纷司法解释》(法释〔2020〕17号)第4条。

二、相关法律问题探讨

医疗机构及其医务人员对患者的身体权、健康权和生命权等民事权益负有不可侵犯的义务,因过错医疗行为造成患者损害的,应承担赔偿责任。相较于医院而言,患者的医疗专业知识不足、信息掌握不对等,缺乏处理应对医疗纠纷的经验,在举证能力上亦处于弱势一方。由于医疗行为的复杂性与多样性,在患者的诊疗过程中可能涉及多个医疗行为主体、产生多种医疗责任。因此,在医疗损害责任纠纷中,法院需要对数个侵权行为人之间的责任形态以及多种请求权聚合时的责任承担进行准确地分析与认定。

(一)医疗损害责任中数人侵权行为的责任认定

1. 数人侵权行为的类型

2010 年实施的《侵权责任法》第 8 条至第 14 条构建了数人侵权法律制度的基本框架,《民法典》侵权责任编亦延续了数人侵权的类型。经过归纳可知,数人侵权包括以下三种情形:第一,共同侵权行为,即数人共同实施侵权行为,主观上具有共同故意或共同过失,客观上共同造成同一损害后果的发生,各个侵权人对损害后果承担连带责任。第二,分别侵权行为,即数人分别实施侵权行为,若各个侵权人的行为单独都足以造成损害后果,则各侵权人承担连带责任;若各个侵权人的行为单独并不足以造成全部损害后果,则按照原因力承担按份责任,无法确定各自原因力,则平均承担赔偿责任。第三,共同危险行为,数人均实施了可能导致损害后果的危险行为,但无法明确引发损害的主体,则由所有参与危险活动的人承担连带赔偿责任。也有学者将数人侵权的类型归纳为共同加害型(《民法典》第 1168 条)、因果关系竞合型(《民法典》第 1171 条)、因果关系聚合型(《民法典》第 1172 条)及共同危险行为(《民法典》第 1170 条)四种类型。[①]共同加害型、因果关系聚合型均为数个侵权人的行为结合为整体,导致损害后果的发生;因果关系竞合型以各侵权人的行为与损害后果之间均具备因果关系为要件;共同危险行为各侵权人的责任承担则不以成立因果关系为前提,或者说该因果关系为法律所推定。[②]

2. 医疗损害责任中的数人侵权行为

医疗损害责任中的"损害"系患者在诊疗活动中受到的损害,患者在医院受

---

① 参见陈自强:《债权法之现代化》,北京大学出版社 2013 年版。

② 参见吴香香:《中国法上侵权请求权基础的规范体系》,载《政法论坛》2020 年第 6 期。

到的与诊疗活动无关的损害不宜界定为医疗损害责任纠纷。[①] 因此,医疗损害责任中的侵权行为应为诊疗过程中实施的诊疗行为。一般而言,诊疗行为是医疗机构或其医务人员在诊疗活动中的临床实践行为。[②] 医务人员实施侵权行为造成患者损害的,也由医疗机构对患者承担侵权责任,故医疗损害责任纠纷中,一般以医疗机构作为侵权行为主体。对于数家医疗机构的诊疗行为造成患者同一损害的情形,根据《医疗纠纷司法解释》第 19 条的规定,应当区分不同情况,依照《民法典》第 1168 条、第 1171 条或第 1172 条的规定,确定各医疗机构承担的赔偿责任。而在诊疗过程中,还存在医疗机构的诊疗行为与其他非医疗机构的侵权行为共同造成患者同一损害的情形,在现行法律未对此作出明确规定的情况下,对其责任形态的认定可以参照前述规定。但应当注意的是,此处的"非医疗机构"应为与开展诊疗活动、实施诊疗行为具有密切联系的主体,如在诊疗过程中提供辅助、指导或直接参与实施诊疗行为的主体。若其在诊疗活动中的行为与医疗损害后果的发生具有因果关系,则其虽不属于严格意义上的医疗机构,也应作为医疗损害责任纠纷中的侵权行为人承担相应责任。

对于数个侵权行为人具体责任形态的认定,应考虑数个行为主体之间的意思联络、主观状态、客观行为及因果关系等要素。若医疗机构和非医疗机构之间具有意思联络,对损害后果的发生具有共同的过错,实施了共同行为并导致患者同一损害后果,则可以认定二者构成共同侵权行为,应承担连带赔偿责任。[③] 应当注意的是,在医疗损害责任纠纷中,因医疗过错在主观上的状态主要表现为过失,[④]医疗损害责任中的共同侵权行为在主观上也主要表现为具有共同的过失。

具体到本案中,某医院与某商贸公司的员工具有为贾某某实施拔管行为的意思联络;某医院在未审查王某是否具有执业资质的情况下即允许王某违法进

---

① 参见最高人民法院民法典贯彻实施工作领导小组主编:《中华人民共和国民法典侵权责任编理解与适用》,人民法院出版社 2020 年版,第 422 页。

② 参见杨立新:《医疗损害责任构成要件的具体判断》,载《法律适用》2012 年第 4 期。

③ 对于共同侵权行为的界定,学理上的主要观点有意思联络说、共同过错说、共同行为说、关联共同说等。在司法实践中,《最高人民法院关于审理人身损害赔偿案件适用法律若干问题的解释》(法释〔2003〕20 号)第 3 条曾对共同侵权行为进行了阐释,即二人以上共同故意或者共同过失致人损害,或者虽无共同故意、共同过失,但其侵害行为直接结合发生同一损害后果的,构成共同侵权。这一规定在坚持共同侵权行为的共同过错的同时,还部分承认共同侵权行为的客观标准,认为数人虽无共同故意、共同过失,但其侵害行为直接结合发生同一损害后果的,构成共同侵权。所谓"直接结合",即数个行为结合程度非常紧密,对加害后果而言,各自的原因力和加害部分无法区分。(该解释已经过 2020 年、2022 年两次修正)参见曹险峰:《数人侵权的体系构成——对侵权责任法第 8 条至第 12 条的解释》,载《法学研究》2011 年第 5 期。

④ 这是因为医学伦理道德要求医师"视病如亲","永不存损害妄为之念"。参见杨立新:《医疗损害责任构成要件的具体判断》,载《法律适用》2012 年第 4 期。

行拔管操作,某商贸公司的员工在执行工作任务时超出技术支持的范围,直接实施了拔管行为,二者应当预见而没有预见或轻信可以避免这一行为可能造成的后果,在主观上具有共同的过失;某医院允许拔管的行为与某商贸公司员工实施拔管的行为直接结合,导致部分导管留存贾某某体内这一损害后果的发生。故某医院与某商贸公司构成共同侵权,二者应对贾某某的损害后果承担连带赔偿责任。

(二)医疗损害责任中多种请求权聚合的责任认定

1. 医疗损害责任中多种请求权的聚合

医疗损害责任具体包括四种类型,即医疗伦理损害责任、医疗技术损害责任、医疗产品损害责任和医疗管理损害责任。[①] 由于诊疗过程的复杂性及诊疗行为的多样性,在同一诊疗过程中可能同时发生多种医疗损害责任,从而产生多种请求权聚合的问题。请求权的聚合,指同一法律事实基于法律的规定以及损害后果的多重性,而使责任人向权利人承担多种法律责任的形态。[②] 区别于请求权的竞合,请求权聚合所产生的数个责任可以相互并存,甚至可以相互吸收。请求权竞合时,被侵权人只能"择一请求";请求权聚合时,当事人对数种请求权可以同时主张。[③] 因此,在诊疗过程中实施的某一医疗行为同时产生医疗过错侵权损害责任和医疗产品损害责任时,患者可依不同请求权主张相应的救济,其可以在同一案件中一并主张,也可以分别主张。

2. 多种医疗责任聚合时的责任主体与责任范围

基于前述分析,医疗机构在实施过错诊疗行为过程中使用缺陷医疗产品,产生医疗技术损害责任和医疗产品责任的聚合,患者可以一并主张损害赔偿。因二者源于同一侵权行为造成的同一损害后果,故二者在责任主体和赔偿范围上具有同一性。根据《民法典》第 1223 条及《医疗纠纷司法解释》第 21 条的规定,医疗机构与医疗产品的生产者、销售者均为医疗产品责任的责任主体。因此,医

① 医疗伦理损害责任,即医疗机构和医务人员违背医疗良知和医疗伦理的要求,违背医疗机构和医务人员的告知义务或者保密义务,具有医疗伦理过失,造成患者人身损害或其他合法权益的损害,应当承担侵权损害赔偿的医疗损害责任。医疗技术损害责任,是医疗机构和医务人员在医疗活动中,违反医疗技术的高度注意义务,具有违背当时的医疗水平的医疗技术过失,造成患者人身损害,应当承担侵权损害赔偿的医疗损害责任。医疗产品损害责任,是医疗机构在医疗过程中,使用有缺陷的药品、消毒药剂、医疗器械以及不合格的血液等医疗产品及准医疗产品,造成患者人身损害,医疗机构和医疗产品生产者、销售者或者血液提供机构应当承担侵权损害赔偿的医疗损害责任。医疗管理损害责任,是医疗机构和医务人员违背医政管理规范和医政管理职责的要求,具有医疗管理过失,造成患者人身损害、财产损害,应当承担侵权损害赔偿的医疗损害责任。参见杨立新:《侵权责任法》,法律出版社 2018 年版,第 287-294 页。

② 参见杨立新主编:《侵权行为法》,复旦大学出版社 2005 年版,第 143 页。

③ 参见王泽鉴:《法律思维与民法实例》,中国政法大学出版社 2001 年版,第 166 页。

疗机构既是医疗伦理损害责任、医疗技术损害责任和医疗管理损害责任等医疗过错侵权责任的责任主体,也是医疗产品责任的责任主体。[①]《医疗纠纷司法解释》第22条第1款规定:缺陷医疗产品与医疗机构的过错诊疗行为共同造成患者同一损害,患者请求医疗机构与医疗产品的生产者、销售者、药品上市许可持有人承担连带责任的,应予支持。据此规定,当医疗机构的医疗过错侵权责任与医疗产品责任聚合时,患者可以请求医疗机构按照医疗产品责任的赔偿方式承担连带责任,因为此时医疗过错侵权责任和医疗产品责任可以互相吸收。

参照上述规定,本案中的医疗产品责任和医疗过错侵权责任系源于某医院和某商贸公司造成的同一损害后果,在责任赔偿范围上具有同一性,故某医院和某商贸公司承担医疗产品责任的范围与其实施拔管的过错侵权责任的范围相同。

应当注意的是,虽然在医疗损害责任中,各类侵权请求权聚合时的责任主体及责任范围具有同一性,但具体责任的归责原则不尽相同,因此对于各个医疗损害责任的成立与分配,应区分情况进行分析与认定。侵权责任以过错责任为原则,医疗损害责任系过错侵权在医疗损害领域的具体化,在无特别规定的情况下,均以过错责任作为归责原则;而医疗产品责任属于产品责任的一种,系以严格责任即无过错责任作为归责原则。因此,在举证责任的分配上,须由医疗机构及医疗产品的生产者、销售者对医疗产品不存在缺陷等抗辩事由进行举证证明,否则应承担举证不能的不利后果。具体到本案中,某医疗器械公司已初步完成了医疗产品不存在缺陷的举证责任,而某医院和某商贸公司的共同侵权行为导致导管被拔断,且某医院未保留拔出的部分导管,造成无法鉴定,故未能尽到医疗产品不存在缺陷的举证责任的不利后果应由某医院和某商贸公司连带承担。

（责任编辑：王　凯）

---

① 医疗产品责任纠纷区别于普通的产品责任纠纷,医疗机构在此处承担的是不真正连带责任,医疗机构赔偿后,有权向负有责任的生产者、销售者追偿。

【案例分析】

公司技术人员以植入代码方式窃取公司财产行为的认定
——张某某盗窃案相关法律问题分析

关　芳*　胡柳青青**

裁判要旨

负责公司电子支付系统运维的技术人员，以非法占有为目的，利用开发、维护支付系统的工作便利，通过植入代码的方式将公司实收款项转入个人账户的行为，构成盗窃罪而非职务侵占罪。

一、据以研究的案例

法院经审理查明，某通公司主要经营社保代缴业务并从中收取服务费。2016年4月27日至2018年11月23日期间，被告人张某某在某通公司任技术总监，负责独立开发和维护微信客户端和支付系统、设置支付通道、签订收款协议。该支付系统的后台管理账号密码由公司法定代表人掌握，当系统出现死机、系统漏洞等需维护的情况时，张某某需要向法定代表人索取密码登录后重启系统。某通公司的客户在微信中关注某通公司的微信公众号，办理业务并进行支付。支付成功后，钱款进入微信财付通，财付通每日向某通公司的对公账户结算打款，后钱款进入某通公司的银行账户内，某通公司从银行账户内提取业务款为客户代缴社保。2018年11月23日被告人张某某离职后，某通公司依然聘请其

* 北京市第一中级人民法院刑二庭法官，国家开放大学法学学士。
** 北京市第一中级人民法院刑二庭法官助理，中国政法大学刑法学硕士。

维护上述系统,并每月支付报酬。

2017 年 11 月至 2019 年 6 月,被告人张某某通过技术手段在某通公司的微信支付系统中植入代码,使某通公司的客户通过微信支付的部分钱款被转入由被告人张某某实际控制的章舟公司的银行账户。张某某通过上述手段窃取某通公司钱款共计人民币 333 万余元。2019 年 7 月 26 日,被害单位某通公司进行财务审查时发现费用异常后报案。被告人张某某于 2019 年 8 月 5 日被抓获归案,后如实供述了上述犯罪事实。

一审法院认为,张某某通过在某通公司微信客户端植入代码的方式,将章舟公司具有收款功能的微信公众号账号进行绑定,通过开启操作,将原本应当转入某通公司账户内的钱款,部分转移到其实际控制的章舟公司的账户内,足见其非法占有的目的。张某某利用技术手段窃取某通公司钱款,数额特别巨大,其行为构成盗窃罪。张某某任某通公司技术总监期间,主要负责研发、维护该公司的微信支付系统,对支付系统内的公司钱款并无主管、管理等便利条件,张某某只是通过开发和维护系统搭建资金流通平台,利用工作机会能够接触资金数据等,但对这些钱款本身并无支配控制权,故张某某并无占有钱款的职务便利,不应认定为职务侵占罪。张某某通过写入代码的方式,将原本应当转入某通公司的经营钱款转入了由其本人实际控制的章舟公司微信公众号账户内,钱款划转之后即由张某某实际控制,此时盗窃既遂,转账数额人民币 333 万余元即为犯罪数额。张某某将钱款再次转入章舟公司对公账户属于事后转移、处分行为,不影响犯罪数额的认定。被告人张某某以非法占有为目的,盗窃公私财物,数额特别巨大,其行为已构成盗窃罪,应予惩处。故法院依法判决:(1)张某某犯盗窃罪,判处有期徒刑 12 年,剥夺政治权利两年,罚金人民币 20 万元。(2)责令被告人张某某退赔赃款人民币 3 332 755. 85 元发还被害单位北京某通商务服务有限公司。

一审判决后张某某不服提出上诉。2020 年 9 月 25 日,二审法院作出终审裁定,裁定驳回上诉,维持原判。

二、相关法律问题分析

随着电子支付方式的普及,越来越多企业开辟了电子支付业务,便于与客户进行交易,扩大业务规模。而企业的电子支付业务系统,一般是聘请专门的技术人员进行开发、运行与维护。这类技术人员所掌握的数据代码,使其具有直接接触单位资金数据的便利条件。当技术人员利用这一条件,通过改写代码等方式非法占有本单位财物时,对此行为如何定性,即构成盗窃罪还是职务侵占罪存在分歧。

职务侵占说认为,被告人实际是支付过程的管理人,其虽不是传统意义上的财务人员,但其在对微信系统包括支付系统的维护过程中,实际上是客户钱款的经手人。张某某利用维护系统的职务便利,将客户交给公司的钱款切换至自己公司的账户,是对公司财物的截留行为。张某某依据公司授权登录公司系统后台,通过加入代码将部分收款切入至自己公司的账户,其行为属于利用职务便利侵吞公司钱款,构成职务侵占罪。

盗窃说认为,被告人虽然可以依职权取得公司的后台登录密码并进入公司微信系统,但其仅具有对系统技术维护的职权,没有受委托经手办理公司支付系统的处理权,也就是说对公司的财务不具有管理、经手权。张某某对支付系统私自加入代码,不是其职权范围内的行为,非利用职务之便,只是其利用维护系统的工作之便进行的不法行为,不构成职务类犯罪,应以盗窃罪论处。

笔者认为被告人的行为构成盗窃罪,具体分析如下:

(一)盗窃罪与职务侵占罪的区别之一:占有状态不同

盗窃罪与职务侵占罪均系《刑法》分则第五章规定的侵犯他人财产权益的犯罪,刑法通过处罚对财产的不法侵害行为来保护财产权利。一般来讲,财产类犯罪可以分为以盗窃罪为代表的夺取型犯罪和以侵占罪为代表的侵占型犯罪,二者的本质区别在于是否侵犯他人对财物的占有。刑法中的占有有两个层面的含义,第一,占有人对财物的支配、管理的状态;第二,排除他人行使的对财物排他性的支配与控制。在同时侵犯占有的控制权与排他性时,可能构成夺取型财产犯罪,如占有人事先占有财物,行为人夺取了对该财物的占有状态,并转由行为人占有,根据手段不同,可能涉及诈骗、抢劫、盗窃等犯罪。反之,若财物一开始就处于行为人的控制下,行为人并未改变对财物的控制状态,仅是侵犯了占有的排他性,将由他人独有支配的财物,变为自己独有的排他性支配物,则可能构成侵占型犯罪。如侵占罪成立的前提是行为人已经持有他人财物,包括代为保管的财物,或他人的遗忘物、埋藏物等,后拒不交出、交换。侵占罪不需要行为人另外实施骗取、窃取等手段以转移财物的占有。

需要注意的是,在判断占有状态从而帮助区分盗窃罪与职务侵占罪时,不能简单地将职务侵占罪类比为侵占罪。职务侵占罪虽然也是将原来被自己持有的本单位财物"非法占为己有",但是职务侵占罪的行为手段除侵吞外,也可能涉及窃取、骗取手段。职务侵占罪与侵占罪的区别在于,职务侵占的行为人是基于工作职责而持有公司财物,同时其利用职务便利实施了侵占行为。行为人若想将公司财物占为己有,仅拒不交出,无法实现自己对财物的排他性控制,其同时应配合窃取等行为,使财物转移到行为人能控制的范围中。对于职务侵占罪,虽然实施行为时行为人对财物处于占有状态,但是其要实现将财物"非法占为己有",需要采取侵吞、窃取、骗取或者其他手段。也只有承认职务侵占罪可能存在侵吞之外的其他手段,才有进一步判断其是否具有利用职务便利的可能。

如在本案中,若简单按照对侵占罪中“非法占为己有”的理解,仅当行为人拒不交出自己持有财物的情况下才有可能构成职务侵占罪,那对于采用窃取、骗取手段的行为人则应当认定为盗窃罪或诈骗罪。这样的处理一则体现不出职务侵占与普通侵占的区别,二则无法体现行为人犯罪时如何利用了“职务便利”,与立法原意不符。此外,根据《刑法》第 271 条第 2 款的规定,国有公司、企业或者其他国有单位中从事公务的人员和国有公司、企业或者其他国有单位委派到非国有公司、企业以及其他单位从事公务的人员,利用职务上的便利非法占有本单位财物的,应以贪污罪定罪,这也说明对于职务侵占罪的“非法占为己有”手段,相较于侵占罪应做一定程度的扩大理解。

(二)盗窃罪与职务侵占罪的区别之二:是否利用职务上的便利

除对占有的侵犯程度不同外,盗窃罪与职务侵占罪的另一个显著区别即是否需要“利用职务上的便利”。职务侵占罪的成立要求行为人“利用职务上的便利”实施了将单位财物非法占为己有的行为,这里“职务上的便利”一方面指的是行为人基于职务而拥有的占有单位财物的便利,另一方面这种占有涵盖在工作业务范围内。

1. 基于业务占有单位财物的便利

在盗窃罪的场合,行为人在自己不具备占有状态的情形下,违背占有人的意志,实施了转移财产占有的行为。在职务侵占罪的场合,行为人基于工作职务的便利代单位占有财物,对财物具有一定程度的支配权,如经手、管理单位财物等,行为人利用了这种便利,将单位财物转移为自己所有。因此,区分盗窃罪和职务侵占罪,首先要厘清职务侵占罪中“职务上的便利”的含义。

拆开来看,“便利”是具备将单位财产非法占为己有的实施便利条件,只有行为人享有该便利条件,方有可能实施侵占行为。就职务侵占罪来讲,这种便利应当是占有单位财产的便利,此处的“占有”即基于工作职责所需而对财物事实上的支配与控制。“职务上的便利”则对便利条件的形成原因提出了要求,即是由行为人的职务所产生的便利。根据行为人占有形态的不同,一般情况下,职务上的便利可以分为三种情况:

(1)行为人对财物在一定范围内具有审查、批准、调配、处置等“主管”职权,这种情况下行为人虽然不具体管理、经手单位财物,但是对单位财物的调拨、安排、使用具有决定权。如公司的董事、经理等管理层人员,即使其对财物是间接占有的状态,仍然可以认为其具备职务上的便利。

(2)行为人直接以保管、处理、使用为工作内容,对单位财物直接负有“管理”职责,亦即对单位财物具有一定的处置权。如单位的出纳、会计、保管员等,因其职责要求,单位财物必然处于其直接控制之下,虽然财物本身可能不被此类人员直接持有,但是其持有的保管凭证、账目凭证等对财物的书面记载,为财物的另一种存在形态,行为人可以通过修改书面凭证等手段,改变财物的账面数目,因此可以视作该类人员具备占有单位财物的职务便利。

(3)行为人在对财物的加工、修理、装配等过程中,对“经手”的财物具有临时性的实际控制权。在这种情况下,行为人虽不具有管理、处置单位财物的职责,但因工作需要,单位财物一度由其经手,行为人在经手过程中对单位财物形成了一种临时的直接的支配控制关系。

不管上述哪种情形,所谓“职务上的便利”都应具备以下条件:第一,行为人的便利条件是基于自己的工作职责产生的;第二,这种便利是指行为人对单位财物的控制支配权,无论是直接控制或者间接控制,常态化的控制或者临时性的控制。行为人利用上述职务上的便利,非法占有本单位财物的,应认定为职务侵占罪。

2.“职务便利”不同于“工作之便”

虽然通过前文论述我们知道“职务上的便利”指的是行为人基于工作职责对财物形成的支配控制关系,但是任何单位不论处于任何岗位,负责任何职责的职工,其在工作中都会或多或少形成一些便利条件,这种一般意义上的“工作之便”并不等同于职务侵占罪中的“职务上的便利”,实践中认定职务便利时很容易把二者混淆。若在解释时不当扩大“职务上的便利”的含义就会导致此罪和彼罪的认定出现混乱。因此,在准确把握“职务上的便利”含义的基础上,要注意区分“职务便利”和“工作之便”的概念。

职工因为工作形成的一般意义上的“工作之便”,涵盖范围更广,其职权内容不具有对财物的独立的排他性控制,这种便利一般是行为人凭借自己的员工身份,熟悉作案环境,更容易接近在他人监管、管理、经手下的单位财物。而职务侵占罪之下的“职务便利”,强调的是行为人的职务赋予其的对于财物的独立支配权,如公司董事、会计和仓库保管员,在其职责范围内都有对财物的独立支配和控制权,这种支配与控制是其职务独有的,其对财物享有不受他人干涉的管控能力。因此要区分行为人的行为是利用了“职务便利”还是“工作之便”,关键在于判断行为人因为工作形成的便利条件是否具备对单位财物的独立控制支配权。

具有“职务便利”的人,利用职务便利实施非法占有单位财物的行为时,在实施过程中,其表象都是在履行职责,其占有状态是职责范围内可预知的状态。如仓库保管员进入自己管理的仓库窃取物品,其进入仓库和搬运物品的行为与其履行职责时的正当行为并无区别。而仅具有"工作之便"的人,虽然其有更易于接近单位财物的便利,但是作案过程中所实施的行为超出了其工作职责的范畴,如某景区负责网络系统维护的技术人员,通过修改景区门票数据,将景区本该收取的门票收益据为己有。虽然这种行为利用了其作为技术人员的工作之便,但其修改数据的行为显然超出了自己的职责范围。[①] 若是行为人利用了"职务便利"非法占有本单位财物,则应认定为职务侵占罪;若行为人仅是利用"工作之便",使其更容易实施窃取行为,实际上不具有对财物的控制权,其通过工作之便为自己创造条件,非法转移占有单位财物的,则应认定为盗窃罪。

(三)系统运维技术人员无支配系统内款项的职务便利

负责运行、维护支付系统的技术人员不能视为其具有控制支配公司财物的职责。作为负责运行维护支付系统的技术人员,其工作职责是保障系统的正常运转,该职责内容中不包括对钱款的管理控制。虽然在电子支付的情形下,资金是以电子数据的形式存在的,但是技术人员仅仅是负责搭建和维护存放资金数据的平台,资金从该平台流通,技术人员并不直接经手,对该系统内的钱款也不具备管理控制权。技术人员在正常履职和维护系统运作的过程中,对支付系统代码的更改、撰写并不会影响公司收取钱款的数额,因此技术人员的职务便利并不包含对公司财产的占有。

在本案中,被告人主要负责研发、维护被害单位的微信公众号系统及支付系统。被告人的日常职责是系统出现问题时,经公司主管授权维护系统,客户支付的钱款仅是在其所搭建的平台上交易,其对公司收取的客户钱款不具有独立的支配管理权。本案被害单位设立支付系统就是为了使公司管理人员能够通过电子数据控制公司财产,公司主管人员虽然不掌握支付系统运行的技术性逻辑和方法,但是对流经该支付系统的资金具有排他性的支配权,其控制方式就是审查公司微信收款账户的具体数目。虽然被告人对于公司的支付系统具有管理控制的权利,但是其对在该支付系统内保管的资金并不具有当然的控制支配权,被告人的便利条件是通过开发和维护系统搭建资金流通平台,利用工作机会能够接触到资金数据等,其擅自改写代码,将公司资金转入自己账户的行为超出了自己职责的范围。

综上,被告人利用了自己身为技术人员,在日常运行维护系统时进入系统的便利,植入程序代码,使公司财物转入自己控制下的账户的行为,并非利用了自

---

① 参见聂昭伟:《赵某铃等盗窃案[第1202号]——非法侵入景点检售票系统修改门票数据获取门票收益的行为如何定性》,载中华人民共和国最高人民法院刑事审判第一、二、三、四、五庭主办:《刑事审判参考》总第110集,法律出版社2018年版。

己占有公司财产的职务便利,不构成职务侵占罪。该行为系利用“工作之便”秘密地将属于单位的财产转移到自己名下,系窃取行为。综上,被告人以非法占有为目的实施了窃取公司财物的行为,数额特别巨大,应认定为盗窃罪。

(责任编辑:张新平)

主动到公安机关处理其他纠纷而被检举酒后驾驶的不应认定为自首

——白某某危险驾驶案相关法律问题分析

徐　莉*

裁判要旨

对于自首的认定不应过度泛化，需要回归立法本义，把握自首的"自动到案"和"如实供述"两个核心要义。而"自动到案"首先要考察行为人到案的主动性和自愿性，其次要考察行为人是否有具体的到案行为，即将自身置于办案机关控制之下。

一、据以研究的案例

2021年12月3日18时30分左右，被告人白某某饮酒后通过微信与汪某某联系时发生纠纷，约至北京市某区一交叉路口见面。被告人白某某自其家中乘坐由杜某驾驶的归被告人白某某所有的黑色大众牌小客车（悬挂伪造的号牌）赶赴约定地点，途中换成被告人白某某驾驶车辆，被告人白某某在驾驶证被吊销的情况下，酒后驾驶车辆行驶到约定地点。19时26分许，白某某与汪某某见面后发生肢体冲突，汪某某的女朋友李某某拨打110报警，白某某自行驾车前往某派出所处理纠纷。在某派出所处理纠纷期间，被告人白某某被人举报酒后驾驶，某交通支队民警赶到某派出所对被告人白某某进行酒精检测。经抽血检测，被告人白某某体内的血液酒精含量为117.8mg/100ml，被告人白某某到案后如实供述了其酒后驾驶机动车的犯罪事实。

---

* 北京市通州区人民法院刑事审判庭法官助理，中国人民大学法律硕士。

公诉机关认为,被告人白某某醉酒后驾驶机动车在道路上行驶,触犯了《刑法》第133条之一第1款第2项的规定,构成危险驾驶罪。同时认为被告人白某某具有自首、认罪认罚等情节,有犯罪前科,建议判处被告人白某某拘役3个月,并处罚金人民币2000元。

一审法院经审理认为,被告人白某某无视法律,在道路上醉酒驾驶机动车,危害公共安全,其行为已构成危险驾驶罪,依法应予惩处。公诉机关指控的罪名成立。关于被告人白某某是否存在自首情节的问题,经查,本案当事人双方因发生肢体冲突到某派出所解决纠纷,被告人白某某在派出所处理纠纷期间被人检举酒后驾驶,后在派出所被某交通支队民警传唤到案,针对危险驾驶一案,被告人白某某属于被动到案,不符合自首认定的条件,故被告人白某某不存在自首情节。被告人白某某到案后如实供述犯罪事实,自愿认罪认罚,依法可以从轻处罚。被告人白某某曾因犯交通肇事罪被判处刑罚,在驾驶证被吊销的情况下,酒后驾驶悬挂伪造号牌的机动车,依法可以酌情从重处罚。综上,法院作出一审判决,认定被告人白某某犯危险驾驶罪,判处拘役4个月,并处罚金人民币2000元。

一审宣判后,公诉机关以原判未认定被告人白某某存在自首情节,适用法律不当、量刑不当为由提起抗诉。二审法院经审理认为,原审被告人白某某在派出所处理纠纷期间被对方检举酒后驾驶,在民警询问其是否酒后驾车时,仍试图以他人开车为由蒙混过关,后其虽表示配合,但系迫于周围环境压力所为,不具备主动投案的主动性和自愿性。一审法院根据白某某犯罪的事实、性质、情节及对于社会的危害程度所作出的判决,定罪及适用法律正确,量刑适当,审判程序合法,裁定驳回抗诉,维持原判。

二、相关法律问题分析

在本案审理期间,对于被告人白某某是否构成自首存在两种意见。一种意见认为,被告人白某某在与他人发生纠纷后,明知他人报警,主动驾车前往派出所接受调查,符合自首的认定条件,公诉机关持此意见。另一种意见认为,被告人白某某在派出所处理纠纷期间被对方检举酒后驾车,针对危险驾驶一案被告人白某某属于被动到案,不应认定为自首。本案判决时采纳了后一种意见,主要理由如下:

(一)认定自首情节应回归立法本意,不可过度泛化

自首作为法定从轻或减轻处罚情节,对于被告人的量刑具有重要意义。《刑法》第67条第1款规定,犯罪以后自动投案,如实供述自己的罪行的,是自首,即行为人要同时满足"自动投案"和"如实供述"两个基本条件才能成立自首。其中,"自动投案"是"如实供述"的前置行为,是一般自首成立的前提和基

础。司法实践中,因行为人归案的方式多种多样,因此,相比于对“如实供述”的认定,对“自动投案”的认定更加复杂。为了统一法律适用,准确认定自动投案,最高人民法院于1998年发布了《关于处理自首和立功具体应用法律若干问题的解释》,对自动投案的概念加以定义,同时列举了7种应当视为自动投案的情形,对自动投案进行了规范性解释,但在司法实践中仍然存在较大争议。为此,2010年最高人民法院发布的《关于处理自首和立功若干具体问题的意见》,再次列举了5种应当视为自动投案的情形,并从反面列举了不能视为自动投案的情形,对自动投案的认定进行了补充规定。尽管上述规范文件对自动投案的情形不断进行扩充,仍不能穷尽司法实践中所有的归案情形,但因该意见中增加了“其他符合立法本意,应当视为自动投案的情形”,从客观上导致实践中对自首的认定有逐渐泛化的趋势。

从立法本意上来讲,自首制度强调的是行为人犯罪后主动将自己交付国家追诉,节约司法资源。因此,设立自首制度的意义在于:一方面鼓励犯罪分子主动归案,认罪服法,争取宽大处理,充分实现刑法的惩罚与教育目的;另一方面也是为了降低办案成本,提高司法效率。故而在认定自首情节时,要回归自首的立法本意,牢牢把握自首的核心要义,从形式和实质两方面来审查“自动投案”和“如实供述”。首先,在形式方面,主要考察行为人无论采取何种投案方式,是否都能够自动将自己置身于司法机关的控制之下,并如实供述主要犯罪事实。其次,在实质方面,要结合具体的投案时间、投案对象、供述的内容等因素,深层次考察行为人自动投案和如实供述是否确有主动归案、认罪服法的态度。例如,行为人实施杀人行为后主动打电话报案,并在现场等候,但在等待抓捕期间又实施了盗窃,表明其主观上仍旧无视法律,并无完全接受制裁的意图,即使其归案后能够如实供述犯罪事实,也因其缺乏自动投案的主观意愿,不能认定为自首。

(二)认定自首情节应遵循主客观相统一的原则

主客观相统一原则贯穿于我国刑事立法和刑事司法的全过程,因此在刑法体系下探讨自首情节的认定,必然要遵循主客观相统一的原则,具体可以从行为人的主观心态、客观行为和实际效果三个方面来加以分析。

1. 主观心态方面

自首的主观方面主要体现在行为人要有“自动”投案的意愿,即行为人的投案行为必须具有主动性和自愿性,这是自动投案的本质要求。与投案动机和目的不同,行为人投案的主动性和自愿性要求投案行为是在不违背其自由意志的前提下做出的,同时行为人能够认识到自己投案后将会接受司法机关的刑事处罚,基于自由意志和明确认知的支配,行为人主动将自身置于司法机关控制之下,认罪服法,接受法律制裁。实践中有的行为人迫于生活的压力或者法律的威慑力而投案,虽然其投案的动机和目的并非出于真诚悔罪,但只要行为人是基于自己的自由意志选择投案,就符合自首主观方面的认定。

2. 客观行为方面

自首的客观方面主要体现在“投案”和“如实供述”两个方面,即行为人既要有投案的实际行动,又要如实供述主要犯罪事实,二者缺一不可。仅有投案表现,但不能如实供述主要犯罪事实,仍然能从侧面反映出其主观上不愿意接受法律制裁,不能认定为自首。如果行为人犯有数罪,自动投案后仅如实供述其中部分犯罪事实,也能反映出其对于未如实供述的部分犯罪心存逃避打击的心理,因此,对于未如实供述的部分亦不能认定为自首。

3. 实际效果方面

实际效果方面主要通过对行为人进行讯问,了解行为人自动投案的主观心态、对所犯罪行的悔罪态度,结合其具体客观行为表现,如通过如实供述犯罪事实的程度、是否能积极退赔、是否积极救助受害人等,来判定行为人是否愿意主动将自己交付给国家追诉,积极认罪服法,从而实现自首制度的预期效果。

在本案中,白某某先是酒后驾车前往与汪某某约定的地点,后与汪某某发生肢体冲突,汪某某因此拨打电话报警,白某某在明知汪某某报警的情况下,主动前往派出所解决纠纷,前往派出所的过程中再次实施醉酒驾车的行为,到达派出所后被汪某某检举酒后驾驶。从白某某的主观心态来看,其自行前往派出所的目的是解决二人之间的纠纷,而非出于其酒后驾驶行为接受公安机关的调查,并接受法律制裁。此外,虽然白某某有投案的表现,但其在到达派出所的第一时间,并未主动交代醉酒驾驶的事实,并且在被检举后,民警向其询问是否醉酒驾驶时,企图借口他人开车逃避侦查。可见,对于醉酒驾驶的行为,白某某没有主动将自己置于公安机关控制下的主观态度。从客观上来看,白某某当时已经到达派出所,虽未对其采取强制措施,但已经处于公安机关的实际控制之下。在当时的条件下,白某某没有逃离的现实可能。综上,一审、二审法院均认定被告人白某某不构成自首是正确的。

(责任编辑:项利军)

隐私权、个人信息保护纠纷案件的裁判路径分析
——张某等诉汪某等隐私权、个人信息保护纠纷案相关法律问题分析

邹　冉[*]

裁判要旨

对侵犯隐私权、个人信息类案件的裁判,首先应结合权利人陈述、客观证据、社会大众一般认知来辨析被侵害权益的客体是否属于私密信息以明确法律适用,然后应依次审查是否存在侵权成立的构成要件和违法阻却事由,最后通过利益衡量法判断可能存在的权利限制,以保护正当权益。

一、据以研究的案例

张某、杨某甲系母女,居住于北京市西城区某小区 12 号楼 1310 号,汪某家与张某家上下层相邻。2020 年 12 月下旬,张某发现汪某家在楼宇的 14 层公共区域安装了四个摄像头,位置分别覆盖该楼层电梯间、公共楼梯口、汪某家门口及张某亲戚杨某乙家门口。张某、杨某甲认为,其与亲戚日常交往频繁,汪某家未征得其二人同意,在楼内公共区域安装摄像头,将二人的人脸信息、行踪轨迹、社会关系、生活习惯记录下来,构成对二人个人信息及隐私的侵犯,给二人的精神带来负担和伤害,据此针对汪某一家提起诉讼,要求拆除摄像头并给予赔礼道歉及精神损害赔偿。

计某是北京市西城区某小区 12 号楼 1410 号房屋的承租人,该房屋在 2020 年由其亲戚汪某、白某照看并偶尔居住。三人被起诉后表示,2020 年 5 月,张某多次向住所地居委会和派出所投诉,称其房屋内存在扰民、混租情况,但经居委

* 北京市西城区人民法院民一庭法官,北京大学法律硕士。

会、派出所调查并不属实。2020 年 6 月、8 月，汪某家所在楼层的公共区域的墙壁上两次被人书写有侮辱汪某家人的文字，经报警未能查出实际侵权人；11 月，汪某家所在楼层的公共区域的墙壁及邻近汪某住所门口的墙壁上再次被人书写有贬损其家人的文字。汪某无法忍受，怀疑为张某家所为，据此与张某发生冲突，后经派出所调解并在民警建议下，于 11 月 18 日购买摄像头并安装于楼宇 14 层公共区域，安装时拆除了摄像中控系统，无法收集影像，目的是震慑侵权人的行为及保护家人安全，该举动得到了周围邻居的同意。因此三人认为，安装摄像头属事出有因，是为了保护家人健康、安全的无奈之举，不存在主观过错，非违法行为；摄像头在安装时已拆除中控系统，无法采集图像信息，没有给张某、杨某甲造成任何损害后果，且张某家居住于楼宇 13 层，14 层非其日常生活的必经区域，不会造成对其隐私的侵犯，故不同意张某、杨某甲的全部诉讼主张。

一审法院审理后认为，《民法典》第 1032 条第 2 款将“隐私”定义为自然人的私人生活安宁和不愿为他人知晓的私密空间、私密活动、私密信息。结合本案，张某等未居住在安装摄像头的楼层，日常生活信息不会被全部记录，因此不会对其生活安宁造成侵扰；案涉摄像头安装于楼层的公共区域，记录内容为往来人员在公共区域内的信息，外观表现上不属于不愿为他人知晓的私密信息范围；即便张某等从主观上认为亲属间走访、邻里交往等信息属于隐私范畴，摄像头的安装造成自身隐私被记录、行为不自由，但相较于被他人多次在楼层公共区域的墙壁上书写严重贬损人格文字，通过公权力救济无果，汪某家人的权利受到侵害而言，程度轻微，应当就汪某等因自力救济给其造成的权利妨害负容忍义务。据此，案涉摄像头的安装不构成对张某等人隐私权的侵犯。再根据《民法典》第 1035 条的有关规定，任何组织或个人需要处理他人个人信息的，应当征得当事人的同意，并遵循合法、正当、必要原则。结合本案，汪某等在诉讼中虽表示安装摄像头时已将设备中控系统拆除，客观不能收集影像资料，但据此不能充分举证证明，故对对应事实主张不予确认。汪某家人虽存在权利被侵害的基础事实，但自行在公共区域安装摄像头进行取证或震慑侵权的行为，在不能证明已取得合法依据或他人同意的前提下，已经超出合理救济的边界，构成对不特定第三人个人信息的侵害，应当予以拆除。对原告有关赔礼道歉、精神损害抚慰金的主张，考虑其受妨害程度，不予支持。综上所述，一审法院判决汪某等将安装于楼层公共区域的摄像头拆除并删除相关影像信息，同时驳回张某等其他诉讼请求。

一审判决作出后，原、被告均未提出上诉，现已生效。

二、相关法律问题分析

《民法典》施行后，在隐私权纠纷二级案由项下增加了个人信息保护纠纷。

这一规定的变化,一方面完善了针对个人信息侵害的救济路径,加强了对个人信息保护的力度,另一方面也给审判实践带来了新的挑战。因此有必要对个人信息保护类案件的审理思路及裁判要素进行梳理、提炼和总结,以不断完善和规范法律规则的运用,使立法目的和制度功能得到实现和发挥。

(一)问题的提出

《民法典》施行前,法律对隐私权、个人信息保护的规定,仅以宣示性条款的方式呈现,可见于《民法总则》、《侵权责任法》之中。由于缺少权益内容、责任承担方式、救济途径等具体化规则的规定,对个人信息侵害的救济往往通过隐私权纠纷的方式提出,这符合隐私权、个人信息立法的发展过程,因为在相当长的时间内,个人信息被隐私权的框架所囊括。① 但随着信息时代的发展及对两种权益研究的不断深入,域内外立法逐渐将个人信息从隐私权的框架中剥离出来,给予其独立的法律地位,这主要基于两种权益在性质、内容、保护方式等诸多方面的差异,一概参照侵害隐私权的司法审查标准,难以满足不同利益保护的需要。

《民法典》的颁布和实施在一定程度上填补了个人信息保护的空白,体现在对隐私权、个人信息权益保护客体的区分,对两种权益法律适用、侵害方式、保护方法、免责事由等内容的规定和列举。法律的完善为司法审判提供了更加具体、便利的裁判规则,但结合实践也发现,对隐私和个人信息交叉领域内容的界定还比较模糊,侵权构成要件和权益保护限制事由的规定较为分散,利益平衡有时也应作为人格权保护的考量因素。因此,对相关概念进行解释、甄别,对相关法律规定进行归纳、梳理,对权益侵害与保护的平衡因素进行提炼,十分必要。

(二)私密信息的甄别

1. 私密信息的界定

《民法典》第 1034 条第 3 款规定,个人信息中的私密信息,适用有关隐私权的规定;没有规定的,适用有关个人信息保护的规定。可见,所侵害权益的客体是否属于私密信息,是确定侵犯权益种类和适用法律的关键。

那么,何为私密信息?通过与其他个人信息相比较,文义上,私密信息带有主观和客观的双重内涵,既带有不愿向他人透露的心理,又具有尚未公开的客观事实,但更偏重于权利人的主观理解与感受,具有较大的主观性,而其他个人信息强调的“可识别性”则更具客观特征;保护目的上,对私密信息的侵犯将扰乱权利人私人生活的平静和内心安宁,而对其他个人信息的侵犯则侧重对人身、财产安全构成威胁;保护方式上,对私密信息的保护多为消极防御,如停止侵害、排

---

① 参见石佳友:《隐私权与个人信息关系的再思考》,载《上海政法学院学报(法治论丛)》2021 年第 5 期。

除妨害,而其他个人信息的保护方式则体现在权利人对个人信息控制不受侵犯的积极行为,如阻止违法收集、处理个人信息的行为等。

2. 私密信息的判断标准

通过前述与其他个人信息进行对比的方法,私密信息的外延已见雏形。我们可以借鉴域外"合理期待"理论,同时立足我国个人信息保护的司法实践和现实需求对作为权益侵害客体的个人信息是否属于隐私权保护的私密信息进行判断。首先,权利人必须具有真实的隐私期待(主观标准);其次,这一期待必须在社会看来是合理的(客观标准)。而该判断标准的积极作用也被国内学界所认同,[①]即不能仅以权利人单方面具有不愿为他人知晓的主观心理为标准确定是否属于私密信息,还应当结合社会公众的一般认知和价值权衡予以综合判断。

结合本案,张某等人在主张隐私侵权、个人信息侵害的过程中,重在对与个体密切相关的信息被他人非法采集可能造成的财产、人身危险进行强调,并没有表现或表示出内心及生活安宁遭受困扰;从客观上,被案涉摄像头记录下的张某等人的个人信息属于公共空间而非私密空间范围内的活动信息,且由于张某一家未居住于摄像头安装的楼层,也不会对其日常生活信息予以全部和实时采集,因此被案涉摄像头收集的张某等人的个人信息不属于隐私权保护的私密信息范畴。

(三)隐私和个人信息侵权阻却事由的排除

构成侵权行为需要满足行为人的加害行为造成他人权益损害、加害行为具有不法性以及加害人主观具有可归责性等要件。其中,加害行为的不法性是侵权行为的本质特征,只有行为不法,才能引发侵权损害赔偿责任;而侵权阻却事由恰恰在于消弭侵权行为的不法性,使之免于责任的追究和承担。

《民法典》人格权编"隐私权和个人信息保护"一章,将"法律另有规定或者权利人明确同意"作为隐私侵权成立的阻却事由;将"法律、行政法规另有规定"或"征得该自然人或者其监护人同意",作为私密信息外的其他个人信息侵权成立的阻却事由。需要特别注意的是,在《民法典》总则编"民事责任"一章、侵权责任编"一般规定"一章,还规定了不可抗力、正当防卫、紧急避险、自助行为,它们同样属于民事责任成立的阻却事由,作为隐私和个人信息侵权阻却事由中"法律另有规定"的体现,应当具化在判断隐私和个人信息侵权能否成立的考量事项中。

结合本案,汪某一家在楼层公共区域安装摄像头存在"先因行为",即存在

① 参见程啸:《个人信息保护中的敏感信息与秘密信息》,载《人民法院报》2020年11月19日,第5版。

其家人的人格尊严被严重贬损的在先权利被侵害事实,且在寻求公权力救济后不能及时获得保护,因而采取了相应行为,目的在于保护家人的权利不被侵害。《民法典》实施前,法律对自助行为没有明确规定。《民法典》第 1177 条新增了自助行为制度,在合法权益受到侵害,情况紧迫且不能及时获得国家机关保护,不立即采取措施将使合法权益受到难以弥补的损害时,赋予受害人可以在保护自己合法权益的必要范围内采取合理措施的权利。本案摄像头安装事实虽然发生于《民法典》施行前,但汪某一家的遭遇符合采取自助行为的条件,故根据《最高人民法院关于〈中华人民共和国民法典〉时间效力的若干规定》作有利追溯适用,因此确定汪某安装案涉摄像头的行为不具有违法性。

(四)权利限制的考量因素

合法权利在行使过程中,会与其他合法权利的行使发生冲突,产生权利冲突问题;也会因违反权利内在限制,产生权利滥用问题。上述问题的解决通常采取权利限制的方法,即通过利益平衡的方法,在个案中进行全面的利益衡量,以确定优先保护哪一种权利,同时赋予相对方一定的容忍义务,或确定超越合理权利行使边界的行为侵权。

结合本案,汪某虽因家人存在人格尊严被严重贬损,且在寻求公权力救济无果的先因事实发生后,出于对权利救济的考虑,在公共区域安装摄像头,用以取证或震慑不法行为,以防止不法行为再次发生。但其安装的摄像头事实上对楼层公共区域范围内的往来人员的个人信息进行采集,在相对人员不知情、未征得相对人员同意的前提下,已构成对公共利益的妨害,因此超越了自助行为的合理边界,故被判定予以撤除。

通过本案的处理,将审理思路进行梳理和总结,能够对《民法典》施行后侵犯隐私权和个人信息类型案件的裁判路径予以大致明确。首先,通过结合权利人陈述、客观证据、社会大众一般认知来辨析被侵害权益客体是否属于私密信息,以明确具体的法律适用;其次,审查是否存在侵权成立的不法阻却事由,直接排除侵权行为的认定,在确定不存在对应阻却事由后,再行根据侵权成立的构成要件比照处理;最后,通过利益衡量的方法对可能存在的权利限制进行判断,对正当权益给予保护。

(责任编辑:曹巧峤)

工伤待遇与侵权损害赔偿竞合赔偿标准认定
——李某诉崔某等机动车交通事故责任纠纷案相关法律问题分析

王 宁*

裁判要旨

被侵权人有权获得工伤保险待遇或者其他社会保险待遇的,侵权人的侵权责任不因受害人获得社会保险而减轻或者免除;在当事人已获得工伤保险待遇的情形下,并不影响侵权人应当依法向被侵权人承担的侵权责任。

侵权责任纠纷中,被侵权人的误工损失是指被侵权人因侵权人的侵权行为所导致的实际收入的减少。被侵权人有固定收入的,误工费按照实际减少的收入计算。

被侵权人主张误工损失的,应当就其因涉案事故导致实际收入减少的情况予以举证,如不能证明,则不能予以赔偿。不能单纯仅因工伤待遇与侵权责任适用的法律规则不同而获得双倍赔偿。

一、据以研究的案例

2018年12月5日14时许,崔某驾驶某运输公司所有的货车与李某发生交通事故。事故造成李某受伤,车辆及公路护栏损坏。经交通队调查,认定“事故由崔某承担全部责任,李某不承担责任”。李某经诊断为“闭合性颅脑损伤特重型、右侧多发肋骨骨折、腰椎骨折L2”。就损失赔偿问题,李某诉至法院,并申请对人体伤残情况以及误工期、护理期、营养期进行鉴定。经鉴定其伤残赔偿指数为30%,误工期评定至伤残评定前一日,护理期评定为180日,营养期评定为

* 北京市密云区人民法院立案庭法官,中国农业大学法学学士。

180日。关于误工费,李某提交了工伤证及工资表,称其主张的误工损失,系其误工期间应发工资的总额。工资表显示,其所在单位(公职)并未扣发其工资。

原告(上诉人)李某诉称,2018年12月5日14时,崔某与其发生交通事故。事故造成其身体多处受伤,并导致伤残,故诉至法院,要求赔偿医疗费、住院伙食补助费、营养费、护理费、误工费、伤残赔偿金、精神损失费等损失。

被告(被上诉人)崔某、某运输公司辩称,认可李某所述发生交通事故的事实,但对事故责任认定不认可。李某在此次事故中存在一定的过错,应承担次要责任。

被告(被上诉人)某财产保险公司等辩称,同意在保险责任范围内承担责任。

法院经审理认为,用人单位的工作人员因执行工作任务造成他人损害的,由用人单位承担侵权责任。崔某作为某运输公司员工,工作期间违反交通规则驾驶公司的机动车辆,造成交通事故,某运输公司作为崔某的用人单位,应就其因交通事故所造成的损失承担侵权责任。侵害他人造成人身损害的,应当赔偿医疗费、护理费、交通费等为治疗和康复所支出的合理费用,以及因误工减少的收入;造成残疾的,还应当赔偿残疾生活辅助具费和残疾赔偿金。当事人对自己提出的主张,有责任提供证据。李某主张的医疗费、辅助器具费,凭医疗费等相关票据予以核定。李某主张的住院伙食补助费、残疾赔偿金、被扶养人生活费的数额合理且符合法律规定,并有相关证据予以支持,法院予以采纳。关于李某主张的营养费、护理费,根据其伤情及就医情况,并参考鉴定意见、住院期间护理情况等依法予以核算,过高部分不予支持。关于李某主张的交通费,依据李某提交的证据及实际情况予以酌情确定。李某主张的精神损害抚慰金符合法律规定,但数额过高,根据李某伤情予以酌情确定。本案系侵权责任纠纷,关于被侵权人的误工损失,其有固定收入,应按照实际减少的收入计算。依据李某提交的证据,无法证明其实际收入有所减少,故对李某要求支付其误工费的诉讼请求不予支持。

判决后,李某就其误工损失未予支持的部分上诉,二审经审理维持一审判决。

二、相关法律问题分析

李某不服一审判决中驳回其误工损失的请求而提起上诉,其认为工作单位按照法律规定向其支付的工伤期间的工伤津贴属于工伤保险待遇。根据相关法律规定,因第三人侵权导致工伤,受害人可获得双份赔偿,并不能因获得工伤保险待遇而减轻侵权人责任。同时在我国的司法审判实践中,对上述情况也有相关判例。故请求二审法院判决撤销一审判决第五项,改判支持误工费的诉讼请求。

因用人单位以外的第三人侵权造成劳动者人身损害而构成工伤的,基于同一损害事实,涉及两方面的法律关系,即建立在劳动关系基础上的工伤保险赔偿法律关系和建立在侵权损害基础上的人身损害赔偿法律关系。这两类请求权的权利基础和适用原则不同,属于不同性质的请求权。在司法实践中,劳动者可以基于这两个法律关系分别向不同的义务人主张权利,即可双重受偿。

(一)双赔的法律规定及法理基础

首先,基于发生的工伤事故,劳动者与用人单位之间形成工伤保险赔偿关系。国家设置工伤保险制度,目的是保障因工作遭受事故伤害或者患职业病的职工获得医疗救治和经济补偿。根据《工伤保险条例》的规定,用人单位应当为本单位全体职工缴纳工伤保险费,因工伤事故受到人身损害的职工有权获得工伤保险赔偿、享受工伤待遇。因此,只要客观上存在工伤事故,就会在受伤职工和用人单位之间产生工伤保险赔偿关系。确认该法律关系成立与否,无须考虑工伤事故发生的原因,即使工伤事故系因用人单位以外的第三人侵权所致,或者是由于受伤职工本人的过失所致,都不影响受伤职工向用人单位主张工伤保险赔偿。《最高人民法院关于审理工伤保险行政案件若干问题的规定》(法释〔2014〕9号)第8条第3款规定,职工因第三人的原因导致工伤,社会保险经办机构以职工或者其近亲属已经对第三人提起民事诉讼为由,拒绝支付工伤保险待遇的,人民法院不予支持,但第三人已经支付的医疗费用除外。

其次,基于侵权事实的存在,受伤职工作为被侵权人,与侵权人之间形成侵权之债的法律关系,有权向侵权人主张人身损害赔偿。侵权之债成立与否,与被侵权人是否获得工伤保险赔偿无关,即使用人单位已经给予受伤职工工伤保险赔偿,也不能免除侵权人的赔偿责任。《第八次全国法院民事商事审判工作会议(民事部分)纪要》第9条规定,被侵权人有权获得工伤保险待遇或者其他社会保险待遇的,侵权人的侵权责任不因受害人获得社会保险而减轻或者免除。

(二)双赔项目

《工伤保险条例》规定了由工伤保险基金支付的项目,包括职工住院治疗工伤的伙食补助费,经医疗机构出具证明、报经办机构同意,工伤职工到统筹地区以外就医的交通、食宿费、工伤职工到签订服务协议的医疗机构进行工伤康复的费用,以及矫形器、假肢等辅助器具费用,同时该条例规定"职工因工作遭受事故伤害或者患职业病需要暂停工作接受工伤医疗的,在停工留薪期间内,原工资福利待遇不变,由所在单位按月支付"。

《侵权责任法》规定,因他人过错造成损害的,被侵权人可以获得的赔偿项目包括“医疗费、护理费、交通费等为治疗和康复支出的合理费用,以及因误工减少的收入。造成残疾的,还应当赔偿残疾生活辅助具费和残疾赔偿金”。

根据上述法律、法规规定可以看出,存在重合的赔偿项目有很多,但目前的法律及相关会议纪要仅规定了工伤保险机构或用人单位可就已经先行支付的医疗费向侵权人进行追偿,也就是明确了医疗费不能够双赔,而并未就其他存在重复的项目的赔偿规则进行明确。但全部兼得会违背“不应获得意外利益”的原则,加重用人单位负担、浪费社会资源。因此在审判实践中,基本已经达成了共识的原则。

(1)属于发生的医疗费、康复费、辅助器具配置更换费等实际需要票据的费用项目,只能按实际发生的金额给付,已按相关事故伤害处理规定获得相应赔付的,不能重复给付;若其赔付金额低于工伤保险规定的标准水平,属参保职工的,应当由工伤保险基金补足差额至规定标准。

(2)属于住院伙食补助费、就医交通住宿费、停工留薪期工资和护理费项目,已按相关事故伤害处理规定获得相应赔付的,不能重复给付;若其赔付金额低于工伤保险规定的标准水平的,应当由用人单位补足差额至规定标准。

(3)属于赔偿性的待遇项目,只要工伤保险法律法规对赔偿待遇项目没有作出竞合规定的,应依法按规定赔偿相应的待遇项目。如工伤保险中的一次性伤残补助金、一次性伤残就业补助金、丧葬补助金、抚恤金,人身侵权赔偿中的残疾赔偿金、精神损害抚慰金、营养费、丧葬费、被扶养人生活费等。

(三)停薪留职期间工资和误工损失的认定

一般情况下,向第三人主张侵权赔偿责任在先,而工伤认定因需一定的时间周期,故往往会在侵权赔偿之后,并且一般单位在职工因第三人侵权导致受伤害但未认定工伤前,并不会主动支付全额工资。本案情况不同,在李某已经获得了全部停工留薪期工资后,其再次向侵权人主张赔偿,并以此作为损失认定的依据。虽然相关规定明确了被侵权职工在获得工伤保险赔偿后,不应减轻侵权人的赔偿责任,但侵权法律关系中适用的赔偿原则不能改变。对不减轻侵权人的赔偿责任的理解,从文义解释上看,首先,不应减少侵权人因侵权行为对他人造成损害后产生的赔偿项目;其次,不应减轻相应的赔偿标准;最后,当工伤保险赔偿项目名称及该名称下的内容与侵权项下赔偿项目及内容不同时,不能相互折抵。但在遵循上述原则的情况时,应当适用民事侵权领域的相关法律规定,包括《最高人民法院关于审理人身损害赔偿案件适用法律若干问题的解释》(以下简称《解释》)中关于各项损失赔偿标准认定的适用规则(《解释》的第3条明确排除了该解释不适用于劳动关系项下因工伤事故造成人身损害起诉用人单位赔偿的情形)。具体到本案的误工损失判断标准,《解释》第7条就认定误工费根据受害人的误工时间和收入状况确定。误工时间根据受害人接受治疗的医疗机构出具的证明确定。受害人因伤致残持续误工的,误工时间可以计算至定残日前一天。受害人有固定收入的,误工费按照实际减少的收入计算。本案李某系公职人员,有固定收入,故其误工费具体数额的认定应当按照实际减少的收入计算,即李某需要举证证明其所在单位因本次交通事故而扣除其工资的具体数额。但根据李某的陈述及其主张的标准,其此期间的工资并无减少情形,故其举证不足,应承担不利的后果,对其主张赔偿误工费损失的诉讼请求不予支持。

劳动关系下的工伤保险待遇赔偿标准、赔偿项目与侵权行为下的人身损害赔偿标准、赔偿项目均存在不同,适用的规则系不同领域,在同一行为导致适用规则的竞合,出现"双赔"的情况。法律作出如此规定是因为社会保险制度是对受害人的一种基本社会保障,其目的是将用人单位的安全生产经营风险转嫁由全体投保人承担,及时保护劳动者权利。社会保险的赔偿范围限于物质损失,其没有分散侵权人侵权责任的功能,故第三人的侵权责任不能因为受害人获得社会保险的给付而减轻或免除,但其赔偿项目及赔偿标准、方法的认定,也应当遵循侵权责任领域的相关裁判规则。

(责任编辑:王　凯)

无意思联络分别侵权的责任认定
——胡某诉汪某、某公司等财产损害赔偿纠纷案相关法律问题分析

王 敏*

裁判要旨

未成年人引发事故的场合,应综合考虑事故发生的过错程度,全面认定事故责任。主要原因系未成年人父母作为法定监护人疏于监护而致使事故发生的,法定监护人应承担主要责任;他人对事故发生具有一定过错构成次要原因力的,他人应承担次要责任。

一、据以研究的案例

2020年9月2日,在北京市通州区永顺办事处其他道路y至m段永顺家园小区2号楼北侧,配送员苗某离开电动三轮车上楼送件时,汪某(2岁)骑上电动三轮车后车辆失控由东向西行驶,与路北侧王某由南向北停放的车牌号为京Q的小型普通客车左后部相撞,后电动三轮车继续行驶,与由北向南静止停放的京J号小型轿车左侧相撞,相撞后汪某摔落车下,之后电动三轮车失控继续向北行驶,与由南向北静止停放的冀R号小型面包车右侧相撞,后又与胡某由南向北静止停放的京Y号小型普通客车右后部相撞后停下。此次事故造成各方车辆接触部位损坏,汪某受伤。后原告将京Y号小型普通客车送往北京某销售服务有限公司维修,花费维修费8391元。

另查,京Y号小型普通客车所有权人为原告。苗某系某公司员工,事发时在履行职务。涉案电动三轮车在保险公司处投保非机动车综合保险,保险期限

* 北京市通州区人民法院民一庭法官助理,中国人民大学法学硕士。

为2019年10月22日至2020年10月21日,其中第三者责任险为每次事故每台车100万元,第三者责任每次事故绝对免赔额为物质损失免赔100元,人身伤亡无免赔。投保人为物流公司,被保险人为物流公司与京邦达公司。

在本案审理过程中,原告称其平时将车辆承包给其他公司,每日360元,为现金结算,故此次事故造成其误工损失。为此原告向法院提交其所在公司出具的《误工证明》,内容为"我公司员工胡某因处理车辆事故9月2日至14日间请假5天,扣除工资800元"。此外,原告称其车辆于2019年9月9日进场维修,9月14日维修完毕,此次事故导致其产生租车损失。为此原告向法院提交《收条》一份,内容为"今收到胡某交来租车费2400元……收款人:宁××。2020.9.16"。就误工损失及租车费损失,原告未提交其他确实有效的证据予以证明。经询问,原告表示其车辆为非营运车辆。庭审中,某公司称事发时苗某未将电动三轮车的钥匙拔出,未熄火,苗某当时距离车仅几米远,且当时汪某的奶奶亦在车辆附近。

法院生效判决认为,本案中,汪某的父母作为法定监护人,疏于监护,致使汪某爬上停靠在路边的电动三轮车并启动车辆,应对事故的发生承担主要责任。苗某将电动三轮车停靠且未将钥匙拔出,对事故的发生亦具有一定过错,应当承担次要赔偿责任。综上,法院酌定汪某的监护人对原告的损失承担70%的责任,苗某对原告的损失承担30%的责任。事发时苗某系某公司职员,执行工作任务过程中造成原告财产损失,故某公司应当赔偿原告的损失。肇事电动车在保险公司处投有第三者责任险,含财产损失免赔100元,肇事电动车共撞坏四辆车,每辆车免赔25元,故保险公司应在苗某的责任范围内承担相应赔偿责任,不足部分由某公司承担。对于原告要求赔偿车辆修理费的诉讼请求,理由正当,法院予以支持。对于原告要求赔偿误工费及租车费的诉讼请求,缺乏事实依据及法律依据,法院不予支持。对于原告要求六被告共同赔偿其损失的主张,于法无据,法院不予支持。判决后,双方均未上诉,现该判决已经发生法律效力。

二、相关法律问题分析

(一)分别侵权行为概述

分别侵权行为,学者也称为无意思联络的数人侵权,是指数个行为人事先没有共同故意,也没有共同过失,只是由于他们各自的行为与损害后果之间存在客观上的联系,造成了同一个损害结果的侵权行为类型。[①] 构成分别侵权行为应当符合下列构成要件:

① 参见杨立新:《被侵权人对侵权连带责任人的选择权》,载《当代法学》2022年第1期。

1. 二人以上分别实施侵权行为

所谓“二人以上分别实施”,即要求数个侵权行为相互之间是独立的,不存在侵权责任编关于共同侵权行为的情形。

2. 造成同一损害后果

“同一损害后果”是指二人以上侵权行为人的侵权行为对损害后果均具有原因力,即侵权行为起了作用所导致的损害。某人的侵权行为如果对某一损害的发生没有原因力,则该损害不属于其应当承担按份的侵权责任或者其他类型的侵权责任(如连带责任)的“共同损害”。

3. 每个侵权行为都符合独立的侵权责任构成要件

如果其中一个侵权行为不符合法定的构成要件,当然无须承担侵权责任。同时,数个侵权行为虽然都要满足独立的侵权责任构成要件,但在损害后果上,他们之间必须具有与此损害后果的关联,即造成“同一损害”,而且每个侵权行为都不足以造成全部损害后果。①

(二)“按份责任”的法律依据

《民法通则》没有对无意思联络的分别侵权行为作出规定,《最高人民法院关于审理人身损害赔偿案件适用法律若干问题的解释》(2003 年版,已失效)第 3 条第 2 款规定,二人以上没有共同故意或者共同过失,但其分别实施的数个行为间接结合发生同一损害后果的,应当根据过失大小或者原因力比例各自承担相应的赔偿责任。《侵权责任法》吸收了最高人民法院司法解释的规定,第 12 条规定了无意思联络的分别侵权行为承担按份责任的情形。《民法典》侵权责任编继承了《侵权责任法》的规定,在第 177 条规定二人以上依法承担按份责任,能够确定责任大小的,各自承担相应的责任;难以确定责任大小的,平均承担责任。第 1172 条规定,二人以上分别实施侵权行为造成同一损害,能够确定责任大小的,各自承担相应的责任;难以确定责任大小的,平均承担责任。

(三)分别侵权按份责任承担的具体规则

1. 按份责任中“按份”判定的依据

在我国的无意思联络分别侵权案件中适用按份责任时,关键之一就是“按份”的判断依据,它不仅连接着侵权行为与侵权责任,也为侵权法的基础性价值判断作出了较理想的诠释。下面笔者就对按份责任的判定标准作出详细的阐述。

第一,从按份责任的内涵出发,该规则是基于数名侵害人的不当行为与受害

① 参见最高人民法院民法典贯彻实施工作领导小组主编:《中华人民共和国民法典侵权责任编理解与适用》,人民法院出版社 2020 年版,第 83-90 页。

人受损结果间存在的因果关系的可能性之按份,依据造成损害的可能性的大小分担责任。很显然,其遵循的是“可能性”判断标准。在责任份额不明的无意思联络分别侵权当中,也是基于多名被告的不法行为从实质上引发了原告不同程度的危险,或者现有证据能够合理推断出两者之间一般存在某种必然联系的事实而判定每一位侵权人的不同责任。例如,在加害人不明确的高空抛物致害侵权案件中,最后担责的可能加害人也是基于以上“可能性”筛选的。有侵害可能性的责任人的不当行为引发的事前风险使原告陷入危险之中,不承担责任的可能加害人因举证免责被排除出“可能性”之列,以“可能性”为基准帮助判断各责任主体的范围,并通过考察各个责任主体的过错程度、原因力、责任负担等因素划分对应责任主体的赔偿范围。“可能性”判断标准是按份责任中“按份”判定的核心标准,必须坚持在“可能”的基础之上讨论其他的判断标准。

第二,从加害人内部责任分配的角度考察,“贡献度”也应参与进来。“贡献度”即每一位责任人不法行为引发的危险对受害人的最终损害贡献值,贡献值越大,说明此侵权人的不法行为引发受害者损害的概率就越大,负担给其的金钱赔偿额也必须增多;反之,不法行为引发了低概率损害,那么最终评价的金钱负担相应地就有所降低。

在本案中,苗某将电动三轮车停靠且未将钥匙拔出,汪某的父母作为汪某的法定监护人疏于监护,致使汪某爬上停靠在路边的电动三轮车并启动车辆,二者均对事故的发生具有一定过错。疏于监护导致汪某爬上电动车并启动车辆,对原告造成损害的“贡献度”显然大于苗某未将电动车钥匙拔出对原告造成伤害的“贡献度”。简言之,汪某的父母对原告的损伤可能“贡献”了70%,被告苗某对原告的损伤可能“贡献”了30%。在实践操作中,“贡献度”帮助法官厘清现实情境中每一位责任人的致害可能性大小,得出基本匹配的责任。根据责任人的过失行为或者过错行为的“贡献度”进行合理的评估,分配给双方的责任大小就更准确。

2. 适用按份责任时需要考量的因素

第一,侵权行为人的主观过错程度。某一位侵权责任人的过错程度明显大于其他责任人的话,在他身上负担的责任份额必然会大于其他责任人。

第二,侵权人的不法行为可能引起的危险系数。实际上,侵权人的不法行为给受害人施加的危险作用于受害人身体的那一刻,该行为引发的损害区间就无限接近全部损害。[①] 这种无限接近的可能性,在本质上与上文所阐释的各个侵

① 参见叶金强:《解释论视野下的共同侵权》,载《交大法学》2014年第1期。

权行为与损害后果因果关系之间的可能性类似，侵权人的行为可能引起的危险程度以不同的力度将受害人的损害拉向同一方向，各力度间相互结合、叠加并造成最终的损害。侵权人之不法行为引起的危险力度越靠近损害后果预先设定的空间范围，其与损害后果之间的紧密程度也就越大，相应地最后分担给他的赔偿责任就越大。我们也可以这样理解，如若该侵权行为引起的危险力度提升了行为与损害后果之间因果关系可能性的比例，那么行为与损害后果之间的紧密程度会越高，自然此侵权行为的实施者所承担的赔偿金额就越多。

同样，在本案中，汪某的监护人未尽到应有的监护义务，导致汪某的不当行为给原告带来损失，那么在苗某未给电动车关锁的情形下，汪某的监护人的行为引发危险的系数自然是高于相同情形下尽到监护义务的监护人，也即汪某的监护人的行为提升了因果关系可能性的比例，汪某的监护人承担的责任也自然有所增多。

第三，受害人的合理信赖影响着侵权损伤程度。在无意思联络的分别侵权中，并非每个加害行为都足以造成全部的损害结果，法律倾向于将损害分配给无共同过错的侵害人，由他们对原告的全部损害“买单”。但事实上，受害人的自身特质在损伤空间范围内也占有一定的比值。一方面，受害人对所处周身领域的安全性的合理信赖程度对风险的分配有较大的作用，①因为合理信赖导出了受害者受损权益对风险分配的合理性；另一方面，受害人对周身所处的领域欠缺正常人应有的合理注意义务，说明受害人的合理信赖出现了偏差，那么受害人就要对欠缺的合理信赖“负责”，分配给侵害人的风险值也就要适度降低。

第四，公平原则。在无法对数个侵权行为人的过错大小、其侵害行为对损害产生的原因力大小进行比较（法律规定的难以确定责任大小）的情况下，数个侵权人平均承担赔偿责任。法官在审理此类型案件时，应该做到不偏不倚，不能对应当承担同等责任的侵权责任人、侵权人与受害人判处不同的责任，否则就违背了《民法典》侵权责任编的立法精神。

在无意思联络的分别侵权中，让侵权行为人的不法行为可能引起的危险程度和危险系数、受害人的合理信赖、公平原则等考量因素平衡地参与到按份责任的大小判定中，使考量因素成为评估因果关系可能性大小的重要指标，在承担责任与不承担责任的维度空间中建立一个时空轴，通过综合前文阐述的判定依据，寻找理想的维度值，在综合评定的基础之上，契合个案的具体情形，公平地、均衡地分配责任大小。

---

① 参见叶金强：《〈侵权责任法〉第24条的解释论》，载《清华法学》2011年第5期。

3. 适用按份责任时的数额计算问题

数额的计算问题是确定最终损害赔偿的关键一步,也是确定侵权责任份额的关键性难题之一。在处理无意思联络的分别侵权案件中,多数法院会采用被告平摊最终赔偿数额的方式追责,但是赔偿金额的计算并不仅仅是简单的数学任务。

以受害人遭受的事实上的损害为出发点,在实践操作中应从以下顺序着手:首先,对受害者的损失进行科学的评估和分析,随后根据可能性、贡献度等判定侵权可能性大小的原则来确定责任的份额,同时必须坚持"行为与损害之间因果关系可能性比较大的责任人负担较多按份的责任,因果关系可能性较小的责任人负担较少按份的责任"[①]的原则;之后,根据不同的无意思联络分别侵权的现实案情,分别考察摄入的相关因素,以预先划定的可赔范围为基准,通过不同侵权行为人的主观过错程度、不当行为引起的危险系数、受害人合理信赖等价值判断来梳理赔偿金额的影响因子,依据赔偿公式计算出各侵害人需要赔偿的具体金额。

(责任编辑:王　凯)

---

① 参见杨垠红:《丧失生存机会侵权中比例责任之适用》,载《华东政法大学学报》2016年第1期。

自愿参加具有对抗性的竞技体育训练如何适用《民法典》“自甘风险”原则

——扈某某诉张某甲、张某乙、刘某、某体育文化交流公司、涂某侵权责任纠纷案相关法律问题分析

周　易[*]　樊思迪[**]

裁判要旨

参与人自愿参加对抗性强的竞技体育训练，属于参加具有一定风险的文体活动，应适用《民法典》第1176条规定。除非能够证明其他参加者对损害的发生有故意或者重大过失，否则因其他参加者的行为对受害人造成的损害，不应由其他参加者承担。

体育训练的组织者不得以受害人自甘风险作为抗辩事由而免除己方责任，作为安全保障义务人，如其对于文体活动的组织存在过错，应当承担相应责任。

一、据以研究的案例

张某乙、刘某系张某甲父母。2017年5月5日，涂某在“Falcons美国篮球训练营”的微信群中发送《猎鹰俱乐部美国营协议书》，主要内容为：甲方（某体育文化交流公司）举办猎鹰篮球俱乐部美国篮球训练营活动，乙方（学员）及其法定监护人已经详细阅读并理解该活动相关内容；团费41 500元/人，包含训练费用27 000元、国际往返机票及燃油税13 000元、签证费1300元；活动行程及内容，按甲方提供的行程表执行。甲方在整个活动过程中应尽必要的提醒和保护

* 北京金融法院审判第二庭法官，中国政法大学法学博士。
** 北京市第三中级人民法院民一庭法官助理，中国人民大学法律硕士。

义务。扈某某与张某甲均报名参加了本期训练营。2017 年 7 月 28 日，在篮球训练过程中，扈某某与张某甲相撞，导致扈某某摔倒受伤。扈某某住院治疗，诊断为陈旧性踝关节骨折(右)，花费医疗费 18 581 元。2019 年 9 月，扈某某将张某甲及其法定代理人张某乙和刘某、某体育文化交流公司、涂某诉至法院，要求五被告连带赔偿医疗费、住院伙食补助费、营养费、护理费、精神损害抚慰金共计 25 万余元。

某体育文化交流公司、涂某认为涂某系职务行为，公司并非篮球训练营的组织者，故并非适格主体；张某甲及其法定代理人张某乙、刘某认为张某甲的跑位没有问题，不应由张某甲承担责任。经鉴定，扈某某的护理期为 60 日、营养期为 90 日。

一审法院于 2020 年 6 月 2 日作出民事判决书，判决某体育文化交流公司支付扈某某医疗费 61 938 元、住院伙食补助费 270 元、营养费 1500 元、护理费 10 000 元；张某乙、刘某支付扈某某医疗费 61 938 元、住院伙食补助费 270 元、营养费 1500 元、护理费 10 000 元；驳回扈某某的其他诉讼请求。判决作出后，某体育文化交流公司、扈某某均不服，提起上诉。二审法院审理后，于 2021 年 3 月 19 日作出民事判决书，判决维持一审民事判决第一项；撤销一审民事判决第二、三项；驳回扈某某的其他诉讼请求。该判决已生效。

法院生效判决认为，本案的争议焦点有四个：(1)法律适用问题，即本案的诉争事实虽发生在《民法典》颁布实施之前，但是否仍应适用《民法典》的相关规定；(2)如本案适用自甘风险原则，张某甲是否存在故意或重大过失，如不适用自甘风险原则，扈某某受伤的责任应如何认定；(3)某体育文化交流公司是否应承担责任；(4)扈某某受伤所受各项损失的数额应如何认定。

关于争议焦点一，本案涉及的事实虽发生于 2017 年 7 月，但仍应适用《民法典》第 1176 条的规定，具体理由如下：第一，篮球运动系一项近身对抗型的体育运动，进行该项运动有潜在的碰撞及受伤的风险。扈某某虽强调事发时双方并非参加对抗性、持续性的体育比赛而是学生的夏令营活动，但这并不能否认篮球训练中同样存在对抗性和危险性的事实。第二，扈某某主张其并非自愿与张某甲编组训练，故不属于自愿参加具有一定风险的文体活动的情形。根据当事人陈述，张某甲、扈某某系自行报名参加训练营并在进行篮球训练中发生碰撞，虽然张某甲、扈某某作为同组组员进行练习是基于教学安排，但是这并不能否定扈某某自行报名篮球训练营并进行训练是其自发、自愿的行为。第三，关于适用《民法典》的规定是否会明显减损当事人合法权益、增加当事人法定义务或者背离当事人合理预期的考虑，《民法典》第 1176 条规定属新增规定，即本案纠纷发生时，当时的法律、司法解释缺乏具体规则。应指出的是，法律所保护的当事人预期，是当事人基于对行为时的法律信赖所形成的预期，如果当时并没有相关法律规定，当事人和社会公众不存在明确的、统一的对法律后果的预期，同时法律所要保护的当事人预期是当事人的合理预期。因缺乏法律规定，当事人可能形成错误预期或者不合法、不合理预期，这些预期均不受法律保护。基于上述理由，本案属于当事人自愿参加具有一定风险的文体活动因其他参加者的行为受到损害的情况，根据《最高人民法院关于适用〈中华人民共和国民法典〉时间效力的若干规定》的规定，应适用《民法典》第 1176 条。

关于争议焦点二，根据二审法院对于争议焦点一的论述，本案应适用《民法典》第 1176 条的规定，故本案审查的重点在于张某甲在与扈某某的碰撞中是否存在故意或重大过失。扈某某认为，张某甲不存在故意但存在重大过失，具体表现为张某甲在不控球的情况下继续向前冲导致扈某某被撞倒，而教练让学员跑到罚球线就返回，不能跑过罚球线，张某甲没有按照要求进行活动，且存在加速向前冲的行为。张某甲对此予以否认，其否认收到不能跑过罚球线的相关指令，同时否认加速向前冲，其认为自己是按照相应路线传球的，即使冲到篮下也是合理的进攻路线，不能说过了罚球线就认定存在重大过失。涂某认为，张某甲的行为有过失，但不属于重大过失。某体育文化交流公司认为张某甲不存在重大过失。

视频资料显示，张某甲、扈某某及另一名学员在奔跑行进中相互传球，最后由扈某某投篮，扈某某跳起投篮后，着地时与张某甲相撞。扈某某虽称张某甲有加速向前的举动，但是凭借现有视频材料难以辨别，其也未能提供其他证据予以佐证。二审法院凭借现有证据难以认定张某甲在将球抛出后有加速向前的举动，而根据一般认知，张某甲在高速行进中，将球传出后未立即停止而是继续向前行进一段距离，这符合一般的运动规律，无论张某甲是否接收到跑到罚球线就返回，不能跑过罚球线的指令，均难以认定张某甲在碰撞过程中存在重大过失。综上，张某甲虽与扈某某相撞并造成扈某某受伤，但因其行为不存在故意或重大过失，不应对扈某某受伤承担赔偿责任。

关于争议焦点三，某体育文化交流公司上诉认为，扈某某受伤系张某甲撞击所致，某体育文化交流公司不存在过错，故不应承担责任。《民法典》第 1176 条第 2 款规定，活动组织者的责任适用本法第 1198 条至第 1201 条的规定。某体育文化交流公司上诉认为，其仅为本次篮球训练营的组织者，承担照顾学员生活和安排行程的义务，不能左右案外人某公司的训练计划和安排，故无须承担训练时的安全保障义务。根据已查明的事实，某体育文化交流公司认可与张某甲和扈某某签订合同，也认可收到了涂某转来的扈某某的训练营费用，关于其所称训练计划由某公司负责一节，因该问题系某体育文化交流公司与案外人之间的安排,并不影响法院基于合同相对性原则认定某体育文化交流公司为活动的组织者。某体育文化交流公司作为篮球训练营的组织者,应尽到安全保障义务,未尽安全保障义务,造成他人损害的,应当承担侵权责任。在二审法院审理中,某体育文化交流公司称在接收学员前已对学员的各项能力进行了评估,同时提交了照片和评估表格。扈某某、张某甲均表示入营前未进行过评测,某体育文化交流公司在二审法院审理中提供的照片为参加夏令营的训练科目,在扈某某、张某甲对照片拍摄时间、地点、内容提出疑问的情况下,某体育文化交流公司未能进一步举证,二审法院无法认定某体育文化交流公司在入营前对学员进行了评估;退一步而言,即使某体育文化交流公司所述的评估程序真实存在,根据其自行提供的学员评估表格可以看出,在扈某某、张某甲两人的弹跳、爆发力、速度、力量等方面的评估结果存在较大差异的情况下,其仍将二人分配在同一组进行训练,更可以说明某体育文化交流公司在学员进行训练的过程中的分组情况缺乏科学性和合理性。某体育文化交流公司关于其不能左右某公司训练计划和安排,故无须承担训练时的安全保障义务的上诉理由,二审法院不予采信。某体育文化交流公司作为活动组织者应当对扈某某受伤承担赔偿责任,二审法院根据其过错程度酌情确定具体责任的承担比例。

关于争议焦点四的医疗费方面,某体育文化交流公司认为应扣减保险公司赔付的费用,但是保险系扈某某为了自身利益购买并支付了相应的保险费用,在本案适用自甘风险原则的情况下,保险赔付的费用系对其自身所遭受损失的赔付,某体育文化交流公司并不能因此获得保险利益,进而减轻自己的责任,故二审法院认为一审法院认定的医疗费金额正确,二审法院予以维持。关于护理费,根据扈某某受伤的部位及鉴定意见,一审法院认定扈某某需要护理是正确的,同时结合护理人员的误工时间及收入状况确认的护理费亦无明显不当。一审法院认定的其他各项损失合理恰当,二审法院均予以确认。

二、相关法律问题分析

(一)具有一定风险的体育训练适用自甘风险原则

自甘风险也可称为自甘冒险、风险自担,是指受害方知道或者应当知道存在某种风险仍自愿实施冒险行为,从而自行负担损害发生的风险。[①] 此前《民法通则》、《侵权责任法》及相关司法解释中均没有关于自甘风险的明确规定。2021年1月1日开始施行的《民法典》是我国首部将自甘风险规定为侵权抗辩事由的

① 参见李永军主编:《民法学教程》,中国政法大学出版社2021年版,第949页。

法律。《民法典》第1176条第1款规定,自愿参加具有一定风险的文体活动,因其他参加者的行为受到损害的,受害人不得请求其他参加者承担侵权责任;但是,其他参加者对损害的发生有故意或者重大过失的除外。可见,《民法典》采用了完全抗辩模式,可产生免除行为人赔偿责任的法律后果。正因如此,为防止受害人自担风险范围扩大,应注意严格限制自甘风险规则的适用范围,即仅限于具备一定风险的文化、体育类活动才能适用。那么,体育训练是否包含在《民法典》第1176条的适用范围呢?

与通常意义的文体活动相比,体育训练通常具有以下显著特点:(1)参与人可能对运动毫无经验,而非具有一定运动经验的参与者;(2)参与人在参加活动过程中往往是按照教练的指令活动,与纯粹地按照自主意志进行活动有所区别。除上述区别外,两者之间亦有相同点,包括:(1)均具有一定的对抗性,这种对抗性是活动本身所蕴含的,且不因参与者参加的是常规训练还是正式比赛就能够控制、割裂或绝对避免的;(2)均具有一定的风险性,此处的"风险性"指特定文体活动所固有的异常风险,该风险超出人们日常生活的一般风险,但该风险一定不属于《民法典》侵权责任编第九章所规定的高度危险。

通过对比可知,体育训练与通常意义的文体活动之间既有区别又有共同之处,在判断具有一定风险的体育训练是否应适用自甘风险原则时,可以考虑以下因素:

第一,体育训练是否系具有固有风险的活动。所谓固有的风险,是指该风险是活动的组成部分,与活动不可分离,或者一旦消除风险,活动则失去其原有属性,因而该风险是不可避免,也不是参与者所能控制的,无论其措施合理与否。具体来说,可以从特定联系和风险概率这两个角度去理解"固有风险"。首先,特定联系是"固有风险"在质上的要求。固有风险是与活动同时存在的风险,是活动的一部分,参加者无法根除这种风险,该风险与活动本身具有不可分割性。例如,游泳与溺水风险具有不可分割性,游泳是一项只有在水中才能进行的活动,其溺水风险显而易见。游泳活动的参与者通常可以预见这种风险却无法彻底消除这种风险。其次,风险概率是"固有风险"在量上的要求。活动中发生该危险的概率可以用作推定受害人明知并自愿承担该风险的证据。发生此项风险的概率越高,表明参加者明知并自愿承担该风险的可能性越大;反之,体育活动发生此种风险概率越低,表明受害人明知并自愿承担该风险的可能性越小。[①]虽然体育训练与通常意义上的比赛或自发活动不同,但是从体育运动本身的特

① 参见王利明:《论受害人自甘冒险》,载《比较法研究》2019年第2期。

性而言，如果活动本身即为对抗性强的激烈的近身活动，这种对抗性是不以体育活动的表现形式是训练还是比赛而有所变化的。换言之，参与者都明知即使进行的仅为训练，但因参与的体育运动本身所蕴含的特点造成彼此之间的肢体接触或碰撞也是不可避免的。本案中，原被告参加的是篮球训练营，众所周知，篮球是一种近身、对抗性极强的竞技体育项目，原被告双方进行练习的“三线快攻”训练为篮球运动中常见的战术打法，而投球运动员投球后落地与其他运动员发生碰撞实属常见，故法院认定本案适用自甘风险原则，其他参与者只有存在故意或重大过失时才承担责任。

第二，参与人是否系自愿参加。一般情况下，自甘风险原则的适用要求参与者须满足知情与自愿要素，可以从积极构成要件和消极构成要件两个角度来理解“自愿”的含义。从积极构成要件的角度来看，受害人作出了自愿参与并承担风险的意思表示。换言之，受害人应当以明示或默示的方式作出意思表示，并且该意思表示不存在欺诈、胁迫等瑕疵，即参与人必须是出于对自身自由意志的支配，明知自己参加的活动可能导致特定的危害结果仍愿意参加活动。从消极构成要件的角度来看，受害人参与该项体育活动并非出于履行法定义务、职务上的义务或基于道德上的原因。参与人是基于个人的意志参与到体育活动中来。完全行为能力人或从事与其智力、精神健康状况相适应的民事法律行为的未成年人参加体育训练认定为自愿行为应无争议，问题在于，如果参与人的行为是在教练员的指示下完成，是否会影响对参与人自愿性的认定呢？笔者认为，如果教练员下达的指令已经超出体育训练的范畴，造成损害的其他参加者听从其指令，此时并无自甘风险适用之余地，而是教练员与造成损害的其他参加者的共同侵权行为；反之，如果教练员下达的指令完全系体育训练的正常指导，除存在故意或者重大过失，则造成损害的其他参加者及教练员均不应承担责任。案例中，原告在参加训练营时已为完全行为能力人，对于参加日常训练的篮球运动所蕴含的风险应是明知的，且其参加的篮球训练营针对的是具有一定基础的篮球爱好者，更说明其对篮球运动的对抗性风险应有所认知，其报名参加该项活动应认定符合自愿性的要素要求。事发时，原被告按照训练计划进行“三线快攻”练习，视频显示教练对训练内容的安排符合常规，故法院认定案件应适用自甘风险原则。

综上，在体育训练具备固有风险且参与人自愿参加的情况下，应认定可适用自甘风险原则。

（二）活动组织者责任的认定

活动组织者主要是指活动的发起者、指导者。组织者应当是对组织的管理负有责任，制定活动的目标、战略，掌握组织的总体方针并评价组织的效益，对活动有明确的目标，拥有资源，保持相当的权责结构的一方。《民法典》第1176条第 2 款规定,活动组织者的责任适用本法第 1198 条至第 1201 条的规定。对于活动组织者而言,不同于活动参加者在活动中同时扮演风险负担者和风险制造者的角色,其具有更强的风险控制能力,相应地应尽更高的注意义务,故其无法以受害人自甘冒险作为抗辩事由。根据第 1176 条的指引,《民法典》第 1198 条规定,未尽安全保障义务致人损害的侵权责任,适用过错归责制;违反安全保障义务致使第三人造成他人损害情况下安全保障义务人承担补充责任。因此,在认定活动组织者的责任时,不能适用自甘风险规则,亦不能忽视活动的特点而进行一般性分析,而是应该结合具体活动的风险类型和风险程度、义务人防范风险发生的实际能力和现实做法等因素进行个案分析。本案中,篮球训练是一项存在较强风险的活动,某体育文化交流公司作为活动的组织者,其虽辩称扈某某受伤系张某甲撞击所致,公司不存在过错,但是法院通过查明的事实,认为某体育文化交流公司作为组织者,在学员入营前未进行过评测,根据其自行提供的学员评估表格更可以看出在扈某某、张某甲的弹跳、爆发力、速度、力量等方面的评估结果均存在较大差异的情况下,其仍将二人分配在一组进行训练,有理由认为某体育文化交流公司在学员进行训练的过程中的分组情况缺乏科学性和合理性。法院终审判定某体育文化交流公司对原告的合理损失承担 1/3 的赔偿责任。

（责任编辑:王　凯）

商业推广短信退订费用的负担规则
——王某诉某某公司网络服务合同案相关法律问题分析

李文超[*] 李昕豫[**]

裁判要旨

鉴于网络平台往往存在海量用户，客观上无法与每个用户就协议条款进行一对一磋商，此种情境下，可重复使用的格式条款呈现明显优势。为满足不同用户需求、提高交易效率，在事前明确告知、合理提示的情况下，互联网平台将信息推送等个性化、差异化的服务纳入"一揽子"平台的格式协议中，再根据不同用户需要提供有效的拒绝(取消授权)方式，更有利于互联网产业的发展。

互联网平台可按照条款约定向用户发送商业短信，但为用户提供可选择的停止推送推广信息的服务是平台公司的一项合同义务。用户按照短信退订指引发送退订短信，应属行使拒绝接收的权利行使行为，且平台公司是商业推广短信获利方。因此，用户退订商业推广短信资费应由平台公司负担。

一、据以研究的案例

原告王某诉称，其于2019年5月下载、注册"某某"手机应用程序，后通过该程序购买了水果。注册"某某"时需要点击同意《用户协议》《隐私政策》，王某认为，《用户协议》第5.2条和《隐私政策》争议内容直接约定了可以向用户发送商业广告信息，属于非常典型的格式条款，排除了消费者主要权利，应当认定为无效。某某公司分别于2019年11月1日、2019年11月11日、2019年11月15日

* 北京互联网法院审管办(研究室)副主任，北方工业大学民商法学硕士。
** 北京互联网法院执行局法官助理，兰州大学法律硕士。

三次向王某发送商业广告短信,后王某于2019年11月10日对第一条短信予以退订,于2019年11月15日对第二条短信和第三条短信予以退订。王某认为,在发送第一条退订短信后,某某公司仍继续向其发送商业短信的行为构成违约。王某由于发送退订短信产生的0.1元短信资费,应当由某某公司承担。故请求法院判令:(1)确认《用户协议》(生效日期2019年9月6日)第5.2条及《隐私政策》(生效日期2019年9月27日)第2条内容无效;(2)某某公司修改《用户协议》及《隐私政策》,并增加用户拒绝其发送商业广告的选项;(3)某某公司提供有效的商业广告信息拒绝途径;(4)某某公司承担王某因拒绝商业广告信息而产生的人民币0.1元短信资费。

被告某某公司辩称:(1)《用户协议》及《隐私政策》系经王某同意而适用。根据《广告法》第43条第2款"以电子信息方式发送广告的,应当明示发送者的真实身份和联系方式,并向接收者提供拒绝继续接收的方式"的规定,某某公司向王某发送广告的同时提供了拒绝接收的方式,并未排除、限制消费者的权利,因此该条款符合法律规定,不存在无效情形。(2)根据《用户协议》及《隐私政策》的相关规定,公司及时将王某的手机号码导入黑名单,王某主张其在2019年11月10日16时31分发送了退订短信,但某某公司后台系统显示并未收到该条短信,且根据王某提供的中国移动通信集团上海有限公司短彩信详单,亦没有该时间段的短信发出记录,可见,王某该条退订短信未发出,系发送失败。王某系因自己未成功发送短信而导致再次收到推送信息,某某公司不存在任何过错。

一审法院经审理认为,涉案两条款对某某公司发送"订单信息、配送服务信息等与交易配送密切相关的信息"的内容进行了明确告知和提示,也提供了不想接收上述信息而"退阅或设置拒绝""不希望继续接收"的方式。条款内容本身亦未免除某某公司责任、加重某某公司用户责任、排除某某公司用户主要权利,并均以加粗或加下划线方式进行了合理提示,履行了提示义务,上述两条款亦不属于《合同法》规定的应属无效的情形。因此,对王某主张上述条款无效的诉讼请求,法院不予支持。对王某要求某某公司修改《用户协议》及《隐私政策》,并增加用户拒绝其发送商业广告选项内容的请求,没有事实与法律依据。

某某公司为用户提供了三种信息拒绝途径:(1)要求某某公司停止推送;(2)根据短信退订指引要求某某公司停止发送推广信息;(3)在移动端设备中进行设置,不再接收某某公司推送的消息。王某有多种信息拒绝途径和方式可以选择。某某公司未对王某手机号码进行屏蔽,是因为其后台系统并未收到该条退订短信。从短彩信收费详单看,中国移动通信亦未收取该条短信费用,因此,某某公司抗辩理由有事实根据。王某后于2019年11月15日再次回复"N"退订短信后,某某公司后台系统即自动将王某手机号码屏蔽,标记为"短信黑名单”,立即停止了商业广告短信推送,应当认定某某公司提供的商业广告信息拒绝途径有效。

根据《隐私政策》“一、我们如何收集和使用您的个人信息”中“2、为您提供商品或服务信息展示”的约定,某某公司有权向王某发送商业广告信息,不构成违约。为用户提供可选择的停止推送推广消息的服务是某某公司的一项合同义务,某某公司是履行义务的一方。王某按照短信退订指引发送退订短信,属于行使拒绝接收的权利行使行为,并非义务履行行为。因此,王某产生的 0.1 元短信资费应由某某公司负担。

该判决作出后原、被告双方均未上诉,已经生效。

二、相关法律问题分析

(一)违约责任与侵权责任竞合下的请求权选择

本案涉及合同违约与侵权责任的竞合关系,二者的不同表现在构成要件及法律效果方面。民事主体如何分析、构建请求权基础规范体系,基于何种法律关系,就何种损害向加害人主张赔偿,实现其自身权益最大化,同时兼顾诉讼经济成本,至关重要。在违约请求权与侵权请求权竞合情况下,当事人根据《合同法》第 122 条关于“因当事人一方的违约行为,侵害对方人身、财产权益的,受损害方有权选择依照本法要求其承担违约责任或者依照其他法律要求其承担侵权责任”的规定,[①]选择以侵权损害赔偿案由诉至法院,将取得较违约之诉更有利的判决结果。因此,一般情况下,法院会尊重当事人对请求权基础维权的选择,以期符合诉讼目的。

本案中,某某公司仅向王某推送了 3 条商业推广短信,即在王某回复退订短信后,屏蔽了王某手机号码,停止了继续推送商业短信的行为。因此,在《民法典》尚未正式实施,三条短信是否构成对王某生活安宁权的侵犯尚不确定情况下,原告王某在本案中选择了以网络服务合同为案由起诉,主张被告某某公司存在违约行为。

(二)格式合同与互联网平台经营模式的平衡

法理上,格式合同条款具有三个特征:事先拟好、反复使用、未经协商。在“一对众”的平台经济模式下,鉴于网络平台往往存在海量用户,客观上无法与每个用户就协议条款进行一对一磋商,此种情境下可重复使用的格式条款呈现明显优势。为提高交易效率,由网络平台统一制定协议,用户通过在线点击同意

---

① 2021 年 1 月 1 日起《民法典》正式施行,《合同法》同时废止。该案审理时适用 1999 年施行的《合同法》。相关规定可参见《民法典》第 186 条。

的方式签约已经成为互联网经济模式下的缔约惯例。

实践中,由于互联网产品的多元性和丰富性,用户的广泛性和差异性,不同用户对互联网平台服务体验的期待也可能存在差异。例如,在购物应用软件中,有用户反感基于用户画像的产品信息推送,有用户则享受该推送带来的便捷。为满足不同用户需求、提高交易效率,在事前明确告知、合理提示的情况下,互联网平台将信息推送等个性化、差异化的服务纳入“一揽子”平台的授权协议中,再根据不同用户需要提供有效的拒绝(取消授权)方式,更符合此类互联网平台的特征,更有利于互联网平台经济的发展。如果要求互联网平台就每一项服务均单独提示用户进行选择,不仅增加交易成本,造成程序烦琐,也不利于提升用户体验。

本案中原告王某要求确认《服务协议》《用户协议》中涉案条款内容无效,要求某某公司修改《用户协议》及《隐私政策》,增加用户拒绝其发送商业广告的选项,并提供有效的商业广告信息拒绝途径。法院则认为,格式条款仍以双方合意为基础,除违反法律、行政法规强制性规定外,格式条款一旦成立,对双方当事人均产生拘束力。如上文所述,某某公司亦对该约定内容进行了合理提示,并提供了三种拒绝推送的途径,该条款应认定为有效。

(三)关于商业推广短信退订费用负担规则的思考

目前,多个平台均推出多种推送商业性信息的形式,但对于短信推送形式,均未明确表明退订短信费用由谁承担。一般情况下,用户面对短信推送,退订形式均为回复相关退订的信息。工业和信息化部 2020 年 8 月 31 日发布了《通信短信息和语音呼叫服务管理规定(征求意见稿)》,其中规定任何组织或个人未经用户同意或者请求,或者在用户已经明确表示拒绝的情况下,不得向其发送商业性短信息或拨打商业性电话。2021 年 11 月 1 日起施行的《个人信息保护法》也规定,通过自动化决策方式向个人进行信息推送、商业营销,应当同时提供不针对其个人特征的选项,或者向个人提供便捷的拒绝方式。此外,对于可能对个人权益造成重大影响的自动化决策活动,个人有拒绝权。

(责任编辑:彭　春)

对理赔承保疾病设置限制治疗方式的条款效力
——徐某诉某保险公司人身保险合同案相关法律问题分析

马　帅*

裁判要旨

在重大疾病保险条款中，对承保疾病的理赔设置限制治疗方式的约定不应当认定为免责条款。条款本身具有法律效力，但是在对条款予以认定时，不应仅限于合同文本解释的方法，而更应当运用合理期待原则或者疑议解释原则进行认定。

一、据以研究的案例

2016年2月25日，徐某与某保险公司签订保险合同，投保健康无忧C款重大疾病保险，基本保险金额为30万元，保险期间为2016年2月26日起至徐某终身。合同约定徐某于本合同生效之日起180日后，由某保险公司认可医院的专科医生确诊初次发生本合同所指的轻症疾病，某保险公司按基本保险金额的20%给付轻症疾病保险金，本项保险责任终止，本合同继续有效。合同对于轻症疾病的释义为下列疾病、疾病状态或手术，其中包括颈动脉内膜切除手术，更为具体的释义是颈动脉狭窄超过80%且实际实施了颈动脉内膜切除手术，颈动脉狭窄程度必须经颈动脉造影证实。

徐某签署了《电子投保申请确认书》，确认某保险公司员工已经详细告知徐某保险合同的内容，徐某理解保险合同的各项内容。

2019年3月17日至26日，徐某在哈尔滨医科大学附属第一医院住院治疗，

* 北京市通州区人民法院台湖法庭法官，中国社会科学院研究生院法律硕士。

其被诊断为短暂性脑缺血发作、左侧颈内动脉闭塞、高甘油三酯血症，徐某未进行手术治疗。徐某要求某保险公司赔付，某保险公司认可徐某病患发生在保险期内，但认为徐某未实施手术，因此不同意理赔。

在庭审中，徐某陈述其左侧颈动脉闭塞严重程度达到100%，手术风险过高故无法进行手术。对此，徐某提交首都医科大学附属北京潞河医院门诊病历予以证明，门诊病历载明“左侧颈内动脉闭塞，不能介入治疗，严格二级预防，定期随访。必要时建议介入门诊进一步诊治”。某保险公司以该门诊病历未加盖医院公章及医生未签名为由否认其真实性，但认可徐某颈动脉闭塞程度超过80%。

法院经审理认为，徐某与某保险公司签订保险合同系双方建立保险关系的真实意思表示，合法有效。本案的焦点为某保险公司能否以保险合同约定了“颈动脉狭窄超过80%且实际实施了颈动脉内膜切除手术”条款而徐某未实际进行手术为由而不承担保险责任。对于颈动脉闭塞如何认定为轻症疾病，合同约定为“颈动脉狭窄超过80%且实际实施了颈动脉内膜切除手术”，也即颈动脉闭塞为轻症疾病需要同时满足两个条件：(1)颈动脉狭窄的程度要在80%以上；(2)需要实际实施颈动脉内膜切除手术，两者缺一不可。在本案中，某保险公司认可徐某左侧颈动脉狭窄程度超过了80%，其拒绝理赔的原因在于徐某未实际实施手术。

徐某提交首都医科大学附属北京潞河医院门诊病历证明其颈动脉闭塞程度已不能实施手术治疗。对于该份门诊病历，某保险公司以未加盖医院公章及医生未签名为由否认其真实性。对此，本院认为，首先，某保险公司作为专业的保险公司，其有足够的能力核实上述门诊病历信息是否属实，但其并未进行核实；其次，徐某提交的门诊病历完全符合北京地区医院门诊病历的制式，本院据此认定该门诊病历的真实性。综上，某保险公司应当承担不利后果。根据门诊病历的诊断结果，徐某颈动脉闭塞无法介入治疗，需要随访。本案中徐某未实施手术非其本人主观上拒绝接受手术治疗，或病情轻微无须进行手术治疗，而是客观上因现有的医疗水平所限，导致其无法实施手术，也即徐某无法通过手术治疗颈动脉闭塞，因此需要一直接受其他治疗手段缓解症状。

人身保险合同存在的重要价值就是在投保人一旦发生疾病等意外时，能够通过保险理赔手段更好地治疗疾病或弥补损失。本案中，徐某的病情虽然不满足条款中约定的实际实施手术的理赔条件，但是无法实施手术非其本人意愿，徐某也不因无法实施手术而不再治疗疾病，其终身都需要接受其他方式的治疗以缓解病症并为此支付治疗费用。此种情况下，某保险公司仅以条款约定的实施手术条件为由拒绝理赔，与条款设立时的本意不符，亦与《保险法》立法的本意相悖，法院不予采信。综合以上情况，法院认定徐某的病症已满足合同约定的理赔条件。

徐某已经向某保险公司提出理赔申请,根据合同的约定,轻症疾病按基本保险金额的20%给付保险金,本项保险责任终止,但合同继续有效。故对于徐某要求某保险公司给付保险金的主张,理由正当,证据充分,法院予以支持。二审法院认为,一审法院从保险法的立法本意及设立该条款的本意出发,判决某保险公司给付保险金并无不当,予以支持。

二、相关法律问题分析

重大疾病保险是指以保险人出现保险合同约定的重大疾病为给付保险金条件的保险。实践中,重大疾病保险合同对投保的疾病险经常会设定治疗条款的限制,以此作为理赔条款。本案中就对颈动脉闭塞如何认定为轻症疾病规定了治疗限制条款。双方签订的保险合同约定颈动脉为轻症疾病需要同时满足两个条件:颈动脉狭窄程度超过80%;需要实际实施颈动脉内膜切除手术。在本案中,徐某左侧颈动脉狭窄程度超过80%,但因颈动脉闭塞无法介入治疗,因而对于该条款的认定就成为本案的焦点。

(一)限制治疗方式条款性质的认定

本案中限制治疗方式条款为格式合同,实际上保险合同的条款在实践中多为格式合同,因为其有利于减少磋商时间,提升缔约合同的效率。另外格式合同难免也会存在保险人利用优势地位排除投保人对合同决定权的"霸王条款"的可能性。故此《保险法》也对格式条款作出了限制性规定,尤其对于免责条款,明确了保险公司要作提示和明确说明的义务。

那么,对于治疗方式有所限定的条款是否应当被认定为免责条款,笔者认为,"限制即免责"的裁判思路是不适宜的。首先,免责条款存在的意义是将本身应当由保险人承担的风险在特定情形下加以限制,而非对是否属于保险责任范围进行判断。其次,如果将疾病定义中关于疾病状态、治疗方式等表述均视为免责条款,则会造成保险人的提示说明义务过分繁重,既增加经营成本又影响缔约效率,所以限制治疗方式的条款不宜认定为免责的格式条款。

(二)限制治疗方式的条款是否为有效的格式条款

排除免责条款后,限制治疗方式的条款作为格式条款是否有效的问题就要考虑《保险法》第19条关于无效格式条款的规定。简单来说,无效的格式条款无外乎具有"免除应承担的义务""加重责任""排除权利"三个特性。

关于"免除应承担的义务",应当作限缩解释为宜,也即将"免除应承担的义务"作字面语义的限缩,解释为"免除应承担的主要义务"。本案中保险公司承担的主要义务是保险事故发生后根据被保险人的理赔申请进行理赔,限制治疗方式的条款只是限缩了保险公司的承保范围,被保险人依约即可获得理赔,所以显然并未免除保险公司应承担的主要义务。

加重责任是格式条款最大的争议,因为格式条款可以利用合同提供者自身的优势,造成对合同相对方不利的状况。表面上看限制治疗方式的条款确实收缩了被保险人的理赔口径,但是是否加重了被保险人的责任不能仅凭是否收缩口径进行判断,“加重”应当作合理性判断而非合法性判断。限制治疗方式的条款本质上是对疾病严重程度的一种辅助性判定方式,之所以作治疗方式的限制,既是基于社会现实和对医疗水平的观察,又希望借此精确理赔患者,故实际上并不存在加重投保人的责任的情形。

根据权利义务对等原则,限制治疗方式条款更不会完全排除被保险人的权利,被保险人只要投保并按时交纳保费,就拥有依约提起理赔申请的权利,所以限制治疗方式条款属于非免责且有效的格式条款。

(三)如何对限制治疗方式条款进行解释

当对限制治疗方式条款的约定发生争议时,作为格式条款,限制治疗方式条款的解释不应当仅限于合同文本的解释。因为保险人单方面界定的重大疾病范围对被保险人来说有失公平,不符合通常理解的重大疾病范围,此种情况下应该按照有利于被保险人和受益人的原则对范围进行解释,应当运用疑议利益解释原则或者合理期待原则。

《民法典》第498条确定了对格式条款作不利解释的原则,运用在《保险法》中,就是疑议利益解释原则,指的是对保险合同格式条款具有两种以上解释时,应当采纳对被保险人或者受益人有利的解释。适用疑议利益解释原则以存在“疑议”为根本前提,也即因不理解而产生疑问,难以断定含义,更具体地说就是按照通常理解予以解释后仍存在“争议”,可以适用疑议利益解释原则作出对被保险人不利的解释。但是,如果保险人可以清晰明确地表述限制性治疗方式在保险合同项下的定义,不容易使投保人产生误解,应当视为无疑议,就无法使用疑议利益解释原则。本案中双方对于限制性治疗方式条款并不存在理解上的疑议,所以不适用疑议利益解释原则。

除疑议利益解释原则外,保险合同还应当适用民法中的通用原则。合理期待解释原则的提出,明确了保险合同的理赔应以被保险人的合理期待为导向,而不能以合同条款强加给被保险人非合同义务。

正如判决中所述,人身保险合同存在的重要价值就是在投保人一旦发生疾病等意外时,能够通过保险理赔手段更好地治疗疾病或弥补损失。保险是分散危险、消化损失的一种经济制度。本案中,被保险人病情虽然不满足条款中约定的实际实施手术的理赔条件,但无法手术不是因为病情不严重,恰恰是因为病情严重导致手术风险过高,更加危及生命。无法实施手术并非被保险人的意愿,被保险人也不因无法实施手术而不再治疗疾病,其终身都需要接受其他方式的治疗以缓解病症并为此支付治疗费用。在这种情况下,被保险人对于颈动脉闭塞认定为轻症疾病以便理赔具有合理期待,故应当对限制治疗方式条款作合理期待解释,认定被保险人的情况确实为颈动脉闭塞的轻症疾病。

(责任编辑:彭　春)

主播是否承担经营者责任需结合直播带货行为进行分类认定

——王某某诉许某某、某公司信息网络买卖合同纠纷案相关法律问题分析

郭　晟[*]　刘承祖[**]

裁判要旨

直播带货中主播是否承担经营者责任,需根据主播的身份及其实施的行为进行综合判定。主播在直播间持续挂有"小黄车"标识,为商家导流牟利,视为其具有经营者身份,应当对其实施的经营行为承担经营者责任。认定直播平台应否承担法律责任,应在将其划分为电子商务平台抑或是网络服务提供者的基础上,对其进行分类判断。

一、据以研究的案例

许某某在某直播平台开设"快手小店",该小店中设置有第三方跳转链接,可将用户导流至淘宝等平台购买产品或者服务。2019 年 5 月 28 日,许某某在某直播间直播时称其有部闲置的二手手机转让,有意者可添加直播间的微信号联系。

王某某当日通过微信与许某某取得联系,经确认,涉案手机功能无问题,可以正常使用,但手机无发票,双方约定转让价格为 4000 元。王某某收货后发现涉案手机为假冒产品,跑分低且非苹果手机系统,王某某要求许某某退货退款,

* 北京互联网法院综合审判一庭法官,中国人民公安大学法学硕士。

** 北京互联网法院综合审判一庭法官助理,中国海洋大学法律硕士。

后被许某某拒绝，并将其微信拉黑。

许某某在涉案交易当日的直播中持续挂有“小黄车”标识，粉丝用户在观看主播直播时，点击该标识即可进入相应的快手小店选购商品。

王某某在向许某某维权无果后，向某公司投诉许某某直播售假，某公司收到投诉后，依据平台规则对主播许某某账号进行封禁处理。

经法院协查，苹果公司回函称涉案手机的序列号确系苹果公司的一部同型手机，但涉案手机的下侧边缘明显比正款型手机宽，屏幕尺寸不一致，无线局域网物理地址和蓝牙地址与苹果公司系统里的记录不相符。

一审法院经审理认为，本案争议焦点为：(1)许某某直播带货行为的性质认定及责任承担；(2)某公司作为直播平台应否承担法律责任。

(一)许某某直播带货行为的性质认定及责任承担

首先，被告许某某具有经营者身份。在信息网络买卖合同类纠纷中，具有经营者身份是承担经营者责任的前提。被告许某某持有的直播账号在2019年3月27日注册快手小店，并在小店中发布数十条第三方平台商品的跳转链接。经法院协查，能够确认涉案直播时间段内被告许某某在其直播间一直挂有“小黄车”标识，其自述一旦导流销售成功可获得相应提成收入，可见许某某利用主播身份不断为商家导流，提供宣传推广服务，具有对外出售商品以获利的主观意图，被告许某某具有电子商务经营者身份。

其次，被告许某某的涉案带货行为构成经营行为。经营行为是一种持续性的营利行为。被告许某某为了出售自身产品，通过直播带货形式引导私下交易，出售涉案手机的行为，系利用主播的直播行为进行引流，以实现流量变现。在此情形下，被告许某某兼具主播和商品销售者双重身份，许某某此次带货行为属于经营行为。

再次，被告许某某出售涉案手机的行为构成欺诈。被告许某某在交易过程中明确告知原告王某某涉案手机功能无问题，可以正常使用，而收货后却发现该手机无法正常使用，许某某属于隐瞒事实，向原告王某某告知虚假情况，导致原告王某某陷入错误认识并因此支付相应价款，被告许某某的上述行为构成欺诈。

最后，被告许某某应承担法律后果。被告许某某提供的涉案手机并非正品，导致合同目的落空，双方合同解除，被告许某某应当承担退还购机款并赔偿购机款三倍价款的责任。同时，原告为维护自身权益而产生的误工费、交通费、住宿费等财产损失，系被告许某某的违约行为及事后恶意逃避责任所致，应由被告许某某一并承担。

(二)某公司作为直播平台应否承担法律责任

确定平台身份是分析平台责任的基础。某直播平台在本案中并非电子商务平台，系提供直播服务的网络服务提供者，故应以此为基础来审视平台的责任承担。某公司作为服务提供者，在接到投诉后及时进行处理，尽到了平台义务，且现无证据证明某公司事先知道涉案行为而未采取必要措施。因此，某公司不承担相关责任。

一审法院依照《合同法》第 94 条、第 97 条、第 113 条（《民法典》第 563 条、第 566 条、第 584 条），《消费者权益保护法》第 55 条之规定，判决如下：（1）原告王某某与被告许某某订立的网络购物合同于 2020 年 4 月 4 日解除；（2）被告许某某向原告王某某退还购机款 4000 元，并赔偿原告王某某 12 000 元；（3）被告许某某赔偿原告王某某合理支出 2924.89 元；（4）驳回原告王某某的其他诉讼请求。

一审判决后，各方当事人均未上诉，本案发生法律效力。

二、相关法律问题分析

（一）涉案直播带货行为是否属于经营者实施的经营行为

直播带货是指主播通过直播平台，使用直播技术对要出售的商品以现场讲解、试用等方式进行引流导购的新型销售模式。直播带货涉及销售、宣传、代言、引流等方面，是社交、娱乐和电子商务的结合体，更融合了"直播"和"带货"两种形式。带货的影响力在很大程度上依赖于主播个人的知名度、受关注度、粉丝量、人脉以及在直播活动中展现出的个性、表达方式以及专业度等因素。[①] 在直播带货的不同场景下，主播在直播中单纯以主播身份或以主播及销售者的双重身份从事带货行为，其法律地位和法律责任具有显著差别。

在一般的网络直播带货过程中，网络主播会在其直播间设置特殊链接入口进行导流，观看直播的网络用户通过该链接可直接进入商品销售平台，该销售平台可能为直播平台本身，也可能是传统的电商平台如淘宝、京东等。这种情况下，一般需要根据《广告法》等相关规定并结合个案具体情况确认主播身份。但在一些特殊情况下，主播与商品销售者为同一主体，或销售者的员工作为主播进行产品宣传，此时网络主播兼具主播与电子商务经营者双重身份，应当承担法律规定的经营者的相关责任。

1. 主播经营者身份的判定

《消费者权益保护法》第 3 条规定，经营者为消费者提供其生产、销售的商品或者提供服务，应当遵守本法；本法未作规定的，应当遵守其他有关法律、法

① 参见殷晓晨：《"直播带货"相关法律问题研究》，载《现代商贸工业》2020 年第 19 期。

规。该法中对于经营者这一概念并未进行明确界定。而《电子商务法》第 9 条第 1 款规定,本法所称电子商务经营者,是指通过互联网等信息网络从事销售商品或者提供服务的经营活动的自然人、法人和非法人组织。通过对比上述法律规定,两部法律都规定有经营者要具备销售商品或者提供服务这一要素,且《电子商务法》特别限定销售商品或者提供服务的渠道为信息网络,可见《电子商务法》是在《消费者权益保护法》规定的基础上,立足信息网络的特殊性进行了细化规定。因此,如主播因在信息网络上出售商品而被认定为电子商务经营者,则其当然也应为被认定为《消费者权益保护法》所规制的经营者,应承担相应的法律责任。

在本案中,被告许某某在直播时段内持续挂有"小黄车"标识,导流销售成功即可获得相应提成收入,其凭借主播身份为商家导流,提供宣传推广服务,具有对外出售商品以获利的主观意图。因此,法院认定被告许某某具有电子商务经营者身份。

2. 主播带货行为是否构成经营行为的认定

经营行为是指以营利为目的的持续性业务活动。在直播带货分类中,"小黄车"直播带货行为模式可分为直接销售类和第三方跳转类。

所谓直接销售类,是指消费者在"小黄车"内购物,从下单到完成交易均是在某直播平台闭环内完成。所谓第三方跳转类,是指消费者在"小黄车"内选购商品会以跳转到第三方的方式将消费者引流至传统电商平台,交易流程均是在跳转后的电商平台完成。以上两种直播带货行为与消费者直接登录传统电子商务平台购买商品的方式相比,最明显的区别就是主播直播带货实施了引流行为,其主要受众群体是持续观看其直播的粉丝群体。在此类短视频直播平台中,粉丝们之所以会购买主播带货的商品,往往并非仅看中商品本身,更重要的还是建立在对相关主播的认同和信赖的基础上,这也是主播流量变现的一种体现。同时,以上两种直播带货行为均是通过网络销售商品的经营活动,因此应认定为经营行为。

在本案中,被告许某某通过不同于上述两类带货行为模式的私下交易这一非典型直播带货形式出售涉案手机,许某某的涉案带货行为亦可视为利用其主播身份导流并实现流量变现,与上述直接销售类、第三方跳转类直播带货行为在经营模式上并无本质区别,且被告许某某具有主播和商品销售者的双重身份,故法院认定此次直播带货行为应为经营行为。

3. 主播私下带货行为的行业规范

行业规范是推动行业治理的重要内容。2020 年 6 月 24 日,中国广告协会发布了《网络直播营销行为规范》,该规范第 27 条规定:"主播在网络直播营销活动中不得损害商家、网络直播营销平台合法利益,不得以任何形式导流用户私下交易,或者从事其他谋取非法利益的行为。”实践中,由于主播引导用户私下交易的行为脱离平台监管,易引发纠纷,在行业规范中明确禁止主播实施引导用户私下交易的行为。因此,本案中将许某某此次实施的私下交易直播带货行为认定为经营行为,既有利于对该行为进行有效监管,亦有利于有效地保护消费者权益,最终促进直播带货行业的健康发展。

(二)被告某公司应承担何种法律责任

直播带货作为比较成熟的经营模式,其组织方式在快速演变发展之中,直播平台的生态也在不断演进,表现形式灵活多变。在不同的直播带货模式下,直播平台所扮演的法律角色亦不相同。电子商务平台是专门为电子商务交易提供平台服务的,而短视频直播平台本质上属于社交娱乐平台,一般情形下平台提供者不是电子商务平台经营者,而是一般意义上的网络服务提供者。因此,不能仅凭直播平台发布销售商品或提供服务信息,就判定其构成电子商务平台,而应依据具体情况进行深入分析。

关于直播平台作为网络服务提供者的情形,如果直播平台仅仅发布了主播推荐的商品信息,不具有订单管理等撮合交易的服务功能,用户点击主播提供的商品交易链接之后,会跳转到其他传统的第三方网络购物平台,并在第三方平台上完成交易行为,[①]或者主播直接通过私下联系的方式与购买者进行直接交易,那么直播平台就不属于电子商务平台经营者,而只是作为一般的网络服务提供者承担责任。这种情况下,如果直播平台制定对外明文公示的直播规范,并明确违反规范的处罚规则,平台在接到网络用户举报或主动审查过程中发现直播存在不规范行为的,及时按照规则进行封号等违规处理,尽到合理的事前提示和事后监督义务,就可以适当免除其责任,这样亦符合责、权、利相匹配的法律责任配置逻辑。

关于直播平台作为电子商务平台的情形,如果直播平台与商品销售者产生了一种入驻或依托的合作关系,在直播平台中直接开设店铺,消费者从下单到完成交易均在该平台内闭环完成,或者直播平台下设子公司或关联公司专门运营电商平台,平台之间信息互通且直播平台具备对其管控的条件,那么这种模式下的直播平台应视为《电子商务法》意义上的电子商务平台经营者,适用《电子商务法》有关电子商务平台经营者的相关规定,承担诸如身份核验、信息保存、安全保障等一系列的平台保障责任。

① 参见吕来明:《“直播带货”当事人的法律地位与监管机制完善建议》,载《中国市场监管研究》2020年第5期。

在本案中,被告某公司在平台直播规范中对外明文公示,直播中出现引导消费者加微信在站外交易的行为属于程度较重的干扰直播平台秩序的违规行为,并明确了相应的处罚规则。被告某公司接到原告王某某的举报后,及时对被告许某某的账号进行封停处理,尽到了事前提示和事后监督义务。且现无证据证明被告某公司知道或者应当知道存在涉案交易行为而未采取必要措施。因此,法院认定某公司不承担相关责任。

(责任编辑:彭　春)

目的合同无效时中介合同效力如何认定
——于某诉北京某房地产经纪公司合同纠纷案相关法律问题分析

袁　满[*]　周　洁[**]

裁判要旨

目的合同无效时中介合同效力不能一概而论，其裁判思路应有以下三步。第一步，审查目的合同的效力。目的合同损害国家利益、社会利益或者违反法律、行政法规的强制性规定而"绝对无效"的，中介合同无效；目的合同签订时双方恶意串通，损害特定第三人的利益而"相对无效"的，中介合同并非当然无效。第二步，在目的合同相对无效的情形下，审查居间人的参与度，居间人参与恶意串通或放任串通行为的，中介合同无效，相反，如果居间人不知情的，中介合同有效。第三步，判定居间人的责任承担方式。在中介合同无效时，居间人根据过错程度承担折价补偿、赔偿损失等法定后果；中介合同有效时，居间人在未尽到审查、告知义务的过错范围内，承担违约责任。

一、据以研究的案例

2017年9月14日，于某(乙方)与北京某房地产经纪公司(甲方)分别就南现代城D栋×1、×2号房屋签订两份《团购服务协议》，约定乙方确认在签署本协议之时应向甲方支付团购费10万元，方能获得本协议项目的团购资格，乙方需在签订本协议后7日内，即2017年9月24日到甲方的接待中心，签署《招商合同》及其他应签署的相关文件；乙方凭《团购服务协议》客户联和POS单客户留

* 北京市昌平区人民法院民事审判一庭法官助理，华北电力大学硕士。
** 北京市昌平区人民法院民事审判一庭法官助理，中国政法大学硕士。

存联及收据，在招商时享受团购费10万元抵30万元的优惠一次。同日，于某向北京某房地产经纪公司交纳×1、×2号房屋团购金20万元。

后于某与A公司签订《招商合同》，约定A公司将其投资开发的“南现代城”项目中×2号（46.5m^2）招商给于某使用，招商款项总额为656 035元，于本合同签署之日起7日内全额支付。2017年9月19日，于某向A公司转账656 035元，A公司向于某出具了656 035元的购房收据。

2020年5月12日，北京市大兴区人民法院出具民事调解书。于某（该案原告）与A公司（该案被告）就上述《招商合同》达成调解协议：于某与A公司就合同地址为“南现代城”项目×2号房屋签订的《招商合同》终止履行；2020年7月31日前，A公司给付于某招商款及利息共计707 871.98元。本案庭审中，于某表述仅与开发商签订了×2号房屋的招商合同，北京某房地产经纪公司因服务成功而取得了×2号房屋的服务费10万元。关于×1号房屋的10万元服务费用，北京某房地产经纪公司直接转交给A公司，用于冲抵于某购买×2号房屋的购房款。现因×2号房屋的招商合同已终止，所以本案主张北京某房地产经纪公司返还×2号房屋的服务费10万元。

又查，就合同撤销依据一节，于某陈述内容如下：北京某房地产经纪公司在居间销售中存在欺诈行为，其所售房屋没有取得商品房预售许可证，在网络宣传及销售过程中均向于某承诺（口头）该房屋为住宅，但涉案房屋为工业厂房，导致于某的购房目的无法实现。后经法院依法释明，于某无法就相关承诺及网页宣传与北京某房地产经纪公司的关联性等内容进行举证。

再查，庭审中，于某向法院提交A公司于2017年11月张贴的公告照片一张，公告载明由A公司投资开发的位于北京市大兴区国家新媒体产业基地的“大型现代农业装备科研中心及配套工程”项目，土地性质：F3其他类多功能用地（工业）；建筑使用性质：工业厂房；可兼容使用性质：附属配套设施用房。该项目房屋不可上市交易、不能分割成住宅对外出售。以上证据拟证明涉案房屋属于上述建设项目，非居民住宅用途，不具备上市交易条件，于某提交民事判决书对上述事实予以佐证。另就合同效力一节，于某主张若法院认定本案合同无效，其亦无异议，但无论合同符合撤销还是无效的情形，其返还及赔偿后果均为法定，请法院一并解决。

一审法院经审理认为，于某与北京某房地产经纪公司签订《团购服务协议》，由北京某房地产经纪公司为于某提供签订《招商合同》机会、购房优惠等服务，符合居间服务合同的一般外观，应认定双方之间拟就购买涉案×1、×2号房屋成立居间服务法律关系。但双方居间服务的标的房屋属于建设在工业用地上的工业厂房，原则上该房屋项目不可上市交易、不能分割成住宅对外出售，法院认定上述房屋不符合商品房预售条件。

同时,房屋中介机构为没有取得商品房预售许可的房屋提供居间服务的,该居间行为实际损害了公共利益,故认定涉案《团购服务协议》无效。

合同无效后,双方的签约行为自始不发生法律效力,不存在撤销协议的法律基础,故对于某的撤销请求,法院不予支持。但鉴于合同无效及撤销后的法定后果几乎一致,且于某亦同意按照合同无效的路径对本案进行评判,故本着减轻当事人诉累的审理原则,法院依法对《团购服务协议》无效的后续问题进行处理。

合同无效或者被撤销后,因该合同取得的财产,应当予以返还;不能返还或者没有必要返还的,应当折价补偿。有过错的一方应当赔偿对方因此所受到的损失,双方都有过错的,应当各自承担相应的责任。北京某房地产经纪公司将未取得房屋预售许可证的房屋居间介绍给于某购买,其对《团购服务协议》无效存在明显过错,且相关调解书显示,于某无法实际占有使用标的房屋。无论从居间行为的定性还是实际结果考量,北京某房地产经纪公司均应退还团购费用并赔偿因合同无效而遭受的损失,故对于某的此项请求,法院予以支持。对于利息计算方式及利率标准,法院依法予以调整。

最终,一审法院判决于某与北京某房地产经纪公司于 2017 年 9 月 14 日就协议地址为“南现代城 D 栋×2 号”房屋签订的《团购服务协议》无效,北京某房地产经纪公司返还于某团购服务费 100 000 元及利息。判决作出后,于某与北京某房地产经纪公司均未提起上诉。

二、相关法律问题分析

随着社会经济的不断发展,市场交易体系的精细化分工日趋完善,公民在日常生活中越来越倾向于委托专业机构辅助(中介合同)自己完成特定交易行为,实现特定合同目的(目的合同)。居间服务机构在提供交易信息、促进交易成约以及协助双方履约等方面发挥着越来越重要的作用,但当交易行为本身(合同目的无效)存在无效情形时,居间行为的效力认定也成为司法实践中的新课题。基于此,本文以涉及违建房屋买卖的中介合同为例,对其效力认定问题进行分析与探讨。

(一)目的合同无效时中介合同效力认定的争议

在目的合同无效的情况下,关于中介合同的效力存在较大争议,也引申出以下两种观点:

第一种观点认为中介合同有效。第一,中介合同是独立的有名合同、诺成性合同,与目的合同之间没有从属性,其成立与否并不以促成双方签订房屋买卖合同为要件。[1]《民法典》规定了合同无效的情况,中介合同是否有效应该严格依照法律规定,只要不违反法律法规禁止性规定,不应轻易否认其效力。第二,在中介合同以促成交易为要件的前提下,房产中介促成交易双方签订房屋买卖合同,居间即成功,可行使报酬请求权;房屋买卖合同最终是否履行与中介公司并无关系,因此中介合同有效。

第二种观点认为中介合同无效。房屋交易程序复杂,作为附件的房屋买卖合同的签署并不意味着房屋交易必然能够履行完毕,房产中介公司的服务范围应扩大至协助履行整个合同之层面。认定居间成功的条件包括:(1)房产中介的居间行为直接促进双方签订了房屋买卖合同,也就是行为与结果之间具有因果关系;(2)交易双方签订的房屋买卖合同是真实有效的合同。因为成立和生效是两个不同的法律概念,目前《民法典》中并没有明确规定中介方促成的买卖合同必须具有法律效力。但是在实践中,如果中介方不审查出售方的情况,随意将房源介绍给买方,从表面上看中介方完成了居间服务,但一旦出售方不具备资格或是无权代理,那么直接导致该居间协议和买卖协议无效。因此,中介方的居间行为只能在促成买卖双方达成具有法律效力的合同关系时才具有意义。[2]

(二)目的合同无效时中介合同效力认定的理论基础

合同的效力是合同经过法律评价所反映出的效果,是"基于契约而生的权利义务"。[3] 所谓无效合同,是指合同内容违反了法律、行政法规的强制性规定和公序良俗而无法律效力的合同。因此对于中介合同效力的认定不能一概而论。

1. 基于比例原则,目的合同无效时中介合同并非必然无效

比例原则的重心是寻求目的与手段的均衡。在合同效力认定案件中贯彻比例原则,就是要实现目的(社会公共利益的维护)与手段(合同有效)之间的适当性。

(1)合同无效认定的谦抑性。在判断合同有无违法或是否损害公共利益时,有必要对该行为的内容、动机及目的等因素作整体性衡量。只有合同履行后果及行为人之主观恶性都比较严重时,才有必要否定合同的法律效力。

(2)合同与社会公共利益的关联性。根据适当性原则的要求,否定合同效力与对社会公共利益的损害之间应具有直接的关联性。肯定合同效力有利于促

---

[1] 参见杨甜甜:《目的合同部分无效下居间合同效力及居间报酬的判定》,载《人民法院报》2015年12月3日,第6版。

[2] 参见茅海灵:《房地产居间合同纠纷的事务问题浅析》,载《法制博览》2020年第28期。

[3] 参见王泽鉴:《民法总则》(增订版),中国政法大学出版社2001年版,第480页。

进私人自治，进而促进社会经济繁荣。相反，无效使合同溯及至成立时不发生当事人所预期的法律效果，这不但违背当事人的意志，而且影响社会关系的安定性，妨碍了第三人的善意信赖和交易安全。因此应依据法律目的、社会观念等因素综合衡量社会公共利益的重要性，进而判定合同效力。

（3）合同效力判定的均衡性。法益相称原则要求干预的严厉程度与理由的充分程度之间应成比例，要求以公共利益对基本权的“干涉分量”来断定该行为合法与否，要求在宪法的价值秩序内，对上述行为的实际利益与人民的相应损害进行利益衡量。[①] 因此，在目的合同无效时，如果居间行为并没有损害国家利益、社会公共利益，亦未参与损害第三人的利益，则可认定合同有效。在此情况下，就居间行为产生的争议，应根据中介合同的履行是否存在过错判断是否承担违约责任。

2. 基于诚实信用原则，居间人负有审慎核查和如实告知义务

诚实信用原则要求当事人在处理与他人的事务时应当坚持诚实善良、公平公正的原则，不得进行欺诈隐瞒，要将相关信息及时、全面、真实地传达给当事人，确保其能够作出正确的意思表示，并以慎重、善意的方式履行自己的义务，不得违反相关的商业道德和交流规则。中介合同中的双方在行使权力、履行义务时，也应当自觉遵守诚实信用原则，实事求是地将自身情况告诉对方，不得故意编造和隐瞒不利事实，损害当事人的利益。

中介合同是信息交易合同，居间人利用自己的信息优势价值获取报酬，而委托人和相对人合同签订的成功与否决定着居间人的利益是否能够最终实现。双方在不同阶段所掌握的信息不对等，往往会影响到当事人的客观判断。在交易双方无法实现真实意思表示的过程中，常常会因重大误解等意思瑕疵导致当事人利益损失，同时也会使交易双方处于不公平的合同境遇。这就要求中介合同的双方当事人要切实履行如实告知义务，让双方在充分了解的前提下，作出真实的意思表示，避免因信息的不对称引发交易欺诈或者显失公平等现象。而如实告知的基础在于审慎核查，居间人应将相对人之信用，物之价值、效用、品质等有关订约事项据实报告于双方当事人。以居间为营业之人，于此等事项，应尽善良管理人注意履行调查义务[②]。在房屋买卖中介合同中，居间人应该核查并如实告知房屋的基本物理信息、配套信息、周边环境信息、权属信息、价值信息等内容。如果居间人未尽到审慎核查和如实告知的义务，给委托人造成损失的，则应认定居间人具有过错，但此种过错并不直接导致中介合同无效，仅可生发权利人

① 参见黄忠：《比例原则下的无效合同判定之展开》，载《法制与社会发展》2012 年第 4 期。

② 参见邱聪智著，姚志明校订：《新订债法各论（中）》，中国人民大学出版社 2006 年版，第 236 页。

要求居间方承担违约责任的法定事由。

（三）目的合同无效时中介合同效力认定的裁判思路

基于以上理论分析，中介合同效力的认定应遵循以下裁判思路：

1. 审查目的合同的效力

目的合同无效分为"相对无效"和"绝对无效"两种情形。（1）如果目的合同损害国家利益、社会利益或者违反法律、行政法规的强制性规定，则绝对无效、自始无效。[①] 此种情况下，中介合同亦涉及损害国家利益、社会利益或者违反法律、行政法规的强制性规定的相关因素，应认定为无效。例如，在本文的案例中，因双方签订的房屋买卖合同的标的为未取得商品房预售许可的小产权房，此交易行为侵害公共利益，属于绝对无效合同；中介合同标的亦是该小产权房，也属于无效合同。（2）如果签订目的合同的双方恶意串通，损害特定第三人的利益，则属于相对无效合同。[②] 此时，目的合同的无效性并不必然及于中介合同，其效力应根据居间人的参与情况进行综合考量。

2. 审查居间人的参与度

目的合同相对无效时，区分居间人是否明知或参与恶意串通行为。（1）如果居间人与签订目的合同的双方恶意串通，或者对目的合同双方恶意串通知情，但是仍签订居间协议，促成交易行为的，则中介合同无效。（2）如果居间人对目的合同双方恶意串通损害特定第三人的行为不知情，促成双方交易的，则中介合同有效。

3. 判定居间人的责任承担方式

（1）目的合同与中介合同均无效（包含绝对无效与相对无效情形）时，居间人应根据《民法典》的规定承担返还财产、折价补偿、赔偿损失等法定责任。（2）目的合同相对无效，但中介合同有效时，居间人仅在未对标的物性质、权属状况等相关交易信息尽到审查义务的过错范围内，承担部分折价、退款等违约责任。

（责任编辑：何　琴）

---

① 参见崔建远：《合同无效与诉讼时效》，载《人民法院报》2002 年 2 月 22 日，第 3 版。

② 参见王利明：《合同法研究》（第 1 卷），中国人民大学出版社 2002 年版，第 649 页。

非破产情形下股东出资能否加速到期

——杨某与高某、某某公司执行异议案相关法律问题分析

孙　妍*

裁判要旨

在法律制度框架内存在股东出资加速到期的制度，其目的就是公平处理公司对外债务，避免债权人的利益遭受损害。在公司作为被执行人的案件中，人民法院穷尽执行措施，无财产可供执行，已具备破产原因但不申请破产的，未届出资期限的股东在未出资范围内应当对公司不能清偿的债务承担责任。

一、据以研究的案例

杨某诉称，杨某是一审法院执行案件的申请人，被执行人为某某公司，高某系某某公司的控股股东、实际经营管理者、原法定代表人。高某作为实际借款人，在2016年11月至2017年7月以某某公司的名义向杨某借款2 072 000元。杨某于2017年8月22日向某某公司提起民间借贷纠纷的诉讼，高某以法定代表人的身份参与诉讼。法院经审理后作出民事判决，判决某某公司向杨某返还借款2 072 000元及相应利息。判决生效后，杨某申请强制执行，但至今仍未执行到位。在诉讼期间，高某将某某公司的法定代表人、执行董事、经理等职务变更为实际年龄89周岁的邱某，并于2018年1月12日将其未实际出资的股权转让给邱某。杨某在申请执行过程中，为维护其合法权益，依据《最高人民法院关于民事执行中变更、追加当事人若干问题的规定》第19条的规定，向法院申请追加高某为被执行人。然而，法院经审查后作出裁定，驳回杨某的申请。杨某不服

* 北京金融法院审判一庭法官，中国政法大学法学硕士。

该裁定,向一审法院提起本案诉讼。

高某和某某公司未到庭应诉,也未提交书面答辩意见。

一审法院经公开审理查明,某某公司系成立于2015年9月21日的有限责任公司,注册资本100万元,成立时的股东为高某和倪某,其中高某认缴出资99万元,倪某认缴出资1万元,认缴出资时间均为2025年8月6日。2018年1月12日,高某将其持有的某某公司的出资全部转让给邱某,某某公司的股东变更为邱某和倪某。2018年6月28日,法院对杨某申请追加高某为被执行人一案作出执行裁定书。法院经审查查明,杨某与某某公司民间借贷纠纷一案,经两审判决,某某公司应向杨某返还借款2 072 000元并支付相应利息,杨某申请强制执行,法院于2018年4月2日立案受理。根据某某公司工商档案信息,高某转让股权之时出资期限尚未届满。

二审期间补充查明:(1)邱某系1929年1月18日生人,邱某与高某系祖孙关系,高某与倪某系母子关系。(2)某某公司工商备案信息中无延长邱某认缴出资期限的信息。(3)杨某起诉某某公司民间借贷纠纷一案,一审法院于2017年11月13日作出民事判决;[①]某某公司返还杨某借款2 072 000元及利息,后某某公司上诉;2018年1月12日,高某与邱某签订股权转让协议,高某将某某公司股权全部转让给邱某;2018年3月12日,法院作出二审民事判决,驳回某某公司上诉,维持原判。[②] 该案现未发现被执行人有足额可供执行的财产,已实现债权金额为0元,目前已终结执行。

一审法院于2018年12月28日作出民事判决,驳回原告杨某的诉讼请求。宣判后,杨某提出上诉。二审法院作出终审判决:(1)撤销一审法院判决;(2)追加高某为执行案件的被执行人,在其未认缴出资的范围内,与北京某某科技有限公司一同向杨某承担连带责任。

法院生效裁判认为,本案争议焦点在于杨某是否有权以某某公司不能清偿到期债务为由,要求高某就某某公司的债务承担责任,向法院申请追加高某作为被执行人。

从股东出资加速到期的角度来看,当公司存在不能清偿到期债务的情形,公司已具备破产原因,但不申请破产的,未届出资期限的股东应当在未出资范围内对公司未清偿的债务承担责任。

虽然我国现行《公司法》规定的股东出资方式是认缴制,但根据权利义务对等性的内在要求,股东在享受出资期限利益的同时,显然也要承担相应的义务,

---

① 参见北京市朝阳区人民法院民事判决书,(2017)京0105民初64624号。

② 参见北京市第三中级人民法院民事判决书,(2018)京03民终974号。

即股东至少要保证公司不沦为其转嫁经营风险的工具，不能危及与公司从事正常交易的债权人的合法权益。任何合同自由都有其边界，股东出资义务的履行期限并非完全自治的事项。公司的正常经营直接依赖于股东的出资，公司股东应正当行使变更出资金额、期限以及转让股权的权利，股东不履行义务或不恰当出资而导致的瑕疵出资，直接影响公司经营，损害债权人的利益。因此，在法律制度框架内的股东出资加速到期制度，其目的就是公平处理公司对外债务，避免债权人的利益遭受损害。在公司作为被执行人的案件中，人民法院穷尽执行措施，无财产可供执行，已具备破产原因但不申请破产的，未届出资期限的股东在未出资范围内应当对公司不能清偿的债务承担责任。

《最高人民法院关于适用〈中华人民共和国企业破产法〉若干问题的规定（一）》第 1 条第 1 款规定，债务人不能清偿到期债务并且具有下列情形之一的，人民法院应当认定其具备破产原因：资产不足以清偿全部债务；明显缺乏清偿能力。第 4 条规定，债务人账面资产虽大于负债，但存在下列情形之一的，人民法院应当认定其明显缺乏清偿能力：因资金严重不足或者财产不能变现等原因，无法清偿债务；法定代表人下落不明且无其他人员负责管理财产，无法清偿债务；经人民法院强制执行，无法清偿债务；长期亏损且经营扭亏困难，无法清偿债务；导致债务人丧失清偿能力的其他情形。

本案中，高某作为某某公司的前任大股东和实际控制人，对某某公司的资产情况及偿债能力应当知悉。某某公司债权人杨某于 2017 年 8 月 22 日向某某公司提起民间借贷纠纷的诉讼，法院经审理作出民事判决后，杨某一审胜诉。高某在明知某某公司不能对外清偿债务的情况下，仍于诉讼期间即 2018 年 1 月 12 日无偿转让股权、变更公司法定代表人，且该受让人邱某系高某的祖母，实际年龄达 89 周岁。以邱某的年龄，其不仅难以履行公司法定代表人、执行董事、经理的相关职责，更是增加了公司认缴出资实缴到位的风险，导致公司债务难以得到及时清偿，实际是利用公司股东的期限利益恶意逃避债务，极大程度地增加了债权人的风险。

《最高人民法院关于民事执行中变更、追加当事人若干问题的规定》第 17 条规定，作为被执行人的营利法人，财产不足以清偿生效法律文书确定的债务，申请执行人申请变更、追加未缴纳或未足额缴纳出资的股东、出资人或依《公司法》规定对该出资承担连带责任的发起人为被执行人，在尚未缴纳出资的范围内依法承担责任的，人民法院应予支持。第 19 条规定，作为被执行人的公司，财产不足以清偿生效法律文书确定的债务，其股东未依法履行出资义务即转让股权，申请执行人申请变更、追加该原股东或依《公司法》规定对该出资承担连带责任的发起人为被执行人，在未依法出资的范围内承担责任的，人民法院应予支持。

本案中虽高某认缴出资期限尚未届满,但某某公司作为被执行人,已无可供执行的财产,已具备破产原因,但未申请破产,在此情况下,股东出资不加速到期将导致债权人利益失衡。高某恶意转让股权、滥用股东期限利益的行为,应当予以否定。现杨某申请追加高某为执行案件的被执行人符合法律规定,应予支持。

二、相关法律问题分析

本案法律适用的关键在于,当公司已经具备破产原因时,恶意转让股份逃避出资责任的原股东是否应该被追加为被执行人。对这一问题的理解涉及资本认缴制的内涵、非破产情形下股东出资加速到期情形的法律认定等多方面问题。

(一)资本认缴制的内涵

注册资本是公司所申报的资本总额。注册资本在公司成立时源于股东(发起人)的股权资金,记载于公司章程之中。[①]

公司资本有实缴制和认缴制之分。实缴制是指公司的发行资本需由股东(发起人)在公司设立时一次性足额缴纳(1993 年《公司法》),或者分期缴纳(2005 年《公司法》),分期缴纳时必须满足法定要件。认缴制则排除了法律强制干预因素,注册资本如何缴纳由当事人通过公司章程自行决定(2013 年《公司法》),[②]股东(发起人)认缴出资或认购股份后,在章程规定的期限内缴足,最大限度地体现了公司自治原则。但是无论是资本的认缴还是实缴,都不会改变股东出资义务的存在,只是出资义务履行的时间有所不同。[③]

(二)非破产情形下股东出资加速到期的情形

我国《破产法》第 35 条规定了破产情形下股东出资的加速到期制度:“人民法院受理破产申请后,债务人的出资人尚未完全履行出资义务的,管理人应当要求该出资人缴纳所认缴的出资,而不受出资期限的限制。”根据《破产法条文释义》,企业法人破产时,应以其全部财产清偿债务,而出资人的出资是构成法人财产的重要部分。若在人民法院受理破产申请时,债务人的出资人尚未完全履行出资义务,一方面可能促使出资人逃避出资义务,另一方面势必会削弱债务人的清偿能力,使债权人的权益得不到充分保护。考虑启动破产程序的成本较高,最高人民法院在 2019 年 11 月 8 日发布的《全国法院民商事审判工作会议纪要》

---

① 参见施天涛:《公司法论》(第 3 版),法律出版社 2014 年版,第 167 页。

② 参见施天涛:《公司法论》(第 3 版),法律出版社 2014 年版,第 179 页。

③ 参见赵旭东:《资本制度变革下的资本法律责任——公司法修改的理性解读》,载《法学研究》2014 年第 5 期。

中明确将对出资人的追缴延伸至破产程序之外，实现了一种成本更低的加速到期方法。

《全国法院民商事审判工作会议纪要》在“关于公司纠纷案件的审理”一节中指出，在注册资本认缴制下，股东依法享有期限利益。债权人以公司不能清偿到期债务为由，请求未届出资期限的股东在未出资范围内对公司不能清偿的债务承担补充赔偿责任的，人民法院不予支持。但是，下列情形除外：(1)公司作为被执行人的案件，人民法院穷尽执行措施无财产可供执行，已具备破产原因，但不申请破产的；(2)在公司债务产生后，公司股东(大)会决议或以其他方式延长股东出资期限的。

(三)“已具备破产原因”的界定

“已具备破产原因”是指根据《破产法》第2条之规定，企业法人不能清偿到期债务，并且资产不足以清偿全部债务或者明显缺乏清偿能力的情形。

根据《最高人民法院关于适用〈中华人民共和国企业破产法〉若干问题的规定(一)》的规定，债务人“不能清偿到期债务”是指同时存在以下情形：(1)债权债务关系依法成立；(2)债务履行期限已经届满；(3)债务人未完全清偿债务。“资产不足以清偿全部债务”是指债务人的资产负债表，或者审计报告、资产评估报告等显示其全部资产不足以偿付全部负债，但有相反证据足以证明债务人资产能够偿付全部负债的除外。债务人账面资产虽大于负债，但存在下列情形之一的，应当认定其“明显缺乏清偿能力”：(1)因资金严重不足或者财产不能变现等原因，无法清偿债务；(2)法定代表人下落不明且无其他人员负责管理财产，无法清偿债务；(3)经人民法院强制执行，无法清偿债务；(4)长期亏损且经营扭亏困难，无法清偿债务；(5)导致债务人丧失清偿能力的其他情形。

就本案而言，某某公司债权人杨某于2017年8月22日向某某公司提起民间借贷纠纷的诉讼，法院经审理作出民事判决书，杨某一审胜诉后申请强制执行，人民法院穷尽执行措施发现某某公司可供执行的财产为0元。同时，高某和某某公司经一、二审法院合法传唤均未到庭应诉，法定代表人邱某下落不明，属于“法定代表人下落不明且无其他人员负责管理财产，无法清偿债务”之情形，明显满足“不能清偿到期债务”及“明显缺乏清偿能力”两要件，应对高某的出资加速到期。

(四)对恶意延长股东出资期限的理解、适用

在注册资本认缴制下，股东虽然享有期限利益，但是从法律关系的层面看，公司资本制度是建立在民事请求权体系基础上的一个行为逻辑严整、权利义务体系化、法律责任完备化的法律规范结构，是包含公司、股东、债权人等多利益主体之间的权、义、责关系体系，其保护公司债权人的功能不应遭到轻视。从权利

义务一致性的层面看，股东在享受出资期限利益的同时，显然也要承担相应的义务，即按期足额缴纳出资，也要保证公司不沦为其转嫁经营风险的工具，不能危及与公司从事正常交易的债权人的合法权益。①

虽然《全国法院民商事审判工作会议纪要》只列举了恶意延长出资期限这一种恶意损害债权人利益的情形，但就实质而言，恶意转让股权这一行为与恶意延长出资期限具有相同的性质。公司股东应当按照其公示的承诺（认缴的期限和数额）履行出资义务，这是相对于社会的一种资本充实义务，其应正当行使变更出资金额、期限以及转让股权的权利，不能对公司的资本充实造成妨害，②否则将损害公司债权人基于其公示的承诺和公司注册资金数额而产生的信赖利益。在本案中，高某作为某某公司前任大股东和实际控制人，对某某公司的资产情况及偿债能力应当知悉。在某某公司败诉后，高某在明知某某公司不能对外清偿债务的情况下，仍于2018年1月12日（诉讼期间）无偿转让股权，变更公司法定代表人，且受让人邱某实际年龄达89周岁。无论是从股权转让的时间还是从受让人的身份、年龄来看，高某的转让行为都不合常理。以邱某的年龄，其不仅难以履行公司法定代表人、执行董事、经理的相关职责，更是增加了公司认缴出资实缴到位的风险，导致公司债务难以得到及时清偿。由此可以看出，高某实际是利用公司股东的期限利益恶意逃避债务，意图损害债权人的利益。

基于以上分析，合议庭认为，在本案中，某某公司作为被执行人，虽然未申请破产，但法院已经穷尽执行措施，现无财产可供执行，明显缺乏清偿能力，已具备破产原因。高某转让股权的行为属于利用公司股东的期限利益恶意逃避债务，与恶意延长出资期限具有相同的性质，足以损害从事正常交易的债权人的合法权益，应当对其适用股东出资加速到期制度，认定其认缴的出资期限已经届满。

根据《最高人民法院关于民事执行中变更、追加当事人若干问题的规定》第17条、第19条的规定，高某为“未缴纳或未足额缴纳出资的股东”，满足“未依法履行出资义务即转让股权”之情形，应当依法追加其为（2018）京0105执6529号执行案件的被执行人，在其未认缴出资的范围内，与某某公司一同向杨某承担连带责任。

（责任编辑：彭　春）

---

① 参见李建伟：《认缴制下股东出资责任加速到期研究》，载《人民司法》2015年第9期。

② 参见北京市高级人民法院执行裁定书，（2016）京执复106号。

计算机软件智能生成内容属性的认定

——北京某律所诉北京某科技公司侵害作品著作权纠纷案相关法律问题分析

卢正新* 李 珂**

裁判要旨

作品应由自然人创作完成,计算机软件智能生成内容并未传递软件研发者(所有者)和使用者的独创性表达,不能构成作品。

软件研发者(所有者)和软件使用者均不能以作者身份进行署名,但从保护公众知情权、维护社会诚实信用和有利于文化传播的角度出发,应添加相应计算机软件的标识,标明相关内容系软件智能生成。软件使用者进行付费和检索,为激励其使用和传播行为,促进文化传播和科学发展,应赋予其相应权益。软件使用者也可采用合理方式在涉计算机软件智能生成内容上表明其享有相关权益。

一、据以研究的案例

北京某律所诉称,2018 年 9 月 9 日,北京某律所首次在其微信公众号上发布涉案文章《影视娱乐行业司法大数据分析报告——电影卷·北京篇》。2018 年 9 月 10 日,北京某科技公司未经许可,在其经营的百家号平台上发布被诉侵权文章,并删除了涉案文章的署名、引言、检索概况、电影行业案件数量年度趋势图和结尾的"注"部分,侵害了北京某律所享有的信息网络传播权、署名权和保护作品完整权,故请求一审法院判令:(1)北京某科技公司赔礼道歉、消除影响,在百家号平台上发布道歉声明;(2)北京某科技公司赔偿北京某律所经济损失

* 北京互联网法院综合审判一庭庭长,中国政法大学法律硕士。

** 北京互联网法院综合审判一庭法官助理,中国政法大学法律硕士。

10 000 元;(3)北京某科技公司赔偿北京某律所为维权所支出的合理费用 560 元。

北京某科技公司辩称:(1)涉案文章不具有独创性,其中的图形和文字部分均是采用法律统计数据分析软件智能生成的报告,并非北京某律所通过自己的智力劳动创造获得,不属于著作权法的保护范围;(2)北京某律所无法证明涉案文章是法人作品,北京某律所不是本案适格主体,且其作为法人主体,主张进行赔礼道歉无事实和法律依据;(3)涉案文章的引言和注释部分不属于其主要内容,北京某科技公司未对涉案文章内容进行编辑、删除,即使有编辑、删除行为,也没有进行歪曲篡改,未侵害原告的保护作品完整权;(4)北京某科技公司是信息存储平台,不对内容进行实质审查,未实施侵权行为。综上,不同意北京某律所的全部诉讼请求。

法院经审理查明,北京某律所于 2018 年 9 月 9 日首次在其微信公众号上发表涉案文章《影视娱乐行业司法大数据分析报告——电影卷·北京篇》,文章由文字作品和图形作品两部分构成,中部为序言。涉案文章首先对检索概况进行了介绍,包括检索使用的数据库及关键词、案件类型、文书类型、审判程序等,针对各部分内容使用了曲线图、柱状图、圆环图等十五张图形,用于说明相关统计数据。

北京某科技公司是百家号的经营主体,于 2018 年 9 月 10 日发表了被控侵权文章,该文章与涉案文章基本一致,但没有北京某律所的署名,亦没有引言、检索概况、图 1 电影行业案件数量年度趋势图和结尾的"注"部分。

一审法院组织双方对相关计算机软件智能生成的内容进行勘验,设置检索条件和关键词,生成大数据报告。将涉案文章与大数据报告进行对比发现,二者在图形数据、图形类别、图形分析维度和文字分析内容等方面均不相同。

一审法院经审理认为,人工智能生成的文字内容体现出针对相关数据的选择、判断、分析,具有一定的独创性。但是,由自然人创作完成仍应是著作权法上作品的必要条件。分析报告系人工智能软件利用输入的关键词与算法、规则和模板结合形成的,在某种意义上讲,可认定人工智能软件"创作"了该分析报告,即使人工智能软件"创作"的分析报告具有独创性,该分析报告仍不是著作权法意义上的作品,也不能认定人工智能软件是作者并享有著作权法规定的相关权利。

经勘验对比,涉案文章的图形部分是北京某律所基于收集的数据,利用相关软件制作完成,其形状的不同是基于数据差异产生,而非基于创作产生,故不构成图形作品;文字部分与相关计算机软件智能生成的文字内容及表达完全不同,具有独创性,构成文字作品。

涉案文章在北京某律所经营的微信公众号上首次发表,发表时署名为北京某律所,并未提及其他参与创作的主体;涉案文章系北京某律所策划的系列报告的首篇,该系列报告对北京某律所已完成的工作成果予以说明,并以北京某律所的视角进行分析、评价。故在无相反证据的情况下,可以认定涉案文章是北京某律所主持创作的法人作品。

北京某科技公司未经许可,在其经营的百家号平台上向公众提供了被控侵权文章内容,供公众在选定的时间、选定的地点获取,侵害了北京某律所享有的信息网络传播权;在北京某科技公司提供的被诉侵权文章中,删除了北京某律所的署名,且出现了"点金圣手"的字样,侵害了北京某律所享有的署名权。此外,北京某科技公司违背北京某律所意愿,擅自删除涉案作品首尾等部分内容,影响了涉案作品表达的完整性,属于对原作品的歪曲、篡改,侵犯了其就涉案作品享有的保护作品完整权。

一审法院于2019年4月25日作出民事判决:(1)被告北京某科技公司在公众号平台首页上连续48小时刊登道歉声明,为原告北京某律所消除影响;(2)被告北京某科技公司向原告北京某律所赔偿经济损失1000元及合理费用560元,共计1560元;(3)驳回原告北京某律所的其他诉讼请求。

宣判后,北京某律所不服原审判决,提起上诉。二审法院判决驳回上诉,维持原判。

二、相关法律问题分析

(一)人工智能的基本概念

围绕人工智能存在如下定义:任何能够不经人类特别干预即可在复杂多变的环境下完成任务的智能系统,能够通过机器学习不断优化决策和行动。其可以像人类一样思考、认知、规划、学习、交流或采取行动。一般而言,智能系统越能够以接近人类的方式执行任务,其人工智能化的程度就越高。可以像人类一样思考的智能系统,如具备认知结构和类神经网络的系统;可以像人类一样采取行动的智能系统,如那些通过自然语言处理、知识表示、知识推理和机器学习,能够完成真实测试或者其他类似测试的智能系统;一系列尝试完成认知任务的技术,包括机器学习等;可以采取理性行动的智能系统,如智能软件代理和类人化机器人,能够通过感知、规划、推理、学习、沟通、决策和行为等实现目标[①]。

目前,人工智能主要分成两类:一类是通用人工智能(强人工智能),是未来

① 参见曹建峰、杨晓洁:《美国提出"人工智能未来法案"应对人工智能机遇和挑战》,载搜狐网2018年1月23日,https://www.sohu.com/a/218462442_455313。

设想的人工智能系统,其在认知、情感、社会行为等众多领域能够像人类那样做出智能行为;另一类是狭义人工智能(弱人工智能),强调特定的应用领域,如玩策略游戏、语言翻译、自动驾驶及图像识别等。需要指出的是,尽管目前人工智能发展迅速,但事实上仍处于狭义人工智能或弱人工智能阶段,仅能根据相应算法专注于完成某种特定任务,与强人工智能相比功能还十分有限,尚不具备产生独立意志的可能性。

(二)人工智能生成内容的法律属性

1. 可版权性尚存在争议

对于人工智能生成内容能否获得版权保护,目前存在两种不同观点。

一种观点认为,人工智能生成内容不能构成作品,不能成为版权保护的客体。其中,有的是从人工智能生成内容的过程进行分析,有的是从其机器属性和人在其中的参与程度进行分析,还有的人认为,虽然人工智能生成内容不能构成作品,但是可以纳入邻接权制度予以保护①。一些国家也持类似的观点,如澳大利亚的一份报告认为,计算机生成的内容无法达到独创性的要求,不能作为作品保护,可以作为邻接权的客体进行保护②。日本学者曾指出,计算机系统作为人创造性表达的“道具”而被使用③,也有人认为人工智能生成内容不是日本著作权法规定的“表现思想或者情感的作品”,也就根本不存在对其享有的著作权。

另一种观点则认为,只要人工智能生成内容在外在表现形式上与人类创作的作品一致,就可以不再考虑其创作主体是否为人类,单纯从客观角度进行判断,关键在于考察其生成内容是否达到最低限度的创造性。英国在 1988 年《版权、设计和专利法》第 9 条、第 178 条中将计算机生成作品作为集体作品进行规定,其作者是为作品的创作提供必要贡献的人,但是不适用人格权的相关规定。

2. 作品的主体应为“人”

一般来说,审理著作权纠纷案件首先应审查原告主张著作权的客体是否构成作品。2021 年 6 月 1 日起,新修正的《著作权法》正式施行,将作品明确定义为“文学、艺术和科学领域内具有独创性并能以一定形式表现的智力成果”④,对独创性和智力成果属性的把握仍然是判断作品的要件。本案中,人工智能软件生成的数据分析报告体现出对相关数据的选择、判断、分析,客观上具备一定的

① 参见陶乾:《论著作权法对人工智能生成成果的保护——作为邻接权的数据处理者权之证立》,载《法学》2018 年第 4 期。

② 参见王迁:《论人工智能生成的内容在著作权法中的定性》,载《法律科学(西北政法大学学报)》2017 年第 5 期。

③ 参见刘影:《人工智能生成物的著作权法保护初探》,载《知识产权》2017 年第 9 期。

④ 《著作权法》(2020 年修正)第 3 条。

独创性,且具有一定的表现形式并可复制。需要说明的是,在进行独创性认定时,不宜过多考虑自然人创作这一因素,但本案判决却特别强调了“人”的因素,主要原因如下:

首先,根据我国法律法规的规定,作品的主体应为“人”,只有符合一定条件的“人”的创作才能构成作品。[①] 之所以如此规定,是因为当前只有“人”才具有独立意志,独创性表达必须源自人的思想和情感。虽然随着科学技术的发展,人工智能软件生成物在内容、形态,甚至表达方式上日趋接近自然人创作的作品,但根据现有的科技及产业发展水平,人工智能尚未发展到强人工智能的阶段,没有独立的意识,无法完全摆脱人类进行独立思考或情感表达,只能作为人类实现某种目的所支配的对象,“不能真正认识到自己行为的法律后果,不具备承担责任的可能性和必要性”[②]。

其次,不同人在相同的角度对同一景物进行绘画,每个人关注的重点、绘画的风格等都会有所不同,呈现出的画作就会不同;但是,即使是不同的计算机,只要运行相同的程序,执行相同的命令或算法,得出的结果就会是相同的。也就是说,人工智能按照人类的预先设计,应用算法、规则和模板所产生的内容,其本质上仍然属于执行既定流程和方法的结果。这种高度程式化的内容输出,缺乏富有个性的创作空间。而著作权法意义上的“独创性”恰恰要求作品是作者独立构思的产物,且富有作者的个性,是作者运用技巧、经过思考对社会素材进行选择、判断、取舍并传递出自己情感的表达,这种表达无关对错,亦无关艺术价值或商业价值的高低。人工智能生成内容与自然人具有“独创性”的智力创作相去甚远。

因此,本案判决认为,若在现行法律的权利保护体系内,可以对此予以充分保护,则不宜对民法主体的基本规范予以突破。也就是说,要构成著作权法意义上的作品,首先要保证其创作者是“人”而非机器或程序。如果人工智能生成内容并非自然人创作,即使具有所谓的“独创性”,仍不是著作权法意义上的作品,也不能认定人工智能软件是作者并享有著作权法规定的相关权利。因为著作权法的根本价值在于激励文化创作与传播,我们无法将人工智能等同于“人的智能”。

(三)人工智能生成内容的权益归属

在不认定人工智能软件生成物构成作品的情况下,裁判双方争议事实似乎已经解决,但司法除了定分止争外,还有一定的指引作用,所以人工智能软件生

---

① 参见《著作权法》(2020 年修正)第 9 条、第 11 条;《北京市高级人民法院侵害著作权案件审理指南》第 2.1 条。

② 孙山:《人工智能生成内容著作权法保护的困境与出路》,载《知识产权》2018 年第 11 期。

成物的权利归属仍有讨论的必要。本案审理过程中法官也进行了相应思考:既然人工智能软件生成物无法作为作品受保护,是否就意味着其进入公有领域,可以被公众自由使用呢?人工智能软件生成物既凝结了软件研发者的投入,又凝结了软件使用者的投入,如果不赋予其一定的权益进行保护,是否还能保证人工智能产业效用的发挥?上述问题不解决,既不利于激励新作品的创作和新人工智能的开发,也无益于著作权市场的合规性和稳定性[①]。

1. 人工智能生成内容的署名问题

公众有知晓作品来源的需求,从而可以就作品内容、表现形式等与作者进行学习、沟通和交流,还可以进一步进行文艺评论、历史研究,最终推动社会文化的传播和发展。对人工智能生成的符号组合进行来源标示,极有可能会成为一项法律义务[②]。本案判决认为,无论是软件研发者(所有者)还是使用者,非创作者都不能以著作权法意义上作者的身份进行署名,但应当允许在人工智能软件生成物中添加软件标识或研发者、使用者的标识,标明系软件自动生成。这虽然不是著作权法意义上的"署名",但却具有一定现实意义,不至于使人工智能软件生成物沦为"无主物",进而被不当利用或实现不正当竞争的目的,也有利于保护公众知情权、维护社会诚实信用、促进文化传播。2019 年 5 月,国家网信办发布的《数据安全管理办法(征求意见稿)》第 24 条规定,网络运营者利用大数据、人工智能等技术自动合成新闻、博文、帖子、评论等信息,应以明显方式标明"合成"字样,该规定与本案判决确立的规则相契合。

2. 人工智能生成内容的权益分配

激励理论是知识产权重要的哲学基础,激励理论发挥作用的前提是知识产品具有稀缺性,只有通过赋权,给予权利人相应的人身、财产权利,才能够更好地促进知识产品的生产与传播[③]。著作权法也是如此,激励的是人基于直觉、审美、想象力、理解力等品质进行创作的行为。虽然人工智能软件生成物不构成著作权法意义上的作品,但其生成过程中主要有两个环节有自然人参与:一是软件研发环节,二是软件使用环节,二者发挥的作用、做出的贡献有所不同,在权益分配上应予以区别对待。

对于软件研发者(所有者)来说,其作用和贡献主要在于对人工智能软件进行设计、研发,对其算法、规则和模板进行规划,其利益可通过收取软件使用费等方式获得,其开发投入已经得到相应的回报;且人工智能软件生成物系软件使用

---

① 参见熊琦:《人工智能生成内容的著作权认定》,载《知识产权》2017 年第 3 期。

② 参见李琛:《论人工智能的法学分析方法——以著作权为例》,载《知识产权》2019 年第 7 期。

③ 参见郝明英:《论人工智能生成内容的版权认定及法律规制》,载《法大研究生》2019 年第 2 期。

者根据不同的使用需求、检索设置而产生的,软件研发者对其缺乏传播动力。因此,如果将人工智能软件生成物的相关权益赋予软件研发者,软件研发者并不会积极使用,反而不利于文化传播和科学事业的发展。

对于软件使用者而言,其基于自身需求,通过设置关键词,提供分析对象和分析素材等操作生成了人工智能软件生成物,且通过付费等方式进行了必要的经济投入,其具有进一步使用、传播人工智能软件生成物的动力和预期。因此,应当激励软件使用者的使用和传播行为,将人工智能软件生成物的相关权益赋予其享有。

值得关注的是,为应对数字技术的变革与发展,《民法典》第 127 条将数据、网络虚拟财产纳入民事保护范畴,体现了我国民法对数字技术及其产物的价值肯定,以开放性的立法精神给予其相应的权益保护。与上述立法精神一致,本案判决明确对人工智能软件的所有者和使用者的利益予以区别保护,并通过技术加标等方式赋予其类似"人格权"的利益,从而适应数字经济发展的客观需要,促进数字产业健康有序发展。

技术有变,法理有常。法律不能领先于社会现实对社会关系变化做出精准预测,而只能以事实素材为基础提出应对的方案。① 在未雨绸缪的同时,也要注意前瞻性的限度,不断挖掘现有制度的适应力②。关于人工智能的发展对法律制度和法律适用提出挑战的问题,现阶段人工智能还不能像人类一样思考,不能基于自我认知进行自我情感、思想的表达。本案判决是对人工智能生成内容保护问题的有力探索,是司法主动应对新技术、新问题的一次有益尝试,不仅体现了对现有法律制度的充分挖掘和准确应用,也体现了互联网司法面向未来、拥抱未来的鲜明态度。本案引发了业界、学界和社会公众的广泛讨论,具有典型意义,有利于规范大数据分析成果的使用,逐步明确人工智能发展的法律边界,并在此基础上为其预留充分的法律空间。

(责任编辑:何　琴)

---

① 参见李琛:《论人工智能的法学分析方法——以著作权为例》,载《知识产权》2019 年第 7 期。

② 参见孙山:《人工智能生成内容著作权法保护的困境与出路》,载《知识产权》2018 年第 11 期。

特殊工种的退休时间应如何认定

——孙某诉北京市某区人力资源和社会保障局及第三人某街道办事处市民服务中心基本养老保险待遇认定案相关法律问题分析

刘　伟*

裁判要旨

满足提前退休条件的特殊工种的劳动者在达到提前退休年龄时，可以选择是否提前退休以及提前退休的具体时间。社会保险行政部门在核准退休手续时，应当尊重该特殊工种劳动者的选择，在提前退休年龄与法定退休年龄之间确定该劳动者的具体退休时间。

一、据以研究的案例

孙某于 1963 年 12 月 7 日出生，于 1981 年 11 月起进入原某区粮食局下属的单位工作，并于 2000 年 6 月 19 日与单位解除劳动关系。孙某自 1982 年 12 月至 1995 年 12 月期间从事售粮员的工作，且售粮员岗位系经过原北京市劳动和社会保障局批准的属于作为特别繁重体力劳动提前退休的工种。

此后，孙某的社会保险关系及档案保存关系均于 2001 年 12 月转至某街道办事处社会保障事务所（以下简称某社保所，后变更名称为某街道市民中心）保管。

2018 年 10 月，孙某曾就其特殊工种退休一事到某街道市民中心办理相关事宜，该中心告知其办理特殊工种退休应当提交其原工作单位就其特殊工种退

* 北京市石景山区人民法院行政庭（知产庭）法官，北京大学法律硕士。

休一事的公示材料。

2019年2月20日,孙某向某街道市民中心提交了由原工作单位出具的关于孙某的《特殊工种退休公示表》,其中载明孙某从事特殊工种的时间为1982年12月2日至1995年12月,从事特殊工种的岗位名称为售粮员,公示开始日期为2019年2月1日,公示结束日期为2019年2月11日。2019年2月20日,孙某还向某街道市民中心提交了《退休申请》,申请办理在2019年4月的特殊工种提前退休手续。2019年3月11日,某街道市民中心向某区人力资源和社会保障局(以下简称某区人社局)提交了《退休申请》及孙某的档案材料进行申报审核。某区人社局审查孙某的档案材料后认为孙某符合申报退休的相关条件。

2019年4月22日,某街道市民中心向孙某核实相关情况,收集了由孙某签字确认的《某街道社保所退休职工基本信息确认表》。该确认表载明:参加工作时间为1981年11月。退休时间为2019年4月。养老保险视同缴费年限为10年11个月。应缴费起始年月为1992年10月。基本养老保险待遇起始支付时间为2019年5月。

某区人社局调取了由某区社会保险事业管理中心出具的孙某的《北京市社会保险个人账户缴费情况表》,其中载明缴费截止日期为"2011.04",清算原因为退休,清算日期为"2019.04",孙某自1992年10月起至2019年4月止,实际缴费年限6年11个月,缴费年限合计为17年10个月。

2019年4月25日,某街道市民中心正式向某区人社局申报核准孙某的基本养老保险待遇,同时提交了前述《某街道社保所退休职工基本信息确认表》。

2019年4月25日,某区人社局对孙某作出了《北京市基本养老保险待遇核准表》(以下简称《核准表》)。《核准表》的主要内容为:"姓名:孙某。参保年月:1992-10。参加工作时间:1981-11。退休类别:特殊工种。出生年月:1963-12。退休时间:2019-04。全部缴费年月:17.10。统筹支付金额:1905.75。起始支付年月:2019-05。"某区人社局于当日向某街道市民中心送达了《核准表》。某街道市民中心于2019年5月6日向孙某送达了《核准表》及有关孙某的退休证。

孙某不服《核准表》,提起了行政诉讼,请求法院撤销《核准表》并责令某区人社局重新履行养老保险待遇核准职责。孙某认为:第一,原工作单位未依法给其缴纳1996年至2000年6月期间的社会保险费的行为违法,某区人社局未履行责令其原工作单位补缴孙某的社会保险费的行为亦违法。第二,《核准表》中载明孙某的工龄错误。第三,孙某于2018年12月达到55岁,因此退休时间应当为2018年12月,《核准表》中认定退休时间为2019年4月是错误的。

一审法院认为,在1992年10月之后,孙某实际缴费年月为6年11个月,因此,本案被诉的《核准表》中认定孙某的实际缴费年月为6年11个月,并将其与孙某的视同缴费的10年11个月合并计算,得出全部缴费年月为“17.10”(17年10个月),具有相应的依据。孙某所述的某区人社局未认定其工龄错误的诉讼意见,没有事实依据,法院不予采纳。此外,孙某提出的某区人社局未履行督促孙某的原工作单位为孙某缴纳社会保险费的诉讼意见,与本案并非同一法律关系,法院亦不予采纳。

《国务院关于工人退休、退职的暂行办法》(国发〔1978〕104号)第1条规定:“全民所有制企业、事业单位和党政机关、群众团体的工人,符合下列条件之一的,应该退休。……(二)从事井下、高空、高温、特别繁重体力劳动或者其他有害身体健康的工作,男年满五十五周岁、女年满四十五周岁,连续工龄满十年的……”《劳动和社会保障部关于制止和纠正违反国家规定办理企业职工提前退休有关问题的通知》(劳社部发〔1999〕8号)第1条第1款规定:“国家法定的企业职工退休年龄是:男年满60周岁,女工人年满50周岁,女干部年满55周岁。从事井下、高空、高温、特别繁重体力劳动或其他有害身体健康工作(以下称特殊工种)的,退休年龄为男年满55周岁、女年满45周岁;因病或非因工致残,由医院证明并经劳动鉴定委员会确认完全丧失劳动能力的,退休年龄为男年满50周岁、女年满45周岁。”《社会保险法》第16条第1款规定:“参加基本养老保险的个人,达到法定退休年龄时累计缴费满十五年的,按月领取基本养老金。”根据上述规定可知,参加特殊工种工作的职工,符合法定条件的,可以办理特殊工种提前退休手续。本案中孙某于2018年12月已经达到55岁,且已经符合从事特殊工种满10年的必要条件。孙某于2019年2月提交的书面《退休申请》及于2019年4月22日签字确认的《某街道社保所退休职工基本信息确认表》中有关2019年4月退休的内容,均应视为孙某已经与某街道市民中心协商一致,选择在2019年4月办理孙某的退休手续并领取养老金。因此本案被诉的《核准表》中认定孙某的退休时间为2019年4月并无不当。对于孙某提出的本案被诉的《核准表》中认定孙某的退休时间错误的诉讼意见,法院不予采纳。综上所述,一审法院判决驳回原告孙某的诉讼请求。

此后,孙某不服一审判决,向二审法院提起上诉。二审法院终审判决驳回上诉,维持一审判决。

二、相关法律问题分析

本案的焦点问题在于特殊工种的退休时间应当如何确定,即如何理解特殊工种提前退休年龄和普通劳动者法定退休年龄之间的关系。厘清此问题,对于社会保险行政部门准确审核确认特殊工种劳动者的退休时间、维护劳动者的合法权益,具有重要意义。

（一）退休的实质条件

退休，是指劳动者因达到国家规定的法定条件而退出工作岗位，并经社会保险行政部门审批后，开始享受基本养老保险待遇的社会保险制度。劳动者的退休包括三个部分，即劳动者达到退休条件、社会保险行政部门审核确认、劳动者享受基本养老保险待遇。这三个部分不仅在时间上存在连贯性，还存在内部的逻辑关系，其中，社会保险行政部门的审核是从行政法律关系上对劳动者达到退休条件的确认，而劳动者享受基本养老保险待遇的具体情况（包括起算时间、待遇标准等）是以劳动者达到退休条件、社会保险行政部门审核确认为基础和必要条件的。在实践中，社会保险行政部门审核确认的退休时间（社会保险行政部门核准确认的劳动者退休日期，并从此日期开始劳动者可领取基本养老保险待遇）与劳动者达到退休条件的客观时间可能会产生差异并引发纠纷。

《社会保险法》第16条第1款规定，参加基本养老保险的个人，达到法定退休年龄时累计缴费满15年的，按月领取基本养老金。根据该规定，达到法定年龄和缴费条件是按月领取基本养老金的实质条件，但法律法规有特别规定的除外。这也意味着劳动者同时符合年龄条件及缴费条件之时，即为按月领取基本养老金的起始支付时间，此即劳动者退休的实质条件。

上述法条规定的劳动者退休的实质条件较为抽象，且其中并未明确劳动者的法定退休年龄等具体要求。在实践中，劳动者的退休存在一些特殊情况，如因病退休、因特殊工种退休、因丧失劳动能力退休等[①]，其各自退休的具体条件存在差异。因此，《社会保险法》第16条第1款规定须与《国务院关于工人退休、退职的暂行办法》第1条规定结合才能得出劳动者具体的退休实质条件，其中包括以下几种情形：（1）普通情况下男性年满60周岁，女性年满50周岁，且累计缴费满15年的；（2）特殊工种（指从事井下、高空、高温、特别繁重体力劳动或者其他有害身体健康的工作），男性年满55周岁、女性年满45周岁，且累计缴费满15年的[②]；（3）非因公完全丧失劳动能力的，男性年满50周岁、女性年满45周

① 本文所指的退休的特殊情况，系用于比较、说明特殊工种退休年龄的性质，因此仅限于《国务院关于工人退休、退职的暂行办法》中规定的几种情形，不包括实践中还存在的其他退休的特殊情形，如公务员的提前退休等。

② 根据相关国家规定，特殊工种的退休还必须满足其他条件，如须满足从事特殊工种工作年限的要求。原劳动和社会保障部《关于制止和纠正违反国家规定办理企业职工提前退休有关问题的通知》规定，按特殊工种退休条件办理退休的职工，从事高空和特别繁重体力劳动的必须在该工种岗位上工作累计满10年，从事井下和高温工作的必须在该工种岗位上工作累计满9年，从事其他有害身体健康工作的必须在该工种岗位上工作累计满8年。但本文主要讨论法定退休年龄和退休时间的关系，因此对特殊工种的其他退休条件未予列举，在此予以说明。

岁,累计缴费满15年的;(4)因工致残并完全丧失劳动能力的。

由前述可知,劳动者达到退休实质条件后,并不能自行享受基本养老保险待遇,必须经过社会保险行政部门的审核确认。以《北京市基本养老保险规定》为例,其中第22条第1款规定,“被保险人符合下列条件的,自劳动保障行政部门核准后的次月起,按月领取基本养老金”。但此类规定中的“劳动保障行政部门核准”只是劳动者享受基本养老保险待遇的程序性条件,本身并不是对劳动者退休的实质条件(按月领取基本养老金的实质条件)的改变。

(二)普通情况下的退休时间与退休实质条件的关系

在实践中,劳动者的退休时间并不完全等于其达到法定退休年龄所对应的日期。根据前述《社会保险法》第16条第1款的规定,劳动者必须同时满足年龄条件和缴费条件之时才达到退休的实质条件,仅满足其中一个条件,是不符合退休实质条件的。在此种情况下,如果劳动者未能按照《社会保险法》第16条第2款的规定补足15年缴费,则必须要在达到法定退休年龄后继续缴费,直到完成缴费满足15年时才属于满足退休的实质条件,此时才能办理退休手续。社会保险行政部门在此种情况下核准确认的退休时间,应当以劳动者补足缴费条件时的时间为准,而不能以劳动者达到法定退休年龄时的时间作为退休时间。例如,男性劳动者在达到60周岁时,其缴费年限只有9年,则其在未能一次性补足15年缴费的情况下,必须继续缴费,待其连续缴费6年后,即66周岁时才达到退休的实质条件,此时才能符合退休时间并办理退休手续。

另外,如果劳动者达到退休实质条件的,其退休时间即应当以此时间为准,社会保险行政部门在核准确认程序中不能变更该时间,但经劳动者及其用人单位同意延期退休且符合当地政策的情形除外①。实践中往往存在用人单位在劳动者达到实质退休条件后因种种原因,在非劳动者本人意愿的情况下未及时给劳动者申报办理退休手续,社会保险行政部门收到退休申请时已经迟于劳动者达到退休实质条件的时间的情况。社会保险行政部门此时不应以用人单位提出申报的时间点或其他时间点作为劳动者的退休时间,而仍然应当将劳动者达到退休实质条件的时间确认为其退休时间。该劳动者领取基本养老保险待遇应当补发至其达到退休实质条件之时。

(三)特殊工种的退休时间与提前退休条件的关系

特殊工种退休制度是我国一项特殊的退休制度,其依据是从事高空、高温、井下、特别繁重体力劳动以及其他有毒有害工作,对劳动者的身体健康存在一定

---

① 以北京市为例,劳动者虽符合按月领取基本养老保险待遇的实质条件,但因工作需要继续留用的,则在符合北京市基本养老保险政策的前提下,可以向社会保险行政部门办理延期退休备案手续。

程度的损害，可能会减损劳动者的寿命。为弥补此类劳动者的经济损失和降低其身体健康损失风险，国家允许此类劳动者早于正常退休年龄退休。

特殊工种劳动者满足提前退休年龄和缴费年限的要求，即达到提前退休的条件，那么社会保险行政部门是否必须将其达到提前退休条件的时间点作为其核准认定的退休时间，存在一定争议。一种观点认为，社会保险行政部门应当将特殊工种劳动者达到提前退休条件的时间点认定为其退休时间，该时间点与普通情况下劳动者退休的情形一致，不因单位申请退休延迟等情形而发生变化。另一种观点认为，特殊工种劳动者有权选择是否提前退休，其在满足缴费年限条件的情况下，可以在提前退休年龄和普通劳动者法定退休年龄之间的任意时间点选择退休，社会保险行政部门应当尊重劳动者的选择，并将其选择的时间点作为其退休时间。笔者同意后一种观点，理由为：

第一，从《社会保险法》的立法目的来看，其主要目的是维护公民参加社会保险和享受社会保险待遇的合法权益。从这个意义上讲，退休的本质是劳动者在达到退休实质条件的情况下不工作而享受养老保险待遇，这属于劳动者的权利，而非劳动者的义务。因此，劳动者在不违反国家法律的禁止性规定，不侵犯他人合法权益的情况下，可以放弃自己的退休权利。① 前述劳动者与用人单位协商一致办理延期退休备案手续，即是实践中对劳动者放弃退休权利的认可。

第二，让劳动者选择退休时间有利于维护劳动者的合法权益。劳动者办理退休手续之后，其继续工作的性质将被认定为劳务关系，导致其无法享受劳动关系存续期间的各种法定权利或福利，还可能导致其收入降低。因此部分特殊工种的劳动者在身体条件允许的情况下，虽然达到提前退休年龄，但仍愿意继续工作。对于此种情况，如果一律将特殊工种劳动者达到提前退休条件之时认定为其退休时间，不利于对劳动者的保护。

第三，国家社会保险行政部门对特殊工种劳动者选择退休时间的权利有过明确规定。例如，《人力资源社会保障部关于进一步加强企业特殊工种提前退休管理工作的通知》（人社部发〔2018〕73 号）规定：“符合特殊工种提前退休条件的职工，经与企业协商一致，可选择在本人提前退休年龄和法定退休年龄之间办理提前退休手续并领取基本养老金。”因此，国家社会保险行政部门的意见亦

---

① 普通情况下，劳动者在达到法定年龄时虽符合退休实质条件，但不愿意申请办理退休的，用人单位亦不能强迫其退休，但用人单位可以依照劳动法的规定，解除与该劳动者之间的劳动关系。在特殊工种提前退休的情况下，劳动者在达到提前退休年龄时，虽符合提前退休条件但不愿意申请办理退休的，用人单位既不能强迫其退休，也不可以解除劳动关系，用人单位仅以此为由单方解除劳动关系的，应当承担相应法律责任。

倾向于赋予特殊工种劳动者选择退休时间的权利。

需要说明的是,特殊工种劳动者在满足缴费年限的情况下,虽然可以选择在提前退休年龄与普通劳动者法定退休年龄之间的任意时间点办理退休,但其提出退休申请时,不得选择申请日之前的时间点退休,只能选择申请日之后的时间点退休。例如,男性特殊工种劳动者在58周岁时才提出退休申请,就不可以选择其在58周岁之前的时间点退休,只能选择其在58周岁之后的时间点退休。这是因为该劳动者在其58周岁之前可能一直与单位保持劳动关系,享受正常工资和劳动关系期间的各项权利,还需要按时缴纳养老保险费用,如果此时再认定其在申请之前已经退休,则对单位不公平,也不符合养老保险基金管理的相关规定,违背社会保险制度的宗旨。

本案中虽然孙某于2018年12月已经满足特殊工种提前退休的条件,但其提交的相关材料表明,其与档案保管单位达成一致,均同意于2019年4月22日办理退休,因此某区人社局在本案被诉的《核准表》中认定孙某的退休时间为2019年4月,具有相应的依据。两审判决驳回原告孙某的诉讼请求是正确的。

(责任编辑:项利军)

在增项类工伤认定程序中对人社部门调查核实权的理解与界定

——何某诉某区人社局工伤保险待遇认定案相关法律问题分析

王 婧*

裁判要旨

增项类工伤认定程序属于一种独立的行政确认行为,人社部门应当按照法定程序以及正当程序原则正确行使调查核实权,依法履行工伤保险待遇认定职责。劳动者与用人单位在案件事实或者证据等方面存在较为明显的分歧与争议的,人社部门应当积极履行调查核实职责,条件允许时可以通过听证、质证等形式提示劳动者和用人单位双方积极配合调查、提供证据、说明情况,尽最大努力兼顾工伤认定程序的行政效率与准确率。

一、据以研究的案例

原告(被上诉人)何某系某房地产公司的员工,2019 年 3 月 24 日在工作中因坠落爬梯摔伤,后经医院诊断为急性脑梗死等疾病。某房地产公司向某区人社局申请认定工伤后,某区人社局作出了《认定工伤决定书》,仅对何某的皮擦伤进行了工伤认定,没有认定何某因摔伤引发的急性脑梗死为工伤。何某向某区人社局提出了关于急性脑梗死补充认定工伤的申请,但某区人社局仅口头告知诊断证明书不符合认定工伤的要求,因此不予受理,何某遂诉至法院,请求:(1)判令被告某区人社局在法定期限内对《认定工伤决定书》进行变更,对何某

* 北京市石景山区人民法院行政庭(知识产权庭)法官助理,北京联合大学法律硕士。

于2019年3月24日在工作中因事故伤害导致的"急性脑梗死",作出认定工伤的决定;(2)本案诉讼费用由被告某区人社局承担。

法院经审理查明,何某系某房地产公司的职工,2019年3月24日,何某在工作中因坠落爬梯摔伤。随后,何某分别被送至A医院、B医院、C医院、D医院接受治疗及进行检查。其中A医院初步诊断为坠落伤、皮擦伤(头部+右肘关节+右手)。B医院出具的关于何某的《MR检查报告单》载明:"左侧额颞顶岛叶局部梗塞灶(急性期可能)。左侧颈内动脉及左侧大脑中动脉异常信号,血栓?"C医院入院及出院诊断为急性脑梗死,完全性失语,右侧中枢性面舌瘫,右侧中枢性肢体瘫痪等。D医院临床诊断为脑梗死,右侧颈内动脉夹层动脉瘤(瘤体内血栓形成),左侧颈内动脉远端闭塞,高脂血症,肝功能异常。

2019年4月22日,某房地产公司针对何某受伤一事向某区人社局提出工伤认定申请,《工伤认定申请表》载明"受伤害部位:头部",但是该申请材料中何某及其家属对此次工伤认定申请内容没有进行签字确认。次日,某区人社局在未与职工何某及其家属核实其对本次工伤认定申请是否存在异议的情况下,即作出仅认定皮擦伤为工伤的认定。

何某不服工伤认定决定,曾请求一审法院撤销该工伤认定决定,并判令某区人社局针对何某于2019年3月24日摔伤一事重新作出工伤认定。在该案诉讼过程中,何某撤回起诉。

某房地产公司通过何某在本案行政诉讼中的委托代理人赵某于2019年9月24日向某区人社局提交了《申请书》,《申请书》中虽然加盖了某房地产公司的印章,但实际申请人为何某,某房地产公司只是配合何某提出申请。

2019年10月12日,某区人社局的工作人员通过电话与赵某沟通,赵某表示何某无法提供关于自己坠落摔伤直接导致急性脑梗死的诊断证明书。此后,工作人员要求赵某补充提交诊断证明书或者其他证明材料,证明何某的摔伤与急性脑梗死之间存在因果关系。2019年11月7日,赵某向某区人社局表示,经与何某家属沟通,现无法提供相关证明材料,并要求某区人社局继续按流程办理。

一审法院经审理作出判决,责令被告某区人社局对于其收到的某房地产公司通过赵某提交的《申请书》(标注日期为2019年9月24日,申请内容为申请增加何某的工伤认定部位:急性脑梗死)依法履行工伤处理职责。

某区人社局不服一审判决,上诉至二审法院,请求撤销一审判决,发回一审法院重新审理。何某同意一审判决,请求驳回上诉,维持一审判决。某房地产公司同意一审判决。二审法院经审理驳回上诉,维持一审判决。

法院生效判决认为,本案的争议焦点为某区人社局就认定何某的急性脑梗死为工伤的《申请书》是否履行了工伤处理的法定职责。法院认定某区人社局未履行职责并无不当,某区人社局关于已针对涉案《申请书》中有关申请内容履行了法定职责之主张缺乏事实及法律依据。鉴于某区人社局对本案尚有调查裁量的空间,法院判决责令该局针对涉案申请履行工伤处理职责并无不当。

二、相关法律问题分析

本案中的争议焦点为认定被诉行为的性质以及某区人社局在增项类工伤认定程序中是否具有调查核实的法定职责。笔者将在下文对上述两个问题做进一步分析。

(一)增项类工伤认定程序的概念和性质

1.增项类工伤认定程序是独立的行政行为

在增项类工伤认定案件中,这类申请的法律性质对于判断人社部门是否履行了法定职责至关重要。如果增项类工伤认定申请属于程序性行政行为,那么人社部门在该程序中的法定职责是否履行便无从谈起。在形式上,程序性行政行为是行政主体通过行政职权在处理行政事务过程中产生的预备性、阶段性的行为,这类行为对最终的行政决定起辅助作用;在内容上,程序性行政行为间接引起法律关系的变动并影响行政相对人的权利义务。通过这个标准,可以判断增项类工伤认定程序同样属于对其行政相对人的权利义务产生直接影响的行政决定,不符合预备性、阶段性、间接性等特征,因此增项工伤认定程序不是程序性行政行为,而是一个独立的行政行为。

2.增项类工伤认定程序是行政确认行为

一些观点认为,增项类工伤认定程序是前工伤认定程序中的一个执行环节,并不是行政确认行为。行政确认行为是指行政主体依法对行政相对人的法律地位、法律关系或有关的法律事实进行识别分辨,给予确定、认定、证明或证伪并予以宣告的行政行为,而执行环节属于行政执行行为,行政执行是国家行政机关依法通过一定的运作机制,逐级贯彻国家权力机关和上级的政策,调动政府资源,推行国家政务。

《北京市工伤认定办法》第34条规定:“工伤职工认为因工伤或者职业病直接导致其他疾病的,并提交了具有三级以上资质的工伤医疗机构出具的工伤或者职业病直接导致疾病的医疗诊断证明。区、县社会保险行政部门未作出《工伤认定决定书》的,应在《工伤认定决定书》中对因工伤或者职业病直接导致其他疾病的情形予以明确。已经作出《工伤认定决定书》的,应当对《工伤认定决定书》进行变更。”根据上述规定,职工在被认定为工伤后,又申请人社部门变更《工伤认定决定书》,确认工伤导致其他疾病的情况,并未明确限定申请次数。因此,对于工伤职工每一次独立、完整提出的增项类申请,人社部门均应当依法进行审查并进行处理。

在本案中,原告所提的增项类工伤申请是一种独立且完整的申请行为,人社部门的增项类工伤认定程序也应该是针对该申请而启动的确认行为。综上所述,笔者认为,增项类工伤认定程序与前工伤认定程序一样,是典型的行政确认行为,与前工伤认定程序的执行行为有明显区别。

(二)在增项类工伤认定程序中人社部门调查核实权的行使

出于对工伤危害的重视,《工伤保险条例》规定了人社部门的调查核实权,这也是对用人单位举证责任的补充。对于用人单位是否进行了举证,人社部门都要通过自己的判断作出一个行政决定,上述条例对明确了人社部门调查核实权,促使人社部门对于认定工伤与否作出更加公正合理的判断。该条例第 19 条第 1 款规定:“社会保险行政部门受理工伤认定申请后,根据审核需要可以对事故伤害进行调查核实,用人单位、职工、工会组织、医疗机构以及有关部门应当予以协助……”从字面意思来看,该条例仅规定人社部门可以进行调查核实,并非应当,所以人社部门不是必须履行调查核实职责。针对人社部门的调查核实权,《工伤认定办法》第 9 条、第 11 条以及第 12 条①的规定更为细致,第一次明确了人社部门调查核实的内容,其中包含申请人提供的证据以及在工伤事故中所有应该调查核实的内容。

(三)法院对人社部门调查核实权的审查

《工伤保险条例》第 1 条就对其立法目的进行了阐明,即“保障因工作遭受事故伤害或者患职业病的职工获得医疗救治和经济补偿”,而工伤认定过程中的责任分配直接关系到劳动者和用人单位的切身利益,尤其是属于弱势群体的劳动者。如果举证责任部分出现问题,则会直接影响《工伤保险条例》立法目的的实现。在实践中,法院对人社部门调查核实权的审查可以从法定程序、正当程序以及自由裁量三个角度来考量。

1. 法定程序:在实践中人社部门调查核实权的行使

在实际情况中,人民法院审查的是人社部门作出的具体的行政行为,审查内容就是事实、证据和法律适用。法院在审查之后很少能如原告所期待的那样直

---

① 《工伤认定办法》第 9 条规定:“社会保险行政部门受理工伤认定申请后,可以根据需要对申请人提供的证据进行调查核实。”第 11 条规定:“社会保险行政部门工作人员在工伤认定中,可以进行以下调查核实工作:(一)根据工作需要,进入有关单位和事故现场;(二)依法查阅与工伤认定有关的资料,询问有关人员并作出调查笔录;(三)记录、录音、录像和复制与工伤认定有关的资料。调查核实工作的证据收集参照行政诉讼证据收集的有关规定执行。”第 12 条规定:“社会保险行政部门工作人员进行调查核实时,有关单位和个人应当予以协助。用人单位、工会组织、医疗机构以及有关部门应当负责安排相关人员配合工作,据实提供情况和证明材料。”

接作出认定或者不予认定工伤的决定,而是判决维持或者撤销被诉的行政行为。而且,无论从合法性上还是合理性上考虑,对于相关工伤认定案件的调查核实以及工伤认定,人社部门比人民法院负有更多职责。针对《工伤保险条例》第 19 条第 1 款、《工伤认定办法》第 9 条的规定,一些人社部门认为,相关法律法规并未对调查核实作出强制性的规定,因此在工伤认定中是否进行调查核实属于人社部门自由裁量权的范畴,人社部门可以调查核实,也可以不调查核实。

但是,判断工伤认定行为是否合法不仅仅要考虑其合法性,更要考虑其合理性。对于一些情形复杂的工伤认定案件,人社部门必须通过合理且必要的调查核实手段来帮助自己更准确地作出判断,这也是对人社部门行使自由裁量权的必要限制。工伤认定的情形具有社会性,涉及面广且非常复杂,虽然法律没有规定人社部门在作出工伤认定决定之前必需行使调查核实权,但是也不能一味地任由人社部门自主决定。

2. 正当程序:是否应该告知劳动者陈述、申辩等权利义务

根据相关的法律法规,人社部门不仅具有调查核实权,而且负有将调查核实结果向劳动者告知的义务,特别是在人社部门对案件的调查核实结果可能对劳动者产生不利影响的情形之下。依据正当程序原则,人社部门应该将有关情况告知劳动者,并听取劳动者的陈述及申辩。人社部门在听取劳动者意见后,应该重视劳动者提出的异议及相关证据,对此进一步调查核实,然后再作出认定或者不予认定工伤的决定。

受到相关法律法规的指引,目前向人社部门申请工伤认定的申请主体一般是用人单位,只有在相关用人单位超期没有提出申请的前提下,劳动者或者其近亲属才可以向人社部门提出工伤认定申请,而且用人单位在向人社部门提出工伤认定申请时无须征求劳动者的意见。这一流程十分不利于保护劳动者作为弱势群体的权益。在与其利益息息相关的工伤认定程序中,竟然缺少劳动者充分发表意见的机会,这也与正当程序原则相违背。笔者认为,在调查过程中,如果当事人提出了合理的辩解,人社部门就应该行使调查核实权,在解决争议后才能作出工伤认定决定。

3. 自由裁量:查明新的事实如何处理

在工伤认定程序中虽然人社部门具有调查核实的权利和义务,但是其在作出行政决定之前所依据的主要事实来源还是劳动者和用人单位向人社部门提供的工伤认定申请材料。但是,工伤认定覆盖范围广,情形复杂,涉及多种场所和情形,如果劳动者和用人单位没有积极提交证据并说明事实,对于人社部门来说,很难通过自己的调查核实查明真相并作出正确的决定。在人社部门调查核实的过程中,也很有可能出现查明新事实的情况,如申请人补充提交证据,或者

人社部门通过调查核实掌握了劳动者和用人单位没有说明的事实等。例如，人社部门未提前告知当事人陈述申辩的权利，当事人在被告知陈述申辩时没有提供充分的证据，或者篡改对自己不利的证据后被发现，抑或当事人在工伤认定作出后才发现对自己有利的证据等。这些情形发生后，如果工伤事实确实超出用人单位或劳动者的控制范围，或者存在不可抗力等因素，法院可以酌情考虑是否允许当事人在诉讼程序中补充证据，并认可其效力。

另外，为了提高工伤认定效率，保护弱势群体权益，相关法律法规应该进一步规范用人单位"拒不协助"行为的惩罚性规定。首先，规范对用人单位不协助配合的行政处罚措施，对于要求责令改正但拒不改正的或是故意隐藏、销毁主要证据的，应当予以从重处罚。其次，适当引入对用人单位或者劳动者消极应对行为的事后处罚，对用人单位在工伤认定期间不提供相关证据，事后经人举报或利害关系人通过其他途径证明用人单位应当提供却未提供证据的，行政机关可以对该行为进行处罚，若因相关行为给对方或者第三方造成损失，有消极不协助者的，消极不协助者应承担相应的赔偿责任。

笔者认为，在案件事实清楚、证据充分或者严重缺乏调查线索等情况下，人社部门可以因没有调查核实的必要性或者可能性而省去调查核实的步骤，提高行政效率。但是，如果劳动者与用人单位在案件事实或者证据等方面存在较为明显的分歧与争议，或者当事劳动者或者用人单位因为自身的局限性难以提供充足的证据等情况下，人社部门应当依据当事人的合理辩解等开展必要的调查核实，尽量还原事实真相，作出最公正客观的判断。由此可见，人社部门调查核实权的行使对于工伤认定案件具有重要的意义，因此，人社部门应当积极行使调查核实职责，并且在适当时刻通过听证、质证等形式提示劳动者和用人单位双方积极配合调查、提供证据、说明情况。人社部门在尽最大努力调查核实的同时，应当保证工伤认定程序的行政效率与准确率，以免在后续行政诉讼活动中处于不利局面。

（责任编辑：项利军）

企业列入异常名录行政案件的审查标准
——北京某国际贸易有限公司不服某区市场监督管理局将其列入经营异常名录纠纷案相关法律问题分析

朱军巍* 刘会霞**

裁判要旨

《企业经营异常名录管理暂行办法》(以下简称《暂行办法》)第9条对因“通过登记的住所或者经营场所无法与企业取得联系”被列入经营异常名录作出规定,市场监管部门应在对法律规定正确理解的前提下,选择合理的检查方式,采用“高度审慎”的执法标准,否则将承担不利的法律后果。

一、据以研究的案例

原告(被上诉人)北京某国际贸易有限公司(以下简称某公司)诉称,被告北京市某区市场监督管理局(以下简称某区市监局)分别在2019年11月5日和2019年11月26日在北京信用网、国家信用网将原告列入经营异常名录,原因均为“通过登记的住所或者经营场所无法联系”。被告仅用一张照片无法得出其“通过登记的住所或者经营场所无法联系的”结论。而且,仅根据一张照片,就将原告两次列入经营异常名录不合理。故请求一审法院判令撤销某区市监局作出的47××1号和49××3号《列入经营异常名录决定书》(以下简称《决定》)。

被告(上诉人)某区市监局辩称,被告依法履行职责,作出47××1号《决定》和49××3号《决定》具有事实和法律依据,程序合法。该局接到2019年度“小个专”重点调查暨2018年度企业个体年报公示信息抽查的任务、2019年度开展移

---

* 北京市朝阳区人民法院审判委员会专职委员,北京大学法律硕士。

** 北京市朝阳区人民法院法官助理,中国人民大学宪法与行政法学硕士。

除企业经营异常名录企业抽查的任务，并作出的相应工作方案，原告均在抽查名单之列。经具体工作部门的调查，原告存在违反《暂行办法》第 4 条第 4 项“通过登记的住所或者经营场所无法联系的”规定，故该局以“通过登记的住所（经营场所）无法联系”的理由，分别作出 47××1 号和 49××3 号《决定》，原告被统一录入企业经营异常名录。故请求一审法院驳回某公司的诉讼请求。

法院经审理查明，原告的公司登记机关为某区市监局，登记的公司住所地为北京市某区某西里××号 8 层 905。

2019 年 8 月 30 日、9 月 18 日，某区市监局分别制定《北京市某区市场监督管理局关于开展 2019 年度“小个专”重点调查暨 2018 年度企业个体年报公示信息抽查工作方案》《某区市场监督管理局关于开展移出企业经营异常名录企业抽查工作方案》，原告在上述两次抽查名单中。两项抽查任务中均要求，对检查中发现存在违反《企业信息公示暂行条例》有关规定的，按照市监局关于企业公示信息抽查的文件要求办理，对符合列入异常名录条件的，要及时录入企业经营异常名录。

接到上述抽查工作要求后，某区市监局所属高碑店工商所于 2019 年 9 月 26 日对某公司登记的住所地进行实地检查，拍摄了公司门口的现场照片并制作了《现场笔录》。《现场笔录》记载，当事人未在现场，检查情况为“经现场检查，当事人现场锁门，敲门无人应答，该地的门口未见相关牌匾信息，无法与当事人取得联系，到一楼大厅查看企业水牌信息，未见悬挂当事人名称的水牌”。执法人员遂在《实地检查记录表》中标注未能检查原因为“通过登记的住所（经营场所）无法联系”。被告按照两次抽查的工作要求，根据现场检查情况，分别于 2019 年 11 月 5 日、11 月 26 日作出 47××1 号《决定》和 49××3 号《决定》，并于作出决定当日在国家企业信用信息公示系统中分别发布《关于北京某国际贸易有限公司列入经营异常名录的公告》。

另查，某区市监局依某公司的申请，于 2020 年 3 月 20 日分别将某公司从 2019 年 11 月 5 日、11 月 26 日列入异常名录的记录中做了移出异常名录处理。

一审法院认为，根据《暂行办法》第 2 条、第 3 条第 2 款的规定，原告的注册登记机关为被告，被告作为某区工商行政管理部门，具有对其负责登记企业的经营异常名录进行管理的法定职责。

依据《暂行办法》第 4 条第 4 项、第 9 条第 1 款的规定，被告以原告存在“通过登记的住所或者经营场所无法联系”的情形为由，决定将原告列入经营异常名录。根据被告提交的证据可以认定，该局系现场检查时，根据“现场锁门”“敲门无人应答”“门口未见相关牌匾信息”等事实，确认并得出“无法与当事人取得联系”的结论。因此，本案的焦点在于被告凭借上述事实即确认通过原告登记的住所无法取得联系是否适当，也即行政机关在将企业列入异常名录时检查方式的选择和证据认定的标准是否适当。被告所考量的因素、依据的证据并未达到初步证明企业不在检查地点经营的证明标准，混淆了“检查时企业无人”与“不在此地经营”，作出将企业列入经营异常名录的行政决定缺乏事实根据，法律适用错误。

另外，还需要说明的问题是，被告作出的被诉决定在法律依据引用部分的表述上，并未勾选本案应适用的具体规范性法律文件的名称。同时，关于被告执行两次检查任务、进行一次检查，即分别作出两次列入异常名录决定的做法，一般认为，行政诉讼应遵循“一行为一诉”的原则。由于本案被诉两个行政决定是基于一个基础事实作出的，具有牵连因素，为避免增加当事人的诉讼成本，法院在一案中针对行政机关的两个行政决定一并作出裁判。

综上所述，被告作出的47××1号《决定》和49××3号《决定》缺乏事实根据，法律适用错误，依据《行政诉讼法》第70条第1项、第2项之规定，判决撤销被告某区市监局分别于2019年11月5日和2019年11月26日作出的47××1号和49××3号《列入经营异常名录决定书》。

宣判后，某区市监局不服，提出上诉。二审法院认为，某区市监局在将企业列入经营异常名录时，未能采取审慎态度，其依据的证据并未达到证明企业不在检查地点经营的证明标准。一审判决认定事实清楚，程序合法，适用法律正确，二审法院予以维持。

二、相关法律问题分析

本案的争议焦点在于某区市监局以某公司存在“通过登记的住所或者经营场所无法取得联系”的情形为由，决定将某公司列入经营异常名录是否合法。《暂行办法》第9条作为某区市监局作出列入异常名录决定的法律依据，如何理解适用该条款是本案审理的难点。

(一)审判起点：对《暂行办法》第9条的理解

行政机关在将企业列入异常名录时，检查方式的选择和证据认定的标准是否适当？对上述问题的认定应依据现行有效的行政法规、规章规定，综合考量制度设立目的，将企业列入经营异常名录决定的性质、产生的法律后果等因素予以评判。

1.异常名录管理的法律体系梳理

国务院于2014年6月发布《社会信用体系建设规划纲要(2014-2020年)》，提出了社会信用体系建设的总目标、原则和具体规划。2014年8月7日，国务院颁布《企业信息公示暂行条例》。2014年8月19日，原国家工商行政管理总局发布《暂行办法》。上述条例和办法于2014年10月1日同步实施,为企业信用监管奠定了制度基础。

2. 列入经营异常名录的情形

《企业信息公示暂行条例》第17条第1款规定了在两种情形下由县级以上工商行政管理部门(现为市场监督管理部门)列入经营异常名录,通过企业信用信息公示系统向社会公示:企业未按照该条例规定的期限公示年度报告或者未按照工商行政管理部门(现为市场监督管理部门)责令的期限公示有关企业信息的;企业公示信息隐瞒真实情况、弄虚作假的。原国家工商行政管理总局发布的《暂行办法》第4条[①]亦对企业列入异常名录情形作出了规定,除上述情形外,还包括通过登记的住所或者经营场所无法联系的企业。可见部委规章在行政法规的基础上增设了一种列入经营异常名录的情况。

3. 经营异常名录的移出管理

《企业信息公示暂行条例》第17条第2款规定,被列入经营异常名录的企业依照本条例规定履行公示义务的,由县级以上工商行政管理部门(现为市场监督管理部门)移出经营异常名录。《暂行办法》中也作了相应规定,并明确了移出的工作时限要求。[②] 可见,经营异常名录的移出,是企业在法定时限内履行了工商行政主管部门(现为市场监督管理部门)限定的义务,修正了违法状态情形下作出的处理,其前提是被列入异常名录的企业存在上述规定中列举的违法行为。

4. 列入异常名录的法律后果及对企业产生的影响

根据《企业信息公示暂行条例》第17条第2款及第18条[③]的规定,列入异

---

① 《企业经营异常名录管理暂行办法》第4条规定:"县级以上工商行政管理部门应当将有下列情形之一的企业列入经营异常名录:(一)未按照《企业信息公示暂行条例》第八条规定的期限公示年度报告的;(二)未在工商行政管理部门依照《企业信息公示暂行条例》第十条规定责令的期限内公示有关企业信息的;(三)公示企业信息隐瞒真实情况、弄虚作假的;(四)通过登记的住所或者经营场所无法联系的。"

② 根据《企业经营异常名录管理暂行办法》的规定,对于规章增设的因"通过登记的住所或者经营场所无法联系"导致列入经营异常名录的企业,依照该办法第14条的规定,如企业依法办理住所或者经营场所变更登记,或者企业提出通过登记的住所或者经营场所可以重新取得联系,可以申请移出经营异常名录,工商行政管理部门查实后在规定时限内作出移出决定。

③ 《企业信息公示暂行条例》第17条第2款规定:"被列入经营异常名录的企业依照本条例规定履行公示义务的,由县级以上工商行政管理部门移出经营异常名录;满3年未依照本条例规定履行公示义务的,由国务院工商行政管理部门或者省、自治区、直辖市人民政府工商行政管理部门列入严重违法企业名单,并通过企业信用信息公示系统向社会公示。被列入严重违法企业名单的企业的法定代表人、负责人,3年内不得担任其他企业的法定代表人、负责人。"该条例第18条规定:"县级以上地方人民政府及其有关部门应当健立健全信用约束机制,在政府采购、工程招投标、国有土地出让、授予荣誉称号等工作中,将企业信息作为重要考量因素,对被列入经营异常名录或者严重违法企业名单的企业依法予以限制或者禁入。"

常名录决定会对企业的权利义务产生实际影响。被列入企业经营异常名录会使企业信用评价降低,导致企业在政府采购、工程招投标、国有土地出让等工作中被限制或者禁入,使企业的经营活动受限。

通过以上梳理,经营异常名录是我国实行企业信用监管的一种手段,对于建立健全社会信用体系、整顿和规范市场经济秩序、改善市场信用环境、降低交易成本、防范经济风险具有积极的意义。从上述行政法规和规章规定的列入和移出的条件以及其产生的法律后果看,列入经营异常名录的决定既是行政决定,也是运用信用进行约束的监管方式,它避免了有效实施《企业年度检验办法》时,逾期未办理年检可能导致企业被吊销营业执照的严重法律后果,在不改变经营者的经营主体地位的情况下,通过将企业列入经营异常名录,并通过企业信用信息公示系统公示,从而达到提醒其履行公示义务的目的,是政府转变监管思路的一种有效方式。

(二)实体认定:对因"通过登记的住所或者经营场所无法联系"被列入经营异常名录这一执法标准的认识

列入企业经营异常名录是政府转变监管方式,用信用约束手段进行监管的体现,其目的在于改变以往传统的政府过度干预方式,以信息共享、信息公示取而代之,以促进企业自律、强化信用约束,从而达到信用监管的方式。鉴于列入经营异常名录产生的法律后果及对企业的不利影响,同时考虑该制度设计的初衷,行政机关在列入经营异常名录,特别是因"通过登记的住所或者经营场所无法联系"被列入经营异常名录的执法中,应采取"高度审慎"的标准,避免因标准过低对企业造成不必要的干预,影响市场主体的活力。

对《暂行办法》的理解直接决定行政机关的执法方式和执法标准。仅从规章的文义上理解,工商行政管理机关(现为市场监督管理机关)在现场无法联系到企业即符合列入条件。但笔者认为,"通过登记的住所或者经营场所无法联系"被列入经营异常名录情形,其本意主要针对现实中存在的提供虚假地址注册登记、变更企业经营场所不依规办理变更登记以及已不再经营的"僵尸"企业,督促真正"异常"的企业积极履行法定义务或者使其经营活动受限。根据《暂行办法》的规定,工商行政案管理机关(现为市场监督管理机关)可以采取实地查看或者向企业登记的住所或经营场所邮寄专用信函的方式与企业联系。后者产生的是拟制效果,即经两次邮寄送达但无人签收的,视为通过登记的住所或者经营场所无法取得联系,而且两次邮寄的时间间隔不得少于15日,不得超过30日。因此,无论采取现场查验还是邮寄的方式,都应在查实企业属于不在登记的住所或经营场所的情况下才能作出无法联系的认定,避免因企业合理的暂时性"缺位"导致被列入异常名录。

在大力激发市场主体活力，鼓励自主创新、自主创业的大背景下，很多中小型企业进入市场。基于管理方式、经营业务、人员规模等需要，这类企业可能采取非常灵活多样的经营模式，不可能确保企业在工商登记机关实地检查时都在现场候检。后疫情时期，工商登记机关在执法时应充分考虑合理因素，结合现场检查的实际情况，在确有初步证据确认企业不在此地经营的情况下，再审慎作出认定。上述规定中明确需邮寄两次且邮寄的天数需达到15日的合理标准，即是对该观点的印证。因此，“通过登记的住所或者经营场所无法联系”应指通过现场检查，确认企业不在登记的注册地或经营地经营，或者通过履行法定程序可以推定其不在上述地点经营。

通过以上分析可知，“检查时企业无人”与“不在此地经营”是完全不同的概念，某区市监局的执法方式显然过于简单、机械。需要说明的是，尽管某区市监局已经对某公司的申请作移出处理，但由于移出是在确认企业存在异常情况的基础上作出的，与不应列入经营异常名录处理的后果不同，并非某区市监局在撤销其决定的基础上的移出，所以应判决撤销市监局作出的列入经营异常名录决定。

（三）进路与规制：企业列入经营异常名录信用体系构建

1. 平衡信用监管与企业权利保障的关系

司法审判需要为法治化营商环境提供保障。通过行政案件的审理，厘清企业列入经营异常名录的情形、执法标准、执法方式这一前提。当前，失信惩戒机制作为一种兼具经济治理功能的新型社会治理手段，所要重点调整的是对法律的遵守以及约定的履行①。将企业列入经营异常名录，作为企业失信的惩戒机制和政府转型治理的手段，应当对该种惩戒机制予以界定和约束。企业经营异常情形的认定标准，应立足相应法律法规和规章等规范性文件的规定，通过采取合法合理的执法方式，尽到“高度审慎”职责，对于确实存在法定经营异常情形的企业，列入经营异常名录，对其实施信用约束。反之，对于经营状态“存疑”或者具有暂时性“缺位”可能的企业，要充分保障其合法权益。需要说明的是，对执法方式、执法标准提出要求，并非意味着单纯提高列入经营异常名录执法门槛，而是为了厘清信用监管约束所应规范的范围，也非过度执法，使信用约束成为变相限制营商环境优化的阻力。

2. 信用约束应遵循的原则

行政案件的审理必须树立正确的行政司法理念，提高政治站位，服务大局，

---

① 参见罗培新：《社会信用法：原理·规则·案例》，北京大学出版社2018年版，第37-42页。

兼顾行政管理公共利益与私权利，兼顾多数利益与少数利益，兼顾实体利益与程序保障利益，多维度实现行政司法能动监督，与行政执法形成良性互动，推动法治政府建设，推进法治化营商环境进程。具体要坚持以下原则。

(1)法定原则。法定原则要求职权法定。在信用体系构建过程中，信用约束是公权力对私权利的约束，直接减损相对人的权益，必须有法律、法规、规章的授权。理顺相应法律、法规、规章等规范性文件的规定，在《民法典》实施、社会信用立法提上日程的背景下，遵循上位法与下位法、一般法与特殊法、新法与旧法之间适用衔接的要求，使信用约束于法有据。执法标准、执法方式、执法程序、执法时限等应基于立法目的，依法行政。

(2)必要性原则。信用体系的构建需要经过必要性的考量，即要求信用约束措施的实施是在平衡行政执法效率、行政执法效果与企业利益的基础上采取的“适度”措施，不得与立法目的、优化营商环境的要求相违背。

(3)正当性原则。正当性原则主要指程序正当性。应保障企业知情权及陈述、申辩等提出异议的权利。企业知情权的保障实际上要求行政机关履行告知义务，通过及时进行信息公示的方式向企业告知；提出异议的权利包括两个方面：一方面是提出异议机制较为健全，能够充分保障企业陈述、申辩；另一方面是权利救济方式的延伸，在企业提交初步证据的前提下，监管部门应依法调查核实，若情况属实则依法予以内部纠正。

3. 信用约束修复及时有效①

从给企业合法权益提供及时有效保护的角度来看，笔者可以提出以下几点建议：第一，明确信用修复的申请主体和受理主体资格。信用修复机制的申请人应为被信用约束主体，即被列入经营异常名录的企业；信用修复机制还应明确信用修复申请受理、实施信用修复的主体。笔者认为，应遵循“谁认定，谁负责”的原则，这不仅遵循职权法定的原则和逻辑关系，也可降低修复的调查核实成本。第二，提高信用修复的效率。信用约束对企业的发展具有重要影响，甚至会导致经营主体经营困难直至灭失。因此，信用修复必须及时，一方面，要明确行政机关调查的时限；另一方面，修复机制应当充分利用技术手段，考虑建立统一的信用修复平台，设置一键式同步修复的模式，实现部门间的联动，从而将信用修复从被核准到实施修复之间的时间差缩短。②

① 《国务院办公厅关于加快推进社会信用体系建设、构建以信用为基础的新型监管机制的指导意见》(国办发〔2019〕35 号)也提出要“探索建立信用修复机制”。

② 参见张新宝、张馨天：《〈民法典〉背景下的失信被惩戒人人格权的保护》，载《法律适用》2020 年第 21 期。

4. 完善信用信息平台

第一,在原有信用公示平台的基础上,依托大数据不断完善。例如,按照企业登记档案材料中留存的联系方式向企业推送信息,保障其知情权,提出异议权及复议、诉讼权利的实现。第二,完善信息平台数据更新和维护,及时更新数据,保障企业信息客观及时公示,做好数据网络安全维护,防止利用网络技术篡改企业信用信息的情况出现。再者,通过上文分析,企业信用修复急需技术支持,若存在信用约束错误的情形,应及时清除数据,恢复到企业信用信息的原始状态。

(责任编辑:项利军)

【观点争鸣】

以小产权房抵债的合法性与清偿效果分析

程惠炳*

裁判要旨

在以房抵债合同中,双方当事人均明知房屋暂时无法办理过户登记的,债务人义务应以合同约定为限。债务人已经采取交付房屋、变更出租人合同登记等约定方式进行现实履行的,可以认定构成债务清偿。

一、案情简介

王某因资金周转需要陆续向张某借款,双方口头约定月息3%。王某支付了部分利息,但始终未能还清借款。2019年5月,双方对账后签订《以房抵债协议书》,协议书约定:"王某共借款人民币1350万元,还款982万元,尚欠368万元。王某自愿将其名下的某小产权房(商业门脸)抵给张某,抵债金额为368万元。王某将房屋所有权证证明等原件交给张某,张某取得房产所有权,双方债权债务归于消灭,双方均确认,该房屋建设在集体建设用地上,无法办理不动产登记手续。王某协助张某在开发商处办理完毕更名手续后,张某可以自主使用处分该房屋,王某不得干涉。待政策允许可以办理房产证时,需要王某无条件配合。张某接收房屋后,法律风险由张某自行承担。若王某反悔或违反本协议项下合同义务,王某需清偿368万元欠款,每日支付相当于抵债金额的百分之五的违约金。经张某确认,上述房屋目前已出租,协议签订后,王某配合张某与现有承租人另行签订租赁协议或与承租人协商解除租赁合同。"合同签订后,王某依约将房屋的相关购房协议等交付给张某,涉案房屋租赁协议的出租人也变更为张某。

* 北京市第三中级人民法院立案庭法官助理,中国社会科学院研究生院博士研究生。

后张某认为涉案《以房抵债协议书》(新债)因违反法律强制性规定而无效,起诉要求王某偿还借款(旧债)。

一审法院认为,据核算,368万元欠款为不高于法定利率的合法债务。因涉案房产系建设在集体建设用地上,尚未办理房产登记,属于小产权房。因目前国家针对不同类型的小产权房的具体政策尚不明确,故法院对于本案涉及的王某以涉诉房屋用于抵偿张某债务的协议的效力不宜进行认定处理。目前房屋已交付,张某已获得了该房屋的使用、收益、处分的权利。双方通过《以房抵债协议书》对原368万元债务的履行方式进行了变更且已履行完毕,368万元债务已消灭,故判决驳回了张某的诉讼请求。张某不服提起上诉,后未在指定期限内缴纳上诉费,二审法院裁定按张某自动撤回上诉处理。一审判决自裁定书送达之日起发生法律效力。

二、争鸣观点

(一)以小产权房抵债的合同效力问题

合同效力问题向来聚讼盈庭,是民商法领域的传统热点。合同效力属于法官在合同纠纷案件中应予主动审查之内容,客观上无法回避。[①] 困扰民事审判法官的原因往往是影响合同效力的标准众多且“模糊”。确认合同效力纠纷类案件经常伴随虚假诉讼[②]或投石问路性质的先期诉讼。[③] 法官不得拒绝裁判,而实务中确实存在大量合同的效力难以判断,甚至严格适用无效规则时不符合诚信原则和公平原则的情况。

集体建设用地使用权根据用途可分为经营性集体建设用地使用权、公益性集体建设用地使用权、宅基地使用权。对于在农村建设用地上建造的房屋,通常称为“小产权房”。[④] 此前学界对以房抵债合同的效力分析,集中在履行期限届满前后,分别认定构成流质契约、让与担保、后让与担保、实践合同等方面,对履行期限届满后,债权人与债务人就农村宅基地上的房屋、小产权房屋、违章建筑

---

① 北京市大兴区人民法院的表述更为清晰,“根据物权法定原则及涉案房屋现状,涉及‘小产权’房屋买卖合同的效力问题不宜作出实体处理,双方可待该类房屋的相关政策法规施行后再行处理”,同样裁定驳回了要求确认买卖合同无效的诉讼请求。参见北京市大兴区人民法院民事裁定书,(2017)京0115民初5863号。

② 参见北京市第三中级人民法院民事裁定书,(2019)京03民终11552号。

③ 参见中华人民共和国最高人民法院民事裁定书,(2018)最高法民申4621号。

④ 参见丁宇翔:《农村小产权房的物权变动——以法院裁判引起的物权变动为视角》,载《法律适用》2009年第5期。本文并非对小产权房的类型化分析,所称小产权房泛指无法进行正常登记的非商品房。

等不具备物权过户登记条件的以房抵债合同的效力及履行情况的认定,则着墨相对较少。在金钱债务(本文称为旧债)履行期限届满后,债权人与债务人签订以物抵债协议(本文称为新债),抵债物的经济价值和债权的数额都是确定的,一般不会存在利益失衡问题。对于以房抵债中涉及小产权房的情形,目前在司法实践中裁判结果与价值判断方面仍存在重大分歧。

1. 无效说

合同无效制度的设立目的在于,防止因无效合同履行给国家、社会以及第三人带来损失,维护社会的法治秩序和公德。宣告相关处分行为无效,更多发挥了裁判指引作用,希冀能够对可能继发的潜在交易需求予以必要的警示。目前对于涉处分小产权房的合同效力问题,在司法实务以无效说为绝对多数意见。① 法官在审判实践中经常适用的法律依据为 2004 年《土地管理法》第 43 条②和第 63 条③,除兴办乡镇企业和村民建设住宅,或者乡(镇)村公共设施和公益事业建设,经依法批准使用农民集体所有的土地外,任何单位和个人进行建设需要使用土地的,必须依法申请使用国有土地。农民集体所有的土地的使用权不得出让、转让或者出租用于非农业建设。上述规定中未直接言明合同效力,但使用了"必须、不得"的表述,不少判决中将其作为强制性效力规定予以引用。④

原国土资源部办公厅、住房和城乡建设部办公厅发布的《关于坚决遏制违法建设、销售"小产权房"的紧急通知》(国土资电发〔2013〕70 号)中提到:"建设、销售'小产权房',严重违反土地和城乡建设管理法律法规,不符合土地利用总体规划和城乡建设规划,不符合土地用途管制制度,冲击了耕地保护红线,扰乱了土地市场和房地产市场秩序,损害了群众利益,影响了新型城镇化和新农村建设的健康发展,建设、销售和购买'小产权房'均不受法律保护。"以上可作为涉小产权房相关法律规定的意旨。故涉小产权房合同因违反公序良俗原则同样可归于无效。此结论可避开有关管理性效力规定和强制性效力规定的窠臼,也反映出此类合同的政策性因素。其中,公共秩序是国家、社会的一般秩序。以上

① 参见中华人民共和国最高人民法院民事裁定书,(2017)最高法民申 2813 号;江西省高级人民法院民事裁定书,(2020)赣民终 920 号;山东省高级人民法院民事裁定书,(2019)鲁民申 3374 号;江苏省高级人民法院民事判决书,(2020)苏民终 486 号;山东省高级人民法院民事裁定书,(2020)鲁民申 2755 号;北京市通州区人民法院民事判决书,(2016)京 0112 民初 23150 号。

② 该条已于 2019 年修正时删除。

③ 该条已于 2019 年修正时修改,依旧为第 63 条,但细化了内容。

④ 《最高人民法院关于印发〈全国民事审判工作会议纪要〉的通知》(法办〔2011〕442 号)第 15 条明确规定在农村集体所有土地上建造房屋并向本集体经济组织成员以外销售所签订的合同界定为无效。

规定体现的是法律价值体系尤其是宪法基本权利价值体系,而非现行法律规范。[①] 具言之,如认定小产权房交易行为无效,涵摄的“公序”即在于此。

有观点认为,小产权房因不具备建设审批手续,无法取得正式的房屋所有权证,虽可以正常居住使用或出租取得租金,但无法上市流通交易或进行抵押融资,也有随时被强令拆除的风险。故针对小产权房的处分有一定的非法性和风险性,审判实务中不宜给予肯定性评价。以违章建筑为标的物的交易不会产生权利转移的法律效果。根据《最高人民法院关于审理城镇房屋租赁合同纠纷案件具体应用法律若干问题的解释》第 2 条、第 3 条的规定可知,租赁合同的效力尚且受到不动产性质的影响,举轻以明重,遑论处分?虽然相关规定不免招致学者“浪费社会资源、激化社会矛盾”以及“公法入侵私法”的批评,[②]但是成文法在前,似没有填补法律漏洞的余地。认定合同无效可以制约众多潜在的买受人,发挥司法应有的导向作用。[③]

从法律效果来讲,如果小产权房业主无法对房屋进行买卖交易,但可以用来抵债,构成民法学理上的规避行为,[④]使法律针对小产权房的禁止性规定成为一纸空文,且极易引发虚假诉讼。禁止性规定旨在完全阻碍法律行为的结果,而不取决于当事人以何种形式进行。

非集体经济组织成员购买集体土地上的集资房,后因房价上涨,出卖人主张转让合同无效,是实务中常见的案件类型。针对本案件,法院的做法为基于《土地管理法》第 63 条等规定确认合同无效后,以诚信原则为由进行利益调节,认为出卖人的行为违背诚信原则,应承担买受人因房屋涨价造成的部分差价损失,[⑤]而不至于导致不公平的法律后果出现。

2. 无效的例外情形

权利不当行使的构成要件,应基于利益衡量,考量合同的性质,当事人的归责性及公共利益而具体分析。有观点指出,债权人在签订以物抵债合同后又主张合同无效,有违诚信原则。若法院适用法律的后果是支持背信者的主张,等于允许违法者拥有了选择合同效力的自由。鉴于我国《民法典》立法过程中对于

---

① 参见陈甦主编:《民法总则评注》(上册),法律出版社 2017 年版,第 58-62 页。

② 参见徐涤宇等:《物权法领域公私法接轨问题研究》,北京大学出版社 2016 年版,第 177 页;常鹏翱:《物权法的展开与反思》(第 2 版),法律出版社 2017 年版,第 49-58 页。

③ 参见戴孟勇:《城镇居民购买农村房屋纠纷的司法规制》,载《清华法学》2009 年第 5 期。

④ 参见[德]汉斯・布洛克斯、沃尔夫・迪特里希・瓦尔克:《德国民法总论》(第 41 版),张艳译,中国人民大学出版社 2019 年版,第 156-157 页。

⑤ 参见河北省石家庄市中级人民法院民事判决书,(2018)冀 01 民终 8011 号;浙江省台州市黄岩区人民法院民事判决书,(2016)浙 1003 民初 2606 号。

违约者是否享有合同解除权尚引起巨大争议,举轻以明重,让违法者拥有确认合同无效的权利严重违反诚信原则、禁止权利滥用原则,显属不适当的法律优待。

最高人民法院针对新疆某房地产开发公司、中国某工程集团公司建设施工合同纠纷所作出的民事判决是此种思路的典型案例。[①] 但该案与本案的区别在于:该案中开发商是合同无效事由的始作俑者,且可以从合同无效中获得利益。在一审中开发商未提出无效抗辩,一审判决认定合同有效后,开发商以该合同无效为由提起上诉。而本案中债务人作为原权利人似乎过错更大,且债权人主张无效,其法律后果无非是恢复旧债,并无借合同效力诉讼获益的情节(法院可结合债权人收取的租金金额酌情减少债务人应给付金额)。如果债务人在签订以房抵债合同但未履行的同时主张合同无效,其恶意比较明显,意图通过否定合同效力来牟取不正当利益或逃避履行合同义务,人民法院可适用诚信原则不予支持其诉讼请求。[②] 更有判例基于诚信原则修正无效规则,认定合同有效。[③] 综合以上因素,本案不符合适用诚信原则认定合同例外有效的条件。

3. 有效说

在实务案例中,以商品房抵债者居多,但小产权房作为标的物的亦不鲜见,在执行过程中亦不排斥债务人以小产权房抵债[④]或以裁定形式认可抵债。[⑤] 在《住房和城乡建设部关于无证房产依据协助执行文书办理产权登记有关问题的函》(建法函〔2012〕102 号)[⑥]下发后,各地法院也有了拍卖小产权房的举措,如 2020 年 12 月 22 日,北京市通州区某小产权房在电商平台成功竞拍,在拍卖公告中载明“本拍卖标的物为集体土地房屋的拆迁安置房的使用权及相关权益,目前无法办理产权登记,也无法办理过户手续,因房屋性质而带来的风险,由买受人自行承担”。如果认可小产权房可经由司法拍卖取得,但禁止当事人在市场

---

① 参见周江洪、陆青、章程主编:《民法判例百选》,法律出版社 2020 年版,第 5 页。

② 参见河北省高级人民法院民事裁定书,(2018)冀民申 8112 号。另北京市第二中级人民法院作出的(2017)京 02 民终 2714 号民事判决以出卖人未取得商品房预售许可证明为由认定房屋买卖合同无效,但驳回了开发商的腾房诉求。

③ 参见西安市莲湖区人民法院民事判决书,(2018)陕 0104 民初 2071 号。

④ 参见李东:《河南淅川:以物抵债灵活执行　终本案件圆满执结》,载中国法院网 2020 年 5 月 13 日,https://www.chinacourt.org/article/detail/2020/05/id/5217451.shtml。

⑤ 参见《最高人民法院关于人民法院民事执行中拍卖、变卖财产的规定》(法释〔2020〕21 号),第 25 条、第 26 条。

⑥ 该函中提到,要防止“违法建筑”等不符合法律、行政法规规定的房屋通过协助执行行为合法化。不具备初始登记条件的,原则上进行“现状处置”,即处置前披露房屋不具备初始登记条件的现状,买受人或承受人按照房屋的权利现状取得房屋,后续的产权登记事项由买受人或承受人自行负责。该函现已失效。

上自行交易,会使更多诉讼进入法院,无疑推高了社会成本。[①]

有观点认为,以物抵债成立的是抵销合同,债权人享有选择权,可选择标的物所有权或拍卖变价进行清算。[②] 依此说,债权人可在以物抵债合同签订后要求就标的物进行清算,即使新债无效,小产权房亦属于债务人的责任财产。

当事人之间达成的以物抵债协议不具有直接变动物权的效力,且涉案房屋并不属于商品房,故债权人不可能合法取得涉案房产的物权。从法经济学的角度分析,小产权房有其固有的成本优势,虽然无法设立符合登记要件的所有权,但具有使用利益与经济价值。[③] 只要当事人在意思表示无瑕疵且无错误的情况下通过效用比较作出决策,那么这种决策就是符合帕累托效率的,应尊重当事人的意思自治。[④] 根据《城乡规划法》第 65 条的规定,[⑤]小产权房面临着被强制拆除等风险,无法得到拆迁补偿,但部分小产权房也不排除因补全手续、缴纳土地出让金、变更土地性质后具备上市条件的可能。

肯定上文案例中合同效力的理由体现为,债务人已依约履行,从维护交易安全、维持交易稳定的角度,应将其从债务中解脱出来。在本案中,因债务人在合同订立后的履行过程中亦不存在违约等不履行情形,其积极推进清偿债务,在此情形下如加重其责任,否定新债,要求其重新就旧债进行清偿的话,似难为正常民众的法感所容。[⑥] 此外,如债权人签订以物抵债协议之后反悔的,不仅有违诚信原则,且可能给已履行或准备履行新债的债务人造成经济损失,这也是应当考虑因素之一。[⑦]

肯定合同效力的理由还体现为,从合同解释的角度考虑,可考虑无效行为转化的解释路径,即债务人虽无对房屋的处分权,但可拟制为债务人让与其在该房屋上的使用权及相关权利,由债权人承接房屋上的一切权利,使当事人在债权而非物权范围内解决纠纷,其实质为"以债抵债"。[⑧] 此解释是否符合双方当事人的真实意思表示,仍需结合合同表述予以确定。虽然我国《民法典》总则编民事

---

① 北京市对小汽车采取限购政策,但司法拍卖中同样有带牌拍卖操作。

② 参见李开宇、王茂霖:《"以房抵债"协议性质之辨析》,载《中国不动产法研究》2016 年第 2 期。

③ 参见李俊晔:《不动产财产权利价值论》,中国人民大学出版社 2016 年版,第 33 页。

④ 参见李俊晔:《不动产财产权利价值论》,中国人民大学出版社 2016 年版,第 117 页。

⑤ 该条规定,"在乡、村庄规划区内未依法取得乡村建设规划许可证或者未按照乡村建设规划许可证的规定进行建设的,由乡、镇人民政府责令停止建设、限期改正;逾期不改正的,可以拆除"。

⑥ 参见徐雨衡:《"法感"在法律推理中的价值及其适用》,载《法制与社会发展》2020 年第 2 期。

⑦ 参见房绍坤:《论新债清偿》,载《广东社会科学》2014 年第 5 期。

⑧ 有判决指出,当事人以让渡房屋使用权的方式抵偿债务而签订的《商铺房屋租赁补充合同》,实质是债务人以其房屋使用权抵偿欠款的合同之债,并非真实的房屋租赁合同,不具有物权性质。参见江苏省新沂市人民法院民事判决书,(2018)苏 0381 民初 130 号。

法律行为一章当中没有对无效转换作出一般规定,[①]但实务中不乏相应的裁判思路:对于无产权车位,开发商往往签订的是车位使用权转让合同而非租赁合同,以此来规避最长租期20年的规定。[②]

(二)债务是否清偿的认定问题

本案例中法院认定双方以房抵债协议已实际履行完毕,所以旧债已消灭,这一事实认定对债权人影响甚巨,故在合同效力之外,对新债是否履行的认定亦属于本案争议的焦点。就此亦存在两种观点。

一种观点认为,根据《民法典》第509条(原《合同法》第60条)的规定,当事人应当按照约定全面履行自己的义务。涉案合同约定"王某将房屋所有权证证明等原件交给张某;王某配合张某与现有承租人另行签订租赁协议或与承租人协商解除租赁合同"。上述合同义务债务人均已履行,而合同提到"待政策允许可以办理房产证时,需要王某无条件配合。张某接收房屋后,法律风险由张某自行承担"。约定也显示双方对房屋性质暂不能办理过户登记这一事实为明知,在此情形下,宜认定王某向张某让渡了案涉小产权房的全部经济价值(占有、使用、收益),也承诺不再对张某使用、处分房屋进行干涉,已履行了合同义务。张某接收产权证明及办理租赁协议手续的行为属于事实上的受领。

另一种观点认为,债权人张某无法取得涉案房屋的所有权,其债权未得到清偿。换言之,类推买卖合同,本案中以物抵债债务消灭的时间节点应是物的所有权转移。对于这个问题,最高人民法院曾明确指出,当标的物是不动产时,交付不足以实现清偿目的,只有办理过户登记手续,有了所有权的移转之后才能实现清偿目的。[③] 如在最高人民法院就安阳市某房地产开发公司、秦某诗诉牛某昌合资、合作开发房地产合同纠纷所作的执行裁定书中,双方达成执行和解协议,被执行人主张申请执行人接收涉案房屋、更换涉案房屋门锁、对外宣传转租、安装改造涉案房屋的上下水管道等行为,完全符合《最高人民法院关于审理商品

---

① 值得指出的是,《全国法院民商事审判工作会议纪要》(法〔2019〕254号)第54条提到,当事人有关排除担保从属性的约定,应当认定无效。但是根据"无效法律行为的转换"原理,在否定其独立担保效力的同时,应当将其认定为从属性担保。换言之,无效法律行为转换在我国亦有适用。《最高人民法院关于适用〈中华人民共和国民法典〉有关担保制度的解释》(法释〔2020〕28号)第2条的规定在解释上与前述纪要第54条保持一致。

② 参见福建省高级人民法院民事裁定书,(2019)闽民申1931号;江西省南昌市中级人民法院民事判决书,(2019)赣01民终3325号;江苏省镇江市中级人民法院民事判决书,(2019)苏11民终3626号;辽宁省大连市中级人民法院民事判决书,(2019)辽02民终5807号;河北省廊坊市中级人民法院民事判决书,(2019)冀10民终2574号。

③ 参见最高人民法院民事审判第二庭编著:《〈全国法院民商事审判工作会议纪要〉理解与适用》,人民法院出版社2019年版,第301页。

房买卖合同纠纷案件适用法律若干问题的解释》第8条“对房屋的转移占有,视为房屋的交付使用”的法律规定。但因未办理过户登记,最高人民法院认定和解协议约定的新的债务未全部履行,清偿债务的目的未能完全实现,申请执行人有权申请恢复对生效判决的执行。然而,在执行异议之诉案件中,最高人民法院的态度又有不同,认为以物抵债的目的在于使旧债得到清偿,而非取得特定物的所有权。[①] 回到本案中,是否以移转所有权作为抵债要件,还是要从当事人约定中作出解释,考察其是否属于双方合意所追求的法律效果。本案合同中“张某取得房产所有权,双方债权债务归于消灭”的表述如若从文义解释来分析,则与法院认定有悖。有观点认为,此时的新债可排除旧债的可诉请履行性,[②]也可理解为债权人在返还他种给付前,债务人可主张同时履行抗辩权以拒绝对旧债的履行。[③] 在德国法上对转移所有权与清偿两者之间亦不可简单画上等号,而认为需要获得债权人或其法定代理人的承认(出具受领证书)或实际取得(受领给付),换言之,最重要的标志是债权人的满足。以特别动产抵债为例,在机动车已过户登记但未交付的情形下,旧债不消灭,是因为未交付故物权未转移。以不动产为例,如开发商已为业主办理过户登记,但在未能实际交房的情况下,也难以认定为债务消灭。

根据我国法律规定,对于履行期限届满后的以物抵债,并未强制要求债权人变价受偿,直接受让所有权更符合效率原则和债权人的真实意愿。在2017年第9期《最高人民法院公报》刊登的通州某集团有限公司与内蒙古某房地产有限责任公司建设工程施工合同纠纷案中,最高人民法院认为,如当事人没有明确消灭旧债的合意,以物抵债协议的性质一般应为新债清偿,此时旧债和新债并存,仅在新债合法有效并得以履行完毕后,才完成债务清偿义务,旧债方归于消灭。该案裁判要旨指出,“当事人于债务清偿期届满后签订的以物抵债协议,并不以债权人现实地受领抵债物,或取得抵债物所有权、使用权等财产权利为成立或生效要件”。[④] 由此可见,以物抵债协议的缔约目的不仅包括取得抵债物的所有权,还包括使用权等财产权利,如以租金抵债、以股权抵债等,也属于以物抵债的范畴。综上,以物抵债中的“物”指的是有经济价值的他种给付(特定物,包括动产、不动产和权利,但债权除外),而不是物权的移转。

---

① 参见江必新、刘贵祥主编,最高人民法院执行局编著:《最高人民法院〈关于人民法院办理执行异议和复议案件若干问题规定〉理解与适用》,人民法院出版社2015年版,第429页。

② 参见[德]迪特尔·梅迪库斯:《德国债法总论》,杜景林、卢谌译,法律出版社2004年版,第196页。

③ 参见王千维:《论为清偿之给付》,载《政大法学评论》2011年总第121期。

④ 参见最高人民法院民事判决书,(2016)最高法民终484号。

三、笔者观点

2016年11月30日发布的《第八次全国法院民事商事审判工作会议(民事部分)纪要》[①]在“关于物权纠纷案件的审理”部分,就“关于违法建筑相关纠纷的处理问题”,指出“对于未取得建设工程规划许可证或者未按照建设工程规划许可证规定内容建设的违法建筑的认定和处理,属于国家有关行政机关的职权范围,应避免通过民事审判变相为违法建筑确权。当事人请求确认违法建筑权利归属及内容的,人民法院不予受理;已经受理的,裁定驳回起诉”。但该纪要未就合同效力层面作出直接规定。有判例的表述更为清晰,“根据物权法定原则及涉案房屋现状,涉及‘小产权’房屋买卖合同的效力问题不宜作出实体处理,双方可待该类房屋的相关政策法规施行后再行处理”,同样裁定驳回了要求确认买卖合同无效的当事人起诉。[②] 可以看出,司法实践中对小产权房效力问题予以回避是有先例可循的。

法院在回避合同效力的情况下,驳回了原告诉讼请求。综合其论述内容,一审法院认为新债合同履行完毕故旧债消灭,其实质观点是认为不当然构成无效合同。因合同效力与合同履行分属合同的不同要素和阶段,合同履行问题并不影响本案关于合同效力的认定。我国学界及实务界通说均认为合同效力与合同履行应当分开讨论,有效合同可能无法顺利履行,合同无效并不影响履行完毕,故合同是否得以履行并不是合同有效的充分条件。

由于以物抵债协议的目的是使债权得到清偿,而非取得特定物的所有权,[③]金钱债权对应的是一定的经济价值,而并非只有可进行物权登记的不动产才具有经济价值。对于小产权房、农村宅基地上的房屋甚至违章建筑进行占有、使用、租赁、收益均可产生经济价值,遑论处分行为亦可能直接带来转让收益。由此,在无其他财产可供受偿时,债权人选择该类性质的房屋作为以物抵债的标的物,具备一定的合理性和必然性,亦多见于各地案例中,不宜一律给予否定性的效力评价。在清晰前述利弊后(在抵债协议中已明确房屋性质),债权人仍选择受领的,应认定当事人之间形成抵债的真实意思表示。债权人在同意受领时,明知房屋性质权属情况,类推适用《最高人民法院关于审理买卖合同纠纷案件适

---

① 参见《第八次全国法院民事商事审判工作会议(民事部分)纪要》,载中国法院网2016年11月30日,https://www.chinacourt.org/article/detail/2016/11/id/2361616.shtml。

② 参见北京市大兴区人民法院民事裁定书,(2017)京0115民初5863号。

③ 参见江必新、刘贵祥主编,最高人民法院执行局编著:《最高人民法院〈关于人民法院办理执行异议和复议案件若干问题规定〉理解与适用》,人民法院出版社2015年版,第429页。

用法律问题的解释》第 24 条,在合同当事人缔约意思之间并不存在标的物权利瑕疵。

从平衡双方权益的角度来看,如果债权人同意接受给付,同时接受小产权房固有的风险,并未提起诉讼,那么根据不诉不理的原则,法院也无权干涉;如果债权人主张新债无效或解除新债,那么其可以主张旧债,同时也承担旧债执行不能或无法清偿的风险。在新旧给付复合之下,新债的效力和履行成为一体两面的因素,共同影响债权人请求权的选择和行使:其一,认定有效和已履行会断绝债权人主张旧债的可能性,同时消灭两个合同;其二,如认定有效和未履行,则属于法律上不能履行,当事人只能主张旧债;其三,如认定无效,则无论履行情况为何,债权人均可以主张旧债。本案中,双方当事人均明知房屋暂时无法办理过户登记,债务人的义务应以合同约定为限。债务人已经采取交付房屋、变更出租人合同登记等约定方式进行现实履行的,可以认定为债务清偿。在意思自治的大背景下,认定合同有效且已履行更符合本案当事人的真实意思表示。

(责任编辑:曹巧峤)

隐名股东对名义股东的股权是否享有排除强制执行的权利

吴可加*

裁判要旨

善意相对人基于对股权工商登记外观的信任，与名义股东所作出的交易决定，即便该权利外观与实际权利不一致，亦应推定该权利外观真实有效，以保证相对人的信赖利益，维护交易安全。相对人在与名义股东发生交易或者签订合同前，明知或者应当知道股权系由隐名股东委托名义股东持有，则相对人非善意，对股权工商登记体现出的权利外观不产生合理信赖，隐名股东就名义股东的股权享有足以排除强制执行的权利。

一、案情简介

2015年2月，某建设公司向某建材公司借款3000万元未归还，某建材公司于2016年7月诉至一审法院，并提起财产保全，一审法院于2016年8月17日轮候查封、冻结了某建设公司所持有的某资产公司2%的股权（以下简称案涉股权）。2016年10月31日，某建设公司与某建材公司达成调解协议，经一审法院制作调解书发生法律效力。因某建设公司未履行调解书，某建材公司向一审法院申请强制执行。执行过程中，某资产公司向一审法院提出执行异议，请求解除对案涉股权的查封。2020年3月31日，一审法院作出执行裁定书，裁定解除对案涉股权的查封，某建材公司不服，向一审法院提起本案诉讼，要求准许执行案涉股权。

一审法院经审理查明，某建设公司于1997年11月注册成立。2002年7月

* 北京市通州区人民法院民二庭法官，清华大学法学院国际经济法方向法律硕士。

至2011年9月期间,公司法定代表人为楼某。2006年4月,股东变更为楼某、某建设创业公司。某建材公司于2000年3月注册成立,2006年11月前,楼某曾担任某建材公司总经理。2004年2月,某建材公司投资人(股权)备案登记变更为某建材创业公司、某建材房地产开发公司。在某资产公司和某建设公司的合同纠纷中,2019年8月27日的生效判决认定某建设公司系案涉股权的名义持股人,股权的实际享有人为某资产公司,鉴于某资产公司未提供证据证明其已经过公司其他股东过半数同意,故某资产公司要求案涉股权过户至其名下的条件尚不具备,但判决登记于某建设公司名下的案涉股权的所有投资权益归某资产公司享有。

一审法院审理认为:

首先,依照《最高人民法院关于人民法院办理执行异议和复议案件若干问题的规定》(以下简称《异议和复议规定》)第26条第2款规定:"金钱债权执行中,案外人依据执行标的被查封、扣押、冻结后作出的另案生效法律文书提出排除执行异议的,人民法院不予支持。"在本案中,法院于2016年8月17日轮候查封、冻结了某建设公司持有的案涉股权,而某资产公司和某建设公司的合同纠纷的判决于2019年8月27日生效。案涉股权的确权判决在法院查封之后,案外人如仅依据查封后的另案生效判决来请求排除对执行标的执行,本应不予支持,但案外人的实体异议请求权也不能据此被剥夺。《异议和复议规定》第26条规定了解决案外人执行异议的规则,在审理执行异议之诉时可以参考适用。据此,执行异议之诉案件应当根据案件具体情况,对案外人是否享有足以排除强制执行的民事权益进行实质审查,并依法作出是否支持案外人异议请求的判断。

其次,《最高人民法院关于适用〈中华人民共和国民事诉讼法〉的解释》第311条规定:"对申请执行人提起的执行异议之诉,人民法院经审理,按照下列情形分别处理:(一)案外人就执行标的不享有足以排除强制执行的民事权益的,判决准许执行该执行标的;(二)案外人就执行标的享有足以排除强制执行的民事权益的,判决驳回诉讼请求。"就本案具体而言,某建材公司主张其系"善意第三人",现案涉股权登记于某建设公司名下,某建材公司有理由相信案涉股权系某建设公司的责任财产,已产生合理信赖。某资产公司认为某建材公司明知案涉股权系某建设公司为他人代持,某建设公司只是名义股东,实际股权系某资产公司所享有的情况下,与某建设公司产生出借行为,明显不具有善意,不能适用商事外观主义原则,某建材公司无权对案涉股权进行强制执行。法院认为:(1)《最高人民法院关于适用〈中华人民共和国公司法〉若干问题的规定(三)》第24条第1款和第2款规定,有限责任公司的实际出资人与名义出资人订立合同,约定由实际出资人出资并享有投资权益,以名义出资人为名义股东,实际出资人与名义股东对该合同效力发生争议的,如无法律规定的无效情形,人民法院应当认定该合同有效。前款规定的实际出资人与名义股东因投资权益的归属发生争议,实际出资人以其实际履行了出资义务为由向名义股东主张权利的,人民法院应予支持。名义股东以公司股东名册记载、公司登记机关登记为由否认实际出资人权利的,人民法院不予支持。在本案中,根据生效判决认定的事实,表明某建设公司于2003年9月持有的案涉股权系代持,某建设公司系名义股东,其代持案涉股权行为并非无效,某资产公司系实际享有人,案涉股权权益在2005年后应归某资产公司享有。故案涉股权虽登记于某建设公司名下,但实际权利应为某资产公司享有,案涉股权并非某建设公司的责任财产。据此,某资产公司请求对案涉股权排除执行,应予以支持。(2)《公司法》第32条第3款规定:"公司应当将股东的姓名或者名称向公司登记机关登记;登记事项发生变更的,应当办理变更登记。未经登记或者变更登记的,不得对抗第三人。"上述规定源于商事外观主义基本原则,即相对人基于登记外观的信任所作出的交易决定,即便该权利外观与实际权利不一致的,亦应推定该权利外观真实有效,以保证相对人的信赖利益,维持交易安全。从工商登记信息和相关法院判决表明,某建材公司和某建设公司系关联企业,案涉股权于2003年就已经存在代持行为,该股权实际并非某建设公司所有,对此某建材公司应为明知案涉股权的权利外观与实际权利不一致。在此情况下,某建材公司于2015年向某建设公司出借款项,发生交易行为,不能产生相对人的信赖利益,故某建材公司不符合善意的构成要件。(3)《最高人民法院关于适用〈中华人民共和国公司法〉若干问题的规定(三)》第24条第3款规定:"实际出资人未经公司其他股东半数以上同意,请求公司变更股东、签发出资证明书、记载于股东名册、记载于公司章程并办理公司登记机关登记的,人民法院不予支持。"在本案中,某建设公司代替某资产公司持有案涉股权已经认定为有效,由于没有证据显示已经取得公司其他股东半数以上同意,故某资产公司要求案涉股权过户至其名下的条件尚不具备,案涉股权未办理过户手续,某资产公司没有过错。(4)按照物权法的规定①,不动产的物权归属以登记为准。物权包括所有权、用益物权和担保物权。出资人权益(股权)是所有权的重要内容,具有用益物权的属性。股权作为所有权行使的特殊形式存在,应归集于物权。从《公司法》第32条及其司法解释来看,股权的所有权归属并不以工商登记为判别标准,其也只是"未经登记或者变更登记的,不得对抗某建设公司"。而且,如前所述,法律并未禁止代持股权的行为,即法律

① 该案审理时适用《物权法》,相关内容参见《民法典》第209条。

允许股权登记所有人和实际股权所有人相分离。本案中从事实和生效判决两个方面均可证实某建设公司系股权代持人,并非实际所有人。

最后,由于某建设公司系案涉股权代持人已在生效判决中明确,对某建材公司认为股权和股权权益可分离一说也不能成立,法院不予采纳。

综上所述,某资产公司作为案外人,其就案涉股权享有足以排除强制执行的权利,某建材公司请求继续执行案涉股权的请求,一审法院不予支持。

一审判决后,某建材公司提出上诉后又撤回,一审判决已生效。

二、争鸣观点

本案涉及股权代持下执行异议之诉中的法律适用问题。在商业实践中,股权代持的现象普遍存在,委托持股使实际权利人和股东身份发生分离。名义股东虽然记载于股东名册甚至登记于公司登记机关,但不真正履行投资义务,亦不享受股东权利。隐名股东实际上履行投资义务并享受股东权利,但并未在公司登记机关登记为公司股东,致使公司的外部人和社会公众(包括债权人、交易伙伴)无法或很难获知名义股东背后的隐名股东以及名义股东与隐名股东间的股权代持关系。一旦发生名义股东的债权人基于生效法律文书向法院申请强制执行股权,隐名股东为了维护其实际出资的利益,在已进入法院查封或强制执行阶段时,依据《民事诉讼法》及相关司法解释的规定,以案外人的身份向执行法院提出针对执行标的之异议,如该异议被执行法院驳回或被支持,实际出资人或对方进一步要求获得救济,将分别引发一个独立的诉讼程序,即案外人执行异议之诉或申请执行人执行异议之诉。在此类执行异议之诉中,到底是支持隐名股东实际权利,从而排除执行,还是支持名义股东债权人的权利,从而驳回案外人的异议,涉及的问题较为复杂,争议较大。学术界和司法实践中主要存在三种不同观点。

观点一认为应当支持名义股东债权人的权利,隐名股东无权主张排除执行。该观点的主要理由是,根据委托代持协议,隐名股东仅享有对名义股东的请求权,而根据《公司法》第32条的规定,名义股东的股权在公司登记机关的公示信息使第三人据此有权主张登记的对抗效力。据此,应当支持名义股东债权人的权利,隐名股东未经登记不得对抗第三人,隐名股东可转而向名义股东追究赔偿责任。该标准的基石是"外观主义原则","真正权利人因处于'秘密状态'而不应具有对抗善意第三人的效力,其中当然应包括不得对抗已申请人民法院对财产采取了强制执行措施的普通债权人"①。

① 尹田、尹伊:《论对未经登记及登记不实财产的强制执行》,载《法律适用》2014年第10期。

观点二认为应当支持隐名股东的实际权利从而排除执行。该观点的主要理由是，既然隐名股东实际出资、享有投资收益，甚至很多隐名股东获得公司和其他股东的认可并长期行使公司管理权，那么隐名股东就是实质上的股权所有人，名义股东的债权人无权执行非被执行人的财产，法律应当保护实质权利人。特别是对那些执行债权系金钱债权而非针对系争股权本身的债权，债权人对于诉争股权并未获得信赖利益。该意见秉持事实标准论，旨在维护交易安全稳定，落脚点在“商事交易”，即当第三人因信赖登记而选择与名义股东进行商事交易（包括股权转让、抵押等），才可依该原则保护其信赖利益，此外的第三人信赖由于缺乏“商事交易”性质而不受原则保护。[①]

观点三为折中说，认为观点一的外观标准与观点二的事实标准均有论证上的缺陷，司法实践中应扩张外观主义的适用，优先保护第三人的信赖利益，维护交易安全。同时，应注重实际出资人和一般债权人的利益平衡，对债权人的保护应视情况而定，当债权人不具备合理信赖利益或不是善意第三人时，应当正视权利的实质，优先保护实际权利人，即原则上坚持外观主义标准，例外情况下尊重隐名股东的合法权益。

三、笔者观点

笔者同意上述第三种观点——折中说，主张采取符合法理和现有法律体系的解决方案和裁判思路。折中说原则上优先保护第三人利益，在第三人不具备合理信赖利益的情况下，隐名股东才可以排除强制执行，这是符合法理和现有法律体系，对股权代持下处理执行异议之诉分歧的解决方案。

隐名股东能否排除强制执行这一问题之所以产生外观主义和事实标准两种截然相反的标准，首要分歧在于对《公司法》第32条中“第三人”的理解，即外观主义原则的适用范围。外观标准认为应指所有第三人，事实标准认为原则保护对象是基于权利外观进行商事交易的相对方。这一讨论需要追本溯源至权利外观理论本身。

（一）权利外观理论与信赖保护

信赖保护旨在强调将交易相对人的合理信赖纳入司法规范的构造中，以维护民商事交往中的信赖投入并确保交易的可期待性。[②] 外观主义形成一项基本法律原则，让虚假外观凌驾于真实权属之上成为正义推定基础，源于实际权利人

---

① 参见张勇健：《商事审判运用外观主义原则的范围探讨　与最高人民法院〈关于适用《中华人民共和国公司法》若干问题的规定（三）〉相关条文对照》，载《法律适用》2011年第8期。

② 参见朱广新：《信赖保护理论及其研究述评》，载《法商研究》2007年第6期。

本人行为的可归责性。既然实际权利人导致权属公示错误要为自身错误承担不利后果,引发表见性事实的人也应对因正当理由信赖该表见性事实的相对人承担责任。[①] 名义股东债权人若善意信赖股权登记,进入司法程序且执行程序已启动,则善意债权人和司法执行机构的信赖利益并不亚于交易相对人可能付出的代价及受损利益,因为债权人可能因该股权的存在而未申请查封名义股东其他财产,善意债权人也有可能因债务人其他财产被转移、藏匿或被他人申请查封而丧失其正当利益。《公司法》第32条第3款规定的第三人不限于从事股权交易的第三人,作为非股权交易的一般债权人也属于第三人之列。

(二)法律依据——彰显外观主义原则

目前法律对股权名实分离产生的法律关系虽尚无系统性规定,但公司法司法解释已有部分规则,给予隐名股东一定认可。首先,通过认可隐名股东与名义股东的协议效力以维护其投资权益,此合同属债权;其次,其投资权益保护的预设是双方内部的权属争议;最后,隐名股东能否显名,需经有限责任公司其他股东半数以上同意。因此当利益关涉第三人,隐名股东权益的保护并无足够依据,无法以股东身份之标准来对抗和衡量。相关司法解释明确,若在公司财产不能清偿公司债权人的债权时,以股东未充分履行出资义务要求股东承担责任,名义股东不能以其并非实际出资人进行抗辩,其法理亦是外观主义原则。《异议和复议规定》则相对更直观地倾向外观标准,执行异议之诉中股份权利人的认定依据——登记外观之地位在一定程度上得以彰显。

(三)第三人是否需要善意以及善意标准的认定

依据上述权利外观理论的法理,《公司法》第32条第3款的"第三人"不仅包括交易关系的第三人,也应包括执行程序中的第三人。而第三人是否为善意是外观标准说与折中说的分歧点。《公司法》仅规定未经登记不得对抗第三人,按文义解释,此处"第三人"并未做限定,应当认为可以对抗任意第三人。最高人民法院2019年出台的《全国法院民商事审判工作会议纪要》倾向认为,原则上优先保护第三人的法理基础在于第三人应当具有值得保护的信赖利益;如第三人并非善意,则其并不具有信赖利益,此时没有理由优先保护第三人,应当正视权利实质而优先保护实际权利人。

关于第三人是否"善意"的标准,笔者认为,只要第三人与名义股东交易时并非基于名义股东持有争议股权的表象,便应当认为第三人不享有信赖利益。

---

① [韩]李井杓:《韩国商法上的表见责任制度研究》,载王保树主编:《商事法论集》第3卷,法律出版社1999年版。

（四）回归本案：隐名股东是否对名义股东的股权享有排除执行的权利

2003年9月，某资产公司委托某建设公司代持股权时，某建材公司的总经理和某建设公司的法定代表人并未变更，某建材公司不可能不知晓代持的事实。在某建材公司清楚知晓某建设公司代持案涉股权的前提下，某建材公司于2015年向某建设公司出借3000万元款项，对案涉股权显然不能产生相对人的信赖利益，故某建材公司不是善意第三人。在某建材公司不具有值得保护的信赖利益的前提下，案涉股权的实际权利人某资产公司的权利更应当被优先保护，故法院判决驳回申请执行人某建材公司要求执行案涉股权的诉讼请求。

综上所述，在名义股东与隐名股东及其债权人的强制执行的权利之间发生冲突时，隐名股东对名义股东的股权是否享有排除强制执行的权利，可作出以下判断：《公司法》第32条第3款“第三人”并不限于从事股权交易的第三人，作为非股权交易的一般债权人，也应属于第三人之列。原则上，未经登记的隐名股东不得对抗一般债权人的强制执行；当申请执行人明知或应知案涉股权的代持关系，或当申请执行人与名义股东发生交易的时间早于股权工商登记机关将股权登记在名义股东名下时，或当申请执行人与名义股东签订合同，明确表明其交易基础并非争议股权时，申请执行人对争议股权并未建立起信赖利益，应优先保护隐名股东，排除申请人对争议股权的执行。

（责任编辑：王　凯）

“以租抵债”能否阻却法院执行的认定

宫 森* 刘哲尔**

裁判要旨

“买卖不破租赁”原则在我国立法中多有体现，但在案外人以“以租抵债”合同主张其对案涉不动产享有承租权，因而用“买卖不破租赁”原则阻却法院执行的情况下，因“以租抵债”合同并非租赁合同，案外人不应被视作案涉不动产的承租人，亦不能以其“承租权”阻却法院执行。

一、案情简介

法院经审理查明，执行依据生效后，某企业管理有限公司向法院申请强制执行，执行法院于 2017 年 8 月 9 日查封某置业公司名下房产，并与某网络公司进行谈话，告知其腾退涉案房产，以便执行法院对该大厦进行拍卖。案外人某网络公司向本院提出书面异议称，其与被执行人之间依法签订租赁协议，协议已生效且尚未到期，双方一直在依约履行过程中，双方之间的承租关系合法有效，应受到法律保护，故应中止法院将其从某大厦中清退的执行行为。

执行法院另查明，某网络公司与某置业公司于 2017 年 7 月签订的《租赁合同补充协议》第 9 条约定，某网络公司对某置业公司所享有的 366 436 090.30 元应收款债权，与乐视网对某置业公司因原协议所产生或预计产生的应缴纳的租金在 366 436 090.30 元内相互抵销。之后，双方又于 2017 年 12 月 31 日签订《租赁合同补充协议(二)》，其中第 2 条约定，某网络公司对某置业公司所享有的 187 044 174.24 元应收款债权，与某网络公司对某置业公司因原协议及补充

* 北京市第三中级人民法院执行二庭法官，对外经济贸易大学法律硕士。

** 北京市第三中级人民法院执行二庭法官助理，北京科技大学法律硕士。

协议所预计产生的应缴纳的租金在 187 044 174.24 元额度内相互抵销。

执行法院经审理认为,本案的争议焦点为某网络公司与某置业公司签订的房屋租赁合同及补充协议是否具有阻却执行法院从某大厦清退某网络公司的效力。

首先,房屋租赁合同是指房屋出租人将房屋提供给承租人使用,承租人定期支付租金,并于合同终止时将房屋归还给出租人的协议。故承租人缔约的目的是取得房屋的使用权,出租人的目的为收取租金。在本案中,从某网络公司与某置业公司签订的房屋租赁合同及补充协议的性质来看,双方虽然以房屋租赁合同的名义签订合同,但是根据合同约定内容及条款,该协议系名为租赁合同实际是双方基于债权债务关系而产生的抵偿欠款行为,其实质是以房屋租金抵偿欠款。因此,该合同性质不能认定为房屋租赁合同。

其次,某网络公司依据租赁合同及协议要求中止执行法院从某大厦清退某网络公司的执行行为,鉴于其依据的上述合同并不能认定为房屋租赁合同,故其主张并无法律依据,对其异议请求执行法院不予支持。

综合上述考虑,执行法院裁定驳回某网络公司的异议。

二、争鸣观点

"以租抵债"能否阻却法院执行系本案的焦点问题。针对该焦点,我们可以先分析一下"买卖不破租赁"原则在执行程序中的体现。"买卖不破租赁"的规定使租赁权有一定的"相对支配性",产生了物权色彩,无论是大陆法系国家还是英美法系国家都将"买卖不破租赁"作为民事立法领域的原则之一予以坚守,我国立法也不例外。[①]《民法典》就"买卖不破租赁"作出了规定,在执行阶段,"买卖不破租赁"制度亦有规定,如《最高人民法院关于人民法院民事执行中拍卖、变卖财产的规定》第 28 条第 2 款规定,拍卖财产上原有的租赁权及其他用益物权,不因拍卖而消灭,但该权利继续存在于拍卖财产上,对在先的担保物权或者其他优先受偿权的实现有影响的,人民法院应当依法将其除去后进行拍卖。在此基础上,《最高人民法院关于人民法院办理执行异议和复议案件若干问题的规定》(以下简称《异议和复议规定》)第 31 条第 1 款做了进一步细化规定:承租人请求在租赁期内阻止向受让人移交占有被执行的不动产,在人民法院查封之前已签订合法有效的书面租赁合同并占有使用该不动产的,人民法院应予支持。在执行实践中,不时有案外人提出,其已通过将被执行人所欠的债款以抵作

① 参见胡剑锋、赵俊山:《虚假租赁规避执行及其法律应对》,"强制执行的理论与制度创新"中国行为法学会执行行为研究会会议论文,2017 年 2 月于北京。

租金的形式对法院执行的不动产进行租赁,要求以此"租赁权"排除法院的执行行为,本案所审理的即是此类问题。

对此类问题,执行过程中有以下两种不同观点。

第一种观点认为,不能凭借"以租抵债"合同主张其"承租权",以此来对抗法院的强制执行行为。《异议和复议规定》第 31 条第 1 款将案外人可以租赁权排除执行行为的条件规定为"在人民法院查封之前已签订合法有效的书面租赁合同并占有使用该不动产",其中包含的条件有:第一,案外人与被执行人应在法院查封前签订租赁合同;第二,租赁合同应以书面形式体现;第三,租赁合同应合法有效;第四,应在法院查封前对案涉不动产占有并使用。通过上述条件可见,签订租赁合同是当事人享受租赁权从而阻却法院执行的前提条件。《民法典》第 703 条规定,租赁合同是出租人将租赁物交付承租人使用、收益,承租人支付租金的合同。租金是指承租人因对出租人提供的租赁物进行使用、收益而支付的对价。[①] 由此可见,在租赁合同中,出租人进行出租的目的是获取租金,从而使自己的财产增加;承租人的目的是对相应财产进行使用、收益。而在"以租抵债"合同中,债务人将自己所有的不动产提供给案外人的目的是进行债务清偿,减少自己的负债;案外人的目的除使用不动产外,更为主要的是保证其债权的实现。"以租抵债"合同的签订,实质上是对原债权债务关系中的债务偿还方式进行改变,只是这种改变较为复杂,是以租赁合同的形式进行的改变,但其实质仍为债务人以其房屋使用权抵偿欠款的合同。故"以租抵债"的"租赁合同"不应视为租赁合同,不能对抗法院的强制执行行为。

第二种观点认为,虽然"以物抵债"合同并非传统意义上的租赁合同,但是双方当事人亦形成了租赁关系,在此情况下,应当保护案外人的"承租权",允许其以此阻却法院执行。

三、笔者观点

笔者同意第一种观点。

首先,如上文所述,"以租抵债"合同虽在形式上与租赁合同相似,看上去案外人与被执行人似乎形成了租赁关系,但其实质是债务人以其房屋使用权抵偿欠款的合同之债。在此种情况下,因其与租赁合同形似而神不似,亦不应参照租赁合同的相关规定,将案外人视作不动产的承租人,从而给予其租赁权以阻却法院执行。

---

① 参见王利明:《合同法分则研究》(上卷),中国人民大学出版社 2012 年版,第 323 页。

其次，如果案外人享有承租人的地位，进而可主张租赁权阻却法院执行，则将损害其他债权人的利益。“买卖不破租赁”原则的目的是保护承租人的租赁权，而在“以租抵债”的法律关系中，案外人所欲达成的不仅是使用案涉不动产，亦带有处分被执行人不动产租金以抵偿自己债权的目的，因而案外人的身份应视作债权人。故在执行过程中，如果被执行人存在其他债权人，如果认可“以租抵债”合同属于租赁合同，案外人与被执行人之间形成了租赁关系，则相当于被执行人在未经其他债权人同意的情况下，擅自以自己的某一财产向某一债权人偿还特定债务，这将会影响其他债权人债权的实现，违反公平这一法律基本原则。

最后，由于租赁合同没有登记制度，执行程序中如何识别租赁权的真实性存在难题，尤其容易产生被执行人与案外人通过倒签时间伪造租赁合同以干扰执行的问题。[①] 在司法实践中，租金是否如实缴纳是判断租赁关系是否真实的重要参考。然而，从“以租抵债”合同的内容上看，在履行该类合同时，案外人并不需要向被执行人支付租金，或者以其他方式为被执行人增加财产或提供服务，而是以抵偿债务的方式来履行合同。在这种情况下，案外人与被执行人通过倒签等方式串通伪造合同的便利性大大增加，如果允许案外人可以以其“承租权”阻却法院的强制执行，则其他债权人的债权得以实现的风险将过分增大。

综上所述，笔者认为，无论是从法理上还是司法实践上，案外人都不应凭借“以租抵债”合同而主张其“承租权”来阻却法院的执行行为。故执行法院裁定驳回某网络公司凭借“以租抵债”合同而主张其“承租权”中止执行的异议是正确的。

（责任编辑：刘晓虹）

---

① 参见江必新、刘贵祥主编，最高人民法院执行局编著：《最高人民法院〈关于人民法院办理执行异议和复议案件若干问题规定〉理解与适用》，人民法院出版社 2015 年版，第 444 页。

【北京法院参阅案例】

北京法院参阅案例第 45 号

刘某诉北京益高安捷信息技术有限公司劳动争议纠纷案

（2019 年 12 月 26 日北京市高级人民法院审判委员会第 28 次会议讨论通过）

关键词：劳动争议　竞业限制　申请减少违约金

参阅要点

劳动争议纠纷案件中，如果劳动者提出竞业限制违约金过高并申请酌减，法院可以根据公平原则和诚实信用原则，综合考量当事人双方约定的竞业限制补偿金数额、劳动者离职时的工作岗位及收入水平、劳动者的过错程度、违约行为及其给用人单位造成的损失、是否在事实上限制或排除劳动者合同解除权等多方面因素，认定竞业限制违约金是否过高以及予以减少的幅度。

相关法条

1.《中华人民共和国劳动合同法》第 23 条

2.《中华人民共和国合同法》第 114 条

3.《最高人民法院关于适用〈中华人民共和国合同法〉若干问题的解释（二）》第 29 条

当事人

原告（上诉人）：刘某

被告（上诉人）：北京益高安捷信息技术有限公司

基本案情

刘某原为益高安捷信息技术有限公司（以下简称益高安捷公司）员工，在职期间担任销售经理。2013 年 9 月 1 日，益高安捷公司（甲方）与刘某（乙方）签署《保密协议书》约定离职后两年内的竞业限制义务，并约定“竞业限制经济补偿自乙方离职的次月起支付，补偿数额为该员工离职时当月基本工资的 10%，按月支付……如乙方违反本协议的规定，包括保密、知识产权以及竞业限制等，应支付给甲方违约金，违约金的数额相当于乙方在甲方工作期间年薪（包括基本工资、奖金和年终奖等）的十倍。”

刘某在职期间从事销售工作，主要工作职责为承担具体地域、行业或产品类型的销售任务，积累客户资源和创造销售机会等。刘某负责区域为华北地区，客户指向保险、汽车、汽车金融，证券和信托等行业电子发票的电商应用。2015 年 8 月 12 日，刘某自益高安捷公司离职，离职前 12 个月工资总额为 151 640. 77 元，离职后刘某竞业限制经济补偿金标准为每月 1450 元。2015 年 9 月，刘某入职印达科技（上海）有限公司（以下简称印达公司）从事销售工作；2015 年 9 月 17 日至 9 月 18 日，刘某以印达公司经理的身份出席中国保险产业国际峰会并以《数字化保险将成为焦点》为题作出发言。两公司在业务、经营地域及面向的客户群体方面存在重合及竞争关系。

后益高安捷公司以要求刘某继续履行竞业限制义务、支付竞业限制违约金等为由向北京市海淀区劳动人事争议仲裁委员会提起仲裁申请，该委审理后作出京海劳人仲字［2016］第 4308 号裁决书，裁决：1. 刘某继续履行《保密协议书》中的竞业限制协议内容；2. 刘某支付益高安捷公司竞业限制违约金 151 640 元；3. 驳回益高安捷公司其他仲裁申请。刘某与益高安捷公司均不服该裁决结果，提起诉讼。

刘某诉称，我并未违反竞业限制义务，无须支付竞业限制违约金；益高安捷公司向我支付的竞业限制补偿费远低于法律规定的数额，该竞业限制条款无效；益高安捷公司仅支付 1450 元竞业限制补偿金，但要求我支付高达 150 万元的赔偿金，数额明显过高。综上，我不服京海劳人仲字［2016］第 4308 号裁决书的裁决结果，请求判决：1. 我无须继续履行《保密协议书》中的竞业限制协议内容；2. 我无须向公司支付任何违反竞业限制违约金；3. 益高安捷公司承担本案诉讼费。

益高安捷公司诉称，我公司与刘某签订的《保密协议书》合法有效。刘某违反双方竞业限制约定，在离职当月即入职与我公司具有竞争关系的印达科技（上海）有限公司。刘某的行为违反了《保密协议书》中关于竞业限制义务的约定，故应当按照《保密协议书》第十四条的约定向我公司支付违约金。综上，我公司不服京海劳人仲字[2016]第4308号裁决书的裁决结果，请求判决：刘某向我公司支付违反竞业限制违约金1 516 407.7元；刘某继续履行竞业限制义务。

一审判决作出后，刘某、益高安捷公司均提出上诉。

裁判结果

北京市海淀区人民法院于2016年9月19日作出（2016）京0108民初20535号民事判决：一、刘某继续履行与北京益高安捷信息技术有限公司签署的《保密协议书》约定的竞业限制义务；二、刘某于本判决生效之日起十日向北京益高安捷信息技术有限公司支付竞业限制违约金六万九千六百元；三、驳回北京益高安捷信息技术有限公司其他诉讼请求。

北京市第一中级人民法院于2016年11月24日以作出（2016）京01民终6979号民事判决：驳回上诉，维持原判。

裁判理由

法院认为：刘某在职期间与益高安捷公司签订的《保密协议书》约定有竞业限制条款，该竞业限制约定有效且对双方具有约束力。益高安捷公司业已举证证明：两公司存在竞争关系；刘某离职前任销售主管；刘某2015年8月离职后于2015年9月入职印达公司的行为违反双方竞业限制义务。故益高安捷公司要求刘某继续履行《保密协议书》中约定的竞业限制义务并无不当。至于竞业限制违约金，因刘某存在违反竞业限制约定的行为，故益高安捷公司要求刘某支付竞业限制违约金的请求并无不当。但对于违约金的具体金额，本院认为：刘某在庭审中明确表示竞业限制违约金约定过高；故结合双方约定的竞业限制补偿金标准、刘某在益高安捷公司任职期间的职务及工资标准、刘某在益高安捷公司的工作时间；再考虑到益高安捷公司未提交充足的证据证明刘某给其公司造成的实际损失；结合上述情况，本院判定刘某应向益高安捷公司支付违反竞业限制违约金69 600元。

北京法院参阅案例第46号

北京隆昌伟业贸易有限公司诉北京城建重工有限公司合同纠纷案

（2019年12月26日北京市高级人民法院审判委员会第28次会议讨论通过）

关键词：恶意违约　申请减少违约金　诚实信用原则

参阅要点

违约方为解除对己方财产的保全措施，在诉讼中签订和解协议并承诺高额违约金，在己方财产被解除保全措施后违约方不履行和解协议约定的义务，严重违反诚实信用原则的，违约方在和解协议违约金纠纷诉讼中申请减少违约金，法院可以不予支持。

相关法条

1.《中华人民共和国合同法》第6条、第114条

2.《最高人民法院关于适用〈中华人民共和国合同法〉若干问题的解释（二）》第29条

当事人

原告（被上诉人）：北京隆昌伟业贸易有限公司

被告（上诉人）：北京城建重工有限公司

基本案情

2016年3月，北京隆昌伟业贸易有限公司（以下简称隆昌贸易公司）因与北

京城建重工有限公司(以下简称城建重工公司)买卖合同纠纷向法院提起民事诉讼,法院于 2016 年 8 月作出(2016)京 0106 民初 6385 号民事判决,判决城建重工公司给付隆昌贸易公司货款 5 284 648.68 元及相应利息。城建重工公司对此判决提起上诉,在上诉期间,2016 年 10 月 11 日,城建重工公司与隆昌贸易公司签订协议书,协议书约定:(1)城建重工公司承诺于 2016 年 10 月 14 日前向隆昌贸易公司支付人民币 300 万元,剩余的本金 2 284 648.68 元、利息 462 406.72 元及诉讼费 25 802 元(共计 2 772 857.4 元)于 2016 年 12 月 31 日前向支付完毕;城建重工公司未按照协议约定的时间支付首期给付款 300 万元或未能在 2016 年 12 月 31 日前足额支付完毕全部款项的,应向隆昌贸易公司支付违约金 80 万元;如果城建重工公司未能在 2016 年 12 月 31 日前足额支付完毕全部款项的,隆昌贸易公司可以自 2017 年 1 月 1 日起随时以(2016)京 0106 民初 6385 号民事判决为依据向人民法院申请强制执行,同时有权向城建重工公司追索本协议确定的违约金 80 万元。(2)隆昌贸易公司申请解除在他案中对城建重工公司名下财产的保全措施。双方达成协议后城建重工公司向二审法院申请撤回上诉并按约定于 2016 年 10 月 14 日给付隆昌贸易公司首期款项 300 万元,隆昌贸易公司按协议约定申请解除了对城建重工公司财产的保全。后续城建重工公司未按照协议书的约定支付剩余款项,2017 年 1 月隆昌贸易公司申请执行(2016)京 0106 民初 6385 号民事判决书所确定的债权,并于 2017 年 6 月起诉城建重工公司支付违约金 80 万元。

一审中,城建重工公司答辩称:隆昌贸易公司要求给付的请求不合理,违约金数额过高。根据生效判决,城建重工公司应给付隆昌贸易公司的款项为 5 284 648.68 元及利息。隆昌贸易公司诉求城建重工公司因未完全履行和解协议承担违约金的数额为 80 万元,此违约金数额过高,有关请求不合理。一审宣判后,城建重工公司不服一审判决,上诉称:一审判决在错误认定城建重工公司恶意违约的基础上,适用惩罚性违约金,不考虑隆昌贸易公司的损失情况等综合因素而全部支持其诉讼请求,显失公平,请求适当减少违约金。

审理结果

2017 年 6 月 30 日,北京市丰台区人民法院(2017)京 0106 民初 15563 号民事判决:北京城建重工有限公司于判决生效之日起十日内支付北京隆昌伟业贸易有限公司违约金 80 万元。2017 年 10 月 31 日,北京市第二中级人民法院作出(2017)京 02 民终 8676 号民事判决:驳回上诉,维持原判。

裁判理由

法院生效裁判认为：隆昌贸易公司与城建重工公司在诉讼期间签订了协议书，该协议书均系双方的真实意思表示，不违反法律法规强制性规定，合法有效，双方诚信履行。本案涉及诉讼中和解协议的违约金调整问题，本案审查焦点有：一是涉案的80万元违约金性质之认定，惩罚性违约金抑或补偿性违约金；二是违约金酌减的考察因素。

涉案的80万元违约金性质之认定，惩罚性违约金抑或补偿性违约金。惩罚性违约金抑或补偿性违约金之区分应以损失填补为主要标准。《中华人民共和国合同法》第一百一十四条规定了违约金制度，分析该条之立法精神，我国合同法领域，以损失弥补为标准，区分了补偿性违约金与惩罚性违约金，前者系以损失填补为目的，后者除了填补损失外亦具有惩罚违约方之违约行为功能。本案中，隆昌贸易公司与城建重工公司签订协议书约定城建重工公司未能于2016年10月14日前向隆昌贸易公司支付人民币300万元，剩余的本金2 284 648.68元、利息462 406.72元及诉讼费25 802元（共计2 772 857.4元）于2016年12月31日支付，则隆昌贸易公司有权申请执行原一审判决并要求城建重工公司承担80万元违约金。现城建重工公司于2016年12月31日前未依约向隆昌贸易公司支付剩余的2 772 857.4元，隆昌贸易公司的损失主要为剩余的2 772 857.4元的财务成本，双方所约定的80万元违约金除填补损失外亦具有惩罚作用，一审法院认定涉案80万元违约金系惩罚性违约金，并无不当。

违约金酌减的考察因素。本案中，城建重工公司在诉讼期间与隆昌贸易公司达成和解协议并撤回上诉，隆昌贸易公司按协议约定申请解除了对城建重工公司账户的冻结。而城建重工公司作为商事主体，自愿给隆昌贸易公司出具和解协议并承诺高额违约金，但在账户解除冻结后城建重工公司并未依约履行后续给付义务，具有主观恶意，有悖诚实信用。一审法院判令城建重工公司依约支付80万元违约金，并无不当。判决：驳回上诉，维持原判。

北京法院参阅案例第47号

北京龙洋房地产开发有限责任公司与北京市朝阳区时点·新坐标小区业主委员会业主撤销权纠纷案

（2020年1月12日北京市高级人民法院审判委员会第1次会议讨论通过）

关键词：业主撤销权　业主大会决议　举证责任

参阅要点

业主以程序严重违法为由，请求撤销业主大会或业主委员会决议的，业主应当提交证据予以证明。当业主履行相应的举证责任后，业主委员会仍主张决议程序合法的，业主委员会应负担证明程序合法的举证证明责任。业主因客观原因不能自行收集证据，在举证期限届满前书面申请人民法院调查收集的，人民法院应依照法律和司法解释的相关规定进行处理。

相关法条

1.《中华人民共和国物权法》第76条、第78条

2.《最高人民法院关于适用〈中华人民共和国民事诉讼法〉的解释》第90条

当事人

原告：北京龙洋房地产开发有限责任公司

被告：北京市朝阳区时点·新坐标小区业主委员会

基本案情

被告北京市朝阳区时点·新坐标小区业主委员会(以下简称业主委员会)由北京市朝阳区时点·新坐标小区二次业主大会选举产生,并于2015年1月29日在北京市朝阳区十八里店乡人民政府备案。

2015年7月28日,业主委员会向北京市朝阳区十八里店乡人民政府提交《关于召开业主大会临时会议的申请报告》,申请召开业主大会临时会议,拟通过全体业主表决,授权业主委员会以招投标方式招聘物业公司。

2015年8月22日至10月16日期间,业主委员会采用公示会议议题、投票表决的方式召开业主大会临时会议,投票表决议题包括:"一、修改本小区业主大会《议事规则》;二、授权业主委员会以招投标方式招聘物业公司;三、本小区实行管理方式:'酬金制';四、公共收益使用方式:A.用于小区公共建设(或不可预见的需求);B.按平方米返还业主30万元,平均每平方米4元。"

2015年10月16日,业主委员会在北京市朝阳区十八里店乡人民政府房屋管理科工作人员、片区民警及业主代表的监督下进行唱票,后又经核实业主建筑物专有部分面积,于2015年10月19日作出《时点·新坐标小区业主大会临时会议决议》,会议表决决议事项如下:1.通过第一项"修改本小区业主大会《议事规则》"决议。2.通过第二项"授权业主委员会以招投标方式招聘物业公司"决议。3.通过第三项"本小区管理方式酬金制"决议。4.公共收益使用方式:均未获得通过。

后原告北京龙洋房地产开发有限责任公司(以下简称龙洋公司)将该小区业主委员会起诉至法院,认为业主委员会此次临时会议程序和实体严重违法,并侵害了龙洋公司等广大业主的知情权和表决权,请求法院撤销2015年10月19日作出的《时点·新坐标小区业主大会临时会议决议》。

经询,业主委员会称业主本人参与投票表决者,其至少由两名以上工作人员至业主房间让业主出示身份证核实身份,对于非业主本人参与投票表决者,须提交业主授权委托手续。龙洋公司向法院提交了其自行向业主调查的调查问卷,证明其中22户租户未得到业主授权而参与了投票表决,39户业主参与了投票表决,但只是签名,未对表决内容表态。业主委员会对该证据不予认可。但业主委员会表示相关材料均和表决票均已丢失,不能向本院提交。

法院就北京市朝阳区时点·新坐标小区召开业主大会临时会议一事向北京市朝阳区十八里店乡人民政府房屋管理科进行调查,该科工作人员答复称其监督并参与了表决票的唱票工作,没有参与业主身份核实、表决票的发放和投票工作。

审理结果

北京市朝阳区人民法院于2016年1月20日作出(2016)京0105民初1966号民事判决书,判决撤销被告北京市朝阳区时点·新坐标小区业主委员会于2015年10月19日作出的《时点·新坐标小区业主大会临时会议决议》。判决作出后,双方当事人均未上诉,判决已发生法律效力。

裁判理由

法院生效判决认为:《中华人民共和国物权法》第七十八条规定,业主大会或者业主委员会作出的决定侵害业主合法权益的,受侵害的业主可以请求人民法院予以撤销。本案中,根据查明事实,龙洋公司系北京市朝阳区时点·新坐标小区业主,其提出撤销业主大会作出的决议,主体适格。

《中华人民共和国物权法》第七十六条规定,制定和修改业主大会议事规则、选聘和解聘物业服务企业或者其他管理人以及有关共有和共同管理权利的其他重大事项,应当经专有部分占建筑物总面积过半数的业主且占总人数过半数的业主同意。本案中,龙洋公司对业主大会临时会议就上述法律规定的事项作出决议的程序合法性提出质疑,并履行了相应的举证责任,业主委员会仍主张决议程序合法,应当对作出决议的程序合法性承担举证责任。现业主委员会未能举证证明参与投票表决业主和接受业主委托投票者身份的真实性、合法性,则不能认定业主大会临时会议的程序合法,故龙洋公司要求撤销业主大会临时会议决议的诉讼请求,法院予以支持。

【热点问题聚焦】

我国网络犯罪惩治困境的现状审视、反思及完善
——以北京市618份裁判文书为样本

吴小军 石 魏 方 玉*

内容摘要:网络犯罪大致经历了以计算机为直接侵害对象、以计算机为犯罪工具和以网络为犯罪空间三个阶段。网络犯罪呈现出复杂、多元、交织的法益属性,兼具个体性、秩序性与公共性。我国网络犯罪立法整体上契合网络刑事治理理念,但大数据时代下的网络犯罪呈现出不断蔓延、扩张之势,集中表现在网络平台在侵权犯罪案件中责任认定困难、网络空间秩序缺乏具体认定标准等。本文通过对北京市2017—2021年审结案件的618份裁判文书进行实证分析,提出要建立严密的网络犯罪刑罚体系,应拓宽网络信息(数据)的保护路径,织密网络信息(数据)的法益保护网,从基础层面,将网络空间认定为公共场所;从技术层面,规范技术使用与网络监管,提升风险应对防范能力;从法律层面,推进法律之间的有效衔接,避免出现惩治真空;从平台层面,严格平台主体责任,堵塞治理漏洞。

关键词:网络空间 网络平台 网络秩序 网络责任

伴随万物互联互通的新型互联网时代的到来,以“双层空间、算法生态、数字主导”等为典型特征的智能互联网逐渐形成。[①] 与此同时网络犯罪逐渐成为当今犯罪类型的主角[②],此类犯罪在实践中存在本体问题认识模糊、界定标准尚不明确等问题,亟须在明确网络空间秩序的基础上合理确认网络平台在侵权犯罪案件中的责任,以规则判断取代个案判断,以有效应对网络犯罪刑法扩张[③],统

---

* 作者单位:北京市高级人民法院、北京市东城区人民法院、北京市第三中级人民法院。

① 参见马长山:《智能互联网时代的法律变革》,载《法学研究》2018年第4期。

② 参见《去年检察机关起诉涉网络犯罪人数同比上升近五成》,载《法治日报》2021年4月8日,第3版。

③ 参见喻海松:《网络犯罪的立法扩张与司法适用》,载《法律适用》2016年第9期。

一裁判尺度。本文通过考察网络犯罪整体趋势和微观特征,解析突出问题,提出拓宽网络信息(数据)的保护路径,以期织密网络信息(数据)的法益保护网。

一、网络犯罪之总体趋势及特点分析

本文通过对北京市2017—2021年审结的618件网络犯罪案件样本①进行分析,发现网络犯罪呈现以下特点。

(一)总体趋势

1. 案件数量呈拱形趋势,保持高位运行

在样本案件中,2017—2021年网络犯罪案件数量分别为96件、134件、162件、131件、95件。其中,案件数量排在前五的罪名分别为:侵犯公民个人信息罪(227件)、扰乱无线电管理秩序罪(117件)、帮助信息网络犯罪活动罪(101件)、非法获取计算机信息系统数据罪(49件)、破坏计算机信息系统罪(47件),共占案件总数的87.5%。此类案件自2017年逐年递增,2019年达到峰值,之后开始回落,总体呈"先升后降"的拱形趋势。自2017年起,案件数量始终保持在高发态势。以上情况出现的主要原因在于2017年最高人民法院、最高人民检察院出台《关于办理侵犯公民个人信息刑事案件适用法律若干问题的解释》,对个人信息的范畴、识别标准、入罪标准等做了明确规定,此类网络侵犯公民个人信息案件的数量快速增长。2019年最高人民法院、最高人民检察院出台《关于办理非法利用信息网络、帮助信息网络犯罪活动等刑事案件适用法律若干问题的解释》,为网络犯罪的惩处提供了较为明确的依据,此类案件数量亦显著提升,但之后受新冠疫情等因素的影响,案件数量在2020年开始逐年下降。

2. 犯罪主体高学历、低学历并行,主体为中青年

其一,从学历来看,犯罪主体高学历、低学历并行,初中学历占比最大,其次是高中、大专、本科、小学、研究生,可从1646名自然人被告人学历情况分布图中一探究竟,1646名自然人被告人学历情况分布见图1。其中初中文化的被告人数量最多,达497人,占涉案被告人总数的30.2%。网络犯罪的实施者多为共同犯罪,部分犯罪分子通过大学教育掌握前沿的网络技能,更新网络知识储备,充分利用网络技术进行编程,发现网络的漏洞及缺陷,利用网络手段实施具体犯罪行为,网络犯罪高科技化、高学历化倾向明显。与此同时,网络已成为大众化的产物,各种知识层次的行为人均可参与其中,单独或共同实施的网络犯罪呈现行

① 主要包括非法侵入计算机信息系统罪,非法获取计算机信息系统数据、非法控制计算机信息系统罪,破坏计算机信息系统罪,非法利用信息网络罪,帮助信息网络犯罪活动罪,编造、故意传播虚假恐怖信息罪,编造、故意传播虚假信息罪,传授犯罪方法罪,侵害英雄烈士名誉、荣誉罪,侵犯公民个人信息罪,扰乱无线电通讯管理秩序罪。

为人高学历与低学历并行的态势。

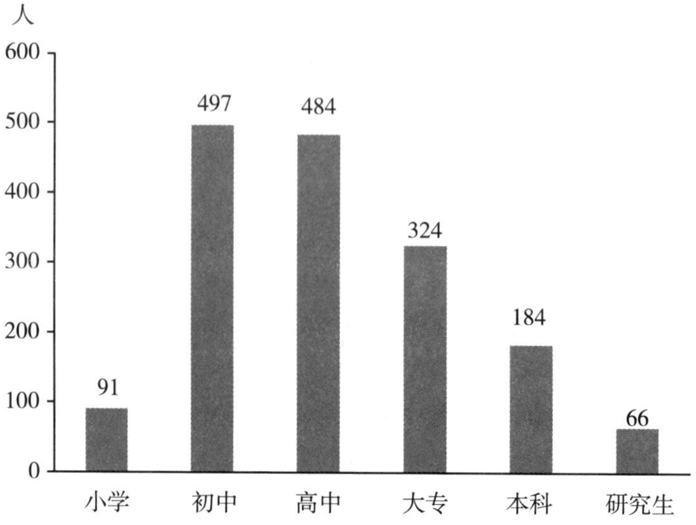

图 1　1646 名自然人被告人学历情况分布

其二,从年龄结构看,犯罪主体以中青年为主,呈现出低龄化的趋势。1646 名自然人被告人年龄情况分布见图 2。青少年犯罪不断涌现,此类犯罪分子文化程度较低,社会阅历不足,沉溺于网络世界不能自拔,并企图借助法律对未成年人的刑罚宽缓而隐匿犯罪。

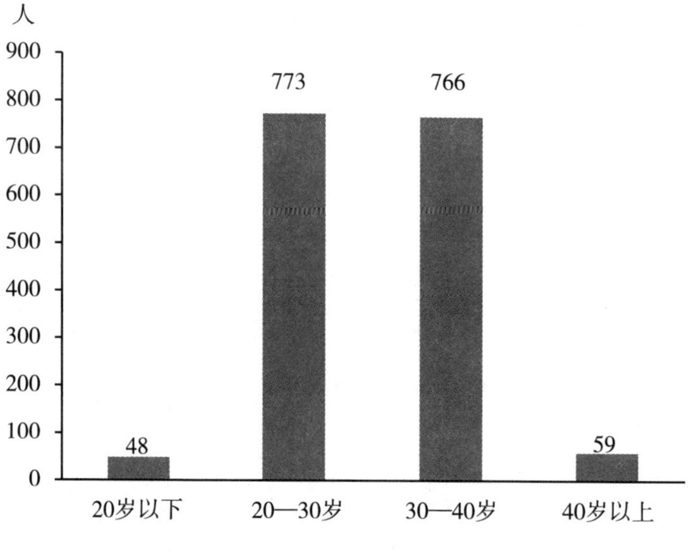

图 2　1646 名自然人被告人年龄情况分布

3. 犯罪手段具有多样性、隐蔽性

当网络成为犯罪分子交往媒介及犯罪工具时，对具体行为人的侵害主要通过网络空间与现实空间的连接来实现。部分犯罪分子通过网络学习犯罪手段、犯罪方法，并将其适用于现实社会，从而持续对现实社会造成危害，影响并重塑不特定行为人的思维、思想和行为。与此同时，犯罪分子利用网络空间跨越时空限制，相互之间可以快速渗透影响，导致犯罪手段不断翻新、危害后果越发严重。常见的犯罪手段包括冒充公检法人员，以查封、冻结银行卡或更改密码为由实施诈骗；通过撞库、木马程序、爬虫技术等非法收集公民信息、企业机密等信息；通过流氓软件恶意刷单、提升排名等。而且，涉及网络犯罪罪名不断增多，2021 年常用的涉网络犯罪罪名已达 50 余个，特别是侵犯公民个人信息罪、诈骗罪、网络型寻衅滋事罪等罪名的案件数量增速明显。此类犯罪行为人借助网络技术、系统，或虚拟身份，或隐藏所在位置跨越时空进行交易，无须面对面直接接触，犯罪的成本低、效率高，隐蔽性更强。

4. 区域案件数量相差悬殊，危害后果具有持续性、频繁性

各区网络犯罪数量差异明显，以北京市为例，如朝阳法院、海淀法院审理案件数量均在 70 件以上（包括 70 件），昌平法院审理案件数量亦在 50 件以上，大兴法院、丰台法院、东城法院审理案件数量均在 40 件以上（包括 40 件）。北京市辖区各法院 2017—2021 年网络犯罪案件分布可见表 1。产生差异的主要原因在于：(1) 各区功能定位不同，经济发达程度不同，辖区内人员结构、企业类型亦有所不同。如海淀区网络平台企业、高新技术产业发达，伴随而来的网络犯罪数量也水涨船高。(2) 因犯罪对象不同而导致罪名相差极大。如朝阳区城乡接合部较多，一些犯罪分子将犯罪对象限定为来京务工的农民工，对其进行网络诈骗等；东城区面积狭小、人口众多，但聚集众多国家机关、事业单位、金融企业，一些犯罪分子通过“黑广播”“广告推广”的方式实施扰乱无线电通讯管理秩序罪、帮助信息网络犯罪活动罪。

表 1　北京市辖区各法院 2017—2021 年网络犯罪案件分布

单位：件

法院	2017 年	2018 年	2019 年	2020 年	2021 年
市一中院	3	5	9	8	5
市二中院	5	4	6	5	3
市三中院	3	9	12	11	7
东城法院	2	11	13	6	8
西城法院	1	5	6	5	2

续表

法院	2017年	2018年	2019年	2020年	2021年
海淀法院	9	16	21	17	7
朝阳法院	23	14	17	15	10
丰台法院	6	11	9	8	12
石景山法院	2	3	4	3	0
门头沟法院	2	3	5	4	2
昌平法院	5	13	16	14	6
延庆法院	2	3	6	4	5
房山法院	5	8	8	6	3
大兴法院	9	11	15	8	5
通州法院	4	5	6	4	4
顺义法院	9	4	3	4	5
怀柔法院	2	3	1	4	6
平谷法院	3	4	3	2	2
密云法院	1	2	2	3	3

在具体侵害对象方面,财产权益和公民个人信息成为被侵害数量最多的两种类型,各类案件数量差距较大。618件网络犯罪案件样本的具体罪名在2017—2021年的数量分布可见表2。在实践中某些商户以“送礼品”的形式,骗取老年人财物或获取其个人信息,涉嫌触犯诈骗罪、侵犯公民个人信息罪等多种犯罪;某些发生在网贷、银行卡、移动支付App等领域的个人生物识别信息侵权案件,不仅侵犯公民个人信息,还极易引发诈骗罪等多种违法犯罪活动,危害社会公共利益。

表2　618件网络犯罪案件样本的具体罪名年度分布

单位:件

具体罪名	2017年	2018年	2019年	2020年	2021年
侵犯公民个人信息罪	25	57	79	51	15
非法侵入计算机信息系统罪	1	1	2	2	0
非法获取计算机信息系统数据罪	15	7	13	9	5
非法控制计算机信息系统罪	5	1	9	7	1

续表

具体罪名	2017年	2018年	2019年	2020年	2021年
破坏计算机信息系统罪	7	11	15	11	3
非法利用信息网络罪	0	4	2	7	2
帮助信息网络犯罪活动罪	0	1	2	37	61
编造、故意传播虚假恐怖信息罪	2	1	5	3	1
编造、故意传播虚假信息罪	0	0	8	2	2
传授犯罪方法罪	0	1	1	2	1
侵害英雄烈士名誉、荣誉罪	0	0	0	0	4
扰乱无线电管理秩序罪	41	50	26	0	0
总计	96	134	162	131	95

（二）微观分析

1. 从当事人角度看

在样本案件中，被告人从事的行业包括零售行业、金融行业、租赁行业、媒体行业、网络平台服务行业等，因从事具体业务、接触对象、主观目的不同，其侵害对象具有广泛性和多样性，既包括国家、企业，还包括不特定的个人。网络犯罪侵犯的法益不仅包括公民的财产权、隐私权、人格权，还包括企业知识产权、著作权，甚至包括国家安全。侵犯企业法益的情形如收集金融从业人员信息后实施诈骗，为打击对手、抢占市场而窃取对手企业商业机密等。

2. 从前科劣迹看

样本案件中，共涉及被告人1660人，犯罪单位14个，自然人犯罪主体1646名，男性占绝大多数。其中，404名被告人有违法犯罪记录，231人曾因犯罪被刑事处罚，247人曾被行政处罚，74人既有刑事处罚又有行政处罚记录，累犯高达136人，部分被告人存在多次犯罪记录，最多高达11次。虽然我国通过刑事立法及刑法修正案不断制定新罪名、完善刑罚结构，但在网络犯罪方面存在量刑较轻、资格刑内容滞后、从业禁止适用空白及对被告人前科评价不足的问题，导致一些被告人刑满释放后“重操旧业”，继续实施各种网络犯罪行为。

3. 从刑罚角度看

刑罚要在促进网络创新与惩罚网络犯罪之间追求平衡，既要保障网络创新的营商环境，还要对危害国家安全、社会稳定、公众权益的网络犯罪行为依法予以严惩，进而最大化地发挥网络平台的效用。从网络犯罪惩处情况来看，惩处力度轻缓化现象突出,重刑率仅为5.3%(判处三年以上有期徒刑的被告人占总人数的比率),且缓刑人数占总人数的6.4%。例如,非法侵入计算机信息系统罪所设置的法定刑呈轻刑结构,实践中惩治力度明显不足,难以有效规制此类行为。此外,实践中危害较大的非法获取计算机信息系统数据罪其侵害对象具有广泛性,危害后果具有严重性,既可能危及国家安全、社会稳定,还可能侵犯不特定被害人的隐私及财产权益,但惩处效果并不明显,在49件样本案件中,7件被判处拘役,5件被宣告缓刑,36件主刑低于1年有期徒刑。

4. 从财产处置角度看

在样本案件中,涉及财产处置的案件共计182件,其中2017年18件,2018年27件,2019年58件,2020年43件,2021年36件。查控财产种类主要包括三个方面。(1)现金或存款,鉴于犯罪行为与涉案财产存在直接性、关联性,此类财产多被及时查封并移转到法院处置。(2)计算机设备等,计算机作为网络犯罪的载体,在案件侦查时作为犯罪工具或犯罪对象等被查控,并移交法院处置。(3)其他物品,如手机、汽车等。此类物品多作为犯罪工具被查控、移转、处置。具体而言,处置方式主要包括:没收,如没收违法所得;扣押,若扣押犯罪工具则要结合犯罪工具的主体及所有权人的主观意图区别对待。若查控财产为犯罪对象,如作为攻击对象的计算机设备,其属于证据,如果属于第三人所有,则要及时发还第三人;如果属于被告人所有,则可予以变卖,赔偿被害人的损失或折抵罚金。

此外,涉案财产处置还涉及未被查获的违法所得,此项财产更具复杂性、多样性,既有转移至被告人及其关联人账户的情况,也有转移至第三人甚至陌生人账户的情形。在实践中,犯罪分子通过利用他人账户或盗取他人信息办理相关账户的方式实施犯罪以获取违法所得,此时认定收款账户是否与被告人存在关联往往缺乏证据支撑,导致此类财产查证难、追缴难、退赔难。

二、网络犯罪惩治之实践争议

行为人实施网络犯罪集中指向对网络信息系统的破坏和对网络信息数据的非法获取等方面。由于侵害的法益难以衡量,情节犯的立法模式成为信息网络犯罪的方便之选。[①] 在已有的探讨中,作为“公共安全”与“公共秩序”的下位概念,“信息安全”与“网络空间秩序”是承载法益保护前置化使命的理想载体。[②]

---

① 参见敬力嘉:《信息网络犯罪中集体法益保护范围的扩张与限度》,载《政治与法律》2019年第11期。

② 参见王肃之:《被害人教义学核心原则的发展——基于侵犯公民个人信息罪法益的反思》,载《政治与法律》2017年第10期。

在实践中,网络犯罪的法益保护较为乏力,主要体现在网络空间认定难、网络侵权犯罪界分难、平台责任类型确定难。

(一)关于网络空间的认定问题

网络空间具有社会性、法律性,不仅是被组织和建立起来的,还是由群体以及这个群体的要求、伦理和美学,也就是意识形态来塑造成型并加以调整的。① 网络空间将网络世界与现实世界联系在一起,在网络世界发生的法律关系直接影响到现实世界,并直接影响到现实世界的被害人,从而产生与在现实空间实施相同的社会危害性。网络空间通常具有三个维度。

第一,作为媒介的网络空间。网络空间作为信息交流、人际交往、商业贸易等的媒介,深刻改变了人们的交际方式,且其承载的信息量极大,既包括电影、电视、娱乐等信息,还涉及国家安全、国防建设、高科技领域的信息。随着智能手机等的普及,公众之间的网络信息传播更加快捷、密切。网络空间在带来极大便利的同时,也带来诸多隐患,如一些行为人通过制作或传播木马程序、爬虫技术、撞库等方式实施各种违法犯罪行为,严重危及国家安全及公众权益。网络平台、网络技术具有中立性,但网络用户基于不同的目的实施不同类型的行为,既有合法行为,也有侵权、犯罪行为,如何平衡助推网络创新与惩治网络侵权犯罪行为至关重要。

第二,作为场所的网络空间。与实体的现实世界不同,网络空间是虚拟世界,但网络空间与现实世界密不可分。在一定程度上,网络空间是现实世界的延伸和扩展,故网络空间也有社会秩序,也涉及主权管辖,它虽然无边无际,但并不意味着不受法律的约束,相反,网络空间同样是在法律框架内进行人际交往、国际交流的空间范畴。

第三,作为战略性资源的网络空间。中共中央、国务院于2020年发布的《关于构建更加完善的要素市场化配置体制机制的意见》明确将数据和土地、劳动力、资本、技术等传统生产要素并列,表明数据已经成为关系国家政权稳定、经济发展、公共安全的战略性资源。在大数据时代,数据的巨大价值不仅可以带来科技进步、创新,也会导致生活方式、生产结构、交易方式等的彻底改变。网络空间可以跨越时空,极大地提高交易、交际、交往的效率,并可最大化地节约成本、加强交流、分享网络便利,还可以营造更加公平、公正、透明的营商环境,从而吸引更多的投资者、资本加入当地的建设、发展。

一般而言,网络空间与现实空间只是犯罪地点的形态区分,对犯罪的认定并

① 参见[法]亨利·勒菲佛:《空间与政治》,李春译,上海人民出版社2008年版,第9、52、66页。

不产生实质影响。但在特殊网络犯罪中,网络空间则是构成犯罪必不可少的一部分,如侵犯计算机信息系统的犯罪要求必须在网络空间实施;而在寻衅滋事罪中,网络空间能否认定为公共场所直接关系到罪名成立与否。

(二)关于网络侵权犯罪界分问题

网络信息纷繁复杂,针对网络信息实施的犯罪日益增多,而《刑法》对网络信息数据的保护集中表现为:一类是危害计算机信息系统的罪名,如非法获取计算机信息系统数据罪;另一类是通过信息网络实施的侵犯特定信息数据的罪名,如侵犯公民个人信息罪、侵犯商业秘密罪等。在信息科技广泛应用的背景下,网络信息的价值日益凸显,而真正能纳入《刑法》保护范畴的却屈指可数。对于日常、零碎、不直接体现法益的数据,无论数量多少,均不在刑法保护之列,网页浏览痕迹、下载记录、关键词搜索等与公民个人隐私密切相关的数据也基本被排除在刑法保护之外。[①] 不仅如此,即便网络数据列入《刑法》保护的也存在诸多争议,如网络虚拟财产能否认定为财物或数据许多人有不同看法。由于立法固有的滞后性,民法与刑法对手段更为隐蔽、形式不断翻新的网络侵害行为缺少及时有效的规制与救济,产生了惩治的"空白地带"。例如,在侵犯商业秘密罪入罪门槛较高的情形下,某些具有商业价值的合同信息亦面临利用刑法手段难以得到有效保护的问题。

(三)关于网络平台责任问题

根据《网络安全法》《全国人民代表大会常务委员会关于加强网络信息保护的决定》《中华人民共和国电信条例》《互联网信息服务管理办法》《计算机信息网络国际联网安全保护管理办法》等的相关规定,网络服务提供者应当按照网络安全等级保护制度的要求,履行安全保护义务。从刑法保护的角度来看,为了让网络服务提供者落实网络安全管理义务,我国《刑法》第286条之一[②]专门规定了拒不履行信息网络安全管理义务罪,即网络服务提供者不履行法律、行政法规规定的信息网络安全管理义务,经监管部门责令采取改正措施而拒不改正的,符合一定情形,就构成拒不履行信息网络安全管理义务罪。网络平台作为市场经济及互联网快速发展的产物,在市场活动中积累了海量的个人信息、企业信息甚至国家信息。此类信息蕴含诸多经济价值、安全价值,信息流动直接影响我国

① 参见梁染:《涉数据网络犯罪的立法防治对策研究》,载《东南大学学报(哲学社会科学版)》2019年第S2期。

② 《刑法》(2020年修正)第286条之一第1款规定:"网络服务提供者不履行法律、行政法规规定的信息网络安全管理义务,经监管部门责令采取改正措施而拒不改正,有下列情形之一的,处三年以下有期徒刑、拘役或者管制,并处或者单处罚金:(一)致使违法信息大量传播的;(二)致使用户信息泄露,造成严重后果的;(三)致使刑事案件证据灭失,情节严重的;(四)有其他严重情节的。"

经济发展、企业创新。但网络平台对其掌握的信息以及不同参与主体的具体行为负有何种类型的法律责任，当前仍缺乏明确规定，导致平台履责不力，与违法犯罪行为的滋生、蔓延具有相关性。

（四）关于不同罪名的界分问题

在网络犯罪案件中，侵犯计算机信息系统犯罪大都属于手段行为，与作为目的行为的犯罪如盗窃罪、侵犯公民个人信息罪、侵犯商业秘密罪等常存在竞合关系，在适用时较容易区分，且《刑法》明确了优先适用利用计算机信息系统罪之外其他罪名的规则。而对于同一犯罪行为触犯不同罪名的情形，则是司法认定的难题，如编造、故意传播虚假信息罪与寻衅滋事罪，两罪均借助网络实施犯罪行为，在客观行为方面具有交叉性、重合性。再如，单独认定侵犯计算机信息系统犯罪还是成立上下游犯罪的共犯，即非法利用信息网络罪、帮助信息网络犯罪活动罪与诈骗罪的共犯区分较为困难。从法律规定的罪状来看，非法利用信息网络罪是对网络犯罪预备行为独立入罪，即将《刑法》规制的环节前移，对尚处于预备阶段的网络犯罪预备行为单独入罪处罚。帮助信息网络犯罪活动罪则是对网络犯罪的帮助行为独立入罪，前者只要求行为人实施了法律规定的相应行为，后者通常要求以被帮助对象的行为构成犯罪为前提。两罪与诈骗罪的共犯在客观行为方面具有交叉性和重合性，如非法利用信息网络设立用于实施诈骗的网站行为，手段行为是设立网站，但目的行为是诈骗，两者之间存在牵连的关系。再如，帮助信息网络犯罪活动罪与诈骗罪的共犯都实施了帮助行为，如何对它们进行区分是争议的关键。

三、网络犯罪惩治困难之原因剖析

（一）现实层面：虚拟与实体空间的交织融合，网络犯罪即时性、隐蔽性更强，导致网络犯罪惩治难度增加

从审判实践来看，当下网络犯罪呈现复杂化、多样化趋势，不再以破坏计算机信息系统的单一形式出现，已经开始形成线上线下协同作案的特点。与传统犯罪，甚至早期黑客犯罪（危害计算机信息系统安全犯罪）的“单打独斗”情况完全不同，当前网络犯罪通常表现为“协同作案”，平均每件网络犯罪案件涉及2.73名被告人；超四成网络犯罪案件为两人及以上的团伙犯罪。[①] 团伙犯罪的显著特点为分工明确、职责精细，为犯罪各环节的开展创造了有利条件。网络犯罪分子利用虚拟空间中身份具有虚拟性，账号、IP难以追踪等特点大肆实施犯

① 参见喻海松：《网络犯罪黑灰产业链的样态与规制》，载《国家检察官学院学报》2021年第1期。

罪活动，犯罪手段的技术性特征明显，加剧了网络犯罪案件的取证和侦破难度。与此同时，网络犯罪阵地从单纯的虚拟空间转变为虚拟与实体空间交织融合，即时性、隐蔽性更强。例如，在涉及出售银行卡的帮助信息网络犯罪活动案件中，行为人通常在线下交易银行卡，他人再行利用银行卡实施网络犯罪活动。再如，在利用信息网络掩饰、隐瞒所得的案件中，行为人线上进行虚拟货币交易掩盖资金来源，线下支取现金提供给上家实现洗钱的目的等。还有部分网络犯罪将犯罪场所尤其是支付结算平台从“传统空间”扩展至“暗网空间”，而暗网具有访问门槛低、用户匿名性、交易隐蔽性的特点，导致暗网上的非法交易成为监管盲点，影响对网络犯罪的有效打击。

（二）实体层面：司法裁判规则及类案的认定标准不统一，导致裁判尺度不统一

网络犯罪的司法适用存在诸多争议，包括虚拟财产的认定、不同网络罪名的界分以及入罪标准的把握等，其重要原因在于司法裁判规则缺乏，类案认定标准不一。例如，虚拟财产问题已经在裁判中出现十余年，仍然存在不同的认识；对网络犯罪证据的收集、固定、审查、采用等方面亦缺乏统一的适用标准；在对网络犯罪入罪标准的关键——“情节严重”的把握上，有观点认为，在罪刑法定原则的要求下，司法自由裁量受限，司法适用慎之又慎，“其他情节严重的情形”并非明文规定，不可突破罗列的情形，应直接回避适用；对于情节严重中的“等外”规定亦应按照此标准，不应在罪刑法定原则的边缘试探。亦有观点认为，司法需要恪守审慎认定的司法立场，但也要考虑斩断网络犯罪利益链条的司法效果，“等外”情形和“其他情节严重情形”应当综合考虑，与罗列式情形相当，以此来判断犯罪行为。

（三）程序层面：网络犯罪客观证据收集难、主观构成要件认定难，导致入罪难

由于网络信息数量多、更新快，相关电子数据容易被覆盖、修改、删除，造成网络犯罪取证困难，加之有的案件侦查机关固定证据不及时、取证不规范等，致使部分证据未被采信，影响网络犯罪定罪量刑。同时，由于犯罪分子帮助、销赃等犯罪手段也逐渐升级，尤其是借助互联网各类交易平台实施网络犯罪或掩饰、隐瞒犯罪所得，使行为手段披上了“合法外衣”，进一步增加了司法认定的难度。由于网络犯罪案件大多涉及犯罪数量及金额认定，电子数据的收集与审查显得尤为重要。

除了客观证据收集难外，网络犯罪主观方面的认定也是司法难点。从《刑法》条文来看，将主观“明知”直接列入罪状的网络犯罪主要有两种：一种是直接将上游犯罪的帮助行为进行刑法规制的帮助信息网络犯罪活动罪，以及利用信

息网络实施的诸如掩饰、隐瞒犯罪所得、所得收益罪等。另一种是将网络犯罪的帮助行为进行规制的提供侵入、非法控制计算机信息系统程序、工具罪,编造、故意传播虚假信息罪。前一种“明知”是明知他人利用信息网络实施犯罪或明知是犯罪所得,该类案件的上游犯罪一般并未查获,帮助行为本身较为隐蔽,且有的犯罪手段会披上“合法外衣”,难以辨别。从司法解释的规定看,对帮助信息网络犯罪活动罪及掩饰、隐瞒犯罪所得罪的“明知”认定均采取列举方式加以推定。然而,罗列的情形往往难以完全涵盖复杂多变的司法实践,尤其在适用司法解释规定的“其他情形”时,如何确定其范围及适用条件,司法人员存在不同的看法。

(四)立法层面:刑事立法缺乏精细化设置及司法惰性,导致侵权、犯罪边界模糊,网络信息保障乏力

从我国关于网络犯罪的立法发展及现状来看,1997年《刑法》首次增加了网络犯罪的罪名,包括非法侵入计算机系统罪,破坏计算机系统功能罪,破坏计算机系统数据、程序罪,制作、传播计算机破坏程序罪等,之后两个刑法修正案增加了数个罪名。2009年《刑法修正案(七)》规定了非法获取计算机信息系统数据罪,非法控制计算机信息系统罪,提供侵入、非法控制计算机信息系统程序、工具罪。2015年《刑法修正案(九)》规定了拒不履行信息网络安全管理义务罪、非法利用信息网络罪和帮助信息网络犯罪活动罪等新型网络犯罪。总体而言,现行《刑法》关于网络犯罪的罪名相对较少,部分罪名设置时间较为久远,应对虚拟空间违法犯罪行为时显得捉襟见肘。一些新型的危害行为特别是危害网络秩序的黑灰产业链在《刑法》中并无适用余地。有的刑罚设置有所局限,如帮助信息网络犯罪活动罪在刑罚设置上较为单一,在个别情形下,可能出现罪名形式符合但刑罚过重的现象。[①] 上述《刑法》规制漏洞使网络侵权与犯罪的边界模糊,司法适用产生分歧,网络信息安全和被害人权益未能得到有效保护。

四、网络犯罪惩治之规范化路径

合理惩治网络侵权、犯罪行为,需在明确网络空间认定的基础上,从技术、行政手段、法律三个层面着手,拓宽网络信息(数据)的保护路径,提升网络信息(数据)的保护力度,有的放矢,从而实现网络犯罪惩治的规范化和专业化。

(一)从基础层面,认定网络空间属于公共场所

网络空间依附于现实空间,若没有现实空间及现实空间的设备连接,就无法

① 参见喻海松:《网络犯罪黑灰产业链的样态与规制》,载《国家检察官学院学报》2021年第1期。

形成网络世界,也就无法产生网络犯罪,故网络空间依附于具有物体属性的现实空间,因空间内产生的法律关系而具有法律性。网络作为交易、交际的平台,兼具工具价值和空间价值,网络社会关系为现实错综复杂社会关系的映射,本质上是现实社会存在状态在网络世界的延伸。网络空间主权是一个国家主权在网络空间的延伸和表现,主权的边界表现为物理层、逻辑层和内容层三个层次。物理层是指对网络空间现实基础设施的主权;逻辑层是无形主权,但在概念性上存在,如网络域名;内容层是主权的基础和重心,包括数据、信息,兼具实体与虚拟双重属性,系将现实世界与虚拟世界予以连接的媒介。我国对网络安全及网络主权高度重视,《国家安全法》将维护国家网络空间主权纳入其中,2016 年出台的《网络安全法》、2021 年出台《反有组织犯罪法》明确规定要维护网络安全和国家安全。

虽然理论与实践对网络空间可否认定为公共场所莫衷一是,但从惩治网络犯罪的角度出发,将网络空间认定为公共场所具有必要性和合理性。

第一,将网络空间认定为公共场所是法律规制的内在逻辑。面对日益猖獗的网络犯罪,如何对其进行有效惩治是司法实践中亟须解决的难题。相对于物理空间造成的危害后果,由于网络具有快捷性、跨区域性和犯罪对象的不特定性,使证据收集更为困难,通过网络实施的行为造成的危害后果更为严重。将网络空间纳入惩治范围,不仅未超越法律认定的范畴,还可严密刑事法网,加强对网络犯罪行为的有效惩治。

第二,将网络空间认定为公共场所是其应有之义。从字面含义来看,公共场所是公共的、社会的、不特定行为人可以自由进入的场所,此场所既可以是现实的物理场所,也可以是虚拟的场所,如面向公众开放的网站、论坛、平台等,此类空间属于现实空间在网络世界的延伸,仍是人与人交流、互动、交际的平台与媒介,其造成的危害后果与现实世界密不可分。故从文义解释的角度,无论是物理的公共场所,还是网络虚拟的公共场所,均属于公共场所的范畴。

第三,网络空间具有公共场所的特征和属性。公共场所是不特定的人员可以自由进出的地方,具有场所的公共性、人群的密集性、流量性、出入的自由性、设施的可重复性。其中公共性是其本质属性,对人群的身份、经济地位、社会地位等不作限制。网络作为人际交往的重要媒介,已经成为现实生活的重要组成部分,也是公众之间交流、接收信息的重要场所。网络空间作为交际、交往的"第五空间"[①],已经成为与现实世界相辅相成的并行世界,同样具有公共属性。

---

① 王贵国:《网络空间国际治理的规则及适用》,载《中国法律评论》2021 年第 2 期。

每个人均可进入网络空间,且公众可自由登录,实现对网络设备、技术使用的可重复操作。

第四,将网络空间认定为公共场所有利于惩治犯罪。刑事立法具有滞后性,不可能对所有新出现的危害社会的行为予以规制。频繁修订刑法既不现实,也无必要。通过立法解释对行为予以规制,也存在现实掣肘。如今我国刑事立法面对的网络犯罪情势与1997年《刑法》规制计算机犯罪时的情景迥异,对现实中出现的突出问题进行规制具有必要性和合理性。

(二)从技术层面,规范技术使用与网络监管,提升风险应对防范能力

从本质上看,技术是手段,无好坏之分,在不同人中发挥的效用呈现明显区别。网络高新技术作为国际竞争的重要环节,对于提升综合国力、维护社会稳定、促进经济发展及人际交往具有重要的推动作用。对信息侵权犯罪行为的规制,技术规制必不可少。要对信息服务提供商严加审核,对拟发布信息的内容进行必要检查,核实是否与法律、法规、核心价值观相背离,实践中可以通过技术手段对关键词、核心要素等进行筛查、审核,有利于积极主动地应对侵权犯罪行为。信息的表现形式多种多样,既包括图表、文字,还包括音频、视频等,建议有关职能部门提升网络技术的应对水平,如对相关信息进行挖掘、分析,包括可视数据分析、时空轨迹剖析、社交网络内容分析、图片视频内容分析等,设置规范、统一、标准的处理机制。通过网络技术自动对收集到的信息进行综合性、关联性的分析,并作出合理的应对,如删除信息、切断传播途径等。同时,加大网络监管力度,将网络治理与技术手段、专门力量、社会力量相结合,充分发挥银行、电信等单位的作用,完善风险人员评估机制、可疑交易监控和报告等机制,形成打击网络犯罪合力,最大限度地斩断网络犯罪产业链,从源头上预防网络犯罪。

(三)从法律层面,推动法律之间有效衔接,避免出现治理真空

我国虽然已经形成以《刑法》《网络安全法》《个人信息保护法》《民法典》为基础的法律体系,但鉴于各法律调整范围存在交叉重合的地方,也存在刑民边界模糊和空白之处,且法律体系之间缺乏有效的衔接配合,导致对网络侵权犯罪行为的治理过于原则和粗疏。在私法领域,对个人信息的侵权主要集中在名誉权等领域,但私法保障方面存在以下问题:第一,个人信息边界模糊,虽然《民法典》通过列举的形式对个人信息进行了概况规定,但现实世界纷繁芜杂,难以通过列举形式一一概括,导致对个人信息的认定难、举证难、维权难。第二,网络具有虚拟性、匿名性,被害人很难找寻到侵权行为人,致使其无法选择合适的被告及管辖法院。第三,根据民事诉讼法"谁主张,谁举证"的证明标准,被害人极难收集到其被侵权的相关证据,诉讼成本高,维权乏力。故对于私法领域的侵权行为,建议扩大民事公益诉讼的适用范围,通过公益组织或国家机关的参与,共同

维护被侵权人的合法权益。在公法领域,涉及行政责任和刑事责任。对于违反国家规定,出售或者提供个人信息给他人,无论是否被用于犯罪行为,只要情节严重的,均应予以刑事处罚。对于侵犯公民个人信息但尚未构成犯罪的行为,如果扰乱社会管理秩序、侵犯公共利益,则应追究其行政责任。

在大数据时代,鉴于行为方式的趋同性、危害后果的滞后性、侵害对象的不特定性,网络侵权、网络犯罪的界限越发模糊,现实世界中"一对一"或"一对多"的犯罪形态在网络世界演变为"单一行为侵害不特定被害人"的形态,危害后果呈指数增加,亟须发挥《民法典》《刑法》的协同效用。对于网络侵权与犯罪的界分,应结合以下因素加以认定:第一,网络行为方式。行为是认定犯罪的基础和前提,鉴于网络具有虚拟性、隐蔽性和快捷性,对网络侵权与犯罪的界分要结合行为手段的危害性、复杂性、恶劣性加以综合认定。第二,危害后果的严重性。在刑事犯罪领域,《刑法》上的违法性必须具有值得科处刑罚的"质"与"量",具有可罚的违法性。[①] 对《刑法》保护的法益的侵害,往往需达到情节严重,方可达到"入罪"条件,也即"质"达到具有可罚的违法性。尤其当所涉法益具有群体性或公共性时,便涉及由量变到质变的边界认定,如在认定侵犯公民个人信息罪时,通过网络手段非法获取财产信息 50 条以上的方构成犯罪,如果没有达到此"量"的标准,则不构成犯罪,故刑事犯罪的危害后果要实现"量"与"质"的统一。

此外,还涉及网络犯罪具体罪名的区分问题,如编造、故意传播虚假信息罪与网络寻衅滋事罪的区分,非法利用信息网络罪与帮助信息网络犯罪活动罪的区分,非法利用信息网络罪、帮助信息网络犯罪活动罪与诈骗罪共犯的区分。

(四)从平台层面,严格平台主体责任,堵塞治理漏洞

平台在侵权犯罪行为中发挥重要的作用,传统的刑事司法秉持技术中立原则,对其适用避风港规则,处罚相对较轻,但伴随全面依法治国的推进,对网络侵权犯罪行为的惩治开始与时俱进,通过预备行为实行化、共犯行为正犯化等加强对网络犯罪的治理。对于平台的责任认定也发生了较大的变化,除《刑法》专门设立了拒不履行信息网络安全管理义务罪之外,在民事侵权方面也加强了对平台的规制,如明确个人信息范畴、合理规定平台侵权责任,并将可识别性作为认定个人信息的核心要件。网络服务提供商作为平台的使用者,在信息收集、传播等行为中发挥重要的桥梁作用,对于治理网络侵权和犯罪行为起着重要的作用。如果网络平台明知行为人侵犯个人信息而无动于衷,甚至推波助澜,要承担相应的法律责任。具体而言,针对侵犯公民个人信息的行为,平台负有以下责任:第

---

① 参见王昭武:《法秩序统一性视野下违法判断的相对性》,载《中外法学》2015 年第 1 期。

一，监管责任。平台作为供应商，同时作为网络信息的发布者、传播者，负有对信息发布内容进行审核的义务。当其发现或他人举报存在危害国家安全、社会稳定、个人隐私的行为时，要及时予以制止，采取有效措施消除影响，同时要及时向公安机关、网络监管部门等进行报告。第二，禁止义务。《最高人民法院、最高人民检察院关于办理侵犯公民个人信息刑事案件适用法律若干问题的解释》对公民个人信息的概念、范围以及“情节严重”的认定等进行了规定，任何人都不得实施《刑法》所禁止的犯罪行为。同时，《个人信息保护法》《网络安全法》《民法典》对侵犯公民个人信息的行为作了规定，明确了侵权、犯罪的相关责任。对于通过网络实施的侵权、违法犯罪行为，平台要采取必要措施予以遏制，绝不能以技术中立等为借口，成为违法犯罪行为的旁观者、参与者、协助者。第三，证据保存及协助义务。对于侵权犯罪行为，尤其是涉及不特定被害人的违法犯罪行为，除及时向公安机关报案外，平台要及时固定、保存相关证据，依照司法机关对此类案件的要求、标准、程序等采取措施，第一时间保全证据，以备司法机关收集证据之用。第四，参与社会管理义务。平台要加强社会治理参与功能，协助政府机关对网络空间进行整顿、管理，并对虚假信息、违法犯罪信息等实施删除、辟谣等管理行为（应对行为）。同时，平台要协助政府增强信息的透明度，如通过官方声明等形式加强政府制止谣言的力度，并不断引导公众理性传播信息，不盲目、不传谣、不信谣、不狭隘，客观理性地对待争议事件。

北京市海淀区人民法院关于网络直播侵害著作权纠纷的调研报告

海淀法院课题组*

随着移动互联网技术的发展,网络直播呈井喷态势,直播内容和直播形式日渐多元。当前,网络直播形式主要表现为秀场直播①、游戏直播②、体育赛事节目直播③及"泛娱乐化"直播④等。由于直播门槛低、主播素质良莠不齐、平台监管困难等原因,网络直播产业也显现出大量法律风险,给产业良性发展埋下隐患。其中,值得重视的风险之一即因直播内容所引发的侵害著作权纠纷。由于与网络直播著作权保护相关的司法解释或指导意见尚未出台,普遍性裁判规则亦未形成,关于直播内容是否属于作品,直播行为应落入著作权法中何种权利的调整范围,构成侵权时直播平台与主播的责任分担以及直播平台的注意义务等问题,是该类纠纷审理过程中的重点和难点问题。鉴于此,课题组围绕网络直播侵害著作权纠纷的实证研究,对上述重点和难点问题展开调研。

第一部分　网络直播侵害著作权纠纷概况

本文依托人民法院大数据管理和服务平台,对 2016 年 1 月 1 日至 2021 年 9 月 30 日期间(以下简称 2016 年至 2021 年)涉网络直播行为中的著作权纠纷案

---

* 课题主持人:张弓;课题负责人:杨德嘉;课题执笔人:王栖鸾、李莉莎、张筠曼;课题组成员:张弓、杨德嘉、王栖鸾、李莉莎、张筠曼、李思頔。

① 秀场直播是以主播聊天、表演或展示个人才艺为主要内容的直播形式。

② 游戏直播是指将游戏玩家操作各类电子游戏的过程通过互联网、电视等媒体向公众进行同步传播,使公众实时了解该玩家使用的游戏策略和游戏中的进展。

③ 体育赛事直播是指通过有线或无线的方式,将体育赛事活动之实况传播给终端用户观赏所形成的一种实时活动图像。

④ "泛娱乐化"直播主要兴起于移动端,是指主播通过大众直播平台开展的泛娱乐领域的相关直播行为,主要以音视频、时尚、美妆、户外、生活场景等为直播内容。

件进行统计分析。

一、案件受理数量及案由分布

2016年至2021年,全国法院审结涉直播行为知识产权侵权案件2421件①,案件数量整体呈上升态势。从地域分布来看,该类案件主要集中在北京、上海、广州、深圳地区,四地法院分别审结1225件、84件、300件、92件,其中北京地区案件占比过半。

在2421件案件中,著作权权属、侵权纠纷有1631件,占比67.37%;不正当竞争纠纷有587件,占比24.25%;知识产权合同纠纷有89件,占比3.67%;商标权权属、侵权纠纷有88件,占比3.63%;专利权权属、侵权纠纷有21件,占比0.87%;网络域名权属、侵权纠纷有5件,占比0.21%。

从案由分布看,超六成的纠纷类型为著作权权属、侵权纠纷。因此,网络直播行为的著作权保护问题依然是网络直播知识产权保护研究的重中之重。

二、涉诉主体分布

2016年至2021年,全国法院审结的涉网络直播著作权权属、侵权纠纷案件中,涉诉主体为非自然人的有3512家,且多为互联网企业,原被告双方或一方为个人的案件相对较少。从涉案互联网企业的业务版块来看,涉诉企业多为网络视频、互联网社交、网络直播等互联网行业的头部企业。

三、直播平台责任承担

2016年至2021年,全国法院一审审结且以判决方式结案的涉网络直播知识产权案件共986件,其中,涉著作权纠纷②案件672件。直播平台方作为第三方涉诉的有8件,占比1.19%;直播平台方作为原告起诉的有105件,占比15.63%;直播平台方作为被告应诉的有559件,占比83.18%。直播平台方作为

---

① 本报告依托人民法院大数据管理和服务平台,统计时间范围为2016年1月1日至2021年9月30日,识别口径为:原告诉请段落中出现“直播”与“平台、网络、实时、在线、节目、视频、观看、游戏、赛事、竞技、电竞、电商、网店、带货、销售、营销、运营、打赏、课程、网校、社交”任一关键词的组合,或存在“直播合作、直播宣传、直播系统、直播App、直播间、直播频道、直播机构、虚拟直播、直播服务、直播行为、淘宝直播、主播”任一关键词,或当事人为代表企业之一(如字节公司、斗鱼公司、虎牙公司、快手公司等),公司名称中出现“直播、主播”关键词的知识产权民事案件,文书类型涵盖判决书、裁定书、调解书,审级涵盖一审、二审、再审。

② 依托人民法院大数据管理和服务平台,在原告诉请段落以及法院认为段落以“侵害发表权/署名权/修改权/保护作品完整权/复制权/发行权/表演权/放映权/广播权/信息网络传播权/摄制权/改编权/应当由著作权人享有的其他权利/表演者权/录音录像制作者权”为关键词进行检索。

被告的案件中，法院判决直播平台方不承担侵权责任的有32件，占比4.76%；法院判决直播平台方承担侵权责任的有527件，占比78.42%。

四、直播平台承担责任的考量因素

法院在考量被诉直播平台是否应承担责任时，多依据直播平台运营模式判定直播平台是否履行注意义务。此外，在样本案件中，法院的审理因素还涉及作品知名度、是否怠于设置或运行投诉举报机制、平台对直播内容和直播频次等的监控能力、事前审核或提示义务、用户信息审核义务、直播平台与主播的关系、是否处于影视节目热播期间等。

五、网络直播侵害著作权纠纷案件类型

依据样本案例，网络直播引发的著作权纠纷案件可分为三种类型：

（一）文体内容直播的"一起看"

1."一起看"影视节目类纠纷

主要因未经授权在直播过程中播放影视剧、综艺节目而产生，著作权人将主播以及直播平台经营者作为共同被告一并起诉，或仅起诉直播平台经营者，要求承担侵权责任。此类纠纷如"YY直播平台擅播《盗墓笔记》案"。①

2."一起看"体育赛事直播节目②类纠纷

该类纠纷主要是未经著作权人许可实时直播体育赛事节目，被诉主体主要涉及网络数字电视、视频网站、社交平台的经营者。此类纠纷如"凤凰网实时转播中超赛事案"。③

3."一起看"现场表演类纠纷

近年来，表演观看的场域逐渐由线下转移至线上，即通过对现场表演进行同步网络直播，使观众无须亲临现场也可云端观看直播内容，如线上演唱会等。虽然在司法实践中此类纠纷尚未出现，但随着这种新型表演形式和传播形式的出现与普及，因直播现场表演侵权而引发的著作权纠纷亦应引起关注。

（二）网络游戏直播的"一起玩"

网络游戏直播作为游戏市场的衍生品，蕴含巨大的商业价值，特别是电子竞

① 参见北京市海淀区人民法院民事判决书，(2016)京0108民初6679号；北京知识产权法院民事判决书，(2017)京73民终2037号；北京市高级人民法院民事裁定书，(2019)京民申2693号。

② 体育赛事直播节目是指通过有线或无线的方式，将体育赛事活动之实况传播给终端用户观赏所形成的一种实时活动图像。

③ 参见北京市朝阳区人民法院民事判决书，(2014)朝民(知)初字第40334号；北京知识产权法院民事判决书，(2015)京知民终字第1818号；北京市高级人民法院民事判决书，(2020)京民再128号。

技游戏直播更是网络游戏产业中的重要组成部分。由此引发的纠纷主要集中在以下两类。

1. 大型电子竞技游戏直播纠纷

纠纷主要涉及直播平台未经授权直播电竞游戏比赛画面，所涉平台包括斗鱼、战旗、虎牙、火猫、YY 等电竞直播平台。此类纠纷如“斗鱼平台直播 DOTA2 案”。①

2. 主播直播网络游戏纠纷

纠纷主要为主播个人对电竞游戏或其他网络游戏进行直播所产生的纠纷，直播形式通常表现为游戏主播在网站设立的游戏直播间内，将个人打游戏的比赛过程通过网络直播的方式供他人在线观看。此类纠纷如“YY、虎牙平台主播直播《梦幻西游 2》案”。②

（三）网络秀场中的直播表演

在实践中，该类案件主要集中在主播未经许可翻唱他人音乐作品的行为，如“冯提莫演唱《小跳蛙》案”。③ 此外，对他人音乐作品的直播表演还包括三种形式：第一，加入具有独创性的演绎内容后在直播中演唱；第二，将播放他人音乐作品作为直播的主要内容，主播并不参与演唱，与用户共同欣赏音乐作品；第三，将他人音乐作品作为背景音乐使用，主播同时提供其他表演内容。上述行为虽在司法实践中并不常见，但由此引发的侵害著作权风险亦应引起关注。

第二部分　侵权行为认定方面的审理难点

一、直播内容是否构成作品

在实践中争议焦点和法律适用难点集中于体育赛事直播和网络游戏直播中的作品判断问题。

（一）关于体育赛事直播节目

作品的构成要件之一是具有独创性，体育赛事直播节目是否符合“独创性”的标准而构成作品，是争论的焦点。就独创性认定标准来说，我国著作权法没有对其作出具体规定，有观点认为，独创性的判断应存在最低限度之标准，即作品

① 参见上海市浦东新区人民法院民事判决书，（2015）浦民三（知）初字第 191 号；上海知识产权法院民事判决书，（2015）沪知民终字第 641 号。

② 参见广州知识产权法院民事判决书，（2015）粤知法著民初字第 16 号；广东省高级人民法院民事判决书，（2018）粤民终 137 号。

③ 参见北京互联网法院民事判决书，（2019）京 0491 民初 23408 号；北京知识产权法院民事判决书，（2020）京 73 民终 2905 号。

的独立创作具有最低限度的创新性。① 而不同法院在对独创性进行判定时，也存在“独创性高低”和“独创性有无”的认定差异。

2021 年 6 月 1 日，新修正的《著作权法》施行。其中第 3 条新增了作品的定义，指文学、艺术和科学领域内具有独创性并能以一定形式表现的智力成果。同时，在作品类型中将第 6 项电影类作品修改为“视听作品”，将第 9 项“法律、行政法规规定的其他作品”修改为“符合作品特征的其他智力成果”。结合修正内容和争议观点，课题组进一步分析体育赛事直播节目的作品定性问题。

1. 体育赛事直播节目是否构成作品

根据 2021 年《著作权法》的规定，作品包括三个构成要件：第一，文学、艺术和科学领域内的智力成果；第二，智力成果具有独创性；第三，智力成果能以一定形式表现。相较于《中华人民共和国著作权法实施条例》（以下简称《著作权法实施条例》）中对作品的定义，即“文学、艺术和科学领域内具有独创性并能以某种有形形式复制的智力成果”，修改内容集中在“能以一定形式表现”这一要件。具体到体育赛事直播节目，节目本身因投入了大量人力和智力，且具有观赏价值，因此满足“文学、艺术和科学领域内的智力成果”这一构成要件。关于另外两个构成要件，还需要进行具体分析。

首先，是否“具有独创性”。课题组赞同“凤凰网实时转播中超赛事案”中再审判决的观点，认为“著作权法意义上作品的独创性，是指作品本身具有独创性，而创作行为本身是一种事实行为，只能对其进行定性，无法从定量的角度对其进行价值判断”。从量的角度界定独创性的高低仅在侵权认定、责任承担上具有考量价值，但不是作品构成与否的判断因素，因此，对于是否符合独创性标准，进而对是否构成作品作出判断，只能从定性的角度确认独创性之有无，而无法从定量的角度确认独创性之高低。具体到体育赛事直播节目本身的独创性，不应一概而论，应在个案中根据具体赛事节目的表现形式、制作过程等具体情节进行判断。对于在机位的拍摄角度，镜头的切换，拍摄场景与对象的选择，拍摄

① 以独创性存在最低限度之标准的观点来看，在我国《著作权法》中将一系列连续画面同时规定为电影作品与录像制品的情况下，二者的差别仅可能在于独创性程度的高低，而非独创性的有无。参见崔国斌：《体育赛事直播画面的独创性标准选择》，载《苏州大学学报（法学版）》2019 年第 4 期。也有观点认为，简单地以“独创性有无”为标准认定是否构成“作品”，从而区别著作权与邻接权的二分法并不可取。邻接权的客体并非没有独创性，邻接权的客体并不排除个性化选择情况的存在，如在表演者权中，不同的歌手关于同一首歌曲的表演并不完全一致，观众对于这种差异能够明确感知到，只是因为这种差异并未对音乐作品的旋律产生实质影响，而只能作为表演来进行保护。因此，应当只认定具有“较高独创性”的连续画面为《著作权法》意义上的“作品”。参见夏迪旸、米新丽：《体育赛事直播节目作品独创性认定标准论析——以“央视国际公司诉聚力公司案”为例》，载《哈尔滨体育学院学报》2020 年第 5 期。另有观点认为，判断某一节目能否构成《著作权法》规定的“作品”，不仅要判断独创性的有无，还要判断独创性的高低。

画面的选取、剪辑、编排以及画外解说等方面，均体现摄像、编导等创作者的个性选择和对节目画面的安排，应认定具有独创性。

其次，是否“以一定形式表现”。2021年《著作权法》将《著作权法实施条例》中“以某种有形形式复制”修改为“以一定形式表现”，这一修改意味着作品构成要件从可复制性走向可感知的表达，①不再强调有形复制或“固定性”的要求，而是关注表达形式，只要具有独创性的智力成果能够以一定形式予以表现、能够被感知即可。对于体育赛事直播节目，既然可以被观众观赏感知，自然符合上述“以一定形式表现”的构成要件。在此情况下，结合上文分析，当体育赛事直播节目具有独创性时，即符合了作品的三个构成要件。

2. 体育赛事直播节目是否构成视听作品

根据《著作权法实施条例》中对电影类作品所下定义，电影类作品要求连续画面需满足“摄制在一定介质上”的规定。课题组认为，“摄制在一定介质上”强调的是可以体现电影类作品的存在，可以以一定形式进行复制和传播，对于利用互联网、数字技术或无形介质形式所创作的有伴音或无伴音的连续画面即符合这一要件要求。

2021年《著作权法》将电影类作品的表述修改为“视听作品”，那么体育赛事直播节目是否相应地构成视听作品？课题组认为，2021年《著作权法》虽然规定了视听作品，但同时保留了“录像制品”的规定，故视听作品与电影类作品在本质上仍是一致的，仅是在作品名称表述上作出修改，并未实质扩大其保护范围。故在2021年《著作权法》中，结合上述作品构成要件的修改情形，体育赛事直播节目存在构成视听作品的适用空间。

（二）关于网络游戏直播画面

本报告讨论的网络游戏直播画面，包括游戏整体画面②和游戏直播画面。③

1. 游戏整体画面是否构成作品

一般而言，电子游戏由游戏引擎和游戏资源库构成。游戏整体画面，即根据用户指令操作，通过游戏引擎调用游戏资源库，最终呈现给用户的一系列有伴音或无伴音的连续画面。

游戏整体画面是否构成作品以及构成哪种类型的作品，均需根据游戏本身画面所呈现的表达予以具体分析。从现有司法案例来看，将游戏整体画面认定

① 参见谢甄珂：《新著作权法视角下的体育赛事直播节目保护》，载《版权理论与实务》2021年第4期。

② 本报告讨论的游戏整体画面，是指游戏运行过程中呈现的连续动态画面。

③ 本报告讨论的游戏直播画面，是指对游戏画面进行实时传播所形成的连续动态画面。

为电影类作品(2021年《著作权法》施行后则为视听作品),多为故事情节较强、有固定任务设置和特定角色、玩法规则较为复杂的游戏,如多人在线竞技游戏、角色扮演类游戏等。此种情况下,若将网络游戏本身拆分成美术作品、文字作品、音乐作品等不同的作品形式,虽也可以对部分游戏内容进行保护,但保护范围相对有限,无法保护到游戏最核心的、视听感官最强烈的连续动态画面,且由于作品形式多样,亦会提高权利人的维权成本,故对游戏画面进行整体保护有实质必要和现实需要。相反,对于那些整体画面简单、缺乏故事情节的游戏,如消除类游戏、纸牌类游戏等构成电影类作品或视听作品的可能性则较低。

在判断游戏整体画面是否构成视听作品时,课题组认为应综合考虑如下因素。

首先,游戏整体画面是否具有独创性。在上海壮游信息科技有限公司诉广州硕星信息科技有限公司等侵害著作权及不正当竞争纠纷案[①](以下简称壮游诉硕星案)中,一审法院认为,就壮游公司主张的游戏整体画面而言,《奇迹MU》作为一款角色扮演游戏,具有一定的故事情节,由游戏玩家操作游戏角色,遵循一定的游戏规则,在游戏场景中升级打怪,并可进行组队等互动性操作。当玩家开启操作时,屏幕终端呈现出由文字、图片、声音等组合而成的画面,上述画面具有独创性。二审法院亦认为,《奇迹MU》游戏整体画面,在其等级设置,地图名称以及地图、场景图的图案造型设计,职业角色设置及技能设计,武器、装备的造型设计等方面均具有独创性。

其次,游戏整体画面是否能以一定形式表现。2021年《著作权法》将作品构成要件从"可复制性走向可感知的表达"[②]。游戏在运行的过程中,玩家可以观赏到游戏画面,故游戏整体画面符合该项要件应无争议。在2010年《著作权法》"可复制性"的构成要件要求下,有观点认为游戏整体画面因玩家操作的不同,故具有随机性和不可复制性。对于该问题,法院在壮游诉硕星案中提出,尽管在每次游戏过程中,游戏玩家的交互性操作可能导致游戏画面存在略微差异,但是这些差异并未超出游戏在画面表达层面上的预设范围,不是脱离游戏之外的创作。故即使在2010年《著作权法》的规范中,游戏整体画面仍然因在游戏预设范围内,从而可以满足"可复制性"的要求。

最后,游戏整体画面是否由一系列有伴音或者无伴音的动态画面组成。在壮游诉硕星案中,法院生效判决认为,"对于电影类作品这一类作品,其表现形式在于连续活动画面,《奇迹MU》在运行过程中呈现的亦是连续活动画面,具有

① 参见上海市浦东新区人民法院民事判决书,(2015)浦民三(知)初字第529号;上海知识产权法院民事判决书,(2016)沪73民终190号。该案二审改判。

② 谢甄珂:《新著作权法视角下的体育赛事直播节目保护》,载《版权理论与实务》2021年第4期。

电影类作品的表现形式。因此,《奇迹 MU》游戏整体画面构成电影类作品”[①]。

需要指出的是,当游戏整体画面经过上述判断构成电影类作品(或视听作品)的情况下,该作品类型的保护范围应在审判实践中予以重视。有观点认为,“关于视听作品的本质及保护范围为其连续画面,而不宜延伸至其中展现的游戏规则、故事情节等内容”[②]。“虽然游戏规则和游戏情节也会出现在游戏的画面中,但与游戏画面本身是不同的两个对象。如电影剧本(剧情)的创作和电影作品(连续画面)的创作是两个不同性质的创作,也是两种不同的独创性表达。保护电影作品的著作权不等于是对电影剧本(故事或情节)著作权的保护。”[③]课题组倾向于认同上述观点,认为视听作品的保护范围应严格限定在连续的动态画面本身。由此,在涉及游戏抄袭类的案件中,对受著作权保护的游戏与被诉游戏进行游戏画面比对时,应当集中于画面本身,对连续画面在整体视听效果、画面表达和连续性等方面,是否体现相似的取舍、选择和安排进行比对,而非抛开画面对游戏规则、玩法、情节设计、游戏元素等内容进行比对,即便上述游戏规则等内容相似甚至相同,但连续画面本身如不符合实质性相似,仍然无法构成对视听作品的侵害。实践中该种游戏相似但游戏画面不相似的原因,可能是被诉游戏仅将受著作权保护的游戏的美术、文字、音乐等元素进行了一定替换,但未实质改变受著作权保护的游戏核心的玩法、规则、情节等设置,甚至使相关公众误认为两游戏之间存在一定关联。此种情况下,被诉游戏虽未构成对视听作品著作权的侵害,但不排除构成不正当竞争的可能,权利人可以从竞争法的角度对其合法权益进行保护。

2. 游戏直播画面是否构成作品

游戏整体画面如前所述是游戏运行时所呈现的游戏画面,而游戏直播画面是对游戏画面进行实时传播所形成的连续动态画面,通常既包括游戏运行过程中自身呈现的游戏整体画面,也包括在游戏整体画面基础上添加、融合的其他表达,[④]如一般会增加游戏主播的解说、字幕及相关信息介绍甚至还会增加背景音乐。在实践中,游戏直播画面一般包括以下两种情形:一种是游戏主播直播其自行操控或他人操控的电子游戏并配以解说,与观看者实时互动(如弹幕、对话)

① 参见广州知识产权法院民事判决书,(2015)粤知法著民初字第 16 号;广东省高级人民法院民事判决书,(2018)粤民终 137 号。该案二审维持原判。

② 陈锦川:《视听作品著作权是否可以延伸至情节、音乐、美术等内容》,载《中国版权》2021 年第 4 期。

③ 张伟君:《呈现于视听作品中的游戏规则依然是思想而非表达》,载搜狐网 2021 年 7 月 1 日,https://www.sohu.com/a/475022620_120133310。

④ 参见广东省高级人民法院民事判决书,(2018)粤民终 137 号。

所形成的画面。另一种是直播大型电子游戏竞技比赛所形成的画面。在此种场景下，通常有赛事主办方对比赛进行直播或者授权网络直播平台进行直播，直播画面除呈现游戏本身的动态画面外，还会加入比赛主持人解说，呈现对阵双方选手的情况、对阵细节、现场观众场景、不同比赛方玩家视角下的游戏画面等。

课题组认为，对于上述两种情形下的游戏直播画面是否构成作品，应当分别进行分析。

对于第一种情形的游戏直播画面，即主播直播玩游戏的直播画面，多以游戏连续动态画面为主要内容。通常情况下，主播所占画面比例较小，直播主播所加入的口头解说或加入的字幕等元素是为了更好地解读、说明、评论游戏本身或游戏操控过程，故发挥的是辅助作用，直播画面主要呈现的仍为游戏画面本身，其加入的元素亦是使观众通过其操作及解说更好地获取游戏整体画面，而非创作出一个新的作品，故该种情形下的游戏直播画面不宜认定具有独创性从而构成作品。当然，如果主播在原来游戏整体画面基础上添加、融合了新的独创性表达，使游戏直播画面与整体游戏画面具有明显差异，足以认定游戏直播画面具有新的独创性表达，[①]亦可能构成新的具有独创性的作品。

对于第二种情形的游戏直播画面，即电竞比赛的直播画面，课题组认为，可参照对体育赛事直播节目的认定规则，结合游戏直播画面在运用镜头技巧、机位选择、拍摄角度、拍摄场景、镜头切换等方面是否体现创作者的个性选择和安排，判断游戏直播画面是否具有独创性，如符合视听作品构成要件的，则可以该种类型作品予以保护。反之，如游戏直播画面在制作过程中未体现出独创性，则可能构成录像制品。

二、控制网络直播行为的著作权权项

与网络直播行为相关的著作权权项集中在信息网络传播权、广播权、表演权和《著作权法》第10条第1款第17项"应当由著作权人享有的其他权利"（以下简称著作权兜底权利）；此外，在邻接权中，网络直播行为亦涉及广播组织权和表演者权的适用。

（一）信息网络传播权、广播权及著作权兜底权利的适用

1. 信息网络传播权的适用

信息网络传播权规制的对象是"交互式传播"，要点在于用户在特定的时间或空间内能自主选择获取作品，如视频点播服务，而网络直播、网络实时转播以

① 参见华劼：《网络游戏及游戏直播节目著作权问题研究》，载《编辑之友》2018年第6期。

及网络定时传播[①]的本质均是“定时播放”行为，观众只能根据主播或直播方的计划，按时登录平台观看节目。因此，网络直播这种定时播放行为的“非交互性”与信息网络传播行为的“交互性”形成鲜明对比，无法落入信息网络传播权的规制范围。

2. 广播权的适用

根据2010年《著作权法》对广播权的定义，广播权并不控制以有线方式进行的初始数据传播，也不能涵盖非交互式的网络传播行为。初始广播行为对作品的传输只能是无线方式，若初始以有线方式或其他方式传播作品，此种行为不属于广播权的规制范围。网络直播本身并不是采用无线信号或卫星信号的方式传输数据，故网络直播行为无法由广播权予以规制。对于广播作品的二次利用行为，是否能够受到广播权的调整，首先需要判断初始数据传播方式，对于初始传播方式为“无线广播”的实时转播行为，可以受广播权的调整，但对于网络直播内容的转播则不存在适用余地；其次需要判断转播的方式是否符合“无线或有线”，电台、电视台对无线电广播进行的有线方式的转播属于广播权所控制的转播行为，但对于网络实时转播、网络定时转播行为，因为其转播的技术传输手段是通过互联网，而非通过有线电视台，故无法适用2010年《著作权法》中的广播权对该类行为进行规制。

2021年《著作权法》对广播权进行重大调整，规定广播权为：“以有线或者无线方式公开传播或者转播作品，以及通过扩音器或者其他传送符号、声音、图像的类似工具向公众传播广播的作品的权利，但不包括本款第十二项规定的权利。”新修改后的广播权不再要求初始传播方式仅限于无线方式，也包括了有线方式，但并未明确其规制范围是否包括互联网。对此课题组作以下分析。

首先，从法律体系解释的角度，2010年及2021年《著作权法》对信息网络传播权的传输手段采用了“以有线或者无线方式”的表述。根据《著作权法释义》对信息网络传播权的解释，信息网络传播权是指著作权人通过互联网或其他有线或者无线的信息传输网络向公众提供作品的权利，[②]故信息网络传播权中的“以有线或者无线方式”包括互联网。而“以有线或者无线方式”是一个典型的

---

① 网络定时传播，即提供者通过信息网络按照事先安排的节目时间表向公众提供作品的在线播放的行为；网络实时转播，指将电视台或广播台直播的节目信号采集、转换为数字信息后，通过网络服务器实时提供给网络用户观看，与信息网络传播权所控制的行为不同，网络实时转播采用了非交互式的传播方式，用户无法在个人选定的时间或地点获得作品，而只能在网络服务提供者指定的某个特定时间内获得作品。

② 参见胡康生主编：《中华人民共和国著作权法释义》，法律出版社2002年版，第55页。

技术中立用语，[①]从法律条文逻辑统一的角度，《著作权法》和释义对广播权采用了相同的表述，其传播方式亦应包括互联网。

其次，从回应实践需求的角度，随着移动互联网技术和“三网融合”的发展，通过移动网络获取内容已经成为用户娱乐消遣的主要方式。互联网信息传播已经在很大程度上取代了传统的无线或有线电视传播，故将“以有线或无线方式”解释为包括互联网，亦符合当下技术发展的客观背景。

综上所述，广播权中的“以有线或无线方式”应当理解为包括互联网方式。据此，修正后的广播权覆盖了以各种手段单向传播或转播作品的行为，其与信息网络传播权调整范围的唯一差异在于被控制行为是否为交互式传播行为。2021年《著作权法》极大地扩充了广播权的权利范围，实质上将2010年《著作权法》中广播权无法规制的网络直播、网络实时转播、网络定时播放等非交互式的单向传播行为均纳入其调整范围。

3. 著作权兜底权利的适用

在2010年《著作权法》实施背景下，考虑到网络直播著作权保护的必要性，以及“三网融合”状态下很难在事实上查明初始数据的来源是无线广播还是有线传播，基于司法上的可操作性和裁判标准的相对统一，司法实践中通常运用著作权兜底权利对该类行为进行保护。但正如上文所述，在2021年《著作权法》实施后，各种类型的网络直播行为可以纳入广播权控制范围，无须适用著作权兜底权利进行规制。

（二）表演权的适用

2021年《著作权法》对表演权未作出修改，表演权是“公开表演作品，以及用各种手段公开播送作品的表演的权利”。《著作权法释义》指出，表演权包括“现场表演”和“机械表演”，并将机械表演界定为“借助录音机、录像机等技术设备将前述表演公开传播”，即以机械的方式传播作品的表演，进而列举了“在宾馆、商店、歌舞厅等公共营业场为顾客播放音乐、歌舞表演等”。[②]

网络直播行为中的表演，既非向特定现场物理环境中的观众进行的现场表演，亦非借助录音机、录像机等物理设备向现场观众进行播放，而是通过互联网传播的表演，故网络直播中的表演行为并不符合我国著作权法所规定的“现场表演”和“机械表演”的方式，无法适用表演权来规制网络直播中的“表演行为”。

（三）表演者权的适用

在直播“一起玩”纠纷中，游戏玩家（主播）在游戏直播中的法律地位亦存在

---

① 参见王迁：《〈著作权法〉修改：关键条款的解读与分析（上）》，载《知识产权》2021年第1期。

② 参见胡康生主编：《中华人民共和国著作权法释义》，法律出版社2002年版，第49页。

较大争议，争议内容集中在游戏玩家玩游戏的行为是否属于创作行为，从而游戏玩家成为作者，进而享有著作权，还是游戏玩家在表演游戏作品，从而成为表演者，进而享有表演者权？

关于游戏玩家是否为作者，课题组认为需结合具体的游戏类型进行讨论。对于沙盒类游戏[①]或给予游戏玩家一定创作空间的游戏，由于游戏用户可能会在游戏预设的表达范围之外投入其独创性的新的表达，如该投入符合作品的构成要件，则游戏用户可能对该部分创作成果享有著作权。对于其他类型的游戏，如角色扮演类游戏、竞技类游戏等，课题组倾向于认为，游戏玩家所贡献的是其游戏操作技巧和操控技能，仅是调用和运营游戏生产商所预设的各种可能性并予以呈现，此种贡献未给游戏本身带来新的独创性的表达，并非著作权法意义上的创作行为，因而游戏主播不能成为著作权法意义上的作者。

关于游戏玩家是否构成表演者，《著作权法实施条例》规定，表演者是指演员、演出单位或者其他表演文学、艺术作品的人。一方面，该定义将表演者严格限定为表演文学和艺术作品的人，[②]可见表演者表演的是文学、艺术作品，是演员以声音、表情、动作公开再现作品或演奏作品的行为。而游戏玩家虽在操作游戏过程中加入自己的声音、表情等，但声音、表情并非再现作品。另一方面，游戏玩家的目的在于体验游戏场景、追求游戏竞技胜利、展现其操作技能和技巧，而非通过个性化的操作展现其对该游戏的理解。此外，从表演者权保护的客体出发，不同的表演者表演同一个作品会有不同的效果，各自分获保护；甚至同一个表演者在表演同一个作品时，在不同的场合亦会有不同的表现，而表演者对其每一次表演均享有表演者权。而游戏玩家仅需通过操作向游戏软件发出交互指令即可，相同的操作调用的指令所呈现的内容相同，而呈现内容均为事先预设，并无游戏玩家独创性演绎以形成自己个性化表达的空间。综上所述，游戏玩家不属于表演者，其操作游戏的行为亦不是表演作品的行为。

(四)广播组织权的适用

在直播“一起看”纠纷中，被诉行为通常表现为未经许可在网络中实时转播相关节目。在该类案件中，广播电台、电视台也常以广播组织权遭受侵害为由提起诉讼。关于网络实时转播行为是否受到广播组织权的规制，首先应厘清广播

---

① 沙盒类游戏，主要指由一个或多个地图区域构成，包括角色扮演、动作、射击、驾驶等多种游戏要素的游戏，其核心是游戏玩家能够改变或影响甚至创造游戏世界，可利用游戏中提供的物件制造出游戏玩家自己独创的东西，通过工具和元素进行搭建、组合、改造，形成自己独特的游戏画面和布局。典型游戏如《我的世界》。

② 参见王迁：《知识产权法教程》(第6版)，中国人民大学出版社2019年版，第191页。

组织权的权利主体,并结合2021年《著作权法》所作修改进行解读。

1. 广播组织权之权利主体

广播组织权不同于广播权,广播权的权利人为著作权人,而广播组织权的权利人为广播电台、电视台。广播组织权所禁止的行为是转播行为,如果某广播电台或电视台所创作的作品未经许可被转播,广播电台、电视台既可以作为著作权人对其播放的节目本身主张广播权,又可以作为广播组织者对其广播信号主张广播组织权。

2. 广播组织权的保护范围

2021年《著作权法》将广播电台、电视台有权禁止的行为修改为包括:(1)将其播放的广播、电视以有线或者无线方式转播;(2)将其播放的广播、电视录制以及复制;(3)将其播放的广播、电视通过信息网络向公众传播。关于禁止转播的第一项行为中,亦涉及"以有线或者无线方式转播"是否包含通过互联网转播的问题。课题组认为,目前互联网已经在极大程度上取代了无线广播电台或有线电视机构的传播,故法条的释义也应当符合当下技术发展的客观现状;加之,2021年《著作权法》对广播权的理解应将互联网包括在"以有线或无线"的技术方式内,故从体系解释的角度,广播组织有权禁止的转播方式亦应包括互联网转播。而且广播组织权的核心就是控制他人就其广播、电视节目实施的非交互式传播,若对该类行为的控制权仍受困于传播技术本身,则对当下发生的大量互联网平台实时盗播广播电台、电视台广播节目的行为无法进行规制。因此,在2021年《著作权法》中,未经许可,通过网络实时转播广播电台、电视台播放的广播、电视的行为,应在广播组织权的禁止范围内。

第三部分　侵权责任方面的审理难点

一、行为实施主体的认定

直播平台如主张该直播行为系主播实施,其仅提供网络技术服务的,应承担相应举证证明责任。

课题组认为,判断直播平台是否对此履行了证明义务,通常考虑以下两方面因素:首先,直播平台是否提交证据证明其具备为服务对象提供直播网络技术服务的功能,如其网站中展示有用户注册入口,用户可通过注册、开设直播间的方式使用其直播技术开展直播活动;用户注册协议中明确约定直播平台为注册用户提供直播服务等。其次,直播平台应当就涉案直播行为所涉主播的注册信息和使用信息,以及直播平台与该主播的关系提供相应的证据,一般包括主播的用户名、注册IP地址及时间、直播时登录的IP地址及时间、实名认证信息(包括身份信息、联系方式等),以及主播与直播平台订立的服务协议等。

二、责任承担主体的认定

当直播平台能够证明涉案直播行为系主播实施的情况下,主播与直播平台的具体合作模式则对侵权责任承担主体的认定有重要影响。在实践中,网络直播平台的服务方式可以大概分为两种:一般服务方式及特殊服务方式。

(一)一般服务方式

一般服务方式即网络用户申请注册为平台主播,并可以在平台上进行直播。主播通常在注册时以同意用户协议的方式,与直播平台间建立合同关系。协议通常约定主播用户与平台不构成任何法律层面的雇佣、劳动、劳务关系,主播用户本人应对直播账号下进行的一切活动完全负责等内容。在此情况下,直播平台一般对主播的直播行为没有直接的控制力,直播内容由该主播自行决定,当直播内容侵权时,主播本身为侵权责任承担主体毋庸置疑。此时,直播平台作为网络技术服务提供者,是否承担帮助侵权的责任,还应根据其是否尽到注意义务、是否导致侵权损失扩大来进一步判断。

(二)特殊服务方式

特殊服务方式是指主播除注册成为网络直播平台用户外,还与网络直播平台另行签订相关协议,如劳动合同或其他合作协议,此时主播和直播平台之间可能存在不同的法律关系,由此导致责任承担主体亦不尽相同。

1. 主播与直播平台签订劳动合同

在双方之间存在劳动关系的情况下,主播系接受直播平台的管理和安排、按照公司的要求,以履行职务行为的方式进行直播,在直播过程中如出现侵权行为,则由直播平台直接承担相应法律责任。但实践中此种情况并不常见,直播平台通常不会对主播进行劳动关系方面的管理。

2. 直播平台与经纪公司签订协议

直播平台并不与主播直接签订协议,而是与经纪公司签订直播协议,由经纪公司派驻其签约主播在直播平台进行直播,直播平台与经纪公司之间就主播直播的收入进行相应分成。此时,主播与其经纪公司之间签订有《演艺经纪合同》,主播需要在经纪公司指定的直播平台进行直播,并就直播时间、频率、直播打赏等方面约定相关分成。此时如直播过程中主播实施侵权行为,直播平台是否承担侵权责任应当结合直播平台是否对该主播的直播行为有安排或是否存在参与安排等较强的管控关系、是否直接提供直播内容以及与经纪公司之间的关系、经纪公司与主播之间的关系进行综合认定。

3. 主播与直播平台存在其他合作关系

在实践中,主播与直播平台还可能签订专门的合作协议如《独播协议》,即主播在一定期间内仅可在该直播平台从事直播工作,不可至竞争平台进行直播。实践中上述独播协议的签约主体往往是较为知名的主播。课题组认为,即便直播平台与主播之间签订了独家协议或者其他合作协议,亦不能当然认定直播平台直接参与了主播的直播活动,或当然认定其与主播之间构成分工合作的共同侵权或构成其他直接侵权行为,需根据合作协议的内容或涉案行为的情形进行具体分析。只有在有证据证明直播平台参与了签约主播的具体工作内容,如直播内容的选择和提供,或对主播直播行为有安排、控制等情形之下,才可以认定直播平台与主播之间存在分工合作的共同侵权或构成直接侵权。

三、直播平台注意义务的认定

在一般服务模式下,直播平台仅为网络直播技术服务提供者。根据《民法典》第 1197 条的规定,直播平台仅在其未尽到注意义务时,即应知或明知存在侵权行为情形下未采取相关必要措施,才就其扩大的损害后果承担帮助侵权责任。

(一)明知的考虑因素

在实践中,确认存在明知的最常见的情形是收到权利人的侵权投诉通知。但由于多数直播行为具有即发性、临时性、随意性的特点,故权利人较难提前或实时知晓侵权行为的存在,亦难以对此发出投诉通知。但是,对于特定的视听作品,如热播影视剧、即将举办的颁奖典礼、演唱会等,如权利人在直播行为前先行向直播平台发送了预警函或投诉通知,直播平台仍有构成明知的可能性。

1. 未针对特定主体的预警函

课题组认为,并非所有的影视剧都可适用提前发送预警函的规则,否则任何一个影视剧的权利人向平台发送权利预警函,即可推定网络直播平台对于未发生的直播行为构成明知,则不合理地加重了网络服务提供者的责任。但个案适用中需从以下几个角度综合考虑:第一,该预警函是否提供了有效的权属证据;第二,该预警函是否明确提示可能发生侵权行为的范围,即足以使网络服务提供者准确定位未来出现的侵权内容,以及要求直播平台采取的措施;第三,该预警函发送的时间及发送的途径是否合理。此外,最终实际发生直播行为的明显程度、使用情况等情形亦需要考虑。

2. 针对特定主体的预警函

在实践中,主播通常会在直播前对其即将开展的直播内容进行预告,一旦预告内容中明确指向了权利人的作品,权利人获知后即可向直播平台发出投诉通知。若权利人的投诉通知构成合格的通知,而直播平台收到通知后未及时采取必要措施的,则可能构成明知。

(二)应知的考虑因素

课题组认为,不同直播行为下直播平台"应知"的注意义务的侧重点应有所不同。

例如,在直播表演场景下,平台对于主播的直播行为并无控制和决定权,而直播表演中的作品使用行为一般不会非常明显,故通常会结合平台是否已经履行了事先提示义务、涉案作品的知名度、该主播的知名度、其侵权行为的明显程度、平台是否就该行为直接获利等因素予以综合考虑。

而在直播"一起看""一起玩"行为中,直播内容往往是影视剧、演唱会、网络游戏等具有较高商业价值、专业制作的内容,大多属于未经许可的侵权直播。应考虑以下因素判断是否存在应知情形:(1)直播平台是否开设专区,如开设"一起看""陪你看"专区,甚至就某个电视剧或游戏等开设专区。(2)被传播作品的知名程度,是否处于热播期。(3)平台是否直接从中获得经济利益,此种利益应当是针对特定作品或与作品存在特定联系的经济利益,而非因平台提供网络服务而收取的一般性广告费等。(4)平台是否存在编辑、整理、推荐的行为,如直播平台设置了直播排行榜或将某一直播间置于首页的"推荐"栏目等。(5)主播的知名度及其侵权行为的明显程度。

(三)必要措施的考虑因素

(1)直播平台是否设置了便捷的程序,以接收侵权通知。相较于网络直播侵权行为的即时性,此种接收程序通常应当为在线举报。

(2)是否已经明确提示主播相关的侵权风险。直播平台在主播注册时即要求其接受相关服务协议,通常包括侵权风险提示,明确要求主播不应从事侵害他人知识产权的行为。

(3)针对权利人已发送合格通知的情形下,或此前侵权行为足够明显的情况下,是否采取了屏蔽、过滤等符合直播平台技术和监控能力的事先预防措施。

(4)对于侵权,尤其是反复侵权的主播是否采取了合理的惩戒措施,如限制其在一定时期内开展直播活动,对于反复、严重侵权的主播是否封禁其账号、列入"黑名单"等。

(5)在收到通知后,是否"及时"采取必要措施。判断是否"及时"应当考虑直播平台所采取措施的最终效果,即网络服务提供者在其能力范围内采取相应措施后,是否仍存在较为严重的侵权和较为明显的损害后果。①

① 参见杨德嘉、李思頔:《"通知—必要措施"规则下网络服务提供者的法律责任》,载百度网2022年1月10日,https://baijiahao.baidu.com/s?id=1721554957455899886&wfr=spider&for=pc。

【法律文书之窗】

北京市第三中级人民法院
民事判决书

(2021)京 03 民终 16350 号

上诉人(原审被告):中日友好医院,住所地北京市朝阳区樱花园东街 2 号。

法定代表人:周某,院长。

委托诉讼代理人:蒋某,男,1974 年 11 月 23 日出生,汉族,中日友好医院脊柱外科医师,住单位宿舍。

委托诉讼代理人:陈某进,北京市华卫律师事务所律师。

被上诉人(原审原告):时某超,男,1983 年 9 月 6 日出生,汉族,住北京市海淀区。

委托诉讼代理人:王某博,北京至普律师事务所律师。

委托诉讼代理人:贾某芳,女,1994 年 8 月 3 日出生,汉族,北京至普律师事务所实习律师,住北京市昌平区。

上诉人中日友好医院因与被上诉人时某超医疗损害责任纠纷一案,不服北京市朝阳区人民法院(2019)京 0105 民初 67181 号民事判决,向本院提起上诉。本院于 2021 年 10 月 13 日立案后,依法组成合议庭,公开开庭进行了审理。上诉人中日友好医院的委托诉讼代理人蒋某、陈某进,被上诉人时某超及其委托诉讼代理人王某博、贾某芳到庭参加诉讼。本案现已审理终结。

中日友好医院上诉请求:1. 撤销(2019)京 0105 民初 67181 号民事判决书;2. 依法改判中日友好医院不承担赔偿责任。

事实和理由:第一,一审判决认定事实错误。中日友好医院对中天司法鉴定中心出具的司法鉴定意见书有异议,患者关某罹患运动神经元病完全是自身疾病所致,与其在中日友好医院行腰椎、颈椎手术无直接关系,中日友好医院的手术不是导致患者死亡的因素:1. 关某在中日友好医院治疗期间,中日友好医院的诊疗行为符合医疗规范,无过错。术前已进行肌电图检查,检查结果排除了运动神经元病。术前如果有运动神经元病的早期表现,肌电图是能够发现的,术前既没有临床症状也没有相应的电生理检查结果支持,临床上是不考虑运动神经元病的。关某手术适应症明确,无手术禁忌症。手术过程顺利,手术操作也符合诊疗规范。患者术后2个月出现的逐渐加重的多块肌肉无力症状是运动神经元性疾病的典型发病表现,该疾病与腰椎、颈椎手术无直接关系。2. 中日友好医院曾请多位神经内科主任研究过患者的肌电图结果,得出的结论均不考虑运动神经元病。所以,中日友好医院认为患者罹患运动神经元病不是中日友好医院医疗过错所致,其最终死亡的损害后果也与中日友好医院无关。在中天司法鉴定中心的鉴定回函第3条中鉴定人也明确说:“患者的死亡符合ALS疾病的发展转归,与医方医疗行为无因果关系。”对此,时某超没有提供证据证明患者死亡与中日友好医院的医疗行为之间有因果关系,一审法院就判决中日友好医院承担患者因治疗自身疾病所支付的医疗费、住院伙食补助费、护理费等,属于认定事实错误。

第二,一审判决适用法律不当。《中华人民共和国侵权责任法》第五十四条规定:患者在诊疗活动中受到损害,医疗机构及其医务人员有过错的,由医疗机构承担赔偿责任。中日友好医院的医疗行为是否构成侵权,应同时具备以下构成要件:患者在诊疗活动中受到损害,有明确的损害后果;医疗机构及其医务人员有过错;而且医疗过错与损害后果之间有因果关系。

本案一审期间,一审法院委托中天司法鉴定中心进行鉴定,委托事项为:1. 中日友好医院对关某的诊疗行为有无过错;2. 中日友好医院的诊疗过错与关某死亡的损害后果之间是否存在因果关系及原因力大小。对此,鉴定机构于2021年3月26日出具了中天司鉴中心[2019]医鉴字第56号司法鉴定意见书,鉴定意见为:中日友好医院在对关某的诊疗行为中有过错,过错与患者的死亡无因果关系。既然鉴定结论认为中日友好医院的诊疗行为与关某死亡的损害后果之间无因果关系,本案就不符合侵权要件,中日友好医院的诊疗行为与关某的死亡没有因果关系,上诉人不应该承担侵权赔偿责任。

时某超辩称,不同意中日友好医院的上诉请求,一审认定事实正确,适用法律适当,请求维持一审判决。一审中的鉴定意见认定了中日友好医院存在诊疗过错,缩短了患者的生存期,实质上就是加速了患者死亡,中日友好医院的过错与患者死亡具有事实上的因果关系,其应该承担侵权责任。

关某于2019年4月29日向一审法院起诉请求:请求依法判令中日友好医院赔偿关某精神损害抚慰金暂计10 000元。具体诉讼请求待鉴定后一并主张。

一审诉讼中，关某于 2020 年 8 月 1 日去世，时某超作为关某唯一继承人参加诉讼。时某超变更诉讼请求为：1. 中日友好医院赔偿时某超医疗费 284 881. 53 元、住院伙食补助费 43 800 元、营养费 43 800 元、护理费 134 320 元、交通费 5325. 4 元、医疗器械费 45 386 元、死亡赔偿金 1 436 438 元、丧葬费 86 602. 5 元，上述费用共计 2 080 553. 43 元，按照 40%的比例请求赔偿，共计 832 221. 37 元；2. 中日友好医院赔偿时某超精神损害抚慰金 100 000 元。

一审法院认定事实：关某与时某系夫妻关系，二人育有一子即时某超。时某于 2020 年 4 月 26 日去世。关某的父母均早于其去世。关某以医疗损害责任纠纷为由将中日友好医院起诉至一审法院，诉讼过程中关某于 2020 年 8 月 1 日去世。时某超为关某唯一继承人。

2018 年 5 月 4 日，关某入住中日友好医院，鉴别诊断：1. 梨状肌综合征；2. 强直性脊柱炎。2018 年 5 月 8 日在全麻下行腰椎后路椎管扩大减压、椎间植骨融合、椎弓根钉内固定术（L4/5）。2018 年 5 月 11 日出院。出院诊断：颈椎间盘突出、腰椎间盘突出、大隐静脉曲张、右胫前外伤、糖尿病、高脂血症。住院天数 7 天。

2018 年 5 月 11 日，关某第二次入住中日友好医院，2018 年 5 月 18 日在全麻下行颈椎后路单开门，侧块螺钉内固定（C3-6）术。2018 年 5 月 24 日出院，出院诊断：脊髓型颈椎病、颈椎间盘突出、腰椎术后。住院天数 13 天。

2018 年 7 月 6 日至 8 月 6 日、2018 年 8 月 6 日至 8 月 16 日、2018 年 8 月 21 日至 9 月 4 日关某分别在中日友好医院住院，住院天数分别为 31 天、10 天、14 天。

2018 年 9 月 14 日，关某第六次入住中日友好医院，2018 年 9 月 26 日出院，出院天数 12 天，出院诊断：颈椎术后、腰椎术后、腰背痛、乏力、肢体皮肤麻木等。

2018 年 10 月 23 日至 12 月 10 日、2018 年 12 月 12 日至 12 月 21 日、2018 年 12 月 21 日至 2019 年 1 月 4 日，关某分别在北京小汤山医院住院 48 天、9 天、14 天。

2018 年 12 月 4 日，关某在北京大学第三医院门诊部就诊，诊断或印象诊断：运动神经元病、睡眠障碍。2019 年 3 月 18 日复诊，诊断或印象诊断：运动神经元病、肌萎缩侧索硬化、焦虑抑郁状态。

2019 年 2 月 23 日至 24 日，关某在北京市红十字会急诊抢救中心住院，住院天数 1 天。

2019 年 3 月 25 日，关某入住北京大学第三医院，行胃造瘘术。2019 年 3 月 29 日出院，住院天数 4 天。出院诊断：运动神经元病、2 型糖尿病、高血压 2 级、腔隙性脑梗死。2019 年 8 月 16 日至 8 月 21 日，关某在北京大学第三医院住院，住院天数5天。

自2019年11月5日至2020年7月31日期间，关某有间断的在北京市丰台区二七北社区卫生服务中心住院，住院天数共计230天。2020年3月22日至27日关某在北京市石景山医院住院5天。

2019年11月17日至12月2日，关某入住首都医科大学附属朝阳医院，2019年12月2日出院，住院天数15天。出院诊断：慢性呼吸衰竭、运动神经元病、肺部感染、胃术后等。

2020年1月3日至22日，关某在首都医科大学附属朝阳医院住院，住院天数19天。

2020年7月31日，关某入住朝阳医院，2020年8月1日死亡，住院天数1天。

关某起诉后申请以下鉴定：中日友好医院的诊疗行为有无过错，该过错与关某的损害后果之间有无因果关系及原因力大小；关某的伤残等级、护理期、休息期、营养期、护理依赖、护理人数、残疾辅助器具评定。经当事人协商确定由中天司法鉴定中心为本案鉴定机构。关某去世后，时某超参加诉讼，时某超认为关某的损害后果为关某的死亡，鉴定事项变更为：中日友好医院对关某的诊疗行为有无过错，该过错与关某的死亡损害后果之间是否存在因果关系及原因力大小；关某需要的护理期、护理依赖程度、护理人数以及营养期。2020年12月24日，中天司法鉴定中心出具《说明函》，称时某超要求的护理期、护理依赖程度、护理人数以及营养期鉴定需要对活体检查，因关某已经死亡，故无法鉴定。2021年3月26日中天司法鉴定中心作出中天司鉴中心[2019]医鉴字第56号《司法鉴定意见书》，其中分析说明记载：(一)对中日友好医院诊疗行为的评价：1. 2018年5月4日第一次入院后，患者有手术治疗的适应症，可以行手术治疗，但在医疗替代方案的告知方面存在不足。2. 中日友好医院考虑患者存在脊髓型颈椎病符合一般临床诊疗思路。3. 中日友好医院在鉴别诊断方面存在过错。肌萎缩侧索硬化(ALS，运动神经元病的一种临床类型)早期的临床表现可与脊髓型颈椎病类似，二者临床上也可合并存在，需要进行鉴别诊断。临床上，通过仔细分析临床表现、影像学检查及神经电生理检查来鉴别。本案中，中日友好医院虽然在患者第二次入院时给予肌电图检查，但仅见右上肢肌电图报告，考虑检查范围不充分，不利于此两种疾病的鉴别诊断。2019年9月14日再次入院时，患者出现了双下肢、双拇乏力、声音低沉、饮水呛咳等临床表现，而该临床表现并不能用手术并发症解释时，中日友好医院未给予进一步检查(如神经电生理检查)，存在鉴别诊断不充分的过错。(二)医疗过错与损害后果的因果关系及原因力大小。肌萎缩侧索硬化是运动神经元病中最常见的类型，一般中老年发病多见，生存期通常为3—5年。尽管是一种无法治愈的疾病,但许多方法可以改善患者的生活质量,应尽早诊断、早期治疗,尽可能延长生存期。关某于2018年11月就诊于北京大学第三医院诊断为ALS,病情进行性加重,后发展为呼吸困难、呼吸衰竭,并出现肺部感染等症状,于2020年8月1日死亡。患者的死亡符合ALS疾病的发展转归,与中日友好医院过错行为无因果关系。ALS生存期通常为3—5年,影响患者预后的因素较多,如年龄、性别、起病部位、疾病进展速度、肺功能、医疗干预等。根据本案病历资料,考虑患者的不良预后主要与其自身疾病相关。中日友好医院鉴别诊断不充分的过错影响患者的早期诊断和治疗,也是不良预后的因素,不利于患者生存期的延长。综合患者自身疾病、诊治风险、现有医疗技术的局限性及医疗过错等因素,建议医疗过错在导致患者损害后果(生存期)中原因力大小为次要。鉴定意见为:中日友好医院对关某的诊疗行为中存在过错,过错与关某的死亡无因果关系,但不利于患者生存期的延长,建议医疗过错导致患者损害后果(生存期)中的原因力大小为次要。时某超认可鉴定意见书的真实性,称鉴定意见中不利于患者生存期的延长实质上就是造成患者死亡。中日友好医院认可真实性,不认可鉴定结论中关于中日友好医院的过错导致患者生存期的影响,生存期由其自身疾病确定,与医疗行为无关。时某超预交鉴定费15 000元。

时某超提交医疗费票据,证明关某发生医疗费共计284 881.5元。中日友好医院称其中有两张时某的票据不认可真实性,金额共计22.18元,其他真实性认可,均不认可关联性,系治疗关某的自身疾病发生。

时某超提交收据,证明护理费发生金额。中日友好医院不认可真实性。

时某超提交救护车收据,证明关某发生的医疗转运费1579元。中日友好医院认可真实性。

时某超提交出租发票、停车票,证明交通费3746.4元。中日友好医院不认可停车票的真实性,认可出租车票的真实性,不认可关联性及证明目的。

时某超提交证明、发票,证明其购买医疗器械发生费用45 386元。中日友好医院不认可真实性及关联性。

时某超提交关某户口本,证明其为城镇户口。中日友好医院认可真实性。

一审法院认为,民法典施行前的法律事实引起的民事纠纷案件,适用当时的法律、司法解释的规定,但是法律、司法解释另有规定的除外。本案医疗行为发生在民法典实施前,故应适用当时的法律、司法解释等规定。

患者在诊疗活动中受到损害,医疗机构及其医务人员有过错的,由医疗机构承担赔偿责任。本案中,经鉴定,中日友好医院对关某的诊疗过程中存在医疗过错,该医疗过错与关某的死亡后果之间不存在因果关系,但不利于患者生存期的延长,医疗过错导致患者损害后果(生存期)中的原因力大小为次要。一审法院结合关某自身疾病情况、中日友好医院医疗行为的过错程度以及给关某造成的损害后果等,确定中日友好医院承担25%的赔偿责任。医疗费根据医疗机构出具的医药费、检查费、住院费以及会诊费等收款凭证予以确定。时某超现有证据显示关某治疗个人支付医疗费284 859.4元,一审法院对于其要求支付医疗费的请求予以支持。住院伙食补助费参照北京市国家机关一般工作人员的出差伙食补助费标准予以确定。根据现有证据显示关某生前共计住院438天,时某超主张按照每天100元的标准计算438天,未超过实际住院天数,一审法院予以支持,具体金额由一审法院依法判决。关于营养费,根据关某当时的身体及治疗情况,确有加强营养的必要,故对于时某超主张的营养费,一审法院予以支持,具体金额由一审法院依法酌定。护理费根据护理人员的收入状况和护理人数、护理期限确定。护理人员有收入的,参照误工费的规定计算,护理人员没有收入或者雇佣护工的,参照当地护工从事同等级别护理的劳务报酬标准计算。根据关某所患疾病及治疗情况,确有护理必要,但该护理的产生并非中日友好医院的诊疗行为必然导致,故一审法院对于时某超主张的护理费予以酌情判决。交通费根据受害人及其必要的陪护人员因就医或者转院治疗实际发生的费用计算。本案中,时某超提交的救护车票据与关某治疗有关,故一审法院予以支持。时某超提交的其他票据未能证明与治疗的关联性,一审法院不予支持。关于医疗器械费,中日友好医院不认可真实性及关联性,时某超亦未举证证明上述医疗费器械购买的必要性,故对于时某超的该项主张一审法院不予支持。死亡赔偿金按照受诉法院所在地上一年度城镇居民人均可支配收入或者农村居民人均纯收入标准,按二十年计算。但六十周岁以上的,年龄每增加一岁减少一年;七十五周岁以上的,按五年计算。关某于1958年11月25日出生,2020年8月1日去世,故时某超主张按照2020年北京市城镇居民人均可支配收入标准计算19年,符合法律规定,一审法院予以支持。丧葬费按照受诉法院所在地上一年度职工月平均工资标准,以六个月总额计算。时某超主张按照2019年度标准计算,一审法院不持异议,具体金额由一审法院依法计算。受害人或者死者近亲属遭受精神损害,赔偿权利人可以向人民法院请求赔偿精神损害抚慰金。关某的死亡确实给时某超造成精神损害,故时某超要求赔偿精神损害抚慰金于法有据,一审法院予以支持,具体金额由一审法院依法确定。综上,一审法院依照《中华人民共和国侵权责任法》第十六条、第五十四条,《最高人民法院关于适用〈中华人民共和国民法典〉时间效力的若干规定》第一条,判决:一、中日友好医院于判决生效之日起七日内赔偿时某超医疗费71 214.85元、住院伙食补助费10 950元、营养费1000元、护理费10 000元、交通费394.75元、死亡赔偿金359 109.5元、丧葬费

13 271 元、精神损害抚慰金 25 000 元;二、驳回时某超的其他诉讼请求。如果未按照判决指定的期限履行金钱给付义务,则需要按照《中华人民共和国民事诉讼法》第二百五十三条之规定,加倍支付迟延履行期限的债务利息。

本院二审期间,双方当事人没有提交新的证据。经中日友好医院申请,本院依法通知中天司法鉴定中心的鉴定人杨某出庭接受质询。

对于中日友好医院的提问,鉴定人杨某答复如下:

1. 关于"鉴定意见认为中日友好医院对患者术前检查不充分,还需要做什么检查才算是检查完善?"这一问题,答复为:依据目前的临床诊疗指南,包括骨科学分册、病学分册、肌萎缩侧索硬化的诊断和治疗指南,ALS 和脊髓型颈椎病要做神经电的鉴别诊断,需要对四个区域进行检查和测定。结合本案的肌电图检查报告和专家的临床专业意见,鉴定机构认为中日友好医院对于两种疾病的鉴别诊断不完善。

2. 关于"胸锁乳突肌的检查在指南或诊疗规范中属于鉴别诊断必须要做的吗?"这一问题,答复为:通常是需要做的,这是指南规定的。关某于 2018 年 5 月在中日友好医院进行颈椎手术,9 月再次住院时相当于没有做任何检查,其出现的双下肢乏力等临床症状是不能用手术并发症解释的。

3. 关于"鉴定意见认为中日友好医院的过错和患者死亡没有因果关系,但影响了患者的生存期。对于 ALS 患者,如果早期能诊断出这个疾病,生存期能延长吗?"这一问题,答复为:ALS 患者的生存期一般为 3—5 年,但是无法精确到个案,只能根据目前的资料对于生存期进行一般判断。本案患者从有明确临床表现到死亡的时间约为 2 年。ALS 这种疾病无法痊愈,治疗的目的在于尽可能延长患者的生存期,改善其生存质量,本案不能排除中日友好医院的诊疗过错与患者生存期缩短之间的因果关系。

4. 关于"患者死亡和中日友好医院的过错之间是否没有因果关系?"这一问题,答复为:患者死亡和中日友好医院的医疗过错没有因果关系,中日友好医院造成的损害后果是不利于患者生存期的延长。

对于本院的提问:"鉴定意见认为中日友好医院的过错和患者生存期缩短有因果关系,生存期缩短这一损害后果体现在各项费用上应为什么损失?包括医疗费、住院伙食补助费、护理费等费用吗?"鉴定人答复为:中日友好医院的过错和治疗 ALS 的医疗费等各项费用没有直接的关系,只是进行治疗早晚的问题,和患者生命的缩短有因果关系。

对于鉴定人的上述答复意见,中日友好医院的质证意见为:认可鉴定人的答复。时某超的质证意见为:不认可鉴定人对于因果关系和各项赔偿费用的答复。我方认为中日友好医院的过错导致患者生存机会的丧失,因此医院的过错和患者死亡具有因果关系。我方也检索了类案,可以支持我方的观点。医院的漏诊和误诊使患者失去了及时接受治疗的机会,如果患者得到及时诊断和适当治疗,可能可以存活十几年或二十年,医院也无法证明患者即使得到及时诊断治疗也只能活2年。由于中日友好医院漏诊、误诊使患者的生存机会丧失,因此产生的医疗费等各项费用应当由中日友好医院进行赔偿。一审法院认定的赔偿责任比例、各赔偿项目及其数额并无不当。

对于一审法院查明的事实,本院予以确认。

本院认为,结合双方当事人的诉辩意见,本案二审的争议焦点为:中日友好医院的过错诊疗行为与患者关某的死亡是否具有因果关系及其因果关系程度。

构成医疗损害责任须同时具备患者的损害后果、医疗机构的过错医疗行为、损害后果与过错医疗行为具有因果关系三个要件。其中,损害后果与过错医疗行为具有因果关系,指的是过错医疗行为作为原因,患者所受损害事实作为结果,二者之间存在前者引起后者,后者被前者所引起的客观联系。对于因果关系的判断,学理及审判实践主要采相当因果关系说。相当因果关系说不要求行为与损害结果之间具有直接的、必然的因果关系,只要行为人的行为对损害结果构成适当条件,即依据侵权行为人在行为时的一般社会经验和知识水平作为判断标准,认为该行为具有引起该损害后果发生的可能性,而在实际上该行为又确实引起了该损害后果,则可以认定该行为与该损害后果之间具有相当因果关系,行为人应承担相应责任。对相当因果关系的判断,区别于单纯的事实上的因果关系判断,而包含法律上的因果判断,其最终指向法律上的可归责性。在医疗损害责任纠纷案件中,判断过错医疗行为与损害后果之间是否具有因果关系在很大程度上依赖于司法鉴定意见。司法鉴定是诉讼活动中鉴定人运用科学技术或者专门知识对诉讼涉及的专门性问题进行鉴别和判断并提供鉴定意见的活动。鉴定意见作为一种医学证据,其实质是对医疗机构的医疗行为与患者的损害后果之间是否在事实层面上成就因果关系进行专业性认定。因此,鉴定意见在绝大多数情况下会成为法院认定医疗损害责任之因果关系的依据,但其并非必然作为法院判断因果关系的唯一依据,法院应当在鉴定结论的基础上依法综合评判违法诊疗行为的可归责性及其责任程度。

本案一审法院委托鉴定事项为中日友好医院对关某的诊疗行为有无过错,该过错与关某的死亡损害后果之间有无因果关系及原因力大小。中天司法鉴定中心出具鉴定意见认为:中日友好医院对关某的诊疗过程中存在医疗过错,该医疗过错与关某的死亡后果之间不存在因果关系,但不利于患者生存期的延长,医疗过错导致患者损害后果(生存期)中的原因力大小为次要。二审中,鉴定人杨某出庭接受质询时,亦表示关某的死亡和中日友好医院的医疗过错没有因果关系,中日友好医院的诊疗过错对关某造成的损害后果系不利于其生存期的延长。基于前述分析,该鉴定结论所评价的是中日友好医院的过错诊疗行为与关某死亡这一损害后果之间是否具有事实层面的因果关系,即中日友好医院的过错诊疗行为客观上是否直接、必然地导致了关某的死亡。其一方面认为中日友好医院的医疗过错与关某的死亡无关,另一方面又认为该医疗过错对关某的生存期有不利影响。而生存期的终点即为患者的死亡,故无法将患者死亡这一损害后果与生存期缩短截然割裂进行评判。因此,对于中天司法鉴定中心出具的该份鉴定意见,本院不予完全采信。对于中日友好医院的过错诊疗行为与关某死亡之因果关系的判断,应结合本案具体情况进行分析。

本案中,关某所患肌萎缩侧索硬化(amyotrophiclateralsclerosis, ALS)是以运动神经元退变为特征的疾病,其病理机制错综复杂,患者常因呼吸衰竭于3—5年后死亡。既往研究显示,中国散发型ALS患者中位生存期约为71个月,10年生存率约32%。目前,ALS尚无治愈方法,但可通过适当治疗手段延长患者的生存期。中日友好医院认为关某的死亡后果系其自身原发疾病ALS的发展及转归,与中日友好医院的诊疗行为不存在因果关系。时某超主张中日友好医院的过错导致关某丧失生存机会,因此该过错与关某的死亡事实上具有因果关系。本院认为,根据目前的医疗水平及临床经验,ALS系无法治愈之疾病,但患者若能得到及时诊断,仍有通过适当治疗手段延长生存期的可能性。中日友好医院对关某所患ALS存在鉴别诊断不充分的过错,其过错诊疗行为降低了关某及时接受治疗以延长生存期的概率,而增加了关某因延误诊断治疗缩短生存期的可能性,且事实上造成关某于确诊ALS疾病2年后死亡,其生存期相比于一般的ALS患者确实较短。因此,可以认定中日友好医院的过错诊疗行为是关某早于一般ALS患者死亡这一损害后果发生的适当条件,二者之间具有相当因果关系。本案鉴定意见虽认为中日友好医院的过错医疗行为与关某的死亡不具有直接的、必然的因果关系,但不能因为死亡系患者罹患ALS后确定发生的结果即完全排除中日友好医院的过错诊疗行为与关某提前死亡之间的相当因果关系。由此引申,可以认定中日友好医院的过错诊疗行为与关某的死亡之间存在因果关系,中日友好医院应当对关某的死亡承担医疗损害赔偿责任。

关于因果关系的比例,在多种原因共同导致患者损害后果的情况下,各个原因对于损害结果的发生发挥不同作用,应当适用原因力规则以确定医疗机构的违法诊疗行为对于患者损害结果发生的原因力大小,从而准确认定医疗机构承担赔偿责任的比例。本案中,中日友好医院的违法诊疗行为仅是造成关某早于一般ALS患者死亡的原因之一,患者的发病年龄、起病部位、自身体质等因素对于疾病的发展及损害后果的发生亦具有不同程度的影响,且ALS早期的临床表现与脊髓型颈椎病类似，其在临床诊断上确有一定难度。有鉴于此，应综合考虑ALS疾病的病理、关某相较于一般ALS患者减少的生命年限、鉴定机构对中日友好医院诊疗行为的鉴定分析等因素，确定中日友好医院的过错诊疗行为对于损害后果发生的原因力大小，从而认定中日友好医院的原因力比例。具体而言，相较于一般ALS患者存活的较长期限5年，关某于确诊ALS后2年去世，二者的生存期相差3年；法律规定的死亡赔偿金的计算年限最长为20年，关某较5年生存期而言少存活的3年与死亡赔偿金最长计算年限20年之间的比例为15%；参考鉴定意见认为中日友好医院的医疗过错导致患者损害后果（影响生存期限）的原因力大小为次要，次要责任比例的上限为40%，故本院在前述15%比例的基础上，按照40%以下的原因力大小酌定中日友好医院对关某的死亡承担5%左右的赔偿责任。一审法院未综合考虑上述因素，即在鉴定意见认定的次要责任比例范围内判决中日友好医院对关某的死亡承担25%的赔偿责任，显属不当，本院予以纠正。

侵害他人造成人身损害的，应当赔偿医疗费、护理费、交通费等为治疗和康复支出的合理费用，以及因误工减少的收入。造成死亡的，还应当赔偿丧葬费和死亡赔偿金。对于一审法院核算的医疗费、住院伙食补助费及交通费的数额，本院予以确认。对于营养费及护理费的数额，由本院依法酌定。对于医疗器械费，因时某超未提供充分证据证明购买医疗器械的必要性，本院不予支持。对于死亡赔偿金，时某超主张按照2020年北京市城镇居民人均可支配收入标准计算19年，符合法律规定，本院予以支持。对于丧葬费，时某超主张按照2019年北京市城镇在岗职工平均工资标准计算，本院不持异议，具体数额由本院核算。上述费用由中日友好医院按照5%的责任比例进行赔偿。对于精神损害抚慰金，受害人或者死者近亲属遭受精神损害，赔偿权利人可以向人民法院请求赔偿精神损害抚慰金。故本院对时某超主张的精神损害抚慰金予以支持，具体数额由本院酌定。

另外，本案若完全采信中天司法鉴定中心出具的鉴定意见，即“中日友好医院的过错诊疗行为与关某的死亡无关，其造成的损害后果为不利于关某生存期的延长”，则中日友好医院承担赔偿责任的范围应为关某因生存期缩短所产生的相关损失，亦不应包括死亡赔偿金与丧葬费。一审法院在采信该鉴定结论的情况下，对时某超主张的死亡赔偿金与丧葬费一并予以支持，有欠妥当。而时某超于一审中并未就关某生存期缩短所产生的相关损失提出诉讼请求，则其需另诉主张权利。因此，相较于完全采信鉴定意见的审理思路，本院认为本案在部分采信鉴定分析的基础上综合分析认定中日友好医院的过错诊疗行为与关某死亡的损害后果之间存在因果关系并确定相关责任程度，更符合现行法律规定及法理逻辑。

综上所述,本院依照《中华人民共和国侵权责任法》第十六条、第五十四条,《最高人民法院关于审理人身损害赔偿案件适用法律若干问题的解释》(法释〔2003〕20号)第十七条、第十八条,《最高人民法院关于适用〈中华人民共和国民法典〉时间效力的若干规定》第一条第二款,《中华人民共和国民事诉讼法》第一百七十七条第一款第二项,判决如下:

一、撤销北京市朝阳区人民法院(2019)京0105民初67181号民事判决;

二、中日友好医院于本判决生效之日起七日内赔偿时某超医疗费一万四千二百四十三元、住院伙食补助费二千一百九十元、营养费二百元、护理费二千元、交通费七十九元、死亡赔偿金七万一千八百二十二元、丧葬费四千三百三十元、精神损害抚慰金一万元;

三、驳回时某超的其他诉讼请求。

一审鉴定费15 000元,由中日友好医院负担(时某超已预交,中日友好医院于本判决生效之日起七日内支付时某超)。

一审案件受理费13 122元,由时某超负担11 664元(已交纳),由中日友好医院负担1458元(于本判决生效之日起七日内交纳)。

二审案件受理费8664元,由时某超负担1733元(于本判决生效之日起七日内交纳),由中日友好医院负担6931元(已交纳)。

本判决为终审判决。

审 判 长 陈晓东
审 判 员 孙 京
审 判 员 付 辉
二〇二二年一月十三日
法官助理 樊思迪
法官助理 雷 悦

北京知识产权法院
民事判决书

（2021）京73民终1723号

上诉人（一审原告）：北京人民艺术剧院，住所地北京市东城区王府井大街22号。

法定代表人：任某，该剧院院长。

委托诉讼代理人：王某晨，北京韬安律师事务所律师。

委托诉讼代理人：薛某，北京韬安律师事务所律师。

上诉人（一审被告）：上海聚力传媒技术有限公司，住所地中国（上海）自由贸易试验区碧波路690号5号楼501-3。

法定代表人：朱某，该公司董事长。

委托诉讼代理人：谢某嘉，女，该公司员工。

委托诉讼代理人：徐某颖，女，该公司员工。

北京人民艺术剧院（以下简称北京人艺）因与上海聚力传媒技术有限公司（以下简称上海聚力公司）侵犯著作权纠纷一案，双方均不服北京互联网法院（2019）京0491民初32469号民事判决（以下简称一审判决），分别向本院提起上诉。本院于2021年5月11日立案后，依法组成合议庭进行审理，并于2021年6月24日通过互联网法庭组织双方当事人进行了询问。上诉人北京人艺的委托诉讼代理人王某晨、薛某，上诉人上海聚力公司的委托诉讼代理人徐某颖网上在线参加了询问。本案现已审理终结。

北京人艺上诉请求：1. 撤销一审判决；2. 上海聚力公司在经营网站PP视频（网址：http://www.pptv.com）首页置顶位置，发布公开声明（声明内容需经北京人艺书面确认）持续30日，为北京人艺消除影响；3. 判令上海聚力公司赔偿北京人艺损失500 000元；4. 判令上海聚力公司承担本案维权支出的合理费用，包括公证费11 360元，律师费50 000元。事实和理由：（一）北京人艺对涉案话剧

《窝头会馆》享有表明表演者身份的权利,一审判决未予认定,并驳回了北京人艺关于消除影响的诉讼请求,适用法律错误。1. 本案应当适用 2010 年修正的《中华人民共和国著作权法》(以下简称 2010 年著作权法)。根据 2010 年著作权法第三十七条的规定,表演者包括演出单位,可以完整享有表演者的各项权利。一审判决认为"表明表演者身份的权利"仅为自然人享有的权利,将该项权利排除出演出单位表演者权范围,错误地适用了法律。2. 话剧演出筹备、组织、排练均由演出单位主持,演出的舞台呈现体现的是演出单位的意志。演员个人对于其表演享有的"表明表演者身份的权利"与演出单位对于整台演出享有的"表明表演者身份的权利"的对象不同,不存在重复主张。一审判决以"避免演员和演出单位对该项权利的重复主张"为由,认定北京人艺作为演出单位对整台演出不享有"表明表演者身份的权利"是错误的。3. 演出行业经过多年发展,形成公认的行业秩序,演出单位表明表演者身份的权利是受到保护的。一审判决否认演出单位具有"表明表演者身份的权利"将会对演出行业秩序造成不良影响。(二)一审判决赔偿数额过低。1. 被诉侵权视频对于北京人艺演出及 DVD 录像光盘具有替代作用。被诉侵权视频造成北京人艺票房收益流失。被诉侵权视频播放量达到 195 769 次,造成涉案话剧《窝头会馆》DVD 光盘销量损失接近 1000 万元。2. 一审判决遗漏了上海聚力公司在被诉侵权视频播放页面设置 10 个广告位并收取广告费的事实。上海聚力公司仅基于被诉侵权视频的广告收入就已经超过 900 万元。此外,上海聚力公司由于被诉侵权视频增加的关注流量也属于其侵权获利。3. 涉案话剧《窝头会馆》具有较高的知名度和艺术价值,是中国话剧史上的经典剧目之一,一审判决仅确定 60 000 元的赔偿数额过低。4. 北京人艺实际聘请了律师且出庭,一审判决没有支持律师费的请求错误。

上海聚力公司针对北京人艺的上诉请求辩称,(一)北京人艺对涉案话剧《窝头会馆》不享有表明表演者身份的权利。1. 表演者权属于表演者,北京人艺作为演出单位,没有获得全部表演者授权,不享有表演者权。将表演者和演出单位同时认定为表演者权的权利主体,将导致权利范围难以确定,给网络传播平台造成风险。2. 表明表演者身份的权利,属于人身性权利,不应由演出单位享有。(二)涉案 DVD 载明的出版者和总经销商均不是北京人艺,北京人艺不是涉案录像制品的制作者。(三)北京人艺主张判决赔偿数额过低没有依据。1. 本案录像制品为话剧表演的机械录制,独创性较低。网络观看体验与现场差别较大,不会替代现场观看,不能将话剧的票房损失计入赔偿数额。2. PP 视频网站广告刊例价格与实际广告销售价格并不一致,涉案视频点击量不高。PP 视频网站中与被诉侵权视频相关的仅有三个映前广告,时长 45 秒,其余广告位均与被诉侵权视频无关。PP视频网站中没有针对被诉侵权视频单独设计广告,映前广告是平台通用的广告类型。

上海聚力公司上诉请求:1.撤销一审判决;2.依法改判,驳回一审法院作出的上海聚力公司支付经济损失及公证费71 360元的判决。事实和理由:一审判决确定的赔偿数额过高。1.一审判决认定的公证费过高,远超市场收费标准,且仅提供一张公证费发票,无法与本案公证书建立联系。2.一审判决认定60 000元经济损失过高。广告刊例价格与实际广告销售价格不一致,《窝头会馆》演出视频点击量不高,广告收益有限。本案录像制品为话剧演出的机械录制,独创性较低。网络观看与观看现场演出的体验差别较大,不会替代现场观看,不能将票房损失计算入赔偿数额。

北京人艺针对上海聚力公司的上诉请求辩称,一审判决关于公证费用的认定正确。《窝头会馆》演出视频在上海聚力公司网站播放量达到195 769次,造成涉案话剧DVD光盘销量金额损失接近1000万元,上海聚力公司仅基于《窝头会馆》演出视频的广告收入就已经超过900万元,一审确定的赔偿数额明显过低。

北京人艺向一审法院起诉请求:1.判令聚力公司在经营网站PP视频(网址:http://www.pptv.com)首页置顶位置,发布公开声明(声明内容需经北京人艺书面确认)持续30日,为北京人艺消除影响;2.判令聚力公司赔偿北京人艺经济损失500 000元;3.判令聚力公司承担北京人艺维权合理支出,公证费11 360元,律师费50 000元。

一审法院认定事实:

一、北京人艺主张权利的相关事实

2018年3月18日,北京人艺(甲方)与上海刘恒影视文化工作室(乙方,以下简称刘恒工作室)签订《授权协议》,载明"鉴于甲方于2009年委托乙方刘恒先生创作话剧《窝头会馆》剧本,双方约定话剧《窝头会馆》剧本的话剧表演权由甲方享有"。双方约定如下:一、甲方同意将其合法享有的话剧《窝头会馆》剧本之话剧表演权无偿授予乙方,甲、乙双方为《窝头话剧》剧本之话剧表演权的共同权利人。二、甲、乙双方确认:本协议签署后,双方作为《窝头会馆》剧本之话剧表演权的共同权利人,均有权单独行使《窝头会馆》剧本之表演权,即任一方有权在全球范围内公开表演话剧《窝头会馆》,以及用各种手段公开播送话剧《窝头会馆》的表演,并获取相应的收益。三、收益双方同意,各自行使《窝头会馆》剧本之话剧表演权所获收益,由各自分别享有。在甲方的演出票房收入中,乙方刘恒先生继续享有作为编剧的分成比例。

北京人艺提交涉案话剧表演首演宣传册,该宣传册首页载明《窝头会馆》

(三幕话剧)北京人民艺术剧院演出庆祝中华人民共和国成立60周年献礼剧目总策划:张某平编剧:刘某导演:林某华等。内页张某平撰写的一段出品人的话载明:我是2007年11月23日到北京人艺任职的。2008年7月29日开了一次全院大会,那天到会有309人,全院在编职工是319人。据说是人艺历史上到会最齐的一次。……其实那时候的我已经跟刘某商量好了,为人艺写一个戏,是他话剧的处女作。"处女作"总是令人期待的……一年过去了,有了今天就要演出的《窝头会馆》……在刘某撰写的编剧的话中写道:……坦率地讲,我是话剧的小学生,至今仍然吃不透这种传播思维信息的独特方式。……现在,我只能将这笨拙的习作献给观众,并以此向北京人艺致敬!向老舍先生和曹禺先生致敬!向张某平院长致敬!向林某华导演致敬!向伟大的演员朋友们致敬……后页中载有故事梗概、场序、演员表(有何某、濮某昕、宋某某、杨某新、徐某等)、分场导演(宋某某、杨某新、何某)等信息。

北京人艺提交涉案话剧DVD光盘及光盘封面、内页图,该光盘封面显示"窝头会馆""北京人民艺术剧院演出"等字样,封底显示"北京人民艺术剧院演出""北京文化艺术音像出版社出版""北京明日经典文化发展有限公司总经销"。播放该光盘内容,首先显示"北京人民艺术剧院"字样,之后显示版权侵权"警告",之后显示"话剧窝头会馆北京人民艺术剧院演出"字样(以下简称前三屏内容)。北京人艺欲证明该录像光盘系由北京人艺根据话剧《窝头会馆》全剧的演出实况录像而制作的,北京人艺作为录像制品制作者,享有相应的录像制品制作者权。同时,北京人艺主张前述前三屏内容第一屏的信息系北京人艺署名,第二屏系北京人艺权利声明,第三屏系涉案话剧表演名称及北京人艺作为表演者的署名内容。

2019年6月11日,北京文化艺术音像出版有限责任公司出具《声明》,载明"本公司(原北京文化艺术音像出版社)经合法授权仅负责话剧《窝头会馆》DVD(2009年版)的出版工作。我公司自始不享有话剧《窝头会馆》的著作权、话剧《窝头会馆》录像制品的邻接权,以及其相关的财产权(收益权)"。

一审庭审中,北京人艺明确其作为涉案话剧的表演者,主张享有表明表演者身份的权利及信息网络传播权,作为涉案录像制品的制作者,享有信息网络传播权。

二、被控侵权行为的相关事实

北京市方圆公证处出具(2017)京方圆内经证字第73533号公证书,载明申请人北京人艺的委托代理人于2017年11月28日申请对在"PPTV"网站中搜索查看相关网页及观看《窝头会馆》的过程办理保全证据公证,使用公证处的电脑进行了如下操作:在百度网站搜索框中搜索"PPTV",页面自动进入搜索结果页面,点击该页面所显示的“PP 视频一起玩出精彩-原聚力视频、PPTV 聚力__海量影……”，进入新页面。公证视频截图显示，该页面网址为 http://v. pptv. com……网页底部显示版权人上海聚力传媒技术有限公司。在该网站搜索栏中搜索“窝头会馆”，进入新页面，点击该页面下方所显示的“马上观看”，在所得页面中随机拖动播放该页面内的视频，并对相关页面进行截屏。公证视频截图显示，该网页导航栏左侧有“PP 视频”图标，视频播放页面右上角“PP 视频”水印，视频时长为 2 时 7 分 22 秒。根据公证取证录像，该视频播放前，有三个广告，时长总计为 45 秒。以上视频播放过程中并未显示有前述前三屏内容。

三、其他与本案相关的事实

北京人艺提交“窝头会馆视频完整版”豆瓣评论网页截图，并提交相应的可信时间戳认证证书，证明 2010 年 6 月 13 日之前，上海聚力公司已发布与被控侵权视频内容相同的视频内容，且根据网友评论，试图证明该等《窝头会馆》完整版视频，对于话剧《窝头会馆》演出具备替代效果，对于 DVD 录像光盘更是产生实质性替代效果。北京人艺提交 2019 年 PP 视频网站广告刊例及该广告刊例接收邮件截屏，并提交相应的可信时间戳认证证书，证明按照上海聚力公司 2019 年 PP 视频网站广告刊例，同时，还提交了涉案话剧生产、演出的日程表。

为证明合理支出，北京人艺提交一张金额为 50 000 元的律师费发票及一张金额为 11 360 元的公证费发票。

一审法院认为，本案的争议焦点问题有：

一、北京人艺是否为涉案话剧的表演者，上海聚力公司涉案行为是否侵害北京人艺的表演者权

对于涉案话剧的演出，作为演出单位的北京人艺需负责前期的策划、人员组织、演员排练、舞台设计、演出宣传等工作，演出所需费用亦由其主要承担，在没有相反约定的情况下，北京人艺应依法享有 2010 年著作权法第三十八条第(三)项至第(六)项载明的表演者财产权，演员个人不再享有该些权利。

上海聚力公司未经许可，通过信息网络传播涉案话剧，侵害了北京人艺作为表演者享有的信息网络传播权，依法应当承担相应的侵权责任。

关于本案北京人艺主张的表明表演者身份的权利，类似于作品的作者享有的署名权，指表演者对其表演所享有的表示姓名的权利，与表演文学、艺术作品的演员的人身紧密相关，具有极强的人身依附性，应当由自然人享有，这有利于平衡演员个人与演出单位利益及权利的行使，避免演员和演出单位对该项权利的重复主张，故作为演出单位的北京人艺对涉案话剧表演并不享有表明表演者身份的权利。

二、北京人艺是否为涉案话剧表演录像制品的录像制作者，上海聚力公司涉

案行为是否侵害北京人艺的录像制作者权

著作权法实施条例第五条第(五)项规定,录像制作者,是指录像制品的首次制作人。根据现有证据及北京人艺陈述,北京人艺主张权利的涉案录像制品系其组织对其现场表演进行录制并制作,根据该制品出版方的《声明》及制品署名,在没有相反证据的情况下,依法确认北京人艺系涉案《窝头会馆》录像制品的录像制作者。上海聚力公司未经北京人艺许可,通过信息网络传播涉案录像制品,使相关公众可以在选定的时间和地点获得该制品,侵害了北京人艺作为录像制作者享有的信息网络传播权,依法应当承担相应的侵权责任。

三、上海聚力公司删除涉案制品相关信息的行为是否侵权

关于北京人艺主张的第一屏的内容,载有"北京人民艺术剧院"字样,北京人艺认为系其署名,由于涉案戏剧作品系刘某创作的剧本,北京人艺经授权享有该作品的表演权并作为演出单位组织演出并录制涉案制品,由于著作权法并未规定制品制作者享有署名或者表明身份的权利,故该字样应视为该录像制品权利人信息,属于权利管理电子信息。北京人艺主张的第二屏内容系版权侵权警告,系该录像制品使用条款和条件的信息,属于权利管理电子信息范畴。关于第三屏内容系作品或者表演的名称及表演者信息,亦属于制品的权利管理电子信息,如前所述,依法确认北京人艺作为演出单位并不享有涉案话剧表演的表明表演者身份的权利,故上海聚力公司删除该些内容进行在线传播的行为并不侵害北京人艺的表明表演者身份的权利。

四、上海聚力公司应承担的侵权责任

由于上海聚力公司涉案行为侵害了北京人艺相应的信息网络传播权,系财产性权利,故关于其要求上海聚力公司发布声明为其消除影响的诉讼请求,不再予以支持。关于北京人艺主张的赔偿经济损失的诉讼请求,于法有据,予以支持。关于赔偿经济损失的数额,根据在案证据不能确认涉案侵权行为造成的实际损失或侵权获利情况,将综合考虑涉案话剧表演及制品的知名度、上海聚力公司的侵权性质情节等各类因素,对北京人艺主张的经济损失酌情予以支持。关于合理支出费用,北京人艺主张的律师费,鉴于仅提交发票但未提交代理合同,不能确认该笔费用系本案发生,故不予支持。北京人艺主张公证费并提交了公证费发票,予以支持。

据此,判决:一、上海聚力公司于判决生效之日起十日内赔偿原告北京人民艺术剧院经济损失 60 000 元及公证费 11 360 元,以上两项合计 71 360 元;二、驳回北京人艺的其他诉讼请求。

二审期间,北京人艺补充提交其与北京市盈科律师事务所签署的《诉讼委托代理合同书》,其中约定北京人艺聘请北京市盈科律师事务所针对 PP 视频网

站未经授权播放话剧《窝头会馆》的录像,启动维权程序,代理费5万元。上述合同有北京人艺和北京市盈科律师事务所盖章,且与增值税发票金额对应。北京人艺陈述其一审时未提交该《诉讼委托代理合同书》的原因为:一审开庭前北京人艺将委托的北京市盈科律师事务所更换为北京韬安律师事务所,时间较为仓促,未能及时提交。本院认为,北京人艺补充提交其与北京市盈科律师事务所签署的《诉讼委托代理合同书》有双方签字、盖章且与增值税发票金额对应,本院对该证据予以采信。

本院另查明:

北京市方圆公证处出具的(2017)京方圆内经证字第73533号公证书中显示PP视频网站页面中,在播放被诉侵权视频过程中,显示有10个广告位。上海聚力公司辩称与本案侵权视频相关的广告仅为映前的三个广告,时间总计45秒,其余广告位与本案被诉侵权视频无关。

被诉侵权视频页面显示,被诉侵权视频播放量为195 769次。案外人科大讯飞股份有限公司与上海聚力公司签署的《讯飞广告平台合作合同》中约定合同期间内阶段价格15s前贴片5元/cpm(千人成本),开屏13.5元/cpm(千人成本)。

北京人艺《窝头会馆》首演时间为2009年9月25日,同期制作了《窝头会馆》录像制品。至迟在2010年6月13日,上海聚力公司已发布与被控侵权视频内容相同的被诉侵权视频内容。被诉侵权视频于一审开庭前在PPTV视频网站上删除。

以上事实,有北京市方圆公证处(2017)京方圆内经证字第73533号公证书、《讯飞广告平台合作合同》、被诉侵权视频页面等证据及当事人陈述在案佐证。

本院认为,根据北京人艺在一审提出的诉讼主张,本案涉及的被诉侵权行为不仅是上海聚力公司未经许可,在其经营的PPTV视频网站上提供《窝头会馆》话剧演出的录像视频,还包括删除了录像制品开头部分"北京人民艺术剧院"、版权侵权"警告"以及"话剧窝头会馆北京人民艺术剧院演出",即删除前三屏内容的行为。针对删除前三屏内容的行为,一审判决认为北京人艺作为演出单位虽然享有表演者权中的财产权利,但不享有作为人身权的表明表演者身份的权利,并据此认定上海聚力公司删除前三屏内容的行为不侵害北京人艺表明表演者身份的权利,未支持北京人艺要求上海聚力公司承担消除影响民事责任的诉讼请求。北京人艺上诉主要针对一审判决对删除前三屏内容的行为定性错误,坚持认为是对北京人艺作为演出单位享有的表演者权中表明表演者身份权利的侵犯。同时,双方上诉均针对一审判决确认的赔偿数额提出异议。为此,二审审理的焦点问题集中在北京人艺作为演出单位是否享有表演者权中的表明身份的权利，针对删除前三屏内容的行为应当如何定性及承担怎样的民事责任，其中包括赔偿数额的确定等几个方面。具体阐述如下：

一、针对上海聚力公司删除前三屏内容的行为的认定

本案中，对PPTV视频网站中搜索查看相关网页及观看《窝头会馆》的过程进行证据公证是在2017年11月28日，该视频于一审开庭前已删除。被诉侵权行为发生在2010年著作权法适用期间。而二审受理时，2020年修正的《中华人民共和国著作权法》（以下简称2020年著作权法）已经施行。根据《中华人民共和国立法法》（以下简称《立法法》）第八十四条规定，法律、行政法规、地方性法规、自治条例和单行条例、规章不溯及既往，但为了更好地保护公民、法人和其他组织的权利和利益而作的特别规定除外。可见，法律适用以不溯及既往为原则，但也有例外。正基于此，本案二审审理涉及新旧法律的选择适用问题。

2010年著作权法第三十七条第一款规定："使用他人作品演出，表演者（演员、演出单位）应当取得著作权人许可，并支付报酬。演出组织者组织演出，由该组织者取得著作权人许可，并支付报酬。"《著作权法实施条例》第五条第（六）项规定，著作权法和本条例中表演者，是指演员、演出单位或者其他表演文学、艺术作品的人。2010年著作权法第三十八条规定："表演者对其表演享有下列权利：（一）表明表演者身份；（二）保护表演形象不受歪曲；（三）许可他人从现场直播和公开传送其现场表演，并获得报酬；（四）许可他人录音录像，并获得报酬；（五）许可他人复制、发行录有其表演的录音录像制品，并获得报酬；（六）许可他人通过信息网络向公众传播其表演，并获得报酬。"根据2010年著作权法及其实施条例的规定，表演者不仅仅包括自然人演员，也包括演出单位，并且法律未对演出单位所享有的表演者权利类型作出特殊限制。从文义上可以直接得出结论，演出单位享有2010年著作权法第三十八条所规定的表演者的六项权利。即北京人艺作为演出单位不仅享有表演者权中财产权利，也同样享有表明表演者身份的人身权利。2010年著作权法的立法背景下，表明表演者身份的权利虽然属于著作人身权，但其性质并非一审判决所认定的仅能专属于自然人的权利，如同法人作为著作权人所享有的部分种类的著作权人身权，亦为著作权法所认可。一审判决在适用2010年著作权法的基础上，认为"表明表演者身份的权利"仅能由自然人演员享有，进而否认了北京人艺作为演出单位享有的表明表演者身份的权利，属于错误地适用了法律，本院予以纠正。

但不能否认，从国际公约的规定进行考察，表演者通常是从事表演活动的自然人。表演者权基于表演者的表演而产生。也就是说，演出过程中呈现出来的灯光、音像、舞美设计等不是表演者权保护的范围，同时，在表演者的舞台表演之

外,对包含情节设定、台词、灯光、舞美的“整台演出”不能另行设立表演者权,否则与公约设定的表演者权的含义是不符合的。2010年著作权法规定演出单位可以作为表演者享有表演者权,解释为是关于多人参与同一表演时的表演者权利归属和行使方式的特殊规定才更符合表演者权的基本含义,不能解释为演员和演出单位可以同时享有表演者权,而扩大表演者权产生的根据。北京人艺主张在演员个人表演之外,北京人艺享有表演者权,意味着赋予演出单位对“整台演出”享有表演者权,扩大了表演者权的产生基础,故不能支持。

2012年6月,我国缔结的《视听表演北京条约》中定义的表演者是演员、歌唱家、演奏者、舞蹈者和其他演出、歌唱、讲述、朗诵、演奏、诠释或以另外方式表演文学或艺术作品或民间文艺表达形式的人。与之相应,在2020年修订著作权法时,也不再将演出单位规定为表演者。

但是,如果仅仅因为适用2010年著作权法而认为演出单位有表明表演者身份的权利应当保护,不阐释2020年著作权法进行了怎样的相应调整,回避对演出单位相应的权利如何保护之探究,不仅不利于旧法与新法的衔接适用,也不利于对演出单位权利的保护。况且,根据《立法法》第八十四条确立的原则,如果新法属于为了更好地保护公民、法人和其他组织的权利和利益而作的特别规定,则可以突破法不溯及既往的一般适用原则,适用新法。为此,不能回避对2020年著作权法相应条款的阐释。

2020年著作权法第三十八条规定:“使用他人作品演出,表演者应当取得著作权人许可,并支付报酬。演出组织者组织演出,由该组织者取得著作权人许可,并支付报酬。”在表演者后面不再有2010年著作权法中“表演者(演员、演出单位)”这样的表述。同时,2020年著作权法第四十条增加了职务表演方面的规定:“演员为完成本演出单位的演出任务进行的表演为职务表演,演员享有表明身份和保护表演形象不受歪曲的权利,其他权利归属由当事人约定。当事人没有约定或者约定不明确的,职务表演的权利由演出单位享有。”该规定中,不仅明确演员是表演者,而且也明确地将表演者权划分为“表明表演者身份和保护表演形象不受歪曲的权利”和“其他权利”。无论是约定还是没有约定以及约定不明确,演出单位能享有的是“表明表演者身份和保护表演形象不受歪曲的权利”之外的“其他权利”。演出单位通过职务表演规定获得“其他权利”的同时,为有效地对外彰显权利主体身份,促进演出质量和水平提升,2020年著作权法第五十三条第(七)项规定的内容,在2010年著作权法第四十八条第(七)项涉及权利管理电子信息的作品和录音录像制品基础上,增加了“表演”,即“故意删除表演权利管理信息”的,应当承担民事责任,为演出单位权利管理信息保护提供了更为明确的法律保护依据。也就是说,根据2020年著作权法的规定,演出单位虽然不能享有表演者权中的表明表演者身份等人身属性的权利,但通过职务表演规定,演出单位可以获得表演者权中的财产性权利,并通过加强对权利管理信息的保护,为演出单位对外彰显权利主体身份提供了保障。

结合本案,《窝头会馆》话剧演出录像开头部分包括的"北京人民艺术剧院"、版权侵权"警告"以及"话剧窝头会馆北京人民艺术剧院演出"。"北京人民艺术剧院"的标注无论是依据2010年著作权法还是2020年著作权法,都属于录像制品权利管理信息的范畴;而"话剧窝头会馆北京人民艺术剧院演出"的标注依据2010年著作权法属于表明表演者身份的范畴,而依据2020年著作权法则属于表演权利管理信息的范畴。2010年著作权法与2020年著作权法,对演出单位权利的保护方式虽有不同,但针对删除上述信息、割裂演出单位与演出作品之间的联系的行为均规定属于侵权行为,应承担民事责任。

二、上海聚力公司应当承担的民事责任

依据2010年著作权法的规定,演出单位可以作为表演者并享有"表明身份"的权利,该项权利属于人身性权利,根据2010年著作权法第四十八条第(三)项规定,除另有规定外,未经表演者许可,复制、发行录有其表演的录音录像制品,或者通过信息网络向公众传播其表演的,应当根据情况,承担停止侵害、消除影响、赔礼道歉、赔偿损失等民事责。一审判决未支持北京人艺关于消除影响的请求违反法律规定,本院予以纠正。

2020年著作权法对演出单位对外彰显权利主体身份的保障是通过保护表演者权利管理信息实现的,而权利管理信息并非人身性权利,擅自删除权利管理信息是否应当承担消除影响的民事责任,则取决于消除影响的责任方式适用的范围。民事责任的基本原则是填平原则,使受损害的权利恢复到损害发生前的状态。消除影响这一责任方式从其作为民事责任方式出现在《中华人民共和国民法通则》开始,始终与恢复名誉捆绑在一起,而恢复名誉显然是针对侵害人身权的民事责任。所以,久而久之,实践中将两者作为一体当成了针对侵害人身权而承担的民事责任。但是,与恢复名誉不同,消除影响的责任方式中并没有明显的如同"名誉"这样的权利类型指代,其功能在于通过公开对侵权行为进行纠正,消除社会公众误解,并防止误解的进一步扩大。相比"恢复名誉"责任方式,"消除影响"应该有更为广泛的适用空间。这既是消除影响和恢复名誉的责任方式区别于金钱赔偿的特殊功能,也是"消除影响"与"恢复名誉"两者之间的区别。在适用2020年著作权法的前提下,删除权利管理信息虽侵害的不是人身权,但权利管理信息具有标明权利人、声明权利以及公示使用条件的功能,删除权利管理信息客观上割裂了权利人与表演之间的联系。从删除权利管理信息的

侵权行为所造成的后果看,亦需要通过公开方式予以纠正,从而恢复建立公众眼中权利人与演出作品之间的联系。因此,针对删除权利管理信息的侵权行为人,没有理由不适用消除影响的民事责任方式。

比较2020年著作权法和2010年著作权法,对于演出单位权利的保护侧重点和保护路径虽有不同,但是均承认和保护演出单位基于演出的投入、筹备、组织、排练等所应获得的权利,也为演出单位对外彰显权利主体身份作出了相应的制度设计。从保护范围和责任方式上看,2020年著作权法相关条款的修改并没有弱化对演出单位权利的保护。

此外,上海聚力公司未经许可,在其经营的PPTV网站中,通过信息网络传播涉案话剧表演,使相关公众可以在选定的时间和地点获得涉案话剧表演,侵害了北京人艺作为表演者享有的"许可他人通过信息网络向公众传播其表演,并获得报酬的权利"。北京人艺主张权利的涉案录像制品系其组织对其现场表演进行录制并制作,根据该制品出版方的《声明》及制品署名,在没有相反证据的情况下,一审法院依法确认北京人艺系涉案《窝头会馆》录像制品的录像制作者是正确的,上海聚力公司关于北京人艺并非《窝头会馆》录像制品的录像制作者的抗辩理由,本院不予采纳。上海聚力公司未经北京人艺许可,通过信息网络传播涉案录像制品,使相关公众可以在选定的时间和地点获得该制品,侵害了北京人艺作为录像制作者享有的"许可他人通过信息网络向公众传播其表演,并获得报酬的权利",依法应当承担相应的侵权责任。

根据2010年著作权法第四十九条规定:"侵犯著作权或者与著作权有关的权利的,侵权人应当按照权利人的实际损失给予赔偿;实际损失难以计算的,可以按照侵权人的违法所得给予赔偿。赔偿数额还应当包括权利人为制止侵权行为所支付的合理开支。权利人的实际损失或者侵权人的违法所得不能确定的,由人民法院根据侵权行为的情节,判决给予五十万元以下的赔偿。"结合本案,《窝头会馆》话剧具有较高知名度和艺术价值,属于北京人艺排演的经典话剧节目之一,具有极高艺术价值,作为我国话剧表演历史上的经典之作,理应获得更加充分的保护。北京人艺作为演出单位,创作、排演该话剧付出较高成本,话剧推向市场以来取得良好的经济效益和社会效益;被诉侵权视频上传时间至迟为2010年6月,距离《窝头会馆》话剧演出时间不长,处于《窝头会馆》话剧演出关注度以及热度较高的时间段;被诉侵权视频完整呈现了《窝头会馆》表演的全部内容,对《窝头会馆》表演和录像制品具有较高替代性;视频播放量达到195 769次,上海聚力公司基于侵权行为获得了较大的流量关注。并且,PPTV视频网站在完整呈现《窝头会馆》话剧演出的同时,还有意删除了与北京人艺相关的表演者身份信息和权利管理信息,主观恶意比较明显。为此,一审判决确定的赔偿数额明显偏低。二审中北京人艺补充提交了与律师事务所签署的维权合同,该合同与增值税发票相互印证,本院对律师费用予以支持。北京人艺进行了公证取证,并提供了公证费用发票,一审判决支持公证费支出并无不当,上海聚力公司的相关上诉理由本院不予支持。

综上所述,对于北京人艺的上诉请求,予以支持;对于上海聚力公司的上诉请求,不予支持。依照2010年修正的《中华人民共和国著作权法》第四十八条第(三)项、第(四)项、第四十九条,《中华人民共和国民事诉讼法》第一百七十条第一款第(二)项规定,判决如下:

一、撤销北京互联网法院(2019)京0491民初32469号民事判决;

二、上海聚力传媒技术有限公司于本判决生效之日起十日内赔偿北京人民艺术剧院经济损失500 000元及律师费50 000元,公证费11 360元;

三、上海聚力传媒技术有限公司于本判决生效之日起十日内在PPTV网站首页显著位置,连续七日刊载声明消除影响(声明内容需经本院审核,逾期不履行,本院将在一家全国发行的报纸上刊登判决书有关内容,费用由上海聚力传媒技术有限公司负担);

四、驳回北京人民艺术剧院其他诉讼请求;

五、驳回上海聚力传媒技术有限公司的上诉请求。

如果未按本判决指定的期间履行给付金钱义务,应当依照《中华人民共和国民事诉讼法》第二百五十三条规定,加倍支付迟延履行期间的债务利息。

二审案件受理费9413元,由北京人民艺术剧院负担1300元(已交纳),上海聚力传媒技术有限公司负担8113元(已交纳1584元,剩余部分于本判决生效后十日内交纳)。

本判决为终审判决。

审 判 长　张晓霞
审 判 员　李志峰
审 判 员　宋　鹏
二〇二一年十二月二十八日
法官助理　高曈辉
书 记 员　刘晓婉

【司法文件】

北京市高级人民法院
关于侵害知识产权民事案件
适用惩罚性赔偿审理指南

为有效执行知识产权侵权惩罚性赔偿制度,依法惩处严重侵害知识产权行为,加大知识产权司法保护力度,充分发挥惩罚性赔偿制度的震慑作用,坚决遏制严重侵害知识产权行为的发生,严格统一惩罚性赔偿制度的适用标准,根据《中华人民共和国民法典》《中华人民共和国专利法》《中华人民共和国商标法》《中华人民共和国著作权法》《中华人民共和国反不正当竞争法》《中华人民共和国种子法》《中华人民共和国民事诉讼法》以及《最高人民法院关于审理侵害知识产权民事案件适用惩罚性赔偿的解释》等法律及司法解释的规定,结合北京法院知识产权审判工作实践,制定本指南。

第一部分　一般规定

1.1【适用原则】

在侵害知识产权民事案件中,适用惩罚性赔偿应坚持依法适用、积极审慎的原则,在充分尊重和体现知识产权价值基础上,实现惩罚性赔偿对故意严重侵害知识产权行为的遏制作用。

1.2【请求适用】

惩罚性赔偿的适用应以权利人请求为前提。权利人未依法请求惩罚性赔偿的,不得主动适用惩罚性赔偿。

1.3【请求内容】

权利人请求惩罚性赔偿,应明确惩罚性赔偿的基数、基数确定方法及计算方式、倍数及赔偿总额,并提供相应证据。

权利人请求惩罚性赔偿,但无正当理由拒不明确请求惩罚性赔偿的基数、基数确定方法、倍数或者赔偿总额导致惩罚性赔偿无法适用的，一般不予支持。

1.4【赔偿仲裁后不宜再行请求】

当事人就侵害知识产权损害赔偿纠纷的解决达成仲裁协议并经仲裁机关作出仲裁裁决后，权利人一般不宜就同一侵权行为再行提起惩罚性赔偿诉讼，但该仲裁裁决被依法撤销或者裁定不予执行的除外。

1.5【与行政罚款、刑事罚金的关系】

侵权人因同一侵权行为被判决承担惩罚性赔偿的民事责任，并被处以行政罚款或者刑事罚金，应优先承担惩罚性赔偿的民事责任。

第二部分　法定要件

2.1【法定适用要件】

惩罚性赔偿适用于故意侵权且情节严重的侵害知识产权案件。恶意侵权属于故意侵权的情形。

2.2【侵权故意的认定】

综合考虑案件具体情况，下列情形一般可以认定故意侵害知识产权：

(1)恶意抢注并使用他人驰名商标；

(2)在同一种或者类似商品上使用他人已注册驰名商标；

(3)在宣传或者提供侵权商品或者服务时遮挡、清除权利标识；

(4)在商标授权程序中知悉他人商标权，仍然实施侵害该商标权的行为；

(5)不当取得的知识产权被依法撤销、宣告无效后，仍然实施或者使用该知识产权且被认定构成侵权；

(6)知识产权行政主管部门发出侵权通知后，仍然继续实施侵权行为。

2.3【情节严重的考量因素】

判断侵权情节是否严重，可以综合考虑侵权手段、次数、规模，侵权持续时间、地域范围，以及侵权人在侵权诉讼或者行政查处过程中的行为表现等因素。侵权行为造成严重后果的，可以推定为情节严重。

2.4【情节严重的认定】

综合考虑案件具体情况，下列情形一般可以认定为侵害知识产权情节严重：

(1)侵害知名度较高的体育赛事节目、展会知识产权；

(2)同一侵权人多渠道传播侵权视频；

(3)针对同一权利人或者同一知识产权多次实施侵权行为；

(4)侵权规模较大且侵权行为持续时间较长；

(5)权利人商业信誉遭受重大损失；

(6)无正当理由拒不履行行为保全裁定；

(7)侵权人采取暴力、胁迫等违法或者不当手段阻碍国家工作人员依法调查取证。

2.5【侵权故意且情节严重的认定】

综合考虑案件具体情况,下列情形一般可以认定为故意侵害知识产权且情节严重:

(1)主要以侵害知识产权为业;

(2)在电影、电视剧、综艺节目、体育赛事节目或者网络游戏公开传播前或者公开传播初期擅自传播侵权作品;

(3)经合法授权提供权利商品或者服务的同时,擅自提供侵害同一知识产权的商品或者服务;

(4)在广告宣传、合作磋商、签订合同、样品展示及体验服务等过程中提供权利商品或者服务,但实际交易时仅提供或者主要提供侵害同一知识产权的商品或者服务;

(5)行政处罚或者行政裁决认定侵权后,同一侵权人再次或者继续实施同样的侵权行为;

(6)当事人在自愿达成的和解协议中确认侵权后,同一侵权人再次或者继续实施同样的侵权行为;

(7)生效判决、调解书、仲裁裁决认定侵权后,同一侵权人再次或者继续实施同样的侵权行为;

(8)采取增设企业、变更企业名称、变更法定代表人、利用关联企业等方式再次或者继续实施同样的侵权行为。

第三部分　惩罚性赔偿的计算

3.1【赔偿总额】

适用惩罚性赔偿确定的赔偿总额为基数及基数与倍数乘积之和。权利人为制止侵权行为所支付的合理开支另行计算。

3.2【基数的确定方法】

权利人请求惩罚性赔偿的,可以选择按照下列方法确定赔偿基数:

(1)权利人因侵权行为所受到的实际损失;

(2)侵权人因侵权行为所获得的利益;

(3)许可使用费的合理倍数或者权利使用费。

法定赔偿数额不得作为计算惩罚性赔偿的基数。

侵权人因侵权行为所获得的利益,是指侵权人因侵害知识产权所获得的财产性收益,通常是指侵权人因侵权所获得的营业利润,但对于主要以侵权为业的侵权人可以计算其销售利润。

3.3【基数确定方法的适用顺序】

依照商标法、种子法适用惩罚性赔偿时，一般先按照权利人的实际损失确定赔偿基数，权利人的实际损失难以计算时按照侵权人的侵权获利确定赔偿基数，权利人的实际损失及侵权人的侵权获利均难以计算的，可以参照许可使用费的合理倍数确定赔偿基数。

依照专利法、著作权法适用惩罚性赔偿时，一般先按照权利人的实际损失或者侵权人的侵权获利确定赔偿基数，权利人的实际损失或者侵权人的侵权获利均难以计算的，可以参照许可使用费的合理倍数或者权利使用费确定赔偿基数。

依照反不正当竞争法对侵犯商业秘密行为适用惩罚性赔偿时，一般先按照权利人的实际损失确定赔偿基数，权利人的实际损失难以计算的，可以按照侵权人的侵权获利确定赔偿基数。

3.4【基数确定方法的选择适用】

法律规定各基数确定方法存在适用顺序的，一般优先适用在先方法确定惩罚性赔偿基数；在先方法难以确定惩罚性赔偿基数的，权利人可以选择在后方法确定惩罚性赔偿基数。

3.5【实际损失的计算】

计算权利人因侵权行为所受到的实际损失，可以根据案件具体情况，综合考虑以下因素：

（1）权利人商品销售减少情况；

（2）权利人商品价格下降情况；

（3）权利人商品利润下降情况；

（4）权利人客户或者用户减少情况；

（5）权利人广告收益减少情况；

（6）权利人为恢复商誉所支付的合理费用；

（7）权利人为其权利客体支出的创作、研发成本情况；

（8）权利人网站中相关内容的点击、下载、浏览量情况；

（9）权利许可使用合同或者转让合同因侵权导致不能履行或者难以正常履行产生的预期利益损失。

3.6【侵权获利的计算】

计算侵权人因侵权行为所获得的利益，可以根据案件具体情况，综合考虑以下因素：

（1）侵权商品销售数量及单位利润情况；

（2）侵权商品利润占侵权人整体利润的比重；

(3)侵权人自认的侵权商品销售数量、价格、利润等情况；

(4)网络平台显示的侵权商品销售数量、价格、评价及收益等情况；

(5)被行政执法机关查处或者司法机关查封、扣押的侵权商品数量及价格情况；

(6)侵权人相关账户资金流动或者纳税情况；

(7)侵权人网站、宣传资料、财务报告等公开披露的相关数据；

(8)因侵权行为带来的广告收益情况；

(9)侵权内容在相关网站的点击、下载、浏览量情况；

(10)侵权人因实施侵权行为而减少支出的许可使用费情况；

(11)侵权人主要因实施侵权行为获取的投融资、技术转移、政府资金或者土地支持、高新资质等收益情况。

3.7【商品单位利润的计算】

计算权利人商品或者侵权商品的单位利润，可以根据案件具体情况，综合考虑以下因素：

(1)当事人公开宣传、披露的利润情况；

(2)主管部门、行业协会、第三方平台等发布的统计报告或者行业报告显示的利润情况；

(3)相同或者可替代商品的利润情况；

(4)当事人自认的商品单位利润情况；

(5)当事人在行政审批、投融资过程中披露的利润情况。

3.8【举证妨碍规则的适用】

权利人已经尽了必要举证责任，但侵权获利的证据主要由侵权人掌握，且侵权人无正当理由拒不提供相关证据、仅提供明显少于其实际获利的部分证据，或者故意提供虚假证据，妨碍惩罚性赔偿基数认定的，可以根据案件具体情况，参考权利人的主张及相关证据确定惩罚性赔偿的基数。

3.9【许可使用费或者权利使用费的考量因素】

参照许可使用费的合理倍数或者权利使用费确定惩罚性赔偿的基数时，可以根据案件具体情况，综合考虑以下因素：

(1)许可使用合同的实际履行及相应证据情况；

(2)许可使用与侵权使用的可比性；

(3)许可使用费是否受到诉讼、并购、破产、清算等因素的影响；

(4)许可人与被许可人之间是否存在亲属关系、投资关系或者实际控制关系等关联关系；

(5)同行业或者相关行业通常的许可使用费或者权利使用费标准；

(6)许可使用合同的备案情况。

3.10【许可使用费倍数的考量因素】

以许可使用费的合理倍数计算惩罚性赔偿基数的,可以根据案件具体情况,综合考虑权利客体的性质,商业价值,研发成本,创新高度,可能带来的竞争优势,侵权行为与被许可行为所涉及的权利性质、许可期限、范围的异同等因素确定该倍数。

3.11【知识产权的贡献度】

按照侵权获利方法确定惩罚性赔偿基数时,应根据案件具体情况,适当考量权利人知识产权对于商业价值的贡献程度或者比例,合理确定知识产权贡献度。

3.12【知识产权贡献度的考量因素】

确定知识产权对商业价值的贡献度,可以根据案件具体情况,综合考虑以下因素:

(1)权利客体的创造性、独创性、显著性或者价值性;

(2)权利客体的创作研发成本及市场价格情况;

(3)权利人商品与同类商品的市场价格、销售数量、利润比较情况;

(4)侵权商品的生产经营成本、市场价格、单位利润等情况;

(5)侵权内容分别占权利客体、侵权客体的数量比例或者重要程度情况。

3.13【倍数的确定】

惩罚性赔偿的倍数应与侵权人的侵权故意及情节严重程度相适应。惩罚性赔偿的倍数应在法定范围内酌情确定,但当事人另有约定的除外。

3.14【倍数的考量因素】

确定惩罚性赔偿的倍数,除综合考虑本指南第2.2条、第2.3条、第2.4条、第2.5条规定的情形外,还可以根据案件具体情况,综合考虑以下因素:

(1)侵权故意程度;

(2)侵权持续时间,

(3)侵害知识产权的数量;

(4)侵权行为对行业造成的危害;

(5)侵权人是否多次侵害知识产权;

(6)侵权人是否如实提交侵权获利证据。

3.15【侵害专利权倍数的考量因素】

在侵害专利权案件中确定惩罚性赔偿的倍数,除考虑本指南第3.14条规定的因素外,还可以根据案件具体情况,综合考虑以下因素:

(1)专利类型;

(2)专利创新高度;

(3)专利是否属于国务院专利行政部门认定的高价值发明专利；

(4)专利技术是否属于关键核心技术、重点领域或者新兴产业的技术、国家重点支持的高新技术；

(5)专利权剩余有效期；

(6)侵权产品中侵害专利权的数量；

(7)侵权人是否因侵害同一专利权承担过损害赔偿责任及承担损害赔偿责任的具体情况。

3.16【侵害商标权倍数的考量因素】

在侵害商标权案件中确定惩罚性赔偿的倍数，除考虑本指南第3.14条规定的因素外，还可以根据案件具体情况，综合考虑以下因素：

(1)权利人的商誉和市场地位；

(2)权利商标的知名度情况；

(3)权利商标与侵权标识相同或者近似程度；

(4)侵权人抢注、攀附商标的情况；

(5)侵权人与权利人的同业竞争情况；

(6)侵权人是否在伪劣商品上使用侵权标识；

(7)侵权人对权利商标提出异议、撤销或者无效宣告请求及其审查情况。

3.17【侵害著作权倍数的考量因素】

在侵害著作权或者与著作权有关的权利的案件中确定惩罚性赔偿的倍数，除考虑本指南第3.14条规定的因素外，还可以根据案件具体情况，综合考虑以下因素：

(1)权利人或者权利客体的知名度和影响力；

(2)权利客体涉及的商业模式、收费标准等；

(3)侵害同一著作权或者与著作权有关的权利的权项数量；

(4)侵权人实施侵权行为的手段、方式；

(5)侵权人从侵权内容中的获利情况；

(6)侵权行为是否发生在权利客体的热播期、热映期或者集中宣传推广期间；

(7)侵权平台的规模，侵权持续传播时间，侵权内容的数量及点击、下载、浏览量情况；

(8)侵权人被其他权利人追究侵权的情况。

3.18【侵犯商业秘密倍数的考量因素】

在侵犯商业秘密案件中确定惩罚性赔偿的倍数，除考虑本指南第3.14条规定的因素外，还可以根据案件具体情况，综合考虑以下因素：

(1)商业秘密的类型及市场价值;

(2)技术信息的创新程度;

(3)商业秘密的成本投入情况;

(4)权利人采取保密措施的情况;

(5)商业秘密可保持竞争优势的时间;

(6)侵权获取商业秘密手段的恶劣程度;

(7)侵权行为是否导致商业秘密被公开。

3.19【侵害植物新品种权倍数的考量因素】

在侵害植物新品种权案件中确定惩罚性赔偿的倍数,除考虑本指南第3.14条规定的因素外,还可以根据案件具体情况,综合考虑以下因素:

(1)授权品种是否属于禁止进出口的种子;

(2)授权品种的市场规模;

(3)侵权品种的生产、繁殖规模;

(4)侵权品种的销售价格及数量;

(5)侵权品种是否以次充好、以假乱真;

(6)侵权品种售出后的种植规模;

(7)是否危及国家粮食安全。

3.20【约定惩罚性赔偿的适用】

权利人请求适用其与侵权人约定的惩罚性赔偿的,一般予以支持。

权利人请求适用的惩罚性赔偿不同于其与侵权人约定的,侵权人主张应在该约定范围内适用惩罚性赔偿的,可以支持侵权人的主张,但权利人提出异议并提供有效证据证明该约定明显不合理的除外。

3.21【惩罚性赔偿的约定内容】

当事人可以约定适用惩罚性赔偿的基数、基数确定方法、倍数及赔偿总额。

当事人约定惩罚性赔偿的倍数不在法定范围内,并请求适用约定的惩罚性赔偿倍数的,一般予以支持,但对方当事人提出异议并提供有效证据证明该约定明显不合理的除外。

3.22【以许可使用费作为基数的约定】

当事人可以约定以许可使用费或者其合理倍数确定惩罚性赔偿基数,但对方当事人提出异议并提供有效证据证明该约定明显不合理的除外。

3.23【法定赔偿中的惩罚性考量因素】

对于故意侵权且情节严重的侵害知识产权案件,权利人请求适用惩罚性赔偿,但赔偿基数难以确定需要适用法定赔偿的,酌情从高确定赔偿数额。

第四部分　惩罚性赔偿对网络服务提供者的适用

4.1【一般规则】

网络服务提供者明知网络用户利用其网络服务实施侵权行为，无正当理由不采取或者延迟采取删除、屏蔽、断开链接等必要措施，致使发生严重侵害知识产权行为，权利人请求对网络服务提供者适用惩罚性赔偿的，一般予以支持。

网络服务提供者教唆网络用户利用其网络服务实施侵权行为，网络用户经教唆严重侵害他人知识产权的，权利人请求对网络服务提供者适用惩罚性赔偿的，一般予以支持。

4.2【明知的认定】

综合考虑案件具体情况，下列情形一般可以认定网络服务提供者明知网络用户利用其网络服务实施侵权行为：

(1)接到权利人发出的侵权通知；

(2)接到知识产权行政主管部门发出的侵权通知；

(3)因网络用户利用其网络服务实施同样的侵权行为而参加相关诉讼、仲裁等程序；

(4)与网络用户以分工合作方式提供侵权客体。

4.3【情节严重的认定】

综合考虑案件具体情况，网络服务提供者实施的下列行为，一般可以认定为情节严重的情形：

(1)网络用户的行为被依法认定侵权后，仍然教唆或者继续教唆该网络用户实施同样或者类似的侵权行为，网络用户经教唆实施相关侵权行为的；

(2)网络服务提供者因网络用户利用其网络服务实施侵权行为被依法认定侵权后，仍然教唆或者继续教唆网络用户实施同样或者类似的侵权行为，网络用户经教唆实施相关侵权行为的；

(3)网络用户拒不履行认定其侵权的生效判决、裁定，仍然为该网络用户继续实施同样的侵权行为提供网络服务；

(4)网络用户被依法认定侵权后，该网络用户再次实施同样的侵权行为，经权利人通知后，无正当理由不采取或者延迟采取删除、屏蔽、断开链接等必要措施；

(5)网络服务提供者因网络用户利用其网络服务实施侵权行为被依法认定侵权后，仍然为该网络用户继续实施或者再次实施同样的侵权行为提供网络服务；

(6)主要以教唆、帮助他人侵害知识产权为业。

4.4【未履行转通知义务】

网络服务提供者无正当理由故意不履行或者迟延履行转通知义务,致使权利人或者网络用户的知识产权受到严重侵害,权利人或者网络用户请求网络服务提供者与他人共同承担惩罚性赔偿责任的,可以依法予以支持。

4.5【未及时终止措施】

网络服务提供者针对他人恶意投诉行为应当依法终止所采取的措施,无正当理由故意不终止或者迟延终止措施,致使被投诉人的知识产权受到严重侵害,被投诉人请求网络服务提供者与他人共同承担惩罚性赔偿责任的,可以依法予以支持。

前款中的恶意投诉,一般是指以非法获利或者排挤竞争对手为目的,利用网络投诉机制进行无正当理由的投诉,严重影响被投诉人合法权益的行为。

4.6【直接实施侵权行为的法律责任】

网络服务提供者直接实施故意侵害知识产权行为且情节严重,权利人请求适用惩罚性赔偿的,依法予以支持。

4.7【网络直播带货的侵权责任】

网络直播带货的行为人明知其直播带货的商品或者服务侵害他人知识产权,仍然从事直播带货行为并造成严重后果,权利人请求适用惩罚性赔偿的,一般予以支持。

网络服务提供者明知网络直播带货的行为人利用其网络服务从事前款规定的侵害知识产权行为,无正当理由不采取合理有效措施予以制止,依法与网络直播带货的行为人共同承担惩罚性赔偿责任。

4.8【代购的侵权责任】

代购人明知其代购的商品或者服务侵害他人知识产权,仍然代购该商品或者服务并造成严重后果,权利人请求适用惩罚性赔偿的,一般予以支持。

网络服务提供者明知代购人利用其网络服务从事前款规定的侵害知识产权行为,无正当理由不采取合理有效措施予以制止,依法与代购人共同承担惩罚性赔偿责任。

第五部分　程序规定

5.1【请求的提出或者变更】

权利人提出或者变更惩罚性赔偿的基数、基数确定方法及计算方式、倍数及赔偿总额的,一般在一审法庭辩论终结前提出或者变更。

权利人在一审中请求惩罚性赔偿并在其上诉后变更惩罚性赔偿的基数、基数确定方法及计算方式、倍数或者赔偿总额,一般予以支持,但变更后的索赔数额超出诉讼请求且调解不成的,对超出部分不予支持。

5.2【一审不提交计算证据的后果】

权利人在一审中请求惩罚性赔偿,且持有其主张的惩罚性赔偿基数确定方法的计算方式及相应证据,无正当理由拒不提交证据,致使其惩罚性赔偿请求未获支持的,二审一般亦不予支持。

5.3【部分权利人请求】

在侵害同一知识产权的同一案件中,部分共有人请求惩罚性赔偿的,一般及于全部共有人。但是,未明确请求惩罚性赔偿的可依法单独行使权利的权利人,以及明确不同意适用惩罚性赔偿的共有人,一般不宜适用惩罚性赔偿确定其应获得的赔偿数额。

5.4【对权利共有人的一致适用】

同一知识产权的共有人在同一案件中针对同一侵权人请求适用不同基数、倍数的惩罚性赔偿,可告知其明确一致的基数和倍数,亦可在共有人请求范围内根据案件具体情况合理确定惩罚性赔偿的基数和倍数。

5.5【针对同一侵权人的分别适用】

权利人起诉同一侵权人侵害其多项知识产权或者同一著作权及与著作权有关的权利的多个权项时,分别请求适用不同基数、倍数的惩罚性赔偿,或者仅对部分侵权行为请求惩罚性赔偿的,一般予以支持。

5.6【对部分侵权人适用】

权利人仅请求对同一案件的部分侵权人适用惩罚性赔偿的,可以对部分侵权人依法适用惩罚性赔偿,对其他侵权人不宜适用惩罚性赔偿。

5.7【针对不同侵权人的分别适用】

权利人在同一案件中针对不同侵权人请求适用不同基数、倍数的惩罚性赔偿,不同侵权人分别实施侵权行为的,可以根据权利人的请求分别适用惩罚性赔偿;不同侵权人共同实施侵权行为的,可以根据案件具体情况确定惩罚性赔偿的基数和倍数。

5.8【部分适用】

同一侵权行为造成的损害后果中,如果部分损害后果能够确定的,可以依权利人请求对该部分损害后果适用惩罚性赔偿,对难以确定损害后果的部分另行依法确定赔偿责任。

5.9【分阶段适用】

侵权人持续实施侵害知识产权行为,对不符合惩罚性赔偿法定适用要件的持续侵权行为,不宜适用惩罚性赔偿;但侵权人在持续实施侵害知识产权行为过程中满足惩罚性赔偿法定适用要件的,可以自满足惩罚性赔偿法定适用要件时适用惩罚性赔偿。

第六部分　适用范围

6.1【适用范围】

本指南自下发之日起执行,北京市高级人民法院已经发布文件的相关规定与本指南不一致的,以本指南为准。

北京市高级人民法院
关于北京法院参阅案例工作的规定(试行)

(2022年4月修订)

为进一步加强全市法院案例指导工作,规范北京法院参阅案例(以下简称参阅案例)相关工作,切实发挥参阅案例在统一裁判标准、促进司法公正、提升司法公信力等方面的作用,根据最高人民法院《关于推进案例指导工作高质量发展的若干意见》《关于案例指导工作的规定》《〈关于案例指导工作的规定〉实施细则》等相关文件,结合全市法院工作实际,制定本规定。

第一条【参阅案例的定义】 参阅案例是北京法院的参考性案例,是指裁判已经发生法律效力,认定事实清楚,适用法律正确,说理充分,法律效果和社会效果良好,经市高级法院审判委员会审议通过并发布,在全市法院具有普遍指导意义的案例。

高级法院各审判业务部门、中级法院、基层法院可以编发典型案例,编发的案例不得称为指导性案例、参考性案例、参阅案例。

第二条【参阅案例的条件】 参阅案例应当是符合以下条件的案例:

(1)社会广泛关注,影响重大,对统一法律适用和树立良好社会导向有示范意义的;

(2)法律规定比较原则或者法律规定存在冲突,适用相关法律规定做出正确裁判的;

(3)在案件事实认定、证据采信、法律适用、诉讼程序等方面具有典型性的;

(4)在案件事实认定、证据采信、法律适用、诉讼程序等方面存在疑难或者争议,对规范法官裁量权有参考意义的;

(5)对可能多发的新类型案件,适用新颁布、修改的法律、法规、立法解释和司法解释做出正确裁判的;

(6)适用新形势和政策要求,体现新的司法理念、运用新的司法方法做出公正裁判的；

（7）其他具有参考作用的案例。

第三条【不作为参阅案例情形】 存在下列情形的案例不作为参阅案例：

（1）案件或者关联案件在申诉、再审过程中的；

（2）仅涉及事实问题而不涉及法律问题的；

（3）法律适用方面存在重大争议，目前发布尚不成熟的；

（4）公开发布可能引发公众负面评价的；

（5）案例本身的裁判存在法律适用不当或者其他瑕疵；

（6）案例在实践中较少见或者时间久远，不具有普遍指导性；

（7）案例涉及的法律适用问题不存在争议或者案例不典型；

（8）参阅要点归纳缺少指导价值，对有指导价值的法律适用问题在裁判文书中没有提及或者说理不充分；

（9）其他不宜作为参阅案例的情形。

第四条【参阅案例的统筹管理】 高级法院建立研究室统筹管理、各审判业务部门共同参与的参阅案例工作机制。研究室主要负责制定标准、控制流程、审核把关，具体负责参阅案例的征集、登记与材料审查、征求意见、报请审委会审议、发布与编纂等。各审判业务部门应当积极参与，与研究室共同谋划选题，参与参阅案例的征集、审查等。

中级法院研究室、基层法院审管办（研究室）统筹本院参阅案例工作，选派理论水平高、审判经验丰富的同志负责参阅案例的选编、报送等。

第五条【拓宽参阅案例的发现培育范围和来源】 各级法院要不断提高发现、培育参阅案例的意识，对于在案件审理、执行中或者专业法官会议讨论中发现的具有典型性、示范性、指导性的案例，要注重加强裁判文书说理，及时总结提炼裁判规则，形成备选参阅案例予以推荐。

对于已经入选全国法院优秀案例分析、最高法院《人民法院案例选》《中国法院年度案例》《中国审判案例要览》案例、高院《审判前沿》《北京审判》案例，以及最高法院、高院征集的专项案例、各级法院发布的典型案例、专题类案研讨活动讨论案例等，可以作为备选参阅案例予以推荐。

第六条【加强参阅案例转化】 各级法院应当按照关于完善法院审级职能定位改革的有关要求，建立和完善审判委员会决议案件、院长审理案件、提级管辖案件转化为参阅案例的工作机制。

高级法院应当建立和完善将本院办理的申诉、再审案件转化为参阅案例的工作机制。探索在审委会审议案件时，设置审议案件能否转化为参阅案例的审议事项。

第七条【参阅案例的征集和推荐】 高级法院研究室结合工作实际，制定年度参阅案例工作计划，开展备选参阅案例征集。

高级法院各审判业务部门对符合条件的案例，经所在部门领导审批，可以向研究室推荐为备选参阅案例。高级法院各审判业务部门推荐的案例可以是全市各级法院已经做出生效裁判的案例。

中级法院、基层法院推荐的备选参阅案例，经本院审判委员会讨论决定或者主管院领导审批后，由本院研究室报送高级法院研究室。中级法院、基层法院推荐的案例应当是本院已经做出生效裁判的案例。

第八条【报送参阅案例应当提交的材料】 报送参阅案例应当提交以下材料：

（1）《参阅案例推荐表》，简要说明推荐理由；

（2）按照规定的体例撰写的推荐案例文本、说明及类案检索情况；

（3）案件审理中形成的相关裁判文书、审理报告。

第九条【参阅案例的审查】 高级法院研究室对备选参阅案例是否符合报送要求进行初步审查。

对中级法院、基层法院报送的备选参阅案例交由高级法院相关审判业务部门进行再次审查，各审判业务部门从事实认定、法律适用、审判程序等方面进行审查并于10日内提出审查意见，经部门领导审批后反馈研究室。

第十条【参阅案例的征求意见和研究讨论】 备选参阅案例提交审判委员会审议前，应当征求全市法院意见，必要时可以征求专家学者、相关专业人员意见。

高级法院主管院领导或者研究室认为有必要的，可以组织召开案例专业会议对备选参阅案例进行研究论证、修改完善，案例专业会议由案件承办人、案例编写人、相关业务部门法官、专家学者、相关专业人员等参加。

第十一条【参阅案例的审核】 备选参阅案例提交审判委员会审议前，由高级法院研究室对案例文本和相关材料进行全面审核，并报主管院领导审签。

第十二条【参阅案例的提请审议】 经核对无误的备选参阅案例，根据案件类型由高级法院研究室报请相关审判业务主管院领导审批，审批同意的，由研究室提请审判委员会讨论。

高级法院相关审判业务主管院领导建议备选参阅案例进一步修改完善或者不宜作为参阅案例的，由研究室根据审批意见，落实相应工作。

第十三条【参阅案例的审议】 高级法院审判委员会原则上每季度审议一次参阅案例，由相关审判业务部门或者研究室案例工作负责同志在会上汇报案例情况、陈述推荐意见。

第十四条【参阅案例的发布】 经高级法院审判委员会讨论审定的参阅案例,应当以高级法院的名义及时发布并定期汇编。同时,在审判系统中实现参阅案例类案检索、自动推送等功能。

第十五条【参阅案例的备案】 参阅案例发布后15日内,高级法院研究室应当按照相关规定要求,报送最高法院备案。

第十六条【参阅案例的参考】 高级法院发布的参阅案例,各级法院在审理类似案件时应当进行类案检索并可以参考,不得作为裁判依据援引。

第十七条【参阅案例转化运用】 高级法院研究室按照相关规定,积极将参阅案例推荐为最高法院指导性案例、公报案例。

对于参阅案例中能够归纳出类案裁判规则的,及时进行研究,以观点综述、会议纪要等形式发布,必要时由高级法院审判委员会审议形成法律适用标准。

第十八条【参阅案例的清理和废止】 高级法院研究室根据工作需要对参阅案例进行清理。

已发布的参阅案例与新颁布或者修改的法律、法规、司法解释、最高法院的指导性案例、后发布的参阅案例相抵触,或者案例所依据的案件经审判监督程序改判,或者有其他影响案例参阅价值的情况,参照参阅案例推荐、审查、发布程序予以废止。

第十九条【参阅案例的学习培训】 高级法院通过开展多种形式的案例选编或者类案研讨培训工作,提升法官案例培育、编写和应用能力,提高参阅案例工作质效。

各级法院在业务培训时应当将参阅案例作为重要培训内容,引导法官正确理解把握参阅案例的裁判规则和裁判方法,切实加强参阅案例在审判实践中的运用,有效发挥参阅案例统一裁判尺度的作用,不断提高司法水平。

第二十条【加强参阅案例合作研究】 高级法院可以委托北京法院"特色人才高地"、高等院校、研究机构、案例研究基地等开展案例合作研究,通过总结司法经验、裁判规则、裁判方法,形成专题报告,提出解决审判实践中热点、难点和新类型问题的办法,共同推动参阅案例工作。

第二十一条【参阅案例的考核激励】 高级法院定期对全市法院参阅案例报送及采用情况进行通报,将参阅案例工作纳入目标责任制考核,对参阅案例工作成绩突出的单位和个人予以表彰、奖励。

第二十二条【试行及解释】 本规定自印发之日起试行,由高级法院负责解释。

【征稿启事】

《审判前沿》是北京市高级人民法院与法律出版社联合推出的以北京市法院系统审判案例为基础面向全国的，具有权威性和指导性的综合性学术出版物。《审判前沿》针对审判实践中存在的疑、难、新问题，采取个案或一类案件分析的方法，力图加强案件审判工作中法律适用的深层次理论和实务研究，旨在及时反映全市法院新类型案件审判法律适用中存在的新情况和新问题，及时传递全市法院新类型案例审判信息，增大广大审判人员的案件审判信息量，开阔视野，为审判人员办案提供有益的借鉴和参考，也为法学研究提供新鲜的案例。

本出版物设有以下栏目：

《案例研究》以个案为基础，针对个案审判中存在的法律适用问题，进行深层次的理论和实务研究，研究评述部分字数一般在5000字以上，多写不限，研究中力求理论联系实际。

《疑案探讨》以个案为基础，针对个案审判中的疑难问题进行探讨或者对争议问题进行研究。

《案例分析》以个案为基础，针对审判中已终审的裁判，对案件审判中法律适用中的关键问题把握或者理解进行总结。

《观点争鸣》针对个案审判中出现的争论比较大的不同意见进行分析归纳，并表明作者的观点，以期引起争鸣。

《北京法院参阅案例》编发审判实践中比较典型的案例，供全市法院在审判实践中进行参考，稿件来源主要是北京市高级人民法院研究室编发的《北京法院指导案例》。

《热点问题聚焦》主要是登载当前北京市法院审判工作热点问题及对策思路，如会议纪要、调研报告、决策参考等。

《法律文书之窗》登载一些有典型意义的法律文书。

《司法文件》主要是及时登载北京市高级人民法院的有关审判业务规定。

本出版物在决定是否采用来稿时只考虑稿件的学术水准,对篇幅没有限制。来稿注释体例应当符合学术规范,清楚表明被引注作品的相关信息。欢迎作者惠稿。稿件一经采用,按有关规定支付稿酬;高质量稿件,稿酬从优。

来稿请寄本出版物编辑部,地址:北京市朝阳区建国门南大街10号北京市高级人民法院研究室《审判前沿》编辑部;邮政编码:100022;或者通过北京市法院局域网(内部)发至编辑部电子信箱:gyspqy@bjcourt.cn;编辑部电话:85268677。

此外,在报送稿件时,请写明作者身份。

欢迎对本出版物提出意见或建议。

《审判前沿》编辑部